GEORGE SHIPWAY

LANCEROS

Traducción de Isabel Cuena Boy
(la traducción está dedicada a Julio Cuena Fuente)

ediciones Pàmies

Título original: *Free Lance*

Primera edición: mayo de 2008

Carlos Alonso, editor
C/ Monteverde, 11
28042 Madrid
editor@edicionespamies.com

ISBN: 978-84-96952-14-0

Diseño de la cubierta: Javier Perea
Ilustración de cubierta: Charge of the Queens Bays against the Mutineers at Lucknow, 6th March 1858, de Henry Payne. The Queen's Dragoon Guards, Carver Barracks, Essex, UK/ The Bridgeman Art Library

Depósito legal: M-13574-2008

Impreso por BROSMAC, S.L.

Impreso en España

A
ese grupo de hombres cada vez menos numeroso
que un día sirvieron como oficiales
en
el Ejército Imperial de la India

Casi todos los episodios de esta historia están basados en otros que realmente tuvieron lugar. Aunque los personajes más importantes son ficticios, las personas familiarizadas con la época reconocerán a los prototipos. Las actitudes y las costumbres aquí narradas, aunque deplorables para la actualidad, eran las comunes de los ingleses en la India en aquel tiempo.

G.S.

CAPÍTULO UNO

Un susurro de viento procedente del mar sacudió las quebradizas hojas de las palmeras que bordeaban la costa. No era un viento fresco, pero servía para atenuar un poco el calor del sofocante aire de la noche.

Marriott restregó la cabeza contra las almohadas y gruñó. Logró abrir los párpados, que tenía casi pegados, y lanzó una profunda mirada a la oscuridad. Sentía el cuerpo rígido y pegajoso, envuelto en una capa de sudor seco que, en pequeños chorros, recorría sus axilas. Con gran esfuerzo, se dio la vuelta; el sonido de su propio movimiento aturdió sus sienes y sintió un dolor punzante en los ojos, como si se los hubieran atravesado con una espada.

En la distancia resonaba el mugido de las vacas. La brisa del mar traía consigo olores familiares: el aroma agridulce de los mangos, el intenso olor del salitre del mar, la penetrante pestilencia del estiércol, las especias y los excrementos quemándose, y el hedor del pescado podrido. Caliente y pegajoso como las aguas residuales, aquel miasma obstruyó sus fosas nasales.

Una explosión rompió el silencio. Los loros chillaron en las alturas. «Cañonazos, —pensó Marriott disgustado.» Ése era el anuncio militar que indicaba que había llegado un nuevo día; un nuevo día de calor, trabajo, sudor y nervios desatados. Pronto, su paje vendría a correr las cortinas mosquiteras y el barbero se dispondría a afeitarle la barbilla con delicadeza. «Al infierno con ellos —decidió Marriott—. Hoy pienso dormir hasta tarde; no pasaré por la oficina antes de las doce. ¡Qué dolor de cabeza! ¡Menuda fiesta salvaje la de anoche!»

Con la cara hundida entre las almohadas, Marriott intentó hacer memoria. Cerró los ojos y consiguió recordar varias imágenes inconexas: una multitud alborotada en los Salones de la Asamblea. ¿Quién habría organizado aquello? Daba igual... Alguien lo sabría; al día siguiente iría a ver a su anfitriona. Hoy no; se sentía demasiado indispuesto. Luego estaba la cena en casa de Ellis, en Black Town. ¿Qué había pasado? ¿Quiénes habían asistido a ella? Eastwick del

73º regimiento, el cirujano Harris, Amaury de la caballería —por descontado que Amaury; nunca se perdía una reunión social entre camaradas—, y multitud de soldados ebrios en desenfrenado alborozo. Seguro que no escatimaron con el burdeos, el brandy y el ponche de *arrak*: era la única explicación posible para ese dolor de cabeza que le estaba taladrando el cráneo, las náuseas que sentía en el estómago y esa oscura sensación de juicio final inminente que lo agobiaba. ¿Qué había pasado después? Seguro que habían jugado al *Whist* haciendo arriesgadas apuestas. ¿Y él? ¿Habría perdido o habría ganado? Cerró los ojos y apretó los párpados tratando de hacer memoria. Sin éxito... No tenía ni idea de cómo había terminado la velada; en su laguna mental, tan sólo recordaba el humo del tabaco y el vino.

¿Dónde estaba Hanuman, su paje? Siempre se encargaba de despertarlo cuando sonaban los cañonazos. Oyó varias voces de indígenas murmurando algo justo al lado. ¿Qué les pasaría a sus sirvientes? Abrió los ojos y lanzó una mirada vacía al techo de mimbre entretejido que se encontraba a casi un metro de su cara y a las cortinas amarillas decoradas con arabescos que rodeaban al camastro, como si del féretro de un indigente se tratara.

¡Dios, pero si estaba en su palanquín!

Marriott abrió las cortinas. Cuatro porteadores cuchicheaban en cuclillas junto al palanquín. Una solitaria palmera se elevaba retorciéndose hacia el cielo, que había adquirido un brillo cobrizo con el amanecer. La brisa, que ya se estaba calmando, agitaba la hierba totalmente desteñida por el sol en aquella ladera, que se elevaba hasta una muralla llena de aspilleras. En lo más alto, las bocas de los fusiles acechaban vigilantes. Doscientas yardas más allá, una esbelta silueta se erguía sobre su pilar contrastando con la luz del amanecer... El monumento a Powney. Tras él, se apreciaba el balanceo de dos cuerpos sin vida que pendían de una horca. El sonido de las trompetas resonaba lejano procedente de las barracas del interior de los muros.

Era el glacis del fuerte Saint George, en Madrás.

Marriott se rascó la barba mientras intentaba excavar en su confusa memoria. La fiesta en casa del gobernador, el banquete en los Salones de la Asamblea con un baile a continuación y, por último, la cena en casa de Ellis. Cuando se celebraba ese tipo de eventos, lord Clive tenía por costumbre ordenar que se mantuviesen abiertas las puertas hasta que hubiesen llegado todos los invitados que residían en el fuerte. De modo que las puertas no deberían haberse cerrado hasta bien pasada la medianoche; por tanto, él tendría que haber llegado demasiado tarde. Entonces, recordó vagamente que había discutido con uno de los guardias que custodiaban las puertas y cómo el sargento se negó rotundamente a abrirle siquiera la puerta trasera.

—Tiene mis órdenes, señor —declaró en un tono que delataba el desprecio que sentía por un civil ebrio que, aunque quizá fuese de clase alta, desde luego no era un oficial. ¡Esos malditos militares de rango superior!

De acuerdo. Había pasado la noche en su palanquín pero, después de todo, no era la primera vez que un viajero tardío había dormido hasta el amanecer en el glacis. Decidió ir a su casa de la calle de Saint Thomé, a su cama, a que el barbero le diera un relajante masaje en el cuero cabelludo. Marriott dio unas palmadas; los porteadores del palanquín se levantaron, le dirigieron el saludo indígena juntando las puntas de los dedos sobre la frente y se cargaron las andas a los hombros. Marriott se recostó con alivio sobre los cojines mientras los porteadores subían la pendiente y contuvo las repentinas náuseas que le causaba el balanceo de la litera.

Los intrincados pasajes de acceso lo sumergieron en un angosto zigzag, a través de un corredor cubierto y amurallado de calor sofocante. Los centinelas se pusieron en guardia al verlo, pero se relajaron de inmediato apoyados sobre sus mosquetes al reconocer al viajero. «No se saluda a los civiles —pensó Marriott con amargura—. Excepto a unos pocos elegidos: aquellos hombres de avanzada edad llenos de ampollas por el clima que habían sido designados para ocupar un puesto en el Consejo de Madrás.» Una carretera bordeada por polvorines desembocaba en la plaza de armas, conocida como la Parada. Era un extenso espacio al aire libre en el corazón del fuerte, cuyo terreno había sido alisado por los incontables pies que lo habían recorrido desde hacía más de un siglo. La algazara reinaba en la Parada, un lugar siempre bullicioso, ajetreado y lleno de movimiento. Saint George era un auténtico municipio en sí; las defensas del fuerte —contraescarpas y revellines, bastiones y fosos— albergaban entre sus muros polvorines, barracones, oficinas, mansiones, casas, tiendas y bodegas. Por las calles que separaban los edificios se veían las hileras de uniformes escarlata desfilando en una dirección y después en otra, cambiando de frente, y marchando en columnas o en filas. El sol se reflejaba en los cañones y desprendía destellos en las bayonetas. Los jinetes de la caballería marchaban en grupos de a tres desde los barracones situados más allá de la iglesia de Saint Mary. Formaban una ruidosa fila, con sus caballos salpicando de espuma a los hombres de los regimientos con sus lanzas doradas. Las cuadrillas hacían crujir el suelo a su paso como si fuesen quebrando palos, a la vez que un velo de polvo iba apoderándose lentamente del aire.

Los porteadores del palanquín vacilaron. Marriott les hizo un gesto con la mano para que avanzasen; apartó las cortinas y contempló la escena. Una asamblea del fuerte al completo: ¿qué victoria olvidada pretendería celebrar aquella ceremonia? Sus amigos militares, que a menudo parloteaban con gran pedantería sobre sus abstrusos rituales, no le habían mencionado que estuviera previsto celebrar un desfile especial. Un soldado raso indio se paró junto a él a observar el intrincado paso de sus compañeros apoyado en una caña. Sus pantalones, cortos hasta la rodilla, dejaban entrever el sucio vendaje que le cubría la pierna. Marriott leyó la placa que llevaba en su correaje. 33º Regimiento de Infantería de Su Majestad, uno de los regimientos de Seringapatam; los heridos de esa formación aún abarrotaban el hospital Saint George. Asomó la cabeza entre las cortinas y, señalando hacia la plaza, le preguntó:

—¿Qué significa esta asamblea?

El soldado indio lo observó unos instantes para volver luego a fijar su mirada en el desfile frunciendo el ceño.

—Una ejecución —respondió en su inglés peculiar—. Desertores. Tres de nosotros —carraspeó y escupió—. Todos ellos alabarderos. Se emborracharon mientras hacían guardia. Escaparon de prisión militar e intentaron huir. Cazados en alguna parte del interior. Y ahora, esto.

Lanzó una mirada al desfile de tropas.

—Esto no está bien —continuó—. Han servido al ejército durante muchos años. Todos ellos. Marcharon con el comandante Cornwallis en el 92 y ayudaron a ventilar lío con Tipu el año pasado. Pero eso da igual. Oficiales de tribunales no hacer distinciones. Aplica justicia a pie de letra. Deserción, muerte. Es lo que dice ley, así que condenan a hombres buenos y luego siguen con sus partidas de cartas y sus tragos.

El sol hacía resaltar las chispas de resentimiento en su mirada y acentuaba la palidez de su rostro, un rostro curtido y surcado de arrugas. El soldado rebuscó en su cartuchera y sacó un trozo de tabaco, mordió un poco y lo mascó.

—No pero —murmuró enigmáticamente—, dos de ellos todavía tiene oportunidad.

Las tropas formaron filas cerrando tres de los lados de la Parada con las casacas escarlata de la infantería y sus correas de color blanco reluciente, el azul y el rojo de la artillería, y los vistosos uniformes de la caballería con sus crestados cascos de cuero. Con los rubicundos rostros de los ingleses y las bronceadas caras serias de los cipayos. En el lado libre había una bancada de barro llena de agujeros: un soporte donde apoyar la culata de los mosquetes para disparar sus salvas en directo.

Los oficiales gritaron las órdenes, se giraron y apuntaron con sus espadas al suelo dejando descansar las manos sobre las empuñaduras. Se hizo un silencio sepulcral en la plaza. A través del hueco que había entre las filas de la caballería y las de la artillería a su izquierda, un oficial guió a diez filas de soldados rasos ingleses que, mosquetes al hombro, avanzaron lentamente. Los seguían unos hombres que arrastraban los pies e iban ataviados con sucias camisas y pantalones blanquecinos; tras ellos, un grupo de indígenas portaba una *dhooly* y, sobre ella, una figura postrada parecía invocar al cielo. Los soldados que seguían a la litera transportaban un ataúd. Por último, los hombres del pelotón de ejecución, de expresión sombría, iban armados con mosquetes desprovistos de bayonetas. La banda de música del regimiento completaba la extraña procesión. El sol se reflejaba en los bordes dorados de los tambores y en las trompetas plateadas.

El soldado raso cojo señaló la *dhooly* con su pulgar.

—El pobre infeliz lleva enfermo semanas. No puede andar.

El cortejo dio un giro y se detuvo frente a la bancada con los mosquetes. Los escoltas sacaron al abatido hombre de la litera y lo llevaron junto a los demás prisioneros, dejándolo caer como un saco. Uno de los músicos de la banda dio un paso hacia delante, desabrochó la correa que sujetaba su tambor y lo dejó frente a ellos. Volviéndose hacia la Parada, desdobló un papel, se aclaró la garganta y lo leyó en tono sombrío y con la voz ronca:

—A pesar de que los soldados rasos John Bishop, Thomas Churcher y Benjamin Lardiman, todos ellos pertenecientes al 33º Regimiento de Infantería de Su Majestad, han sido declarados culpables por el Consejo General de Guerra conforme a lo dispuesto en los artículos de la Ley Marcial relativos a la deserción premeditada, la sentencia de dicho Consejo dispone que sólo uno de ellos sea ejecutado como manda la tradición. Los acusados deberán jugarse su suerte a los dados sobre la base de un tambor en el lugar de la ejecución. Únicamente dispondrán de un tiro y aquél que saque el número más pequeño será ejecutado.

Entonces, un sargento sacó un cubilete de cuero, metió en él dos dados de color marfil y se lo puso en la mano al prisionero que tenía más cerca. El sonido de los dados sobre la base del tambor se oyó claramente en toda la Parada. El oficial se inclinó sobre ellos.

—Siete —anunció.

Con una sonrisa de oreja a oreja, el segundo de los prisioneros escupió en el cubilete y tiró.

—¡Nueve! —exclamó el bribón dando brincos de alegría. Después, cogió el cubilete y se lo pasó con gran soberbia al inválido, a quien sus camaradas sostenían apoyado sobre sus hombros. Un soldado le ayudó a sujetar el cubilete con los débiles dedos; con apatía, lo volcó sobre el tambor. Uno de los dados salió despedido y fue a parar al polvoriento suelo.

—Tirada nula —dijo el oficial apretando los labios.

La tensión entre las expectantes tropas era palpable y se acrecentaba a medida que el sol iba imprimiendo al aire un sofocante calor. Todas las cabezas estaban concentradas en el grupo alrededor del tambor. Las gotas de sudor recorrían aquellas caras arrugadas de expresión hosca. El prisionero volvió a probar suerte. El dado se deslizó por la base del tambor sin caerse.

—¡Cinco!

El hombre que había tirado en primer lugar se dejó caer de rodillas, aliviado y con gran satisfacción. Su soberbio compañero lo agarró del cuello, lo levantó de un tirón y le dio unas palmadas en la espalda.

—Estamos de suerte, tontorrón. ¿A qué viene ese amago de desmayo? —le dijo con la voz ronca.

El oficial hizo un gesto disgustado; una fila de soldados se cerró alrededor de los dos hombres y se los llevaron.

La procesión reemprendió la marcha, con la banda de música a la cabeza y el aturdido prisionero dando traspiés entre los compañeros que lo sujetaban. Por delante de él llevaban su ataúd y lo seguía el pelotón de ejecución. Los tambores resonaban con un lastimero repiqueteo; los pífanos y las cornetas entonaban una marcha fúnebre. Avanzaban lentamente al ritmo de la melancólica melodía, a un palmo de las tres filas que bordeaban la plaza. Al pasar el soldado Lardiman delante de ellos, los soldados dirigieron la mirada al suelo; ninguno lo miró a la cara, crispada de dolor. Para cuando alcanzaron la bancada de barro, él ya parecía estar muerto. Iba arrastrando los pies y dejando tras de sí un rastro de surcos paralelos en el polvo.

Depositaron el ataúd en el suelo y la víctima se arrodilló sobre su tapa. Cuando los escoltas lo soltaron, arqueó los talones y se puso en cuclillas a la usanza de los indígenas. Tenía los ojos cerrados y la cabeza gacha, con la barbilla rozándole el pecho. Un cabo le envolvió la cara con un pañuelo. Lo anudó de forma que sus extremos ondeaban a ambos lados como dos pequeñas alas blancas.

Un sargento jefe de elegante porte midió una distancia de seis pasos, marcó una línea con la culata de su alabarda e hizo una seña al pelotón de ejecución. Los hombres que lo componían se adelantaron hasta rozar la marca con la punta de los pies.

—¡Preparen los cartuchos!

Con los dedos, los soldados sacaron los cartuchos de las cartucheras.

—¡Ceben las armas!

Mordieron los extremos de los cartuchos y cebaron con pólvora las cazoletas.

—¡Cierren las cazoletas!

Taponaron la cebadura cuidadosamente.

—¡Saquen las baquetas!

Los finos cilindros de acero brillaron al sol; colocaron los casquillos en las bocas de las armas.

—¡Compriman los cartuchos!

Uno de los hombres derramó su carga y dejó caer su varilla. Se agachó presuroso a recogerla, mientras el sargento profería maldiciones con sumo enfado.

Sin volver la cabeza, el soldado raso herido se dirigió a Marriott:

—Tienen nervios a flor de piel. Ninguno de ellos ha visto ejecución jamás. Se puede ver cómo tiemblan desde aquí.

Marriott apretó los puños hasta clavarse las uñas en la palma de las manos.

El sargento se dirigió hasta donde estaba su oficial y se detuvo en un remolino de polvo.

—¡El pelotón de ejecución está listo, señor!

El oficial asintió de manera cortante, se relamió los labios y respiró hondo.

—¡Pelotón... preparen los percutores! —ordenó.

Una sucesión de chasquidos rompió el silencio reinante.

—¡Apunten... ¡Fuego!

Los cientos de cuervos que había en los árboles se arremolinaron y sus estridentes graznidos se impusieron al eco de los disparos. Una grasienta cortina de humo de color gris blanquecino invadió el espacio existente entre los mosqueteros y su objetivo. El aire se impregnó del olor de la pólvora, ácido y penetrante.

El prisionero levantó la cabeza con el cuerpo temblando. Seguía de cuclillas sobre el ataúd.

El sargento jefe dejó escapar un exabrupto, tiró su alabarda, desenfundó una pistola que llevaba atada al cinturón y echó a correr al tiempo que preparaba el percutor. Apuntó al prisionero en la nuca, apretando la boca del arma contra su vendaje, y disparó. Su cuerpo perdió el equilibrio y cayó torpemente entre una pequeña nube de humo. No quedaba ni rastro del vendaje ni de la cara. Tan sólo un amasijo de restos carmesí desparramados.

Marriott se bajó del palanquín, se puso a cuatro patas y vomitó. El soldado con la caña lo observó impasible, sorbió su mejunje de tabaco y se fue cojeando.

—¿Qué te pasa, Charles?

Un oficial que estaba embridando a un semental nervioso contempló divertido a Marriott que lucía una espléndida figura ataviada con la casaca escarlata del uniforme del regimiento, abierta en el pecho dejando asomar un chaleco azul celeste con botones dorados. Sus bombachos color crema se perdían dentro de las botas de montar, brillantes como el ébano pulido, y llevaba un casco reluciente coronado por una cresta de crines de caballo. El corcel negro resopló, aparentemente al tanto de la magnífica escena que él y su jinete estaban presenciando.

Se trataba de Hugo Amaury, capitán del 7° Regimiento de la Caballería Indígena de Madrás de la Honorable Compañía de las Indias Orientales y un famoso espadachín, conocido como destacable duelista y héroe de la guerra de Misore.

—Un malestar pasajero —dijo Marriott entre dientes—. Se me pasará enseguida.

—Mi querido Charles, ayer diste muy buena cuenta del burdeos —respondió sin que su mirada, azul como el cielo, dejase traslucir la solemnidad de su tono—. Brandy y, después, cerveza negra. No me extraña que estés así....

—No es sólo por la bebida. Es esto —dijo Marriott apuntando con la mano hacia la Parada. Los regimientos desfilaban ahora briosos al son de *Nancy Dawson*. Había unos pocos hombres alrededor del ataúd; un martilleo entrecortado rompió la cadencia del animado ritmo que entonaba la banda de música—. Esta desatinada ejecución...

Amaury arqueó las cejas sorprendido y dijo:

—¿Qué tiene de especial? Yo he visto cosas mucho peores que ésta. Una vez, el 74º Regimiento abrió fuego contra un fugitivo tras el combate de Malavelly. Un oficial intentó darle el golpe de gracia y, aunque cueste creerlo, falló estando a sólo un palmo de él. Tuvo que volver a cargar la pistola y volver a disparar al pobre desgraciado, mientras él se retorcía a sus pies como si fuese una ballena varada —continuó Amaury riéndose—. ¡Nunca había visto a nadie en semejante situación!

Marriott volvió a subir a su palanquín y dio una orden gruñendo. Amaury, cabalgando con su caballo paralelo a la litera, dijo:

—Te veré en tus dependencias cuando te hayas recuperado. Se han acabado los desfiles por hoy. Ya ha sido más que suficiente. Hemos ensillado los caballos antes de que se hiciera de día.

El palanquín se detuvo a las puertas de una casa de tres pisos y tejado plano situada en la calle Saint Thomé, un estrecho cañón entre las señoriales casas de yeso blanco, de estilo Palladio en su inmensa mayoría. Amaury entregó su caballo al mozo de cuadra, que lo montó y se lo llevó al trote. Los dos hombres subieron la empinada escalera que llevaba al amplio vestíbulo central y atravesaron una puerta situada a la derecha. Conducía a una sala de techos altos que se antojaba sombría comparada con la claridad del exterior; cuando salía el sol, cerraban rápidamente todas las contraventanas para impedir que entrase el calor. Marriott dio unas palmadas y anunció:

—¡Estoy en casa!

Varios indígenas aparecieron entre las sombras; andaban sin hacer ruido y llevaban largas túnicas blancas y turbantes achatados. Marriott levantó los brazos. Uno de los sirvientes le quitó la arrugada chaqueta de color verde aceituna, el chaleco manchado de vino y los pantalones bombachos. Luego desabrochó la hebilla de sus botas y lo descalzó. Con la camiseta interior y los calzoncillos por toda vestimenta, se mojó la cabeza en una jofaina; el agua corría por el suelo de yeso. Amaury se quitó el casco y la casaca, se sentó con gran elegancia en una silla de ratán y observó pensativo a su amigo.

—Charles —dijo en un momento en que cesó el chapoteo de agua—, creo que va siendo hora de que dejes de perder el tiempo. ¿Recuerdas algo del juego de anoche?

Marriott se secó el pelo con una toalla, se la puso alrededor de los hombros y se dejó caer en un taburete de madera de teca antes de responder:

—Muy poco. Recuerdo que no me fue bien con los dados. Creo que fue Ellis el único que tuvo una racha de suerte.

—En efecto. Al parecer, el azar no es lo tuyo. Perdiste cien *pagodas* con él.

«Unas cuarenta guineas —calculó Marriott mentalmente con desánimo.» Para colmo, Ellis y otros más también tenían unas letras que él mismo había firmado por otras cantidades inferiores. «¡Maldita sea! ¡Menudo burdel! —exclamó en su interior al recordarlo.» Levantó la cara hacia el barbero y sintió el frío filo de la cuchilla en su mejilla. Los ojos le quemaban. Los cerró.

—Este mes va a atracar en el puerto un mercante inglés —dijo—. Transporta veinte candiotas de madeira que yo le he encargado. Debería sacar un generoso beneficio de ellas en Hyderabad para poder pagar así hasta el último de los *fanams* de mi deuda.

—Comercio privado —respondió sarcásticamente Amaury—, la salvación de los funcionarios de la Compañía... En cambio nosotros, los pobres soldados, tan sólo vivimos de nuestra paga.

—Y de los premios de las condecoraciones y de los saqueos —replicó Marriott enfadado—. El reparto del botín de Seringapatam ha hecho de todos vosotros unos nababs.

—¡Claro! —rezongó lánguidamente Amaury mirando al techo—. ¡Hay que ver la inmensa suerte que tuve! Esos brazaletes con piedras preciosas incrustadas que... ¡ejem!... que encontré en el palacio de Tipu sirvieron para cubrir mis necesidades durante un tiempo. Otra saca más así u otras dos y me podré retirar a una plantación en Bengala.

Marriott contempló a aquella alta figura de anchos hombros que descansaba descuidadamente sobre la silla, con su rubicundo rostro aguileño en el que el sol tropical no había hecho mella alguna y el rubio cabello enredándose entre los pliegues de su pañuelo. El chaleco y los bombachos de cintura apretada resaltaban aún más la esbelta silueta, con sus delgadas caderas y sus largas piernas de jinete. Exhaló un suspiro de envidia.

—Supongo, Hugo, que no te fuiste de la fiesta hasta el final y que también tomarías tu ración de vino, ¿no? Y, sin embargo, tienes el aspecto fresco de un bebé que ha dormido como un bendito toda la noche.

—Una buena constitución —respondió Amaury dejando entrever una sonrisa burlona—. Además de una inofensiva estratagema. Mis sirvientes tienen órdenes de retirar mi copa tan pronto como la pose sobre la mesa después de un brindis. Y cuando noto que el vino me va a sentar mal, mastico unas aceitunas francesas pero sin tragarme la pulpa. Deberías probarlo. —Entonces, su sonrisa se apagó—. Fue una suerte que me quedase en la fiesta hasta el final. Te pones muy peleón cuando tomas unas copas de más, Charles.

—¡Vaya! ¿Acabé retando a alguien?

—No, esta vez no. Pero tuve que intervenir para suavizar el asunto. Briscoe, el fiscal, a quien ofendiste terriblemente, decidió pasar por alto tu desfachatez. Y, seguramente, fue lo más prudente. ¡Tendrías que haber visto lo torpe que estabas con la pistola!

Marriott se imaginó el tipo de estilo que Amaury había empleado en su mediación: el recurso del lobo tras la piel de cordero. Nadie querría enfrentarse al mejor tirador de todo el ejército.

—El maldito clima de la India —prosiguió— te está desquiciando, está causando estragos en tu capacidad de decisión. Nos pasa a todos. Acabas con tres botellas de burdeos de una sentada cuando, hace un año, apenas hubieras sido capaz de tragarte una. Tus apuestas cada vez son más temerarias, y tu compañía... deplorable.

—¿Menosprecias a mis amistades? —replicó Marriott con frialdad.

Una nueva sonrisa se dibujó en el rostro de Amaury.

—Así es. Ese grupo al que frecuentas en el barrio de Black Town no es más que una pandilla de bribones. La casa de Ellis es un infierno del juego y un burdel, y él mismo, un oficial cipayo corrupto que se dedica a cometer fraudes. Hace años que lo tendrían que haber expulsado de Madrás.

—Pues tú vas a menudo a su casa.

—Para vigilarte a ti, amigo mío —respondió Amaury con tono serio—. Y empiezo a estar cansado de ello. Deberías deshacerte de esos canallas de mala reputación y volverte a rodear de caballeros.

Sus ojos recorrieron la habitación examinando sus desnudas paredes de yeso, las toscas alfombrillas de algodón que cubrían el suelo y la manta de caña de cuerda entretejida sobre el camastro; se trataba de un catre cuyas patas se hundían en sendos cuencos de barro llenos de agua con el fin de mantener alejadas a las hormigas y a otros insectos indeseables. Las mesas y las sillas de madera estaban desvencijadas y de la pared colgaba un espejo resquebrajado.

—Tus dependencias son muy espartanas. No es de extrañar que escapes a esos dudosos lugares más allá del fuerte —dijo desenfundando su sable un palmo y volviéndolo a enfundar después—. He alquilado una casa con jardín en la llanura de Choultry con vistas al Adyar. Situada a buen nivel y fresca, si es que se puede emplear esa palabra en la costa de Coromandel. Veinte *pagodas* al mes. ¿Por qué no te vienes conmigo?

—Una tentadora propuesta —respondió Marriott con indiferencia mientras se enfundaba la camisa de algodón que uno de sus sirvientes le había traído, se ponía los bombachos de mahón, se calzaba los calcetines de algodón y se colocaba un jubón de mangas blancas—. Pero la Compañía prefiere que los escribientes no vivan fuera de Saint George. Tendría que pedir autorización al veterano Harley y me sería difícil conseguirla. Me temo que no me tiene en gran estima...

—Los mercaderes senior aborrecen a los escribientes igual que los coroneles desprecian a los cornetas. Toda una tradición en la Honorable Compañía —dijo Amaury al tiempo que se levantaba, se ponía la casaca y se ajustaba el casco en la cabeza—. Tengo que dejarte. Hannibal lleva demasiado tiempo quieto. Apuesto algo a que a ese estúpido mozo de cuadra no se le ha ocurrido dejarlo a la sombra. Haz todo lo posible, Charles; me encantaría disfrutar de tu compañía. Y seguro que mis amigos te resultarían bastante más divertidos que esa panda de rufianes con los que te codeas.

Amaury salió de la estancia. El barbero cepilló el cabello de Marriott y lo perfumó; después, le colocó un pañuelo de seda alrededor del cuello sin apretar mucho el nudo. Marriott se contempló en el espejo. Lanzó una mirada de desagrado a su cetrino rostro de grandes mejillas, a aquella boca con esos labios tan finos, a sus espesas cejas negras y a aquellos somnolientos ojos de color marrón que le devolvían la mirada. Mientras se colocaba un sombrero de copa baja, bajó las escaleras con sus pasos resonando sobre ellas. Despidió bruscamente al palanquín y se dirigió a su lugar de trabajo. El sirviente que lo seguía lo tapaba sujetando un *chatta* sobre su cabeza: una especie de quitasol circular de paja con una caña de bambú como agarre.

La oficina estaba a cincuenta yardas de distancia. Antes de que hubiese llegado siquiera a la entrada, el sudor recorría sus costillas.

—Llega tarde, señor Marriott.

Un tintero de cristal con una pluma y montones de papeles, libros y cuadernos de contabilidad se apilaban en la mesa de caoba a la que estaba sentado Joseph Harley, mercader senior. Apoltronado en su sillón de respaldo alto, tenía las puntas de los dedos entrelazadas debajo de la barbilla. Su rostro estaba tan demacrado y lleno de arrugas que parecía estar cubierto por una máscara de papel de estraza estropeado. Llevaba el pelo, totalmente cano, recogido en una cola de caballo a la usanza de tiempos ya pasados. Aquellos ojos hundidos y cansados examinaron a Marriott con resignada impaciencia. En los veinte años de servicio que llevaba destinado en la India no había vuelto ni una sola vez a Inglaterra.

Marriott sacó un pañuelo, se secó el sudor de la frente.

—Le ruego que acepte mis disculpas. Ciertas cuestiones ineludibles me han demorado.

—Claro, cuestiones ineludibles. Una orgía de embriaguez en Black Town y la inobservancia de las órdenes de los vigilantes de las puertas —replicó el hombre. En su semblante se dibujó una austera sonrisa al ver la consternación de Marriott, una discreta abertura de los labios que dejaba entrever la hilera de dientes amarillentos—. Mi palanquín cruzó las puertas justo detrás del suyo, de modo que pude comprobar el lamentable estado en que se encontraba. Señor Marriott, no es la primera vez que me da motivo de queja a causa del descuido de sus funciones y el tipo de vida disoluta que lleva. Un camino, por otra parte, que no le permitirá ascender en la Compañía. Pero veo que debo hablarle muy seriamente, así que tome asiento, señor.

Marriott se dejó caer sobre un sillón. Un sirviente, que era hermano gemelo del que se encontraba tras el asiento de Harley, salió sigiloso de la esquina en la que se encontraba y comenzó a darle aire con un abanico trenzado sin que la humedad del ambiente se agitase apenas.

—Lleva contratado a mi servicio... ¿Cuánto tiempo, señor Marriott?

—Dos años, señor. Como bien sabrá.

—Ciertamente, ya que lleva bajo mi tutela desde que desembarcara en esta costa. Su padre, el buen rector de Shaftesbury, Dorset, si mal no recuerdo, me escribió en su nombre. Hasta entonces, su familia y yo habíamos mantenido una cordial relación durante muchos años —la mirada del mercader senior se tornó ausente por unos instantes. Clavó la vista en la madera de las contraventanas, decolorada por el sol, y dejó que sus recuerdos lo transportasen a más de dos mil leguas por tierra y mar, hasta llegar a una casa rosada rodeada de susurrantes hayas, a aquellas praderas que se teñían de perlas de rocío todas las mañanas, a aquel aire frío y despejado como el vino blanco. Sacudió los hombros, dejó escapar un leve suspiro.

—Me pidió que cuidara de usted —prosiguió—. Petición que acepté con ciertas reservas porque tenía conocimiento de las sombrías circunstancias que le hicieron dejar Inglaterra con cierto apresuramiento. ¿No fue así?

—Una travesura de juventud en Covent Garden, un pequeño altercado con los guardias —replicó Marriot frunciendo el ceño—. Por desgracia, uno de ellos murió.

—Ya veo —dijo Harley acariciando una cajita de marfil con arena cuya tapa cerró—. Pero gracias a un pariente que su padre tenía en el Consejo de Directores, logró que lo nombrasen escribiente y, tras desembolsar varias guineas, le consiguió un pasaje para la India sin demora alguna. Ahora es usted mayor; tiene veinte años si no me equivoco. ¿No le parece que va siendo hora de que acepte su condición de hombre adulto y asuma las responsabilidades de su cargo?

El cañón que anunciaba las doce del mediodía resonó a lo lejos. En la calle, se oía el chirriar de las ruedas de los carruajes a su paso por debajo de las ventanas. Varios indígenas con voces chillonas discutían a gritos con la ininteligible cacofonía de la lengua hindi, que Marriott nunca había conseguido dominar. Dos surcos de húmedo sudor empapaban la tela de su camisa a la altura de las axilas. Miró al mercader con resentimiento; ese hombre capaz de mantener la elegancia y la pulcritud de su indumentaria azul a pesar del calor. Lo miró a la cara, de piel seca y surcada de arrugas.

—Responsabilidades por las que recibo un salario mísero —replicó entonces—. Se debe intentar vivir como un caballero, señor. Incluso en esta región sumida en la ignorancia. La comida, el vino, los muebles, los sirvientes, los caballos... Todos esas cosas son endiabladamente caras. Mis gastos superan con creces a mis ingresos, de modo que intento por todos los medios... —dijo haciendo una pausa.

—¿Incrementar sus recursos en las mesas de apuestas? Por desgracia, tengo entendido que decidió probar sus habilidades contra una panda de tramposos. Las cartas casi siempre mienten y los dados ruedan de manera extraña en los salones de juego y las tabernas de Black Town, señor Marriott —lo interrumpió el mercader. Permaneció unos instantes callado y se mordió los labios—. ¿Me permite la impertinencia de preguntarle a cuánto ascienden en total sus deudas de juego?

—A unas doscientas *pagodas* —respondió malhumorado Marriott.

Harley apretó sus huesudos dedos hasta que le crujieron los nudillos.

—Una suma considerable. Dígame, ¿se ha embarcado en algún tipo de aventura comercial que pudiera ayudarle a restablecer su situación financiera?

—Estoy a la espera de una embarcación que atracará pronto con un cargamento de vino y algunos lotes de paño.

—¿Y cómo piensa pagar al capitán de su barco esas mercancías?

—Con una letra de cambio del Banco de Karnataka pagadera a tres meses vista.

Los finos labios del mercader esgrimieron una fría sonrisa.

—Otra apuesta, señor Marriott. ¿Piensa que el capitán aceptará su compromiso sin aval alguno? No obstante, creo que la suerte está de su parte: la demanda de paño inglés se ha triplicado desde la guerra y el vino cuenta con un mercado ávido tierra adentro —Harley golpeó la mesa con los dedos pensativo antes de proseguir—. Yo lo avalaré. Tráigame la letra de cambio para firmarla cuando la haya librado.

—Señor... —dijo Marriott tartamudeando—. No tengo palabras para agradecérselo lo suficiente... Le estoy sumamente agradecido...

—Reserve su gratitud. No soy ningún especulador, señor Marriott. Analizo el mercado y nunca corro riesgos. Estoy seguro de la operación me dará dinero; y permítame recordarle que mi comisión será del cinco por ciento.

«Maldito sinvergüenza —pensó Marriott disgustado.» Pero suponía que la creencia generalizada de que el mercader amasaba una inmensa fortuna era cierta. Y le convenía enormemente que un miembro del Consejo avalara su letra porque los capitanes de los mercantes ingleses solían exigir pagos en efectivo a los escribientes subalternos.

Harley hizo un gesto con la mano para que se retirase.

—Y ahora, vuelva a su trabajo.

Marriott se levantó y meditó unos instantes.

—¿Me da su permiso, señor, para trasladar mis aposentos? El capitán Amaury me ha propuesto compartir con él una casa ajardinada en Choultry.

Harley peló con su cortaplumas la punta de una pluma que ya era extremadamente respingona.

—Lamento esa persistente costumbre de hacerse con lujosas mansiones fuera del fuerte —respondió—. Los funcionarios de la Compañía deberían vivir junto a su lugar de trabajo. Conque Amaury, ¿eh? Tiene fama de descuidado pero, en el fondo, creo que es bastante formal. Un oficial galante, ¡ya lo creo! Podría estar peor de lo que estaría con él; de hecho, ya lo está. Sí, señor Marriott, tiene mi autorización.

Marriott suspiró aliviado y cruzó el pasaje que conducía hasta su oficina. Los sirvientes que se encontraban a la puerta se levantaron y se tocaron la frente para saludarlo. Marriott entró en una amplia sala de paredes desnudas y escasamente amueblada. Todo lo que había era dos escritorios bastante altos con dos taburetes, unas mesas plagadas de papeles, unas estanterías llenas de libros de contabilidad y una jarra de barro con agua potable colocada sobre un trípode. En uno de los escritorios, un hombre bastante corpulento levantó una ceja y dejó la pluma sobre la mesa.

—¡Bienvenido a la oficina! Me maravilla que te hayas molestado en aparecer por aquí —le espetó sonriéndole resueltamente—. ¿Otro lío, Charles? Estás pálido como un grifo que se marea en la mar.

—Por favor, ahórrese sus bromas, señor Fane. Mi cerebro está demasiado confuso como para recibirlas con agrado —respondió

Marriott devolviendo la sonrisa a su compañero escribiente—. En serio, William. Nuestro respetado mercader me acaba de someter a un interrogatorio. Y con uno tengo más que suficiente para toda la mañana —echó agua de la jarra en una copa, bebió sediento un trago y lo escupió—. ¡Dios bendito! ¡Esta agua sabe a rayos! ¿De dónde la han traído?

—Supongo que del pozo de los barracones, como siempre. Ayer vi cómo los aguadores sacaban de él un perro en descomposición. Le da cuerpo al líquido. ¿Por qué quejarse? Es mejor que el depósito de agua de Black Town con su capa de moho verdoso. A trabajar, Charles.

Fane señaló con su pluma el escritorio de Marriott, completamente cubierto de papeles.

—Tienes labor para mantenerte ocupado hasta que se meta el sol; aunque dudo que aguantes tanto —dijo riéndose entre dientes antes de retomar su trabajo.

Marriott se subió a su taburete de un respingo, apoyó la frente sobre las manos y cogió un papel de la pila. Con desgana, leyó aquellas arcaicas palabras consagradas por la tradición que siempre encabezaban los conocimientos de embarque: *Embarcado en regla y en perfectas condiciones por Nicholas Morse en el navío bautizado como Morning Star, perfectamente apto y que será dirigido con la ayuda de Dios durante la presente travesía por el capitán George Heron; actualmente anclado en los fondeaderos de las aguas de Madrás y que, con la Gracia de Dios, habrá de emprender rumbo hacia Mocha y el mar Rojo...*

Marriott empezó a copiar en uno de los libros de contabilidad una larga lista de mercancías consignadas a las bodegas de la Compañía. El silencio invadió la oscura sala; tan sólo se oían el roce de las plumas sobre el papel, el persistente zumbido de las moscas, el aleteo de los abanicos de los sirvientes y el sonido lejano del oleaje aproximándose a la costa. Marriott terminó su lista, echó arena sobre el papel y empezó a redactar el siguiente documento. «Copias interminables. Un trabajo aburrido y agotador, tan monótono que podría hacer enloquecer a cualquiera —pensó.» El tiempo pasaba muy lentamente, con largos meses de sofocante calor; en un entorno de suciedad, polvo y enfermedad que, demasiado a menudo, provocaba muertes. En esos dos años, había visto de todo: el alegre compañero muerto al amanecer tras una noche de jarana, enterrado a la puesta del sol y olvidado antes de que hubiera transcurrido una semana.

La India. Un castigo peor que las galeras para su único crimen no premeditado; aquel desafortunado golpe en medio de una disputa en estado de embriaguez, que había terminado con un cadáver tendido sobre el pavimento. Desterrado al Indostán como un delincuente huido de la justicia. Como tantos otros dentro de la Compañía y fuera de ella: la mitad de los hombres de Madrás habían hecho algo por lo que ya no eran gratos en Inglaterra. Nadie más, aparte de los condenados, aceptaba cumplir servicio en la Compañía, el último reducto de hombres de vida disoluta echados a perder; un vertedero de oficiales corruptos, de deudores y bastardos de origen noble que incomodaban a las familias de las que procedían.

Meditabundo, observó la expresión bien humorada que se dibujaba en la cara de Fane, redonda y rosada como una manzana, y siguió sopesando mentalmente la severa condena que le había sido impuesta. No todos aquellos hombres pertenecían a la escoria de la sociedad; había muchos que, al igual que Fane, habían embarcado hacia Oriente sin mancha alguna en su expediente, con la única ambición de seguir conduciendo allí una vida honesta y gestionar los negocios de la Compañía sin conceder gran importancia a la recompensa que por ello recibirían. Incluso el mismo Harley, siempre dispuesto a sacar unas *pagodas* si se prestaba la ocasión, llevaba los asuntos públicos de manera intachable, sin ceder jamás a los sobornos y las demás formas de corrupción que abundaban en aquel negocio, cuyo fin último no era otro que el dinero. Probablemente, el número de hombres buenos sobrepasaba al de hombres malos; al menos, la Compañía había logrado crear unos islotes de seguridad y orden —Madrás, Calcuta y Bombay— en un país en el que la anarquía y los derramamientos de sangre reinaban por doquier.

Un mensajero entró en la estancia sin hacer ruido y se tocó la frente con los dedos.

—El gran señor *sahib* le envía sus saludos, señor —anunció.

—¡Qué diablos! —exclamó Marriott— ¡Casi tengo cuadrados todos los libros de gastos! ¿Qué es lo que quiere ahora el viejo? —dijo. Se apretó el nudo de su pañuelo, se alisó las arrugas —Harley desaprobaba el modo en que vestía su subalterno— y acudió a la oficina del mercader.

—El *Osterley* ha salido de Chingleput. Si los vientos le son favorables, debería atracar en Madrás mañana. Encárguese de recibirlo a su llegada, señor Marriott. Compruebe los manifiestos del capitán y organice el transbordo de todas las cargas consignadas a nombre de la Compañía. Puede llevar consigo al señor Fane y al funcionario jefe para que lo ayuden.

El abatimiento de Marriott desapareció. Por fin una tarea de bienvenida, una pausa en medio de la rutina diaria, una oportunidad para ver caras nuevas, para conocer los últimos rumores y noticias —aunque llegaran con seis u ocho meses de retraso— procedentes de un país que parecía estar a un millón de kilómetros de distancia.

—¿Me otorga su permiso para usar el buque de transbordo, señor? —dijo sonriendo feliz.

—Me temo que no. El buque del gobernador está reservado para ciertos pasajeros distinguidos: el general sir John Wrangham y su familia. Me imagino que los directores lo habrán puesto al mando del fuerte Saint George. Según cuentan, es un caballero bastante irritable. No creo que estuviese dispuesto a aceptar la humedad que sin duda llevaría con usted en una rudimentaria galeota hindú —respondió Harley. Luego sacó del chaleco su reloj de bolsillo—. Son casi las dos. Hora de comer. Tiene permiso para cerrar la oficina, señor Marriott.

Marriott estaba en la parte baja de la playa, tratando de averiguar con cuánta fuerza romperían las olas en la costa.

Media milla más allá, como rocas en medio del mar teñido por el sol, los cascos y los palos de las embarcaciones abarrotaban los fondeaderos. Una fragata naval, elegante y reducida, con portas negras que contrastaban sobre las rayas de color amarillo pálido que adornaban sus costados. Los bergantines del comercio de Sumatra. Un bajel danés que portaba índigo y especias de Tranquebar. Gran número de embarcaciones del país: botes de Cochin y Malabar con elevadas popas, piraguas de velas latinas y lanchas pesqueras. Y, algo más allá, se izaban majestuosos los mástiles de un mercante inglés dominando la formación en su calidad de buque de guerra cargado de cañones. En los astilleros, se apreciaban las siluetas de los marineros en un constante hormigueo ajetreado.

El fuerte oleaje hizo tambalearse a una galeota hindú a las orillas. Era una disparatada caja abierta de cinco yardas de eslora y dos de anchura, con seis pies de fondo. Estaba hecha de tablones de madera hueca sujetos con fibras de cocotero. La gruesa capa de hierba que cubría su parte superior impedía ver íntegramente la alarmante escena del agua rasgando sus costuras. En la popa, había una plataforma destartalada en la que se encontraba el timonel. Contaba con unas bancadas para los remeros, dispuestas en parejas por todo el bote a intervalos regulares. El asiento de los pasajeros era un tablón situado bajo la plataforma del timonel.

Marriott contempló una inmensa ola que, con gran estruendo, se curvó y rompió unas yardas más allá lanzando unos sibilantes chorros que asemejaban tentáculos. Se echó a los hombros una capa de marino.

—Una marejada moderada —dijo—. Si Dios quiere, puede que no tengamos motivo de queja. Cuanto más tiempo nos quedemos mirando, peor será la cosa. Embarquemos ya. William, tú primero.

Un barquero cargó a Fane a la espalda y cruzó con él los bajíos. Lo siguió el funcionario con su mochila de lona llena de manifiestos hindúes y conocimientos de embarque. Marriott saltó bruscamente de los curtidos hombros desnudos del porteador que lo llevaba y aterrizó a bordo dando una suerte de voltereta. El timonel subió a la plataforma y se hizo cargo del gaón. Seis remeros tripulaban las bancadas, con sus cuerpos de color chocolate únicamente cubiertos por unos taparrabos. El timonel, dándose sombra en los ojos con la mano, examinó atentamente el oleaje.

Marriott, como tantas otras veces antes, se preguntaba si semejante artilugio sería capaz de desafiar a aquel precipicio de blanca cresta que, como una montaña inmensa, se dirigía velozmente hacia la costa para perderse en un rugido de espuma. Desde su plataforma, el timonel contemplaba cómo las olas rompían y estallaban en furiosos cañoneos.

—¡A sotavento! ¡A sotavento! —gritó tan fuerte como pudo levantando un brazo hacia la jarcia.

Rápidamente, los remeros sacaron los remos del agua de un tirón brusco y los dejaron señalando hacia el cielo. Marriott se sujetó a la borda y cerró los ojos. Podía oír el bramido de las enfurecidas aguas y sentía cómo las cuadernas que cruzaban el casco se hundían bajo sus pies. La espuma del mar azotaba con fuerza su cara. El bote dio unas siniestras sacudidas, suspendido sobre la agitada cresta de la ola, con la tripulación remando caóticamente y gritando en medio de la confusión. Después, cayó por la acentuada pendiente como un trineo, deslizándose a toda velocidad. El timonel sonrió nervioso, dejando al descubierto sus dientes enrojecidos por el betel, y ordenó a los remeros que prosiguiesen. El agua llegaba casi hasta sus bancadas.

Fane escurrió su capa.

—¡Maldita sea! —exclamó tiritando—. ¡Jamás me acostumbraré a esto! —. El rostro enrojecido del funcionario había adquirido un matiz verdoso; la punta de una ola le había arrebatado el turbante de la cabeza; la toga de algodón que vestía estaba completamente empapada y se le pegaba al cuerpo.

—Todavía quedan dos más —anunció Marriott con seriedad—. El oleaje del centro suele ser el peor.

Un indígena se afanaba en achicar el agua con un cubo de cuero como única tarea. A treinta yardas por ambos lados, dos hombres casi desnudos, sentados a horcajadas sobre unos troncos de árbol amarrados entre sí, remaban con gran esfuerzo intentando seguir el curso de la rudimentaria galeota; era una escolta de catamaranes para rescatar a los pasajeros si el bote volcase. A pesar de los catamaranes, Marriott recordó con desánimo el destino de dos ingleses que se habían ahogado el mes anterior: un guardiamarina de setenta y cuatro años y un comerciante de Cuddalore.

La galeota, anegada por el agua hasta la mitad y mecida lentamente por el oleaje, se arrastró hasta la ola central. Los remeros comprobaron la trayectoria a una distancia de un remo de donde la ola formaría un rizo y rompería con tremenda fuerza. La estacionaria embarcación ascendió vertiginosamente por un torrente de espuma que irrumpió bajo la quilla y cayó como un halcón encorvado en el valle que se formó después. El timonel, estudiando con cautela las sucesivas olas de gran tamaño, sacudió la cabeza. Fane sintió arcadas y vomitó entre sus pies, sobre la hierba totalmente encharcada. El funcionario se cubrió la cabeza con su capa en una imagen de absoluto desamparo. El sol provocaba un vapor húmedo en las empapadas vestimentas que se secaba en la piel de los tripulantes dejando rastros de salitre en sus poros.

El achicador seguía con su trabajo, canturreando una canción para sí mismo. Marriott luchaba por superar su sensación de mareo y armarse de paciencia. Probablemente, tendrían que esperar media hora antes de lanzarse a cruzar otra vez el oleaje. No se podía meter prisa a los remeros de las galeotas hindúes. Habían aprendido mucho sobre estos asuntos gracias a sus muchas experiencias —en ocasiones, muy duras— y eran capaces de calcular el punto exacto donde romperían las olas.

Fane se frotó la boca con el dorso de la mano y se despojó de la capa de marino y los zapatos.

—Será mejor que nos preparemos para lo peor —se lamentó con ironía.

Marriott asintió con aspecto somnoliento; a pesar de los bandazos y las arremetidas, se estaba empezando a quedar dormido.

—¡A sotavento!

El bote avanzó con una sacudida, se empinó, se balanceó hacia un costado y se deslizó por la pendiente marcha atrás como un cangrejo. La regala se hundió y empezó a entrar agua a bordo. Fane soltó un desgarrador grito de terror y desapareció en medio de la catarata. Marriott se zambulló por un costado y lo cogió del pelo; después, se agarró a un escálamo y se sujetó fuerte a él, con la cabeza y los hombros enterrados en el mar. La inmensa ola rugió a su paso. Marriott sacó a Fane a la superficie. A su lado, aparecieron otras dos cabezas de brillante cabello negro y bronceadas caras. Los hombres de los catamaranes, ágiles como tiburones en el arte de nadar, sujetaban a Fane por las axilas. Los remeros dejaron sus bancadas y fueron a socorrerlo. Lo metieron en el bote.

Fane escupió agua y dijo jadeante:

—¡Maldita sea! ¡Menos morirme, me ha pasado de todo! —Echó una mirada vengativa al timonel—. Ese granuja incompetente se merece una buena paliza —el indígena, indiferente, abrió las manos y se encogió de hombros—. Por favor, Charles, acepta mis agradecimientos. De no haber sido por tu rapidez, sería pasto de los peces. Yo no sé nadar.

—¿Y quién sabe? —gruñó Marriott— Ya me invitarás a una botella cuando tomemos tierra; si es que la tomamos...

Empapados y con aspecto desaliñado, los escribientes subieron por la escalerilla de cuerda que colgaba de un costado del *Osterley*. Una figura pequeña y gruesa los esperaba en cubierta con su casaca azul, su sombrero de tres picos y un catalejo bajo el brazo.

—Capitán Browning. ¡A su servicio, caballeros! —anunció—. Han tenido ustedes una tormentosa travesía en medio del oleaje; los he estado observando con el catalejo. Acompáñenme a la cabina.

Les puedo ofrecer una selección de malvasía que les quitará el salitre de la garganta.

Los pasajeros se agolpaban a ambos lados de los macarrones contemplando curiosos la costa bordeada por palmeras, las formidables murallas de Saint George, los blancos y finos tejados de las casas, que despuntaban sobre las copas de los árboles tierra adentro. Había oficiales vestidos de rojo, caballeros de la marina de azul, civiles barrigudos sudando sin parar bajo sus chaquetas con cuellos de terciopelo. Las damas se abanicaban en vano intentando recuperar la respiración entrecortada por el calor y los niños miraban con atención cómo los *lascar* subían las mercancías de las bodegas. Fane echó un rápido vistazo a las mujeres.

—Todas muy poco agraciadas —declaró entre dientes—. ¡Una remesa sin talento, Charles!

Marriott sonrió: cada vez que llegaba un mercante inglés, los jóvenes de Madrás esperaban ansiosos que desembarcase una remesa de encantadoras damas, pero resultaban decepcionados constantemente.

El capitán Browning condujo a sus invitados a la cabina. Estaba en la popa y se encontraba dividida en camarotes por medio de unas lonas colgadas que hacían las veces de tabiques. En el centro, había una enorme mesa llena de botellas y copas alineadas como si de una formación de soldados se tratase. Los oficiales y los pasajeros de la embarcación que, tras un viaje de ocho meses habían trabado una íntima amistad o una enemistad acérrima entre sí, charlaban de pie alrededor de la mesa e intercambiaban despedidas. El capitán echó vino en unas copas.

—Supongo, caballeros, que están aquí en representación de la Compañía, ¿no es así? Mi sobrecargo traerá los manifiestos de las mercancías para que puedan empezar con sus asuntos.

Un hombre rubio de muy buen color, que vestía indumentaria militar y llevaba una copa en la mano, se acercó a ellos y les preguntó:

—¿Son funcionarios de la Compañía? —les preguntó acercándose a ellos—. Quizá, caballeros, puedan decirme cuándo podré desembarcar —sus sombrías cejas se erizaron por encima de su puntiaguda nariz, desde la que partían unos enormes surcos que recorrían su rostro hasta los labios—. El capitán Browning ha tenido la amabilidad de anunciar mi llegada y ya hace tres horas que echamos el ancla.

Browning se apresuró a intervenir.

—Permítanme que les presente. Sir John Wrangham —entonces, señaló con la mano a una pálida dama entrada en años—. Lady Wrangham y...

A Marriott casi se le cayó la copa de la mano al contemplar aquellos ojos verdes con motas doradas, aquel rostro perfectamente definido, aquella piel de color marfil y aquellos labios rojos como dos rosas. El cabello, de un precioso tono cobrizo, formaba graciosos tirabuzones. Los rizos sobresalían por debajo de un sombrero de paja de ala ancha sujeto mediante un lazo anudado bajo la barbilla, en la que resaltaba un hermoso hoyuelo. Bajo un vestido de seda floreada y talle alto, con una hechura que los ojos de Marriott jamás antes habían contemplado, se adivinaba una figura alta y esbelta.

—... Miss Caroline Wrangham —dijo Browning concluyendo la presentación.

Marriott la saludó con una reverencia. Miss Wrangham, consciente de la impresión que había causado, lo examinó divertida igual que él había hecho con ella.

—Está usted un poco despeinado, señor. ¿Es inevitable darse un chapuzón en el camino del barco a la costa? ¡Menos mal que he aprendido a nadar!

Marriott recordó con rubor que tenía el pelo lleno de salitre y la ropa empapada y totalmente arrugada. Entonces, se presentó y presentó a Fane que, estupefacto, no lograba apartar los ojos de aquella visión. Entre balbuceos, aseguró a miss Wrangham que no tenía por qué temer. El buque de transbordo que la llevaría a la costa era perfectamente seguro; una nave amplia, mucho mejor equipada que las galeotas comunes de la India, con muchos más remeros y, además, decentemente vestidos. Con suma torpeza, Fane también mencionó un incidente en el que el buque del gobernador se inundó en medio de una furiosa marejada cinco años atrás y todo el pasaje se ahogó.

—Después de haber visto las vicisitudes por las que han pasado en el oleaje, esperaba poder correr una aventura similar —dijo miss Wrangham mirándolo decepcionada—. La existencia a bordo del *Osterley* se me ha hecho terriblemente monótona, a excepción de un día en aguas de Trincomalee, cuando un corsario francés intentó darnos caza. Uno o dos golpes de costado —continuó con tristeza— lo disuadieron, así que izó su vela y se marchó.

«Peculiar observación —pensó Marriott— para una dama de refinada educación que debería haber buscado refugio en la despensa cuando el barco se dispuso a entrar en combate.»

—Me imagino que sería Surcouff, del *Ajax*. Un nauseabundo pirata que navega a sus anchas entre Comorin y Calcuta hostigando a nuestra flota. ¿Por qué no puede el almirante Troubridge...?

—Disculpe la intromisión, señor —un hombre pálido de nariz alargada ataviado con el uniforme del Regimiento de los Dragones Ligeros apareció al lado de Marriott—. Sir John está impaciente por desembarcar. ¿Me permite preguntar cuándo estará listo el transbordo? —dijo escudriñando con sus ojos de color ámbar el desastroso aspecto de Marriott, al tiempo que le lanzaba una mirada insolente.

—Permítame que le presente al señor Anstruther, el edecán de mi padre —interrumpió miss Wrangham ocultando el placer que le producía el instante de rivalidad que parecía haberse establecido entre ambos hombres. Después, se escabulló discretamente para entablar conversación con un joven bajo y fornido de mandíbulas angulosas, que llevaba la sencilla casaca roja con botones dorados de los cadetes del ejército de la Compañía.

—Les aconsejo armarse de paciencia, señor —dijo Marriott cortante—. El oleaje, como puede ver, es bastante violento y puede que haya dificultades.

—¡Al diablo con las dificultades! —la voz atronadora del general resonó en toda la mesa— Ustedes han cruzado ese oleaje. ¿Por qué no iba a hacerlo yo? Le ordeno que parta inmediatamente hacia Saint George y acelere el envío de su medio de transporte, ya bastante retrasado.

Las formas del oficial disgustaron a Marriott profundamente. Además, sir John no tenía autoridad directa sobre él. Había un abismo que diferenciaba claramente a los militares de los civiles dentro de la Compañía. Y ambos grupos velaban celosamente por sus propios beneficios y privilegios. Pero hubiera sido una estupidez que un humilde escribiente se enfrentase innecesariamente a un general; y más aún cuando el general no era otro que el padre de miss Wrangham.

—Partiré hacia la costa sin demora, señor —respondió; pero, en voz baja, le dijo a Fane—: ¡Vaya un contratiempo desafortunado, William! Tú y el funcionario os quedaréis a bordo dando cuenta de los manifiestos. Comprueba bien mi remesa personal y entrega esta letra al capitán.

Le puso en la mano un arrugado documento, se despidió cordialmente de Browning, hizo una reverencia a las damas y subió a cubierta dando grandes zancadas. Los marineros habían colgado una escalerilla de transbordo que llegaba hasta la galeota, mecida por las aguas a sus pies. Marriott la bajó y saltó a bordo. Entonces, notó algo en la escalerilla. Un vestido de flores inflado, seguido por una casaca roja. Caroline Wrangham resbaló en los últimos peldaños y cayó dentro del bote. El cadete de aspecto apesadumbrado la ayudó a sentarse en la bancada de los pasajeros y, con desgana, él mismo saltó a la endeble nave.

Marriott, atónito, intentaba que las palabras salieran de su boca.

—Miss Wrangham, no se le ha perdido nada...

—Suelte amarras, ¡rápido! Se lo ruego, antes de que papá se dé cuenta —respondió la joven. Llevaba el sombrero ladeado, tenía el pelo alborotado y sus ojos resplandecían como dos esmeraldas pulidas en su rostro, lleno de excitación y rubor. Su aspecto era encantador.

Marriott, sin saber qué hacer, miró al nervioso cadete, que no pudo contener una mueca.

—Será mejor que obedezca, señor —fue todo lo que acertó a decir.

El timonel, viendo que su pasaje estaba al completo, levantó el gaón y ordenó a sus hombres que remasen. Marriott se sentó en la bancada junto a la joven y la cubrió con su capa.

—No alcanzo a comprender el sentido de este disparate —dijo con tono adusto—. Si algo le ocurriera, el general acabará conmigo.

—¡Oh, no! —replicó ella resueltamente— Por supuesto que papá estará enfadado, pero su furia nunca dura demasiado... Ya sabe, es incapaz de negarme nada. Le juro que no hubiese aguantado ni un instante más en el ambiente tan cargado de ese barco. Y estoy segura de que esto —continuó dirigiendo la vista hacia la zona de oleaje que tronaba un poco más adelante en su trayectoria— será sumamente entretenido.

Marriott miró hacia atrás y, tras las aguas que los separaban, en los macarrones del *Osterley*, vislumbró la enfurecida cara del general, que agitaba los brazos gesticulando con rabia. A su lado, lady Wrangham, su esposa, tenía la expresión de una mártir a punto de ser quemada en la hoguera. Volvió la cabeza apresuradamente y trató de consolarse pensando que, según se contaba, cruzar el oleaje hacia la costa y, por tanto, en la misma dirección que tomaba el empuje de las inmensas olas, siempre era menos arriesgado que hacerlo hacia el exterior, cuando no había más remedio que chocar frontalmente contra ellas.

—Agárrese bien —ordenó a miss Wrangham. Después, le pasó un brazo por la cintura en actitud protectora. Pero... ¿se estaba apretando ese delicado cuerpo contra su pecho? Seguramente sería por los bandazos que daba el bote.

—¡A sotavento!

La galeota planeaba como un pájaro.

Marriott cogió a la traviesa muchacha en brazos y cruzó los bajíos con ella. Los mechones de cabello caoba le hicieron cosquillas en la mejilla. Por un instante, Marriott acunó el suave pecho de la joven con la palma de la mano; la retiró de inmediato, incómodo. Depositó a la muchacha sobre la arena y se secó la empapada cara.

—Un cruce afortunado. Lo hemos terminado razonablemente secos. Aunque el objetivo de esta misión ya se ha cumplido —dijo señalando hacia el mar, donde el buque de transbordo navegaba presuroso hacia la primera zona de oleaje—. Será mejor que la acompañe a los aposentos del gobernador donde, sin duda alguna, su padre se reunirá pronto con usted.

Caroline hizo una reverencia.

—Como guste, señor... —El ridículo sombrero había desaparecido en la marejada. El pelo húmedo y alborotado le cubría las orejas; su preciosa cara estaba radiante y sus ojos, encendidos por la emoción—. Le ruego que acepte mi agradecimiento por su indulgencia. ¡No había disfrutado de una aventura tan apasionante en toda mi vida!

Marriott gruñó de manera descortés al recordar las posibles consecuencias que hubiera podido tener la hazaña. Pagó a la tripulación de la rudimentaria galeota hindú y de los catamaranes. Los hombres, con sus relucientes cuerpos desnudos, estaban agazapados en cuclillas a su alrededor y observaban atentamente cómo los *fanams* caían de su cartera a su mano. Por menos de lo que costaba una botella de cerveza negra, aquella docena de hombres había arriesgado la vida. Marriott añadió una moneda o dos más de las convenidas y cruzó la playa de guijarros hasta la explanada adoquinada que bordeaba las murallas de Saint George. El cadete respiraba con dificultad.

—¿Es excepcional este bochorno, señor? —inquirió— ¡Caramba! ¡Nunca me había sentido así!

—En absoluto. Las estaciones varían muy poco en la costa de Coromandel. Excepto en los meses de los monzones, en los que la humedad es aún mayor. Ha decidido usted prestar servicio —concluyó Marriott adustamente— en un clima que pone a prueba la resistencia de los hombres.

—Al amanecer, cuando subí a cubierta, ya tuve un aviso —replicó Caroline despreocupada—. La brisa procedente de tierra traía consigo un soplo nauseabundo, similar al hedor de un matadero. Desde entonces, ese soplo —añadió con desagrado al tiempo que arrugaba la nariz— no se ha reducido ni un ápice.

Los centinelas que hacían guardia a las puertas de la casa del gobernador los saludaron. Un guardia que lucía una reluciente casaca carmesí y portaba una lanza dorada custodiaba el pórtico flanqueado por columnas. Escuchó las órdenes de Marriott y los dejó pasar. Un secretario ataviado con ropajes de color rapé cruzó el vestíbulo caminando con gran afectación. Al ver a Caroline, se quedó pasmado admirando su belleza, con los ojos abiertos como platos. Después, recuperó la compostura y pidió que le contasen qué asuntos los habían conducido hasta allí. Marriott explicó la situación. El secretario hizo una reverencia e hizo pasar a la dama. Ésta apoyó una mano sobre el brazo de Marriott.

—Señor —dijo—, le doy mi palabra de que la aventura que hemos compartido esta mañana no le ha de acarrear problema alguno. Ha sido culpa mía y así se lo haré saber a mi padre.

Dicho esto, desapareció tras un colorido tapiz cantonés que colgaba de la puerta que conducía al interior. Marriott hizo una seña al cadete.

—Venga conmigo. Vayamos a ver al comandante del fuerte. Le encontrará aposento en los barracones. Me imagino que pronto traerán su equipaje a tierra. Pero me temo que no tengo el gusto de saber cómo se llama usted...

—Henry Todd, señor, nombrado cadete recientemente en el ejército de la Presidencia.

Mientras recorrían las calurosas calles, Marriott inspeccionaba con disimulo el fornido aspecto de su acompañante, con su angulosa cara y su protuberante barbilla. Le pareció que tenía las facciones excesivamente marcadas para ser tan joven y juzgó que tendría unos diecisiete años o incluso menos.

—Cuando se haya establecido en sus aposentos, deberá buscarse un *banian* de confianza.

—¿Un *banian*?

—Una especie de mediador; un musulmán. Todos tenemos uno. Le conseguirá sirvientes, le prestará dinero, le comprará un caballo y saldará las cuentas que tenga pendientes. Por cada transacción que realice en su nombre, cobrará una comisión cuya cantidad dependerá de los medios con los que usted cuente; dato que él conocerá a la perfección. Estafan con astucia a los proveedores de sus amos pero raramente engañan a éstos. Si vive lo suficiente, será un estipendio de por vida para su *banian*. Suelen hacer apuestas sobre el tiempo que vivirán sus amos ingleses.

—¿Tiempo que, me temo, a menudo es corto?

—Con frecuencia. Los veteranos dicen que si uno logra sobrevivir cinco años, le aguardan otros veinte. Pero no se puede uno fiar de los viejos dichos... ¡Eche un vistazo a los epitafios de nuestro cementerio!

Al pasar por la calle Saint Thomé, Marriott le indicó cuál era su casa y lo convidó a visitarlo cuando estuviera asentado.

—Aunque me voy a mudar dentro de poco —añadió.

El cadete le contó que, al cabo de uno o dos años, aspiraba a ascender al cargo de alférez del 33° Regimiento de la Infantería Indígena de Madrás, actualmente destacado en Arcot y comandado por su padre.

—Con ayuda de su padre —afirmó Marriott— debería poder ascender rápidamente. Le recomiendo que se esfuerce para que así sea, porque los cadetes están demasiado constreñidos por la instrucción y la disciplina y llevan una vida sumamente aburrida.

—No tengo intención de recurrir a influencias para lograr mi ascenso —replicó Todd fríamente.

Marriott lo miró con recelo. ¿Tan mojigato era?

—Sin influencias —afirmó secamente—, los funcionarios de la Compañía ascienden muy lentamente. No desprecie jamás, señor Todd, la suerte de contar con un protector.

Atravesaron la Parada en la que Marriott había presenciado la ejecución militar, ahora desierta a excepción de un pelotón de reclutas cipayos que hacía maniobras bajo la insuficiente sombra de un árbol de Bo. Un grupo de indígenas indolentes los observaban con indiferencia, sentados en el suelo con las piernas entrelazadas. Marriott señaló con la cabeza al grupo de reclutas.

—Al menos, no tendrá que hacer maniobras al sol del mediodía. Los soldados europeos no salen de los barracones después de las nueve. Dígame —prosiguió—, ¿ha tenido mucho trato con miss Wrangham en su travesía?

—La señorita reveló una ligera debilidad por mi persona y tuvo a bien honrarme con su amistad —respondió en un petulante tono.

—Parece ser una dama de excepcionales cualidades.

—¡Miss Wrangham es un dechado de virtudes! —exclamó el cadete con encendido fervor — Tiene carácter, sí; pero es de naturaleza tan gentil como hermosa.

«El pobre diablo está totalmente loco por ella —concluyó Marriott—. Seguro que no ha hecho otra cosa en todo el viaje de Tilbury a Madrás que atender a los deseos y caprichos de miss Wrangham como un fiel criado. Y, ahora, el pobre tendrá que luchar contra todos los jóvenes de Madrás, mojigatos o galanes, por obtener su favor.» Por supuesto, el propio Charles Marriott tenía intención de contarse entre ellos.

Presentó al joven al comandante del fuerte, un capitán de mal genio y talante irritable, con la cara llena de marcas a causa de la viruela. Después, salió aliviado a la calle y se dirigió a su oficina. Se quitó la chaqueta y el pañuelo y los dejó caer sobre una silla. Con autoridad, exigió a su sirviente que lo abanicara con mayor brío y observó con aire taciturno la pila de papeles que descansaban sobre su escritorio. Encima de todos, había una carta dirigida a él. Marriott rompió el sello y la leyó:

Señor:

Si no fuese porque me he formado una impresión muy favorable sobre su persona, debería haber rechazado su petición para cambiar de aposentos. No obstante, estoy dispuesto a hacer uso de mi poder en su beneficio si usted accede a llevar sus asuntos de manera diferente a como lo ha hecho hasta ahora y se compromete a no volver a ver a sus amistades de Black Town. Si acepta, digo, dichas condiciones, gustosamente propondré la renovación de su comisionado, esta vez con la categoría de mercader asistente. Así mismo, le prestaré 200 pagodas para aliviar definitivamente sus deudas de juego. Ahora bien, me gustaría señalar que, si falta a su palabra, pediré al Comité que lo expulse, al menos de mi servicio.

A la espera de sus noticias,
señor,
se despide con honor, siempre suyo,
Joseph Harley

Madrás,
3 de marzo de 1800

Marriott respiró hondamente con satisfacción. El veterano estaba dispuesto a solucionarle la vida. ¡Quién lo iba a decir! Dejó la carta sobre la mesa y se deleitó pensando en un futuro feliz. Libre, lejos del agobiante confinamiento del fuerte, con una espaciosa casa bien ventilada a orillas del Adyar, sin estar endeudado hasta el cuello y con perspectivas de ascenso dentro de la administración. Marriott tarareó una melodía que reconoció como *Nancy Dawson* y apretó los dientes en un gesto evocador. ¡Qué primitivas eran las costumbres del ejército! Y, ahora, se proponía compartir casa con un oficial anclado en la tradición militar, con todo un dechado de virtudes militares. Los soldados y los civiles no solían vivir juntos... ¿Funcionaría la cosa? Hasta ese momento, Amaury tan sólo había sido un mero compañero en sus momentos de ocio, un camarada de cenas y juegos de azar. Aunque, últimamente, el galante capitán se había convertido en una especie de guardián que lo reprendía ligeramente por los desatinos que cometía en Black Town; como si él fuese un polluelo errante y Amaury la gallina protectora. La comparación le hizo reír: ¡era difícil imaginar algo menos parecido a un soldado joven y gallardo!

Feliz, se acordó de miss Wrangham. Se preguntó cómo reaccionaría aquella caprichosa belleza ante el elegante encanto de Amaury.

CAPÍTULO DOS

Hugo Amaury se reclinó en la silla de ratán y aspiró el humo de su narguile. Llevaba una camisa de algodón abierta por el cuello y unos holgados pantalones musulmanes de color blanco. Unas babuchas de cuero marroquí verde, con la punta curvada al estilo turco, adornaban sus pies. Desde las ventanas del piso superior del edificio contempló la estela de árboles de la llanura, que se extendía a través de las dunas hasta la desembocadura del Adyar; en los fondeaderos, se vislumbraba todo un bosque de mástiles despuntando por encima de las palmeras con un aspecto borroso a causa de la distancia y la calima. Ráfagas de viento calientes y pesadas como las de un horno atravesaban de cuando en cuando las ventanas abiertas.

Amaury exhaló una bocanada de humo y examinó a través de aquella fumarola el dormitorio de la casa ajardinada que había alquilado. Alfombras persas decoraban el suelo ajedrezado. Las paredes encaladas lucían varios espejos y grabados. Había armarios de caoba, telas de calicó estampado a juego con el cubrecama colgando de las puertas, cortinas mosquiteras de gasa, candelabros de vidrio oscurecido en las paredes... Un palacio, comparado con su miserable habitación de los barracones. Su dormitorio era el mejor de los cinco que había en esa planta porque era el menos soleado; en la planta de abajo, se encontraban los comedores, el salón y una sala de billar cuya mesa —de la ebanistería londinense Seddons— había costado doscientas *pagodas*. Un equipamiento bastante aceptable para una de las casas más pequeñas de la llanura de Choultry, si bien parecía una modesta casita de campo al lado de las mansiones que se hacían construir los acaudalados nababs. Su casa, llamada Jardines de Moubray en honor a su legítimo dueño, tenía diez años o menos y, al contrario que las otras casas ajardinadas, más antiguas, se había librado del constante pillaje de los saqueadores de Haider Alí durante las primeras guerras de Misore.

Ahora que Haider y su despiadado hijo, el sultán Tipu, habían muerto y sus dominios habían quedado bajo el control de la Compañía, resultaba difícil imaginarse a aquellas hordas de jinetes indígenas que antaño habían devastado la llanura, incendiado los barracones de la artillería en el monte Saint Thomé y atravesado Black Town con sus caballos. Black Town, esa madriguera de indigentes, antiguamente poblada exclusivamente por indígenas pero invadida a lo largo de los años por grupos de europeos que no podían permitirse una casa ajardinada en la llanura de Choultry ni unas oficinas en el fuerte. Todo eso sucedió antes de su época, reflexionó Amaury. Aunque, en las cenas y asambleas, a menudo había tenido que escuchar los evocadores relatos de los veteranos que habían sido testigos del terror.

En el barrio residencial de Vepery, vivía un patriarca encorvado y marchito; un hombre ya retirado del ejército del general Stringer Lawrence, que fue capturado por los franceses cuando tomaron Madrás en el 46 y, posteriormente, marchó al mando de Robert Clive, antepasado del gobernador actual, para saborear la victoria en la plaza de Arcot. Recibía una pensión.

Así era en aquellos días: uno podía obtener poder y riqueza asestando vigorosos golpes con el brazo derecho y amasar una fortuna a base de despiadados mandobles de espada. Como aquellos mercenarios popularmente conocidos como *lanzas libres*: Perron, por ejemplo, o George Thomas, que logró crear su propio reino en Hansee, al norte. Pero eso había terminado. Ahora, el reglamento de la armada, con sus archivos, sus precedentes y el papeleo, ponía el ascenso a los funcionarios de la Compañía más difícil de lo que lo hicieran treinta años atrás los jinetes de Haider. Lo máximo a lo que un soldado podía aspirar por sus méritos militares era a una condecoración honorífica que no llevaba aparejada compensación económica alguna.

Él lo tenía todo: era el único capitán con menos de cinco años de servicio. Daba las gracias a Dios por Seringapatam y su fortuita participación en los disturbios que hicieron caer a Dunlop, donde él se había hecho con el mando y había dirigido el desesperado ataque. Aquel revuelo le propició más de una condecoración: Amaury había vendido a un nabab millonario unos brazaletes con diamantes engastados que había robado en el palacio de Tipu y había invertido el dinero en unas acciones que le reportaban mil libras al año; cinco veces más de lo que cobraba con su mísera paga del ejército. De vez en cuando, llegaban al Banco de Karnataka cheques a su nombre procedentes de Inglaterra. Teniendo en cuenta el nivel de vida de los capitanes cipayos, se podría decir que él era un hombre acaudalado.

Inglaterra.

Amaury se revolvió en su silla. Era mejor no pensar en la herencia que había perdido. Escudriñó la árida llanura parda en la que un grupo de elefantes tiraba de unas carretas con ruedas. Supuso que eran provisiones que enviaba el Gobierno, para los barracones del monte Saint Thomé. A orillas del río, los camellos buscaban pasto en la escasa hierba desteñida por el sol. En el horizonte se divisaba un bergantín de relucientes velas blancas. Los rayos del sol lo deslumbraron y le impidieron seguir contemplando la escena pero, a pesar de su resolución, otra imagen ocupó su mente...

Los espinos de las tierras bajas, con sus ramas bailando al son de los primaverales vientos; las blancas flores tiñendo los campos como un manto de nieve; un valle al abrigo de multitud de hayas; un enorme edificio gris esculpido en los pliegues del paisaje y el césped perfectamente cortado extendiéndose hasta un arroyo. Su padre, cansado de la antigua casa de madera, había levantado una mansión al estilo Palladio en tierras de los Plantagenet. La finca de Mayne, en el condado de Wiltshire; la joya de la corona en mitad de un terreno de treinta mil acres, con sus villas y sus bosques, sus prados y sus campos. Y todo ello le correspondía por herencia, ya que él era Amaury de Mayne. Y todo lo había perdido, todo se le antojaba ahora tan remoto como el más lejano de los planetas; todo lo había perdido en un simple momento de pasión.

El sirviente que sujetaba el narguile, agazapado en cuclillas junto a su amo, sopló las brasas del carbón, cambió el agua de rosas hábilmente y volvió a acoplar el tubo flexible al cuello de la pipa. Amaury tosió al aspirar el humo y tiró la boquilla al suelo. El sirviente hizo una mueca de dolor: los grandes señores no deberían tratar así a tan precioso instrumento. Amaury sacó un puro de una caja plateada —un hábito vulgar al que, en secreto, él daba preferencia. Apoyó la cabeza sobre un cojín y se quedó mirando fijamente al techo; sus melancólicos recuerdos surcaban el humo para escurrirse después como serpientes entre los frescos del yeso.

La escuela de Eton y, después, el rango de corneta que su padre le consiguió en el 14° Regimiento de Dragones Ligeros. Su época de soldado en Inglaterra; aquellos días que transcurrían entre los establos, la instrucción y los ejercicios de campaña en los barracones de la caballería de Hounslow. De caza, disparando junto a otros oficiales de igual rango en las rojizas espesuras otoñales de Mayne. Los teatros, los bailes y las reuniones sociales; las reñidas carreras con carruajes de dos caballos en la carretera de Brighton. Aquella atractiva prostituta recluida en Windmill Street —una apasionada y exigente muchacha a la que él retiró de la profesión. Las apuestas en Brooks, las copiosas comidas en Richmond. Las ebrias veladas en la cantina donde, tras la cena y una vez que el coronel se había retirado, se cerraban las cortinas y las velas chisporroteaban en sus candelabros de plata y cristal, lanzando destellos sobre las casacas escarlata y las charreteras de oro y plata.

Bebían en exceso.

Amaury nunca había logrado recordar cómo empezó la disputa. Según le contaron después, fue algún tipo de discusión sobre quién tenía prioridad en las formaciones de las revistas: una riña tan extremadamente trivial que no hubiera merecido ni un momento de atención. Él se había mostrado agresivo; su contendiente, insultante. Se propuso un duelo y fue aceptado. Así fue como cinco oficiales con demasiado vino encima acabaron en un matorral del parque aquella madrugada de invierno, poco antes del amanecer.

Apesadumbrado, Amaury trató de recordar los incidentes que siguieron. Los padrinos, tal y como dictaban las normas, pidieron a sus apadrinados que pasaran por alto las ofensas, estrechasen las manos con sus contrincantes y olvidasen el asunto.

—¿Qué ofensas? —preguntó Amaury con la boca seca y pastosa.

Los ojos inyectados de sangre parpadearon en la roja cara de su padrino.

—¿Cuáles han de ser, señor? —balbuceó—. Los insultos que han originado esta cita.

—Yo no recuerdo ningún insulto, Collins.

—¡Por supuesto! —respondió el capitán perplejo—. Yo tampoco, lo juro por mi honor. Todo esto resulta extremadamente confuso. Quizá Kincaid...

Tambaleándose, se acercó a un comandante que estaba dirigiendo una seria arenga a su padrino, un larguirucho corneta de tez pálida con la boca demasiado suelta.

—Señor, la provocación... ¿Cuál ha sido exactamente? ¿Y quién ha sido el que la ha lanzado?

El comandante se volvió mostrando un rostro regordete y agitado.

—¡Maldita sea, Collins! Precisamente, eso estábamos debatiendo. Ni Carnaval ni yo nos acordamos de absolutamente nada. Me temo que estábamos todos demasiado borrachos...

Collins suspiró aliviado.

—En ese caso —respondió—, no hay motivo alguno para seguir adelante con este lamentable asunto. Estrechémonos las manos y marchémonos.

—Tiene que haber existido alguna afrenta — dijo Lord George Carnaval cruzando los brazos sobre el pecho—, de lo contrario no estaríamos aquí. Sin embargo, estoy dispuesto a aceptar que mi honor se restablezca por medio de unas disculpas.

—Pero, ¿cómo se va a disculpar nadie por una insignificante falta de cortesía, haya sido por su parte o la de su contrincante, si ninguno de nosotros la recordamos? —respondió el comandante molesto— Le ruego, señor...

Ambos padrinos trataron igualmente de persuadirlo aduciendo razones contradictorias. Carnaval permaneció quieto y miraba más allá de sus cabezas, sin escucharlos ni enterarse de nada. La cobriza luz del amanecer parecía haberlo sumido en un trance. Collins volvió donde estaba Amaury.

—Carnaval no tiene intención de retirarse e insiste en que se abra fuego —dijo gesticulando con las manos—. ¿O estaría usted dispuesto a disculparse para desagraviarlo?

—¿Cómo? ¿Por unas palabras que puede que ni siquiera hayan salido de mi boca? —replicó Amaury con frialdad— ¡Eso es pedir demasiado, señor!

—En ese caso —respondió Collins encogiéndose de hombros—, esta absurda cita debe seguir su curso.

Regresó a donde estaba el comandante; los dos hombres consultaron algo unos instantes en voz baja, abrieron una caja y cargaron las armas cuidadosamente. Carnaval seguía extasiado contemplando el sombrío amanecer. Amaury tomó una brizna de hierba y la mascó saboreando su tosca dulzura. Los padrinos midieron las distancias con sus pasos e hicieron sendas marcas en la hierba con los pies para delimitarlas.

—Retador y retado —anunció Collins— deberán colocarse espalda contra espalda, dar cada uno de ellos seis pasos al son de la cuenta atrás, volverse y disparar.

Carnaval observó las pisadas en la hierba.

—Habéis medido doce pasos —dijo, dirigiéndose a su padrino—. La reputación de excelente tirador de mi contrincante es famosa en el regimiento; mi propia impericia es igualmente conocida. Por tanto, propongo disparar a la mitad de distancia, si Amaury tiene la cortesía —y el valor— de acceder a ello.

A Amaury, tanto aquel insulto como el desdeño con que había sido proferido le sentaron como un bofetón en la cara. El enfado, avivado por el terrible dolor de cabeza que sentía, se apoderó de él. Un rojizo brillo transparente sumió a los árboles en un baño carmesí. Sacó un pañuelo del bolsillo, lo agitó y lo tiró al suelo.

—Por supuesto que no tengo problema alguno en acomodarme a su incompetencia —dijo—. Propongo que disparemos frente a frente, tan sólo separados por esta fina marca. ¡Que se entreguen las armas!

Carnaval avanzó vacilante hasta la marca, un sucio surco sobre la escarcha. Los padrinos se situaron entre ellos, farfullando al unísono. Amaury cogió la caja que portaba Collins y se la ofreció a Carnaval.

—Escoja arma, señor.

—¡Por Dios! No pienso usar esas armas. ¡Estaría perdido! —gritó el comandante—. Sería asesinato. Apártese, Collins. Si no, ambos terminaremos en la horca.

En una torpe carrera, se retiró hacia los árboles arrastrando con él al capitán. El cirujano del regimiento, un hombre corpulento sin pelo, que esperaba maletín en mano oculto en las sombras, profirió una queja de protesta que nadie oyó.

—Según parece —dijo cortante Amaury haciendo una reverencia—, deberemos usar nuestras propias armas. Propongo que nos coloquemos espalda contra espalda y, cuando usted dé la señal, nos demos la vuelta y disparemos.

Carnaval asintió enmudecido. Amaury notó el temor en sus ojos y el aliento a vino añejo en su respiración.

—Amartillemos, pues, las armas, señor.

Los chasquidos se sintieron con fuerza en el gélido aire. Se dieron la media vuelta. Amaury levantó la pistola de tal modo que el cañón quedó rozando su barbilla.

—¿Está preparado? —inquirió Carnaval con voz temblorosa.

—Lo estoy.

—¡Fuego!

Amaury giró rápidamente sobre su talón, extendió el brazo. Sintió el culatazo del arma en la mano. Algo rasgó la manga de su casaca. Una hilera de humo ascendió ondeante por el aire.

Y aquél, pensó sacudiendo la ceniza de su puro, fue el final de lord George Carnaval, y también de su propia carrera al servicio de Su Majestad. Huyó a Hamburgo. Muchas fueron las investigaciones y muchas las sesiones celebradas en los tribunales superiores para dirimir las circunstancias del duelo más irregular jamás celebrado. Finalmente, los tribunales absolvieron a los padrinos y a punto estuvieron de dictar una orden de búsqueda y captura de Amaury por asesinato, cosa que no sucedió gracias a la intervención de su padre, el coronel Robert Amaury, que tenía cierta amistad con el señor Pitt. Pasó varios meses en el extranjero, conduciendo una existencia solitaria y miserable mientras su padre frecuentaba la Casa de la India de Leadenhall Street, agasajaba con vino y comida a los directores y lisonjeaba a los políticos. Finalmente, fue nombrado cadete de la Compañía y partió inmediatamente hacia el Este, antes de que los directores cambiaran de idea. Amaury viajó por tierra, esta vez apremiado por la existencia de un nuevo cadáver en Constantinopla: un osado francés que se había atrevido a dudar de la valentía inglesa. Su edad —tenía veinticinco años— y su experiencia como soldado le valieron el grado de oficial en el 7º Regimiento de Caballería de Madrás.

Así fue como acabó exiliado de por vida en aquel odioso desierto chamuscado por el sol, con una acusación criminal pesando sobre sus espaldas como alguna vez se le ocurriera poner un pie en Inglaterra. Se tuvo que despedir de Mayne para siempre. Cuando el viejo Robert murió, su hermano Adolphus heredó la finca. Adolphus era un hombre sensato, mucho más prudente que él, que difícilmente se jugaría a los dados una heredad.

Amaury luchó contra la desesperación que le rasgaba el corazón, tiró el puro y se levantó de la silla. Se dirigió a la habitación contigua, a la pared donde estaba colgado el sable; lo sacó de la vaina e hizo girar el acero sobre su cabeza. El sirviente que sujetaba el narguile cogió la pipa y se escabulló de la habitación: el *sahib* a menudo sufría esos peligrosos arranques de energía y, de todas formas, los *fringees* estaban todos locos. Amaury esquivó un sable imaginario. «¡Segundo ataque! ¡En guardia por la derecha! ¡Reposición!» Blandió la destellante hoja trazando un brillante arco iris. «¡Puntas preparadas al frente! ¡Caballería en defensa del flanco! ¡Quinto ataque! ¡En guardia! ¡Reposición!» El sable lanzaba estocadas aquí y allá; su punta asemejaba el diente de una serpiente venenosa y el filo de su hoja, una llama azulada. El sudor le caía por la frente y se le metía en los ojos. Más rápido, mi querido compañero, acaba con las dolorosas espinas de tu alma. «¡Ataque! ¡Punta! ¡Desvío!» La formación y el entrenamiento de los espadachines eran prácticas de capital importancia. Sólo los zoquetes descuidaban por completo sus ejercicios y, después, todavía se preguntaban por qué morían. Recordó a aquel dragón de Malavelly que blandía su espada como si fuera una pértiga... Hasta que una cimitarra le cortara la cabeza. «¡Primer ataque! ¡Reposición!» La incesante y repetitiva práctica de aquel arte era un escudo para evitar la muerte en las refriegas, el arma que conducía a la victoria en aquellos encuentros mano a mano que tanto gustaban a los caciques de Misore. Él mismo había matado a cuatro enemigos seguidos en sólo medio día de batalla. «¡Infantería, apunten a la izquierda! ¡Apunten a la derecha!»

Amaury lanzó el sable hacia el techo y cazó la empuñadura al vuelo con gran habilidad. Estaba envuelto en sudor y tenía la camisa empapada. Se quitó la ropa, se sumergió en una pila y se frotó el cuerpo de la cabeza a los pies. Desnudo frente a la ventana, se quedó mirando al mar más allá de la llanura y sus matorrales. Más allá de aquel mar, estaba todo lo que él había perdido... La apacible luz del verano dorando los verdes prados; los páramos cubiertos bajo el blanco manto de la nieve; los cuervos bordeando en su vuelo las copas de los árboles sin hojas; las chimeneas de las casas lanzando humo al aire del atardecer. Amaury se mordió el labio. «¡Se acabó la melancolía! ¡No dejaré que este infernal país me machaque en sus polvorientas tierras!» Se dirigió resuelto a la puerta de la habitación y llamó a su camarera a gritos:

—¡Salam, *bibee*!

Amaury volvió a la cama, quitó las mosquiteras y se tendió sobre la dura estera roja. La puerta crujió. Una pequeña figura se deslizó dentro del dormitorio; tenía los ojos marrones y la mirada baja en un gesto de pudor; una parte del velo de algodón que cubría su cabeza tapaba discretamente su hermoso rostro.

Amaury sonrió y abrió los brazos.

—Ven aquí, Kiraun.

Amaury y Marriott estaban en la veranda de los Jardines de Moubray esperando a sus invitados. Los habían convidado a comer. Los dos hombres vestían de manera formal: casacas de lana de Sajonia de cuello alto, largos chalecos bordados, pantalones bombachos y medias chinas de punto elástico. Marriott aflojó el nudo de su pañuelo con delicadeza.

—Una tarde endiabladamente calurosa —se quejó—. ¡Y los invitados se retrasan! ¿A qué hora los has citado?

—A las cuatro —respondió Amaury—. Me pareció que nos merecíamos una distracción. Llevamos una semana o más sin corrernos ninguna juerga —dijo observando el pedregoso camino flanqueado de adelfas que conducía hasta los postes blancos—. Ahí viene el primero; el viejo Harley, si no me equivoco. Siempre viaja haciendo ostentación de su posición.

Un camarero con una maza plateada iba a la cabeza de toda una comitiva de criados domésticos ataviados con libreas amarillas. Tras el palanquín del mercader, otro hombre portaba un narguile enorme. La chaqueta de terciopelo con faldón de Harley y su pelo ligeramente empolvado y recogido en una coleta sujeta por un lazo de seda negro ponían de manifiesto su añoranza por las costumbres de su juventud. Marriott lo condujo a un espacioso salón donde un criado le sirvió ponche de *arrak*.

—¡A su salud, señor Marriot! —Harley bebió un sorbo con actitud crítica—. Hmm... ¡Un brebaje sumamente tolerable! Y bien, ¿ha logrado despachar sus candiotas de madeira en términos ventajosos?

—Todos a veinte, señor. El capitán Browning me cobró noventa *pagodas* por cada candiota desembarcada en Madrás. Mi *banian*, Dunleep Raam, que es muy astuto, vendió el lote completo por ciento cincuenta a un comerciante granuja de Hyreda y le cobró los gastos del transporte.

—¿De veras? Eso supone... déjeme pensar... un sesenta por ciento de beneficio y mi propia parte, ciento sesenta *pagodas*. ¡Verdaderamente satisfactorio!

Marriott se quedó admirado de la rapidez de los cálculos aritméticos del mercader y observó un centelleo en aquellos ojos hundidos.

—Seguramente, no pondrá objeción a devolverme parte del dinero que le presté, ¿no?

Marriott accedió. Con las mil guineas que tenía en el Banco de Karnataka, bien podía permitírselo. Los palanquines se fueron amontonando en el patio delantero de los Jardines de Moubray: dos soldados de caballería del regimiento de Amaury, el capitán de la fragata atracada en los fondeaderos con su vestimenta azul y dorada, el próspero dueño de una plantación de índigo situada en Red Rocks, el panzudo cirujano del 33º Regimiento de Su Majestad con su cara enrojecida y su colgante papada, un delgado coronel de la infantería cipaya ataviado en amarillo y el corneta Anstruther, aquel lánguido edecán del general Wrangham a quien Marriott había conocido a bordo del mercante inglés *Osterley*, ahora radiante con su casaca granate de tono más claro en el borde y forrada en satén celeste.

Se acomodaron alrededor de la mesa de ébano, bebiendo con avidez y charlando. Anstruther tomó un sorbo del ponche e hizo una mueca.

—¡*Arrak*! —aclaró Amaury— Pronto se acostumbrará. Es cosa del reglamento de campaña. El elixir de la vida del soldado inglés en el campo de batalla.

Todd y un joven pelirrojo de tez rosada se unieron vacilantes al grupo que se había congregado alrededor del ponche. Ambos iban de uniforme; la Compañía tenía prohibido a los cadetes salir de sus aposentos sin él. Los dos parecían estar acalorados y contrariados; se habían aflojado los pañuelos blancos que llevaban al cuello.

—Les aconsejo —dijo Marriott con aire despreocupado— que la próxima vez corran las cortinas de su palanquín para protegerse del sol.

—Hemos venido andando —respondió Todd—. Para suplir la carencia de ejercicio.

—¡Dios Santo! ¡Pero si el fuerte está a tres millas de distancia! Nadie va a pie en Madrás. ¡Les va a dar una apoplejía!

Amaury hizo pasar a los invitados al comedor, donde unas sillas doradas de madera de cedro se encontraban dispuestas alrededor de la mesa. Velas blancas resplandecían tras finas pantallas de alabastro e iluminaban parcialmente la oscuridad del atardecer. Un hermoso centro de mesa, consistente en un canastillo adornado con platillos y cuentas plateadas que colgaban de él, presidía en medio de la cubertería y las copas. Varios sirvientes ataviados con túnicas blancas permanecían inmóviles detrás de los asientos de cada uno de los caballeros. Los camareros servían vino y los *banians* daban órdenes. Había unas treinta o cuarenta personas en aquella sala.

Marriott trinchó el cordero; Amaury, la carne de venado. Los camareros llenaban las copas y cuidaban de que no faltasen las botellas y las licoreras en la mesa. El cirujano levantó su copa.

—¿Me haría el honor de beber conmigo, capitán Amaury?

—¡Será un placer, capitán Blore!

El cirujano bebió y se relamió los carnosos labios.

—Un burdeos selecto; no ese matarratas que trae de Lisboa...

Harley levantó su copa hacia la luz y entabló conversación cordialmente con su compañero de mesa.

—Y bien, señor Todd, ¿qué le parece Madrás?

—Actualmente, señor, mi vida no es más que maniobras e instrucción. Y estoy prácticamente confinado en Saint George. Me he visto obligado a solicitar permiso al comandante del fuerte para acudir a esta cita. Y me lo ha concedido muy a regañadientes.

—La Compañía cuida de sus inexpertos oficiales. Yo también lo haría. Nosotros también mantenemos a buen recaudo a nuestros escribientes jóvenes.

—Es una experiencia deprimente, señor. Una campaña aceleraría mi cambio de grado. ¿Existe alguna esperanza de participar en una guerra este año o al que viene?

Harley respondió negativamente moviendo la cabeza.

—La dinastía de Misore está acabada ahora que el sultán Tipu ha muerto y sus hijos están presos en Vellore. El coronel Close administra el protectorado de Misore y Wellesley está consiguiendo echar del territorio a Dhoondiah y sus vasallos. De modo que no hay posibilidad alguna de insurrección. No obstante, señor Todd, me atrevo a aventurar que la Compañía se verá pronto confrontada por las huestes de *marathas* del norte, esa manada de lobos dirigidos por Holkar y los Scindia.

—¡Concédame el honor de compartir una copa con usted, señor Harley! —exclamó el oficial de marina.

—Con sumo gusto, teniente Shore.

Los sirvientes presentaron el segundo plato: una mezcla de carne de ternera y de tortuga. La temperatura se había disparado por el calor de los cuerpos congregados, las velas y la humeante comida. El sudor caía por las alegres caras de aquellos hombres arruinando el almidón de sus pañuelos de cuello. Todd agitó los hombros bajo su gruesa casaca roja.

—Hace un calor espantoso —le dijo a Anstruther—. Me siento como una oveja sin esquilar embutida en una armadura.

Los ambarinos ojos de su compañero lo miraron condescendientes.

—Debe resistir, señor. Aún no estamos ni a la mitad de la velada.

Todd cortó su ternera y trató de concentrarse en el vaivén de aquel plato festoneado, que aparecía y desaparecía como una concha en las aguas del mar. Un sirviente se acercó con urgencia al cirujano y le susurró algo al oído. Blore dio un manotazo sobre la mesa y profirió un juramento.

—¿Qué sucede? —preguntó Amaury.

—¡El imbécil de Meyer acaba de pegarse un tiro!

—¿Meyer? ¿El alférez del 12º escuadrón?

—El mismo —respondió mirando con apetito la carne de tortuga y la gelatina procedente del carapacho; al asar la carne con la gelatina, una jugosa salsa cubría el plato—. ¿Para qué diantres me necesitan? ¡Ya no hay nada que pueda hacer! Presenta mis respetos al coronel —ordenó al sirviente.

—Capitán Blore —dijo Harley tranquilamente—, creo que será mejor que vaya a atender a ese desventurado hombre.

—¡Maldita sea! ¡Es extremadamente enojoso! —dijo el cirujano levantándose de la mesa de mala gana, con los carrillos colgando en señal de frustración— Amaury, le dejo a cargo de esta deliciosa tortuga. ¡Manténgala caliente hasta que esté de vuelta! ¡Vaya un fastidio!

Salió de la estancia caminando lenta y pesadamente y pidiendo a gritos su palanquín.

—Unas noticias nada agradables —dijo Todd con serios problemas para pronunciar.

—El cuarto suicidio en lo que va de año —contestó Harley—. La luna, la monotonía, el clima y la bebida... Todo tiene su efecto.

Con desgana, el cadete hizo señas para que retiraran el humeante pescado con curry que le habían colocado de repente debajo de la nariz. De todos los allí presentes, sólo Harley y Amaury parecían ser inmunes a aquella sucesión de brindis y humeantes platos especiados y al sofocante calor.

—¡A su salud, comandante Cavendish!

A los platillos salados de después de la cena siguieron los postres: naranjas y plátanos, helado y frutas dulces. Después, los sirvientes retiraron los cubiertos y depositaron en la mesa licoreras frescas con burdeos, madeira, jerez y oporto. Los sirvientes que portaban los narguiles salieron de sus rincones. Todd tomó la boquilla que le ofrecieron, inhaló el humo y se atragantó.

—¿Es absolutamente indispensable —dijo examinando la pipa con desagrado— que me convierta en fumador en estas tierras?

—Por supuesto —respondió Amaury exhalando el humo como si hubiera fumado en narguile toda su vida—. De lo contrario, podría quedarse usted tan descolgado del mundo como desfasado. Aquí todos tienen un narguile. Y es imposible sobrevivir sin él.

—No haga caso a las exageraciones de este hombre, señor Todd —dijo Harley—. Hay muchos caballeros que no fuman jamás —añadió sonriéndole levemente. Acto seguido, exhaló una bocanada de humo que envolvió por completo la cabeza de Anstruther.

Agradecido, Todd rechazó el serpenteante tubo y se quedó mirando con cara de sueño cómo las llamas de las velas se partían en dos, se agitaban y se volvían a unir. Apoltronados en sus asientos, los caballeros bebían y fumaban alternamente. Las ventanas estaban abiertas y el humo del tabaco parecía enfrentarse a las asfixiantes bocanadas de aire que llegaban desde el exterior. La veloz noche oriental cayó como una cortina sembrada de estrellas, con su bóveda azul oscura.

Llevaban cuatro horas sentados a la mesa y Todd no veía indicio alguno de que aquello fuese a terminar. Tenía un dolor de cabeza tremendo y se apretó las sienes con los dedos.

—¡Caballeros, por el rey!

—¡Por el rey! ¡Dios bendiga a Su Majestad!

Los brindis se cerraban con un golpe, pero no estaba permitido taconear con los zapatos. Todd detuvo al sirviente que le estaba llenando el vaso.

—¡Por la reina y la familia real!

Se dejaron caer en sus asientos; las patas de las sillas chirriaron en el suelo. El cirujano Blore cruzó la puerta pisando fuerte, se frotó las manos y se relamió los labios.

—¿Dónde está mi tortuga? —inquirió.

—La estarán calentando en la cocina, sin duda —replicó Amaury—. ¿Qué tal el pobre Meyer? ¿Está muerto?

—¿Que si está muerto? Mi perspicacia me hacer sospechar que lo está. Si todavía existe; porque no tiene cabeza. ¡Diantres! Todo lo que he podido encontrar de su cráneo es un átomo; por supuesto, tampoco me he quedado a buscar más detenidamente. ¡Al infierno con él! ¡Bien podría haber elegido otro momento para esparcir sus malditos sesos por todas partes! Pero, al grano, ¿dónde está mi ración de tortuga y grasa verde?

El joven compañero de Todd sintió náuseas y se levantó de la silla mareado. Su rostro, antes rosado, se había tornado gris. Dos enormes manchas rojas redondas brillaban en sus pómulos como dos monedas. Se abrió camino hasta la puerta con inseguridad.

—¿A dónde va, señor Morrison?

—¡No puede saltarse los brindis!

—¡Gallina! —se burló Anstruther con un sonoro hipo.

—¡Blandengue! —le gritó el cirujano Blore.

Morrison se detuvo.

—Tan sólo voy... —respondió tambaleándose— a... a satisfacer las necesidades de la naturaleza. Pero... volveré —alcanzó a decir provocando carcajadas en los demás.

—Apuesto a que no lo volvemos a ver —dijo el plantador de índigo secando el sudor de su trigueña tez—. ¡Hay que ver qué muchachos crían hoy en día! ¡Parecen jovencitas! A su edad, yo... —continuó divagando, narrando atropelladamente sus recuerdos, sus proezas de cuando se emborrachaba y los secretos de tocador de la época en que las damas llevaban vestidos con volantes y los caballeros portaban espada. Nadie lo escuchaba. El taciturno coronel cipayo entreabrió su boca de exiguos labios y, sorprendentemente, comenzó a canturrear una canción.

—Brin-daa por mí, sólo con tus oo-joos...

—¡Caballeros, por la Armada Real!

El capitán de la fragata lanzó una mirada a Todd y lo señaló con el dedo en actitud acusadora.

—Bebe unos sorbos ridículos, señor. Jamás hubiera esperado de usted que intentara evitar un brindis por la Armada.

—Seguro que ha sido un error, señor —se apresuró a responder Anstruther. Tomó una licorera y llenó la copa de Todd hasta el borde— ¡De un trago!

Todd vació la copa y sintió cómo el vino le atravesaba la garganta. Brindaron por el ejército, la Honorable Compañía y el gobernador general. El humo del tabaco envolvía las velas en tenues espirales que no parecían querer desaparecer. Con cada trago, la perspicacia se iba acrecentando y prácticamente estaba a flor de piel. Los caballeros se desabrocharon los chalecos y secaron el sudor de sus pechos. El capitán de la fragata se escurrió debajo de la mesa sin ser visto por nadie. Uno de los soldados de caballería apoyó la cabeza en sus brazos y se puso a dormir tranquilamente. Amaury, fresco como una noche de invierno, escuchaba cantar al coronel cipayo. Cuando terminó *Sally of our Alley*, empezó a entonar *Robin Gray*. Anstruther estaba medio tumbado en su silla y miraba las velas con los ojos bizcos. El plantador y el cirujano Blore discutían sobre cosechas, hablando los dos a la vez en un discurso torpe y subido de tono. Harley estaba sentado muy erguido, aparentemente sobrio por completo. Había pasado del burdeos al madeira y, ahora, estaba tomando oporto.

Todd recuperó la compostura.

—He podido observar —dijo con cautela—, señor Harley, que no asisten indígenas a nuestros momentos de asueto, ya sean celebraciones privadas o en los salones públicos, a pesar del gran número de potentados y príncipes que viven cerca de Madrás. ¿Acaso no se mezclan con los musulmanes en sus actividades lúdicas?

—Prácticamente nunca lo hacemos. Los europeos visitan las casas indostaníes en muy raras ocasiones. Los indostaníes las de los europeos, jamás. Porque, ¿sabe?, en el momento en que un indostaní coma con un inglés, quedará mancillado de inmediato; y los musulmanes se niegan a tocar el vino o a comer carne que no haya sido debidamente sacrificada según su ritual.

—Pero vivimos en su país. Es una lástima pensar que, quizá, los ingleses y los indígenas nunca lleguen a codearse entre sí.

—Sus ideas sobre las costumbres de la India son bastante inocentes, señor Todd. No tenemos absolutamente nada en contra de los indígenas. Simplemente, resulta bastante difícil alternar con alguien que se niega a comer, beber o fumar con uno.

—Caballeros —anunció Amaury poniéndose en pie—, es hora de pasar al salón. Nos servirán café y jugaremos a las cartas.

Los supervivientes de aquel festín lo siguieron dando tumbos. El *banian* de Amaury daba órdenes aquí y allá. El corneta de caballería, muerto para el resto del mundo, roncaba estrepitosamente en su silla. Los sirvientes entraron en el comedor, levantaron solícitos a las dos figuras inconscientes y las llevaron hasta los palanquines que aguardaban en el patio delantero. Algunos caballeros llegaron tambaleándose a la veranda y orinaron a través de la balaustrada. Amaury contó las cabezas.

—¡Ocho! —dijo—. Una cantidad suficiente para jugar al *Whist* en dos mesas.

—Es tardísimo —protestó Harley—. Debo retirarme a dormir.

Amaury miró el reloj que descansaba sobre el escritorio de nogal.

—Sólo pasan unos minutos de la medianoche. Aún hay tiempo para una mano o dos.

—Yo no juego —dijo el plantador—. Dudo que sea capaz de distinguir los tréboles de los corazones. ¡Venga conmigo, Blore! ¿Qué le parece si echamos una partida de billar?

Los demás se sentaron a jugar a las cartas. Anstruther y Todd sacaron las cartas más bajas y se retiraron a otra mesa a jugar al *piquet*. Los sirvientes que portaban los narguiles entraron en la sala y pusieron las pipas al lado de sus amos. Los camareros colocaron una licorera junto a cada jugador. Todd rechazó el vino con un gesto de la mano. Anstruther escogió brandy con aire socarrón. El silencio se impuso en el salón, únicamente interrumpido por las declaraciones de los jugadores, el tintineo de las botellas en las copas, los chasquidos de las bolas de billar y las sordas risotadas procedentes de la habitación contigua. Los sonidos de la noche se colaban por las ventanas abiertas: el monótono ladrido de un perro vagabundo, el extraño aullido de una manada de chacales y el lejano estallido de las olas en la costa.

A Todd se le empezó a despejar la cabeza y un intenso deseo de dormir se apoderó de él. Anstruther bebía grandes tragos de brandy y su mente estaba cada vez más embotada. Jugaba de manera totalmente imprevisible y desordenada; las fichas de marfil se amontonaban junto al cadete.

—Picas, me temo —dijo Todd bajando la mano—. De modo que, con esto, me debe veinte *pagodas*.

Anstruther se llevó las cartas a la cara y las miró de cerca.

—¿Cómo? —respondió—. ¡Pero si claramente he superado a su dos con mi rey!

—Eso fue en la mano anterior pero, en ésta, no se ha anotado ningún tanto.

—¡Tonterías! Recuerdo perfectamente...

—No me grite, señor Anstruther. Le repito que no se ha anotado ningún tanto. Puede que el vino haya alterado su memoria.

—¡Maldita sea! ¿Está usted insinuando que estoy ebrio? —dijo Anstruther poniéndose de pie con dificultad—. Es usted un impertinente jovenzuelo. Me he anotado tres tantos con el rey. Y afirmo que está usted mintiendo.

—Retráctese de inmediato —dijo Todd levantándose de la silla—, señor, o le daré una buena paliza.

Anstruther le asestó un manotazo. Todd respondió propinándole un puñetazo en la cara. La mesa se volcó y las cartas, las copas y las fichas fueron a parar al suelo. Anstruther se le echó encima y empezó a forcejear. Los dos hombres patinaron en el charco de vino que cubría el suelo y rodaron por él peleándose.

—¡Eh! ¿Qué demonios está pasando aquí? —bramó el coronel cipayo.

Los jugadores de *Whist* abandonaron su partida y acudieron raudos al lugar de la pelea. Amaury y Marriott separaron a los dos hombres y los levantaron del suelo. A Anstruther le sangraba el labio. El pañuelo de cuello de Todd asomaba por su camisa con el nudo totalmente deshecho.

—¡Caballeros! ¡Compórtense! —gritó Amaury—. ¿A qué se debe esta indecorosa disputa?

—¡Peleándose como dos marineros borrachos! —exclamó el capitán con desaprobación.

Los jugadores de billar, atraídos por el escándalo, contemplaban la escena apoyados sobre sus tacos. Anstruther se limpió la boca.

—Este granuja de tres al cuarto ha intentado hacerme trampas —explicó—. En parte, la culpa es mía... Un oficial nombrado por el rey debería tener más sentido común y no jugar con lo más bajo de la Compañía*.

—Mida sus palabras, señor Anstruther —dijo Amaury sin enfadarse—. Yo también soy un oficial de la Compañía.

*El insulto de Anstruther hacía referencia a una regulación que se había mantenido vigente hasta 1796, año en que los oficiales que servían a la Compañía en el ejército de Bengala se amotinaron en protesta contra ella. Aquella norma establecía automáticamente un grado superior para los oficiales reales —nombrados por Su Majestad— respecto al grado de los oficiales de la Compañía —nombrados por el Consejo de Directores. Esto dejaba a los veteranos curtidos por incontables batallas y con veinticinco años de servicio en la Compañía a las órdenes de jóvenes inexpertos, que hacía sólo unas semanas que contaban con el distinguido nombramiento real. Como consecuencia del amotinamiento, se puso fin a tal práctica, pero el antagonismo continuó latente

—¡Y yo! —exclamó el coronel furioso.

Anstruther los miró malhumorado. La pelea parecía haberle devuelto la sobriedad; el sudor le caía por las pálidas mejillas y se mezclaba con la sangre que tenía en la barbilla.

—¿Tiene usted algo que alegar, señor Todd? —preguntó Marriott.

Con las manos temblorosas, Todd se anudó el pañuelo.

—Anstruther está mintiendo —respondió.

—Uy, uy, uy... —dijo Blore—. Unas acusaciones muy serias...

—Sólo hay una manera de solucionar esto —observó el coronel solemnemente.

—¡Con un duelo! —exclamó el plantador.

—¡Ni hablar! —replicó Amaury contundente—. Sólo ha sido una pelea estúpida por una tontería. Unas palabras pronunciadas en un momento de acaloramiento por culpa del vino. ¡No debe pasar de ahí!

—¿Después de que se han acusado de haber hecho trampas y haber mentido? —preguntó el coronel incrédulo—. ¡Imposible, señor!

—Estoy deseando retractarme, si el señor Anstruther así me lo permite —declaró Todd abrochándose la casaca.

—¡Buen chico! —respondió Amaury manteniendo la calma—. Y bien, Anstruther, ¿qué dice usted?

Marriott observó a su amigo con curiosidad, recordando la reputación con que contaba. Era conocida su implacable insistencia en cumplir con los mandatos del honor. Que tratara de evadir un asunto cuyas consecuencias eran tan obvias no iba para nada con el carácter de Amaury.

Anstruther, secándose el labio, dudaba. Ahora que los efectos del vino se le habían pasado, la idea de enfrentarse a un duelo no le resultaba nada atractiva.

—Está bien —murmuró—, si Todd está dispuesto a retractarse, no veo motivo para...

—¡Esto es inaudito! —dijo el coronel tensando su demacrada cara en un gesto de enfado; se volvió hacia Anstruther y añadió—: No puedo responder por usted, señor, un oficial real; pero sí por usted, señor Todd —dijo apuntándole con un dedo tembloroso—. Si está usted dispuesto a tolerar semejantes insultos sin más, informaré al general Wrangham y pediré que le formen un consejo de guerra. Piense en su honor, señor. Estoy dispuesto a apadrinarlo. Señor Anstruther, le pido que designe un padrino.

La mezcla de tristeza y desesperación en el rostro de Amaury escondía un extraño resto de crueldad. Lanzó al coronel una mirada cargada de odio.

—No se preocupe, señor —dijo fríamente—. Yo apadrinaré a Anstruther y Marriott, aquí presente, a Todd. Fijemos la cita para el amanecer.

—¿Para mañana? Es decir, para hoy, porque ya son las dos y media —dijo Blore. Entonces, movió negativamente la cabeza y añadió—: No puede ser. Como saben, no se puede librar combates los domingos.

—Por supuesto. Lo había olvidado. En ese caso, caballeros, la cita será el lunes. Y ahora, intentemos calmar los ánimos —respondió Amaury dando unas palmadas—. ¡Muchacho! ¡Sirve el champán flambeado!

Al despedirse, Harley ofreció a Todd un sitio en su palanquín. Desde la veranda, contemplando la fina línea del despuntante amanecer sobre el horizonte, apoyó una mano firme sobre el hombro de Amaury.

—Ha hecho lo que ha podido —murmuró—. Lamento profundamente que sus esfuerzos hayan resultado infructuosos. El coronel —dijo mirando al oficial, ahora ocupado en beber champán— es, por desgracia, un caballero muy meticuloso —dio un suspiro y prosiguió—: ¡Otro duelo! Todas las semanas hay alguno. Los rigores del tiempo ya están acabando con nuestros hombres a puñados. ¿Por qué ese empeño en matarse además entre sí?

Amaury volvió al salón con un brillo salvaje en los ojos.

—Señor —dijo con frialdad, dirigiéndose a Anstruther—, le sugiero que regrese a sus dependencias a reponerse y restablecer sus facultades para la cita de mañana.

Anstruther lo miró a la cara y se marchó sin decir una palabra.

Amaury se dejó caer en una silla, se sirvió un trago y dijo:

—¡Alegría, señores! ¡La noche es joven! Cartas, champán, conversación... ¡Lo que prefieran! ¡Camarero, llena los vasos!

—Por el contrario, señor. La noche está tocando a su fin —rezongó el coronel—. Por mi parte, ya he tenido bastante. Debo marcharme.

—¡Ni se le ocurra! —gritó Amaury— ¿Acaso es usted un blandengue, coronel? Aquí tiene —prosiguió vertiendo ron en una copa—. Un brebaje que anima el cuerpo. Tómeselo de un trago. Le propongo un brindis: ¡por los fantasmas de los duelistas que ya no están!

Amaury se iba embraveciendo cada vez más, adoptando una actitud que nada tenía que ver con su habitual compostura. Vigilaba muy atentamente la copa del coronel y se la rellenaba hasta el borde cada vez que éste daba un sorbo. No prestaba atención a su contenido, de modo que echó brandy sobre el ron y, después, oporto sobre el brandy. El coronel, que tenía el paladar embotado después de tantos años de picante curry rojo y cuyo grado de embriaguez era más que considerable, aceptaba sin reparos los febriles gestos de hospitalidad de su anfitrión. Siguieron bebiendo todos sin parar, con Amaury pronunciando un brindis tras otro. Marriott, sintiendo que su estómago se rebelaba, vertía casi todo su vino al suelo. Al contrario que Amaury, que igualaba al coronel copa a copa al tiempo que analizaba al oficial con una especie de fiera intensidad. Corearon canciones militares y bailaron tambaleándose alrededor de las mesas. Los sirvientes contemplaban sus desmanes impasibles, inmóviles como estatuas, con los brazos cruzados sobre el pecho.

Las ventanas enmarcaban un luminoso cielo y la luz del amanecer empezaba a eclipsar a la de las velas.

El plantador se puso de pie de un brinco, levantó un vaso derramando algo de vino tinto y exclamó:

—¡Hemos logrado vencer a la noche! ¡Brindemos por el domin-j-go!

—¡Domin-j-go! —repitió Blore como un estúpido—. Tenemos que ir a la iglesia.

—Me temo que ofreceríamos un espectáculo lamentable —objetó Marriott—. ¿No estamos un poco desastrados?

—¡Qué va! Es-stamos-s des-spiertos-s como peces-s. Además-s, así ver-remos a es-sa belleza recién llegada de la patr-ria —respondió Blore señalándose la nariz con el dedo índice—. Es-sa dama totalmente cautivador-ra, es-sa joya de veinte quilates-s... ¡Miss Wrangham! Apues-sto a que soy el primero en cogerle la mano.

Se refería a una costumbre de Madrás por la que, los domingos, cualquier caballero podía ayudar a una dama a salir de su vehículo para acompañarla hasta la puerta de la iglesia sin necesidad de que hubieran sido presentados previamente. Una costumbre que congregaba a un montón de procaces hombres solteros, sobre todo cuando atracaba algún mercante inglés y había posibilidades de que apareciese una nueva belleza.

—¿La has visto, Amaury?

—De lejos. Al pasar por la casa del gobernador. ¿De verdad es tan encantadora como dicen?

—Sí que lo es —reconoció Marriott.

—En ese caso —replicó Amaury decidido—, iremos a la iglesia.

El coronel apoyó las manos sobre la mesa y, con gran esfuerzo, se puso de pie. Con los ojos casi cerrados y el demacrado rostro totalmente pálido, murmuró:

—Si me disculpa, señor...

Las piernas se le doblaron y cayó inconsciente al suelo.

Amaury lo observó rebosante de malvada satisfacción.

—Parece que nuestro amigo va a tener dolor de cabeza para el resto de sus días—dijo—. ¡Menudo mojigato pedante! Caballeros, vayamos a desayunar y a cambiarnos de ropa. Mi carruaje nos conducirá luego a la iglesia.

Blore fue al fuerte Saint George a por ropa limpia. El plantador se puso unas prendas que le prestó Marriott porque Red Rocks, donde él vivía, estaba a catorce millas de distancia. Ya en traje de chaqué, se dispusieron a desayunar en el comedor. Tomaron café solo. Marriott se tambaleaba y se sentía mareado, Blore apenas lograba mantenerse en pie, y las repetidas tazas de café que tomó el plantador no sirvieron para quitarle el persistente hipo que tenía. Amaury, en apariencia bastante sobrio aunque algo pálido, vestía una impecable chaqueta de color verde botella y unos bombachos oscuros a rayas. Llevó a sus invitados hasta su faetón, tirado por cuatro caballos; subieron y él tomó las riendas. El vehículo atravesó los postes de la puerta a una velocidad vertiginosa y, traqueteando con brío, tomó la carretera que conducía al fuerte Saint George. Amaury azotó a sus caballos; el carruaje giró y dio un respingo.

—¡Con cuidado, Hugo! —pidió Marriott.

Amaury masculló algo a medio camino entre una carcajada y un juramento y atizó a los caballos con el látigo. El plantador se puso a cantar. El carruaje esquivó a una fila de camellos y zigzagueó bruscamente entre un carro tirado por bueyes y un palanquín. Blore, vencido por los frenazos, se inclinó sobre la espalda y vomitó salpicando los pies de los asistentes que cabalgaban detrás. Amaury frenó en el glacis;

los caballos cruzaron la verja con un trote manso y atravesaron el intrincado corredor de acceso hasta llegar a la iglesia de Saint Mary.

Marriott ayudó al plantador a bajar del carruaje. Amaury sujetó a Blore y lo ayudó a colocarse junto al plantador; apoyados hombro a hombro, ambos reían tontamente ante el mundo. Caminando de forma peculiar con las piernas rígidas, Amaury se acercó a los escalones y se sentó en ellos. Se sujetó la barbilla con las manos. Unos arrogantes jóvenes apostados al borde de la carretera lo observaban y se sonreían con malicia. Fueron llegando numerosos carruajes y palanquines de los que descendieron los dignos miembros del Consejo, varias viudas de mediana edad con sus ruborizadas hijas, los engreídos mercaderes y algunos oficiales altaneros. Las caras se congelaban en gestos de reprobación. Los caballeros cogían a las damas en brazos para subir los peldaños, haciendo por esquivar a Amaury y desdeñando a aquellos dos hombres que se giraban con los hombros pegados en una suerte de ridícula danza confusa.

—¡Malditos borrachos! —murmuró un comandante—. ¿Podría encargarse alguien de echar a estas bestias inmundas de aquí?

Los jóvenes soltaron una carcajada. Un alférez dio a Marriott unas palmadas en la espalda que lo hicieron tambalearse.

—Envidio sus orgías —dijo en voz alta—. ¿Vienen a suplicar el perdón del Señor?

Acto seguido, corrió a intentar echar un vistazo a través de las cortinas de un palanquín, para luego retirarse decepcionado.

El general Wrangham bajó de un tílburi amarillo a la última moda y tendió la mano a su esposa. Caroline esperaba en el asiento; por debajo de su alegre sombrero de paja asomaban los tirabuzones caoba; un pequeño parasol adornado con borlas protegía su rostro del sol. Los galanes se abalanzaron en tropel hacia el carruaje y se rindieron ante la avalancha que llegó por la parte trasera y que los superaba como si de un ariete se tratase.

—Me parece que me corresponde el honor —dijo Amaury despojándose del sombrero—, ¿no es así, miss Wrangham?

Caroline posó su mano sobre la muñeca de Amaury y descendió del tílburi con delicadeza. Por unos instantes, permanecieron en pie cogidos de la mano. Ella lo observó a través de sus pestañas y abrió ligeramente los labios. Sus ojos delataron un travieso brillo.

—Le corresponde poder acompañarme, señor —respondió prácticamente en un susurro.

—Hugo Amaury, a su servicio. No hay costumbre más hermosa que ésta.

Sus ojos chispeaban. Amaury se tambaleó, dio un tumbo y cayó a los pies de su dama como un roble recién talado.

—¡Por Dios! —vociferó el general Wrangham—. ¡Esto es monstruosamente intolerable!

Marriott contempló compadecido a aquella figura vestida de rojo que descansaba abatida al borde de un catre con la cabeza entre las manos. La titilante llama de la vela creaba sombras que bailoteaban en el aire viciado del austero cubículo; el calor no había disminuido en toda la noche. Tomó un sorbo del té que le ofreció un sirviente y dejó la taza en la mesa.

—¿Estás listo, Todd? Tengo un carruaje esperando a la puerta.

El cadete suspiró profundamente. Después, atravesó la Parada con Marriott. Los cañonazos habían desperdigado a los cuervos del palo donde se posaban para pasar la noche. La puesta del sol lanzó sus serpentines de azafrán desde la neblina en la que el sol y el mar se juntaban. Subieron a un tílburi tirado por un solo caballo, un *kittareen*. Marriott lo condujo por los callejones de Black Town y giró hacia el sur para tomar la carretera que conducía al monte Saint Thomé.

Sus palabras rompieron el embarazoso silencio.

—¿Ha manejado una pistola antes?

—¡Jamás en toda mi vida! Y éste —apuntó Todd con tristeza— no me parece el mejor momento para aprender a hacerlo.

—Deberíamos haber practicado un poco ayer. Por desgracia, no me encontraba en condiciones...

—Ni yo, después de la lamentable jarana de los Jardines de Moubray. Todavía me duele la cabeza.

—Habrá dormido bien, ¿no?

—Como un bebé, desde el amanecer hasta la medianoche. Luego... —Todd sacudió la cabeza.

Marriott se imaginó la escena: las sofocantes horas de la oscuridad en una cama bañada en sudor; la agitación y el remordimiento provocados por el vino; inquietantes pesadillas en las que las bocas de incontables pistolas se agrandaban como si fueran cañones... Un bache en la carretera hizo que Todd se inclinase hacia él y pudo notar cómo le temblaba todo el cuerpo.

—Me sorprendería —dijo intentando reconfortarlo— que Anstruther tuviera más experiencia. Las pistolas tienden a levantarse cuando se las dispara, así que no olvide sujetar el mango firmemente y bloquear el codo. Y no dude ante el objetivo.

—¿Se ha batido usted en duelo alguna vez, señor Marriott?

—No, yo no. Honestamente, ésa es una prueba a la que no deseo someterme.

Apremió al caballo con el látigo y se metió por un serpenteante camino que discurría a orillas del Adyar, a través de palmeras y enjutos montones de hierba. Se detuvo en un arenoso acantilado que sufría el duro azote de los monzones. Bajaron a la playa que se escondía entre el acantilado y el río. La piedra angular de las miradas curiosas y el lugar favorito de encuentro para los duelos de los pendencieros hombres de Madrás. Anstruther caminaba sobre los guijarros con las manos entrelazadas en la espalda y los ojos clavados en el suelo. Amaury y el cirujano Blore estaban entretenidos lanzando guijarros al agua e intentando que diesen el mayor número posible de saltitos sobre su superficie antes de hundirse.

—¿Han traído las pistolas? —preguntó Marriott.

Amaury dio unos golpecitos en el maletín que llevaba bajo el brazo.

—Un espléndido par de pistolas de duelo. Les aviso, caballeros —dijo lanzando una mirada férrea a los adversarios—, los gatillos de estas armas son de una precisión extrema y se accionan con el vuelo de una mosca. No los toquen cuando las hayan amartillado.

Anstruther tragó saliva. Todd se guardó las manos bajo las axilas para intentar controlar su temblor.

—Será mejor que las carguemos —dijo Marriott.

—Ya lo he hecho yo.

Marriott levantó las cejas. Lo habitual era que los padrinos preparasen cada uno una pistola, midiendo exactamente la cantidad de pólvora e introduciendo los tacos. Después, cada uno examinaba el trabajo del otro.

—Eso es un tanto irregular, ¿no?

—¿Qué pasa? —respondió Amaury con brusquedad—. ¿Acaso duda de mi habilidad?

Amaury parecía malhumorado e impaciente y declinaba cumplir con las cortesías que regían aquellos asuntos de honor. Pero era excesivamente temprano, pensó Marriott, y ninguno de ellos había desayunado. Decidió dejarlo pasar.

—Bien. En lo que a la distancia se refiere —continuó—, propongo seis pasos.

—¿Seis? —se quejó Anstruther—. ¡Maldita sea, señor! Eso sería asesinato puro y duro.

—Ninguno de ustedes —prosiguió Amaury implacable— está familiarizado con el manejo de las pistolas. Si queremos evitar una ridícula farsa, tenemos que acortar las distancias.

—Tengo entendido —replicó Todd castañeando los dientes— que lo habitual es una distancia de treinta yardas.

—Le han informado mal —contestó Amaury con extrema frialdad—. El alcance de tiro de las pistolas no es tan grande.

—La costumbre marca doce pasos, capitán Amaury —dijo Marriott, preguntándose qué era lo que planeaba aquel hombre.

—¡Esto es una carnicería! —protestó Anstruther.

—Una matanza gratuita... un acto desquiciado... —balbuceó Todd.

Marriott los contempló sintiendo lástima. Aquellos dos hombres eran poco más que dos muchachos de colegio: Todd contaba dieciséis o diecisiete años y su adversario tan sólo era un año mayor. La larga noche de vigilia había causado estragos en ambos y los dos tenían los nervios crispados. ¿Es que Amaury no tenía compasión? Miró aquella cara inflexible y se preguntó de nuevo qué intenciones escondían sus actos.

—Dado que insisten tanto, caballeros —dijo Amaury de mala gana—, me veo obligado a ceder. Señor Marriott, ¿podría marcar usted los doce pasos?

—Yo preferiría que midiera la distancia usted mismo en persona —se apresuró a decir Anstruther atropelladamente.

—Su preferencia me honra, pero... ¿a qué se debe? —dijo Amaury mirándolo fijamente.

—Es que... —respondió Anstruther desolado— sus piernas son mucho más largas.

El cirujano Blore empezó a reírse a carcajadas. Amaury le lanzó una mirada torva. Marriott midió los pasos y marcó la distancia colocando unos guijarros en cada posición.

—¿Quién de ustedes es el retador? —preguntó sacando las pistolas del maletín.

Todd tragó saliva.

—No ha habido reto alguno. Ni Anstruther ni yo deseamos participar en un asunto que nos ha sido impuesto.

—En ese caso —prosiguió Marriott—, podemos arreglar las cosas sin llevarlas al extremo. Sugiero que ambos se retracten...

—Esto ha ido más allá de las disculpas o las aclaraciones —interrumpió Amaury impávidamente—. Sólo la sangre puede borrar las ofensas que han tenido lugar.

Marriott lo miró atónito. Precisamente Amaury debería conocer mejor que nadie cuál era el principal deber de un padrino: disuadir a su apadrinado de intercambiar fuego en la medida de lo posible, dentro de los límites del honor. Abrió la boca para protestar, pero la despiadada mirada de Amaury lo acalló y se encogió de hombros en un gesto de impotencia.

—A mi juicio, el señor Anstruther fue quien lanzó la provocación y, por tanto, puede usted escoger arma, señor Todd.

Todd cogió una pistola por la culata. La mano le temblaba.

—¡Por Dios! ¡No toque el gatillo! —murmuró Marriott. Después, entregó a Anstruther su arma. Los dos hombres ocuparon sus posiciones. Ambos caminaban arrastrando los pies.

—Cara a cara, caballeros —anunció Amaury con una sonrisa maliciosa—. Sin tener que darse la vuelta, les será más fácil dar en el blanco.

Los duelistas estaban temblando de miedo. Todd bajó la pistola y la dejó colgando de la mano.

—Permítanme un momento —dijo—. El señor Anstruther me debe veinte *pagodas*. Me parece injusto tener que arriesgar mi dinero además de la vida.

Aquel desesperado pretexto cuyo fin era retrasar el duelo esbozó una sonrisa en la boca de Marriott.

—En el caso de que el señor Anstruther muriese —respondió Amaury—, yo mismo me comprometo a saldar su deuda con usted —y, con tono solemne, prosiguió—: Me imagino que el riesgo de tener que cumplir tal promesa es bastante reducido, ya que lo más probable es que dos campeones tan peligrosos como ustedes pierdan la vida a la par.

El rostro de Todd perdió el último vestigio de color que le quedaba; Anstruther parecía estar a punto de vomitar.

—¡Amartillen sus pistolas, caballeros! —dijo Amaury impaciente.

Dos vacilantes cañones apuntaron hacia el cielo.

—¿Preparados? —No hubo respuesta alguna—. ¡Fuego!

Las dos explosiones sonaron al unísono. Anstruther cayó de cabeza y quedó tendido inmóvil.

Amaury se quedó boquiabierto. Parecía estar sumamente atormentado. Corrió hacia el abatido cuerpo y le dio la vuelta. Aquellos vidriosos ojos sin vida lanzaron una mirada al cielo. Desesperado, le rasgó la casaca y la camisa y buscó la herida.

—¡Dios mío! A ver si no he...

Anstruther se sentó.

—¿Me ha dado? —preguntó confuso.

El cirujano Blore le examinó la espalda y el pecho, el estómago y los muslos.

—Ileso —anunció con alegría—. Ni un rasguño. Tenga un poco de brandy.

Anstruther bebió un trago de la petaca; su pálido rostro recobró un poco de color.

—El silbido de la bala me pasó rozando el oído —declaró— y pensé que me había alcanzado.

Temblando, se puso en pie.

—¿Desea volver a cargar? —dijo Amaury.

—¡Yo no! —afirmó categóricamente Anstruther.

—¡Ni yo! —le prometió Todd.

—Está bien, señores. Han cumplido ustedes con todo lo que cabe esperar de los caballeros y los hombres de honor. Los felicito por la gallardía que han demostrado —no había resto alguno de ironía en las palabras de Amaury—. ¿Podrían estrecharse las manos ahora?

Así lo hicieron.

—Le juro por mi espíritu —dijo Anstruther— que nunca ha estado en mi ánimo decir algo que pudiera ofenderle, señor Todd.

—Muy bellamente expresado, Señor Anstruther —contestó Todd haciendo una reverencia—. Le aseguro que no guardo resentimiento alguno. ¿Nos marchamos?

Antes de haber alcanzado siquiera el acantilado, Todd ya había pasado el brazo alrededor del hombro de su contendiente y ambos hombres charlaban con gran excitación. Blore los observaba con aire taciturno.

—Un insatisfactorio final. Nadie necesita mis servicios —se lamentó—. Y a mí me gustaría ver sangre...

—Puede llevarse mi tílburi al fuerte, capitán Blore —dijo Amaury lanzándole una clara indirecta—, pero siempre que lo envíe de vuelta. Marriott y yo nos quedaremos un rato más para limpiar las pistolas.

El cirujano se marchó dando pesados pasos.

—Me has decepcionado, Hugo —dijo Marriott.

Se sentaron junto a una destartalada choza con el techo de ramas de palmera que había a orillas del agua. Amaury, abstraído, introdujo una varilla en el cañón de una pistola para limpiarla.

—Tu desaprobación, Charles, es más que obvia. ¿Me podrías explicar los motivos?

—No pensé que fueras un hombre tan despiadado. Has insistido enfermizamente a esos dos hombres para que se mataran entre sí y no les has dejado escapatoria.

Amaury midió la pólvora, insertó un taco, escogió una bala y atacó el arma. En la orilla de enfrente, un indígena arreaba a una manada de búfalos hacia el agua; las criaturas se revolcaban alegremente en ella y sus lomos brillaban al sol.

—No había peligro alguno. No había puesto balas en las pistolas.

Marriott lo miró boquiabierto.

—Pero, entonces, ¿para qué montar esa... esa parodia?

Amaury cebó el arma y bajó el martillo.

—¡Quería dar un buen susto a esos dos estúpidos! —exclamó—. Quería que les quedara clara la completa inutilidad de tan honorabilísima farsa. Ambos son jóvenes; puede que el miedo los disuada de repetir algo así en toda su vida.

—Pero —replicó Marriott con una sonrisa tonta—, si tú mismo...

Un buitre planeaba perezosamente describiendo círculos por encima de sus cabezas. Descendió en picado para examinar un pez que había quedado varado en la playa y se estaba descomponiendo y retomó el vuelo batiendo las alas ante el gesto de enfado que hizo Amaury.

—Me he batido en duelo siete veces y he matado a cinco hombres. Uno de ellos, un buen amigo mío. Y ninguno me había hecho daño alguno; ni yo a ellos. Encendido por el vino y por culpa de desaires imaginados que jamás fueron intencionados, siempre declaré sentir mi honor mancillado y asesiné a todos esos hombres como un auténtico carnicero. ¿Crees que puedo dormir tranquilo cada vez que sus fantasmas me acechan en la oscuridad?

Apartó la cara y empezó a cargar la segunda pistola.

—La naturaleza, Charles, me ha maldecido con una gran fortaleza física, una excelente destreza manual, unos ojos veloces y perspicaces, y un enorme coraje —o, quizá, una falta de miedo— que excede lo habitual. No merezco mérito alguno por contar con esas cualidades; simplemente, nací con ellas. Pero escucha lo que te voy a decir: en todos los duelos he tenido siempre la certeza de que iba a ganar. Así que las fuerzas en esos combates eran desiguales y mis enemigos estaban predestinados a morir desde el mismo instante en que se colocaban en sus posiciones.

—Ése es un riesgo que siempre se corre —replicó Marriott poco convencido—. Rara vez se enfrentan dos partes igualmente preparadas.

El buitre volvió, planeando esperanzado sobre su rancia presa. Amaury lo contempló con la mente ausente.

—Eso hace que la costumbre resulte aún más vergonzosa —respondió entristecido—. Los duelos son abominables y yo he jurado que nunca más volveré a tomar parte en uno.

Marriott se frotó la nariz.

—Una promesa difícil de mantener.

—Intento desanimar a los bravucones. Mi reputación me ayuda: aquella disputa por un pañuelo es conocida en todas partes. ¿Por qué crees que practico todos los días en las dianas del fuerte Saint George y siempre, si puede ser, ante un grupo de espectadores? ¡Para que vean esto! —amartilló las pistolas y disparó las dos en un único y ágil movimiento. El estallido arrancó varias plumas del sangrante buitre, que cayó en picado al agua. El pastor de la otra orilla gritó asustado y corrió a esconderse en los tamariscos.

—¡Absolutamente impresionante! —señaló Marriott—. ¿Y tienes intención de disuadir a todos y cada uno de los potenciales duelistas de Madrás? Pues te has marcado una empresa titánica. Ahora tenemos que volver a limpiar las armas. Pásamelas —ocupado con la varilla y un paño, cambió de tema de conversación y añadió—: Hay un misterio, Hugo, que siempre me ha tenido intrigado. ¿Cómo es que alguien como tú, un capitán de caballería intachable, se ha interesado por las penalidades de un escribiente de segunda como yo?

La tensa expresión en el rostro de Amaury se disipó.

—Tenemos muchas cosas en común —replicó sonriendo a Marriott, que lo miraba incrédulo—. En serio, Charles. Y es algo más que el gusto que compartimos por el vino y las reuniones joviales.

Sé lo del lío en que te metiste en Covent Garden. Los dos estamos condenados al exilio en este pestilente país; los lazos que nos unen a nuestros familiares ingleses han sido duramente seccionados. En Madrás hay más hombres en igual situación, pero son todos unos delincuentes y unos bribones. Tú no. Así que cuando oí hablar de tu infortunio, igual al mío, te busqué. Y me alegro de haberlo hecho.

—¿Para rescatarme de la perdición en las tabernas de Black Town?

Amaury sacudió la cabeza.

—Un caballero puede irse al infierno de la manera que él mismo escoja. Yo nunca me inmiscuiría en el camino que nadie tome; excepto en un solo caso. En las ocasiones en las que, con unas cuantas copas de más, has estado a punto de ser retado. Te he confesado —dijo con una sonrisa retorcida— lo que pienso a ese respecto. Necesitabas que alguien cuidara de ti, Charles, así que yo decidí convertirme en tu guardián. Y confieso que has sido terriblemente conflictivo en más de una ocasión.

Marriott guardó las pistolas en el maletín y cerró la tapa.

—Te estoy agradecido —dijo seriamente—. Eso ha sido más de lo que merezco. Después de dos años en la costa de Coromandel, no soy ningún imberbe sin experiencia como ese par que acaba de intercambiar pólvora de fogueo.

—Y, sin duda, eres mayor que los dos juntos —replicó Amaury muy serio. Las ruedas de un carruaje crujieron sobre la grava de la parte alta del acantilado.

—Aquí vuelve mi tílburi —continuó, poniéndose en pie—. Debo ir a la caballeriza. ¿Tienes intención de acudir a los Salones de la Asamblea esta noche?

—No. Todavía no me he recuperado del todo de nuestro último desenfreno. ¿Vas a ir tú?

—¿Por qué no? Uno debe aprovechar cada uno de los placeres que se le ofrezcan en esta porción del Hades.

—Seguro que te encuentras con el general Wrangham —dijo Marriott con recelo— y con Caroline. ¿Cómo piensas explicar tu.. ¡ejem!... tu comportamiento ante la iglesia?

Amaury se rió con ganas.

—¡Apuesto a que ella ha creído que su deslumbrante belleza me ha impresionado hasta la inconsciencia!

CAPÍTULO TRES

Los Salones de la Asamblea se erigían solitarios sobre la llanura de Choultry. Sus torres se asemejaban a las almenas de un castillo y sus dos baluartes acentuaban su aspecto fortificado, al tiempo que guardaban los anchos escalones de piedra que conducían a las columnas que flanqueaban la entrada. Numerosos carruajes y palanquines se aglutinaban ante aquella mansión de color blanco procedentes de la ciudad, el fuerte Saint George y el barrio de las casas ajardinadas. Caballeros con llamativas casacas y damas vestidas en seda y satén bajaban de sus vehículos y ascendían por aquellas curvas escaleras. Desde la puerta de entrada, se podían oír las notas de un minué. En el salón de baile, el murmullo de cuatrocientas voces charlando animadamente ahogaba el sonido de la orquesta.

Lord Clive celebraba un festejo para lo mejor de Madrás.

Marriott, que tenía curiosidad por saber cómo recibiría la familia Wrangham a Amaury, había cambiado de opinión. Modestamente engalanado con un traje de etiqueta propio de un escribiente acudió a aquellos salones en compañía de Amaury, que iba magníficamente ataviado con su uniforme escarlata. Su indumentaria, por contra, consistía en una chaqueta negra, unos pantalones bombachos hasta la rodilla y un bicornio plegable; moda que años después impondría el señor Brummell en los altos círculos de Londres. La longitud del salón de baile era igual a la del edificio. Multitud de velas resplandecían en las arañas que colgaban del techo. Había varias hileras de sillas de color dorado dispuestas a lo largo de las paredes. La orquesta hacía sonar las trompetas y los violines mientras lord Clive, sentado en una tarima, recibía a sus invitados.

Amaury sacó un pequeño monóculo y examinó a Anstruther que, con Caroline como pareja, ejecutaba con las puntas de los pies las diversas figuras del minué con gran delicadeza.

—Desde luego, ese hombre baila mucho mejor de lo que se bate en duelo —dijo.

—¿Y quién no, con semejante visión celestial que lo inspire? ¿Vas a pedir algún baile a la dama? —preguntó Marriott.

—No. No se puede tentar tanto a la suerte —respondió Amaury sonriendo—. Prefiero esperar a que toquen una contradanza o un cotillón y colarme en el grupo. Ahora, vayamos a tomar algo, Charles. El vino especiado de Clive suele ser bastante pasable.

Atravesaron la habitación, deteniéndose a charlar con los invitados que estaban contemplando el baile. Amaury conocía a todo el mundo. Varias damas entradas en años lo llamaban y flirteaban con él descaradamente. Las jóvenes doncellas se lo comían con los ojos con coqueta timidez, escondidas tras sus abanicos. Los caballeros le estrechaban la mano y le preguntaban por sus caballos y por su salud. Presentó a Marriott a todos y cada uno de ellos, que hacían una cortés reverencia para seguir luego bromeando con Amaury, aquel apuesto hombre de considerable estatura vestido en plata y rojo.

—¿Cuándo podremos volver a verle por la iglesia, capitán Amaury? —preguntó con descaro la esposa de un juez con un malicioso brillo en los ojos. Amaury esbozó una imperceptible sonrisa.

—Siempre, lady Caledon, que tenga la certeza de que estará usted allí para... para sujetarme.

—¡Qué aprieto, querida! —oyó susurrar Marriott tras un abanico.

—Cierto, pero es *magnéticamente* encantador, ¿no cree?

En el comedor atestado de gente, y ya con sus copas de vino especiado en las manos, se dieron de bruces con el general Wrangham y su esposa. Sir John lanzó una fría mirada a Amaury y, deliberadamente, cambió de dirección. Al girar, le dijo enfurecido a Marriott:

—Llevo más de un mes esperando, señor, a que me dé una explicación y me presente sus disculpas por haber puesto en peligro la vida de mi hija en su rudimentaria galeota hindú. ¿Qué pretendía con ello, si puede saberse?

Su sonrisa no dejaba traslucir seriedad alguna en aquel rubicundo rostro de nariz aguileña. Marriott se armó de valor.

—No tuve elección, señor. No se me pidió consentimiento y yo tampoco se lo concedí.

—Sí, eso mismo tengo entendido. Supongo que deberé perdonarlo —replicó riendo entre dientes para sorpresa de Marriott—. No es la primera vez que las artimañas de mi joven hija consiguen derrotar a hombres bastante más duros que usted. Señor Marriott, venga a cenar con nosotros y a aprender cómo defenderse de las armas que esa jovencita esconde bajo su armadura.

—Sería todo un honor, señor, aunque me temo que miss Wrangham sería muy capaz de traspasar mis defensas —respondió; entonces, vaciló unos instantes y dijo—: Permítame que le presente al capitán Amaury, del 7º Regimiento de Caballería de Madrás.

La sonrisa desapareció de los labios del general.

—Prefiero seguir sin conocer a ese caballero —declaró con un tono extremadamente serio— que muestra un comportamiento tan deplorable en público como para deshonrar el uniforme que luce. ¡Al servicio de Su Majestad jamás se aceptaría tan detestable conducta!

Amaury parecía aburrido.

—En ese caso, señor, me siento afortunado de poder servir en la Compañía —bebió un trago de vino especiado y, mirando los enfadados ojos del capitán a través de la copa, añadió—: Esa arrogante intolerancia que esgrimen los oficiales reales hacia sus compañeros de la Compañía es como una úlcera para nuestros intereses en la India. Pensé que usted, señor, daría mejor ejemplo.

El rostro de Wrangham se tornó escarlata. Enderezó los hombros. A pesar de ser un hombre menudo y delgado, tenía un aspecto imponente que lo hacía parecer más alto.

—No tengo ningún prejuicio contra los oficiales de la Compañía, pero sí contra los vividores borrachos, lleven la insignia que lleven. —Entonces, volviéndose hacia su esposa, que había escuchado la conversación con cierta angustia, dijo—: Vamos, querida. Debemos agradecer a lord Clive su magnífica hospitalidad.

Amaury contempló con rostro impasible cómo se marchaban.

—Tengo entendido que es una persona excelente, pero está claro que carece de sentido del humor. ¿No se habrá emborrachado nunca este hombre? Ya ves, Charles, te ha declarado la guerra. A lo mejor me paso a su bando —agudizó el oído hacia la puerta de entrada—. Están empezando a tocar un cotillón. ¡Tratemos de colarnos en el grupo de ocho que cuenta con la compañía de Caroline!

Amaury escogió el momento adecuado y logró unirse al grupo. Marriott se retiró hacia una de las paredes y observó la escena desde allí. En cuestión de segundos, los compases del baile lograron que Amaury se viese cara a cara con su presa. Caroline lo miró con los ojos abiertos como platos e hizo una mueca de desaprobación con la boca. Ejecutó los pasos que exigía el baile y pareció sumamente aliviada cuando, por fin, los compases de nuevo la alejaron de él. A las demás parejas les dedicaba sonrisas y respondía con agrado a sus bromas; sin embargo, cuando le tocaba el turno a Amaury, no le expresaba emoción alguna, lo miraba de manera fría y no le dirigía la palabra. Marriott reprimió una sonrisa.

Cuando finalizó el cotillón, Amaury fue a su encuentro.

—El foso todavía no está practicable —dijo con ironía—. Sus muros son de granito y están protegidos por una hilera de hierros incrustados. Tendré que tratar de sitiarla desde paralelos más cercanos y estar preparado para recibir pesadas baterías. Esto promete ser una larga conquista. Ayúdame, Charles, ruégale que te conceda un minué y defiende mi causa ante ella.

—Si he de defender alguna causa, será la mía propia —respondió Marriott con sequedad.

La orquesta tocó una contradanza, un baile de origen escocés y un cotillón más. Amaury bailó todas las piezas, uniéndose al grupo de hombres ansiosos por llegar a Caroline. Muy poco seguro de sí mismo, Marriott le pidió un baile. Ella le prestó una calurosa acogida que lo colmó de alegría y sorpresa al mismo tiempo. Lo saludó radiante y, sonriente, rechazó a los demás galanes que pretendían su mano.

—Espero, señor Marriott, que no haya recibido de mi padre recriminación alguna por haberme llevado a tierra —dijo Caroline al son de los compases del minué.

—Creo que cuento con su perdón. El general me ha invitado a cenar con él, lo cual estoy seguro de que será un placer inconmensurable. —Marriott la guió para que no pisase el charco de aceite que había caído de una de las arañas—. Si desea dar un paseo a caballo al alba o al anochecer, miss Wrangham, ¿me permitirá el honor de acompañarla?

—Por supuesto que sí, señor, aunque me temo que no estaremos solos —dijo arrugando la comisura de los labios—. Hay otros tantos caballeros que han tenido esa misma idea, de modo que prácticamente me encuentro escoltada por toda una tropa. Si pasa mañana por el monumento a Powney media hora después de los cañonazos, podrá unirse al desfile de jinetes.

Caroline dejó de bailar un momento y abrió su abanico de color plata y marfil. Los húmedos rizos caoba se le pegaban a las sienes y diminutas perlas húmedas refulgían en su frente.

—¡Hace un calor monstruoso! —se quejó. Marriott asintió; el sudor le caía por los brazos hasta chorrearle por la punta de los dedos. El salón estaba abarrotado. Una fastuosa y colorida multitud se movía al unísono al son de la lastimera melodía que tocaba el violín. Las arañas daban luz, pero también calor. Los caballeros, con aquellas gruesas casacas, desprendían calor como si de calentadores de cama se tratara. El sofocante aire de la noche se colaba por las ventanas. Caroline se secó la cara con delicadeza, guardó el pañuelo de lino en su bolso fruncido y observó con desagrado a una pareja que bailaba al lado. Amaury llevaba del brazo a una voluptuosa mujer de cabello negro y secaba descaradamente sus sudorosas mejillas con un enorme pañuelo que tenía los bordes de encaje.

—Juro que no puedo soportar más este calor —la oyó decir jadeante—. Le ruego, capitán Amaury, que me acompañe a mi palanquín.

Caroline los siguió con la vista a través de los demás bailarines.

—¡Ahí va la señora Delderfield! —dijo con aire amargo—. ¡Apuesto diez *fanams* por *pagoda* contra un portugués! Según tengo entendido, el comandante Delderfield se ha tenido que ausentar de su domicilio para aplacar un altercado en Tiroopattee. Así que dudo, señor, que vuelva a ver a su amigo esta noche, dadas las circunstancias...

—A lo mejor ese juicio censurador es demasiado precipitado, miss Wrangham —Marriott respondió con aire vacilante—. Me impresiona que, tras sólo dos meses en Madrás, haya logrado dominar con tal rapidez nuestra jerga local. Pero le ruego que tenga cuidado con la expresión *portugués* porque, en otros casos, podría sonar descortés. Se usa vulgarmente en Madrás para referirse a las personas con mezcla de sangre europea e indígena.

—Lo sé perfectamente —la música terminó y Caroline hizo una reverencia—. Permítame que le diga que es un excelente bailarín, señor. Estoy sedienta. ¿Tomamos un refrigerio?

A su entrada en el comedor, un puñado de galanes la rodeó de inmediato. Caroline rechazó sus peticiones de baile y, mediante gestos, indicó a Marriott que se reuniese con ella en un hueco que había ante una ventana. Contempló la oscura llanura que se extendía hasta las apiñadas luces de Black Town.

—Ésta es una extraordinaria sociedad, señor Marriott —dijo con aire pensativo—. En poco tiempo, muchas son las cosas que he descubierto acerca de ella; no me ha sido difícil, estando como estoy rodeada de chismosos, tanto de género femenino como masculino.

Usted mismo —dijo lanzándole una mirada de reojo que hizo a Marriott sacudirse como un barco a punto de encallar— tampoco ha escapado a mis pesquisas. El señor Harley lo tiene en alta estima y yo no he encontrado razón alguna para contradecir su juicio.

Marriott observó su perfil, con aquella nariz ligeramente inclinada, esa ancha boca inquieta y aquellos almendrados ojos de largas pestañas. Tenía una vitalidad demasiado enérgica como para ser una belleza clásica; carecía de esa quietud estática que tanto admiraban los poetas. ¡Al infierno con Pope, al diablo con John Dryden! Impulsivamente, le cogió la mano.

—Prometo poner todo mi empeño —dijo con gran fervor— en probar ser merecedor del lugar que ocupo en sus afectos.

Los dedos de Caroline se escurrieron suavemente de aquella mano.

—¡Mire! ¡Una estrella fugaz! ¡Qué hermosa estela curva! —Se apoyó en el borde de la ventana para seguir el curso del meteoro y prosiguió con dulzura—: Me puede llamar Caroline cuando estemos a solas... Charles. ¡Mire, ha desaparecido! Ahora, le ruego que me lleve ante mis padres. ¿Le veré mañana en el monumento?

—¿Sí? ¿Me verá?

Con un dedo sobre los labios, lo miró pensativa.

—Usted me agrada, Charles, aunque no puedo decir lo mismo de todas sus amistades y, en particular, de cierto caballero. ¿Supongo que no se le ocurrirá llevar consigo al capitán Amaury?

—¡Por supuesto que no! De todos modos, no podría ir. Debe asistir a los ejercicios de instrucción de seis a nueve.

—Ah, ¿sí? En ese caso, parece que al menos merece cierto respeto por atender sus obligaciones. Por lo visto, los demás oficiales que me han ofrecido su compañía no son tan celosos al respecto. Es la única cualidad digna de admiración que logro ver en el capitán Amaury.

—Si tanto le desagrada... —dijo Marriott tragando saliva— si tal es su aversión... ¿preferiría que cortara los lazos que me unen a él?

Los ojos de Caroline se llenaron de consternación.

—¡Por supuesto que no! —adoptó cierto tono remilgado— Las mujeres no debemos interferir en los asuntos de los caballeros y, bajo ningún concepto, inmiscuirnos en sus amistades por desaconsejables que resulten. ¡No soy una puritana reformista, señor Mar... Charles!

Marriott trató de ocultar su decepción.

A pesar de lo temprano que acudió al monumento a Powney aquella mañana, otros siete jóvenes se le habían adelantado y ya estaban a la espera: dos alféreces cipayos, dos dragones Ligeros, dos mercaderes asistentes y el señor Fane. Cuando llegó Caroline, acompañada por Anstruther y dos mozos de cuadra, la colmaron de joviales saludos. Tenía un aspecto adorable con su túnica de montar de alamares dorados y de un color esmeralda que igualaba al de sus ojos. Un tricornio de terciopelo cubría parte de sus rizos castaños. Embridó a un ejemplar árabe y venció la testaruda quietud de la yegua dando un toque invisible en la espuela, al tiempo que acariciaba sus curvas con aire compasivo.

Iba sentada a horcajadas sobre el animal.

La túnica, que le llegaba hasta los tobillos, estaba abierta por delante y por detrás y dejaba adivinar los esbeltos muslos que se escondían tras aquellos apretados pantalones de gamuza. Marriott apartó la vista de ella apresuradamente para dedicar una mirada punzante a Fane, cuyos ojos se le salían de las órbitas dejando traslucir demasiado obviamente el enorme interés que sentía. Marriott se preguntó cómo era posible que su irascible padre tolerase tal atrevimiento. Entonces, recordó lo que Caroline le había dicho: Sir John era incapaz de negarle nada. Sin duda, el escandaloso aspecto de su hija confirmaba que así era.

El desfile de jinetes cabalgó a lo largo de la costa, no exento de ciertas embestidas en lucha por ocupar un sitio al lado de la joven. Anstruther renunció al suyo, alcanzó a Marriott e hizo un gesto con el látigo.

—¡Una vista maravillosamente diferente a la de Hyde Park!

El mar, totalmente en calma más allá de las tres encrespadas zonas de oleaje, lanzaba destellos dorados bajo el sol. Más adelante, se extendía una llanura plagada de montículos, con algunas zonas de hierba reseca por el sol bañando su arenosa tierra amarilla. Se veían varias palmeras dispersas y unos quebradizos arbustos cubiertos de polvo. La brisa que soplaba del interior, caliente y molesta, hizo que las palmeras vibrasen emitiendo ásperos crujidos y arremolinó las hojas secas en ventosas espirales; también trajo desde la playa el olor a excrementos, peces podridos y carroña. Esa zona de la playa servía como lugar de enterramiento de los pescadores, como letrina y como vertedero. Algo más allá de los botes y los restos en descomposición, merodeaban varias manadas de perros salvajes; nadie se aventuró a bajar de su caballo o su carruaje para dar un paseo por la arena.

Marriott azotó con su látigo a un perro vagabundo que se puso a gruñir. El golpe alcanzó la pezuña de su propio caballo.

—Los monzones empezarán a soplar dentro de una semana —dijo—. Desgraciadamente, no le puedo prometer que este sofocante calor vaya a ceder; sólo adoptará una textura distinta. Eso sí, este árido paisaje se volverá tan verde como un prado inglés en primavera.

—Toda una Arcadia, sin duda —respondió Anstruther con indiferencia. Habló sobre cosas triviales.

Una obra que prometía representar en el teatro, «*El marido provocado*. Yo mismo me he comprometido a interpretar un papel femenino en ella.»

Una partida de cartas en una casa particular en la que un oficial había perdido doscientas *pagodas* en una hora, «Se apostó *fanams* y *fanams* sin límite. ¡El pobre idiota no entendía esa moneda!»

Los libros que había adquirido recientemente la biblioteca pública, «*Historia de la decadencia y caída del Imperio Romano*, de Gibbon. Condenadamente aburrida, se lo aseguro.»

Anstruther se había despojado de su actitud altanera. Seguramente, dedujo Marriott, el reciente duelo había acabado con su refinado engreimiento. Le contó que no le satisfacía su puesto como edecán.

—Ésa es labor para un petimetre, no para un oficial —se lamentó. Acto seguido, expresó su esperanza de encontrar el momento oportuno para entrar en el 19º Regimiento de los Dragones Ligeros.

En resumen, el corneta Richard Anstruther se estaba empezando a convertir en un joven de lo más afable.

Un buey en descomposición imprimió a la brisa un hedor nauseabundo. Caroline arrugó la nariz, salió de la playa y cruzó la llanura hasta la pista del hipódromo, que se curvaba formando un arco de una milla de longitud más allá de los Salones de la Asamblea. Por el suave y verde césped del hipódromo, regado todas las semanas y alisado por camellos, azotó a su yegua para que cabalgara a medio galope. Su séquito la seguía en paralelo. Con un pícaro brillo en los ojos, Caroline observó la hilera de caballos que corcoveaban a su lado.

—Les propongo una carrera, señores míos. ¡A sus puestos! El ganador obtendrá un beso como recompensa.

Bajó las manos y su yegua salió despedida como un pequeño cometa gris.

«¡El descaro de esta muchacha me desconcierta! —se dijo Marriott a sí mismo—. No me ha dirigido la palabra desde que me quité el sombrero para saludarla. Pienso ganarme ese beso o, al menos, dejarme la piel intentándolo.»

Los caballeros salieron con gran alborozo en persecución de aquella túnica verde claro, viendo cómo la distancia que los separaba de ella aumentaba a cada paso, y se prepararon para emprender una enérgica carrera. El zaino castrado de Marriott, de madre inglesa pero criado en Arabia y adquirido a un oficial lisiado a causa de las heridas sufridas en combate, había ganado varias carreras en esa pista durante aquel año. Apretó las piernas y sintió el pulso del animal; el zaino bajó la cabeza y emprendió la marcha en un acelerado galope. Anstruther lo seguía a cierta distancia, agitando su látigo y cantando. Un alférez lo recriminó por la torpeza con que avanzaba su caballo. El tricornio de Caroline salió volando y su cabello quedó ondeando al viento como una llama danzarina. Echó un vistazo por encima de sus hombros y se topó con la mirada de Marriott. La cabeza del zaino estaba para entonces a la misma altura que la rodilla de la joven. Rió estrepitosamente. La yegua árabe empezó a flaquear, Marriott la adelantó y ganó la carrera por un par de pasos.

Jadeando y riendo, detuvieron a los caballos. Caroline, con los muslos a la vista en una adorable estampa, se colocó la túnica.

—¡Pardiez, señor! —dijo el alférez resoplando—. ¡Monta usted un magnífico ejemplar! No sé si habría una suma que pudiera pagar en caso de estar a la venta. ¿Cuánto pide por él?

—Después de haber ganado esta trascendental carrera donde había tanto en juego, no tengo intención alguna de venderlo. Si tengo suerte, ¡puede que vuelva a ganar el mismo trofeo en otra ocasión!

—¡Vaya! —dijo Fane con su radiante cara redonda—. ¿Y cuándo se pagará el premio?

—Todas las apuestas —respondió Anstruther— se tienen que cobrar antes de abandonar el hipódromo. Es la norma esencial del club hípico.

Caroline miró de reojo al vencedor. Ruborizada e inquieta, no dejaba de mover los ojos.

—Acérquese, Señor Marriott —dijo señalándolo con el dedo—. No tengo por costumbre tirar besos.

Marriott se acercó a ella con su caballo, se quitó el sombrero y le ofreció la mejilla. Algo rozó sus labios con dulzura. Sintió un toque tan suave como el de una mariposa al posarse.

—En realidad, está usted derrotado —susurró Caroline.

Los demás jinetes aplaudieron.

—Charles, ¿cuándo te buscarás una mujer? —preguntó Amaury.

Estaban paseando por los Jardines de Moubray, un hexágono de siete acres rodeado por muros de barro. Era una tierra baldía llena de arbustos y hierba. La basura se amontonaba en las esquinas y había pequeños montículos de piedras. En los cobertizos y los establos —unos edificios bajos de ladrillo con empinados tejados de paja— los mozos de cuadra agrupaban a los relinchantes caballos en hileras, mientras uno de ellos lavaba un carruaje de dos caballos. Las habitaciones de los sirvientes se encontraban enfrente, en unas casuchas apiñadas, de paredes encaladas y techos planos. Bajo una higuera de Bengala, había otro edificio algo más pretencioso: una casa de una sola planta adornada por verandas, una balaustrada y una verja.

—Dos cuartos de la casa de la *bibee* están aún sin ocupar —dijo Amaury, señalandola con el dedo—. Mi adorable Kiraun, originaria de Hyderabad, se queja de que se encuentra sola. Las criadas de Madrás que la atienden hablan un dialecto diferente al suyo. ¿No le prestarías algo de compañía?

—Yo nunca he convivido con mujer alguna. No había sitio para ello en mis dependencias del fuerte Saint George.

Amaury, preocupado, lo miró fijamente.

—¡No me creo que te hayas debido a la abstinencia durante estos dos asfixiantes años!

—¿Tanto te cuesta creerlo? Antaño visitaba a la señora Bradly con frecuencia.

Amaury conocía a Amelia Bradly: un decadente ejemplar humano al que las tormentas de las tensiones y el sufrimiento habían arrastrado hasta la costa de Coromandel. Su padre era capitán de la armada. De familia respetable, había sido seducida a una tierna edad por un corneta de la caballería de vida disoluta y decidió acompañar a su amante cuando su regimiento de dragones fue destinado a Madrás. Su protector había muerto en las guerras de Misore. La joven, pobre y desamparada, logró alojamiento en casa del dueño de una taberna de Black Town. Para pagar la renta y poder comer, decidió dedicarse al oficio de cortesana. El propio tabernero era su proxeneta y le proporcionaba los clientes. La señora Bradly era mucho más recelosa que las demás prostitutas de Black Town: únicamente concedía sus favores a los europeos, mantenía limpias y ordenadas sus dependencias y servía a sus clientes un vino aceptable.

—¿Antaño, Charles? ¿Y por qué has dejado de solicitar los servicios de la dama? ¿Hasta ese extremo te tiene trastornado la hermosa miss Wrangham?

—¡Qué gracioso eres, Hugo!

Se apoyó en una valla llena de zarzas y marcó el lomo de un becerro que descansaba en el corral de la finca junto a los venados, las cabritillas, los patos y los gansos. Era habitual que las haciendas mantuviesen una colección privada de animales a los que engordaban para luego servirlos en la mesa.

—No es por eso. Le prometí a Harley que renunciaría a Black Town. Si fuese allí a visitar a una mujer de costumbres licenciosas, difícilmente cumpliría mi promesa.

—¡Pero ésa es una situación abominable! —replicó Amaury con seriedad—. Tenemos que encontrar rápidamente el modo de ponerle remedio antes de que tu salud se resienta.

Se quedó pensativo unos instantes, se giró y empezó a dar órdenes a gritos.

—Enjaezaremos una calesa e iremos a buscar a la señora Bradly —anunció—. Si tú ya no puedes ir a verla allí, tendremos que convencerla de que se venga a vivir a los Jardines de Moubray. ¡Eso haremos!

—Hugo, ¡por el amor de Dios!...

Amaury lo empujó al interior de la calesa y partieron hacia Black Town. Recorrieron a bandazos las estrechas calles llenas de baches y se detuvieron ante un sórdido edificio flanqueado por comercios y bodegas. La cal de sus paredes estaba descascarillada y lucía enormes desconchados marrones similares a las manchas de una piel tiñosa. Un portero vestido con una mugrienta librea abrió las oxidadas puertas y los guió por el desastrado vestíbulo, que apestaba a grasa y curry, hasta una habitación del interior. Amelia Bradly se levantó de su diván y los saludó con una nerviosa reverencia.

—¡Dios santo! ¡Qué gran honor! Espero que disculpen que los reciba en paños menores. No esperaba compañía —señaló con el dedo a un hombre muy mal vestido, que los miraba con cara de pocos amigos y que ni siquiera se había molestado en levantarse cuando entraron en la habitación—. Permítanme que les presente...

Amaury dirigió un breve gesto de saludo a aquel rostro caoba que parecía no haberse afeitado en tres días. Tenía aspecto de navegante; bien podría ser el capitán de alguna goleta mercante atracada en los fondeaderos.

—A su servicio, señor —dijo dirigiéndose a él—. Con su permiso, nos gustaría tener unas palabras en privado con la señora Bradly.

El hombre frunció el ceño y abrió la boca para decir algo, pero prefirió callar al toparse con la mirada de Amaury. Entonces, farfulló algo entre dientes y se marchó de mala gana. Cuando salió de la habitación, Marriott cerró la puerta tras él de una patada.

—Amelia —dijo Amaury como si tal cosa—, vengo a proponerle algo que cambiará su situación. Usted merece un hogar mucho mejor que estos pestilentes aposentos —dijo echando un vistazo a la habitación. Las cortinas estaban deslucidas, las alfombrillas, raídas. El estilo completamente anticuado de los pesados muebles parecía remontarse a la época de la primera factoría que la Compañía construyó en Madrás. Y absolutamente todo lo que allí había estaba escrupulosamente limpio e infinitamente desgastado.

—Resumiendo, querida, ¿estaría dispuesta a considerar ponerse bajo la única protección de Charles Marriott y a trasladar sus aposentos a los Jardines de Moubray?

Amelia carraspeó y abrió sus azulados ojos con sorpresa. Era una hermosa mujer de cabello dorado que, seguramente, no llegaba a los veinte años. El clima y los rigores de la vida que llevaba todavía no habían hecho mella en su rosada piel. El diáfano camisón de muselina que vestía dejaba adivinar una figura deliciosamente voluptuosa. Sobre el generoso pecho blanco, lucía un pañuelo que apenas alcanzaba a ocultarlo. Marriott examinó aquellas turgentes curvas. Después de todo, la idea de Hugo se le empezaba a antojar cada vez más sensata.

—Le prometo, Amelia —dijo ardientemente—, que no le faltará nada.

—Pero, ¿cómo habría de dejar esta casa? Le debo a mi arrendador la renta de dos meses... No tengo ropas decentes... Además, hay un caballero que espera ser atendido esta noche...

Amaury logró vencer alegremente tan irresoluta resistencia. Marriott fue a buscar al tabernero, un astuto villano dedicado por igual a trapichear con cretona, paño satinado, índigo y pimienta y a desplumar a los clientes de su local, la taberna Whittle. Le pidió papel y pluma y extendió un cheque para liquidar todas las deudas pendientes. Después, habló con la criada de la dama —una portuguesa con aspecto de fulana— y pidió una carreta para que transportara su equipaje. Cuando volvió al salón, se encontró a su melindrosa cortesana llorando de alegría sobre el hombro de Amaury, aparentemente ajena a aquellos dedos furtivos que manoseaban sus pechos.

—En esta empresa no hay participaciones, Hugo —dijo Marriott lanzando a su amigo una mirada burlona—. ¡El monopolio es mío!

Cubrió con una capa la escasa vestimenta de Amelia y la acompañó hasta la calesa. Amaury condujo el vehículo por aquellas apestosas calles sin alumbrado en dirección a las luces que, procedentes de las casas ajardinadas, surcaban la llanura de Choultry como si de enormes barcos blancos se tratara. Marriott despertó del ensueño en que se había sumido.

—Hugo, la casa de la *bibee* no es apropiada —anunció con decisión.

—¡Pues claro que no! Ni tampoco Kiraun aceptaría la presencia de otra extranjera. Para ella tengo que buscar —dijo Amaury cavilante— una compañía agradable que también sea de Hyderabad; una criada cuya erudición sea tan excitante como la suya. Pero para Amelia acondicionaremos una habitación al lado de las nuestras.

Una vez en los Jardines de Moubray, Marriott la condujo a su dormitorio. Amelia contempló admirada aquellas blancas paredes decoradas, las enormes ventanas con cortinas de lienzo estampado, los muebles de palisandro y las alfombras turcas que cubrían los dibujos del suelo. Dejó escapar un ahogado sollozo y echó los brazos al cuello de Marriott.

Él la despojó de la capa con que la había tapado y la condujo hasta la cama.

El inesperado traslado de la señora Bradly causó tal sorpresa en Madrás que no se habló de otra cosa en dos días. En las tabernas y las cantinas se oían rumores de todo tipo. No todo el mundo aprobaba su marcha, pues muchos habían sido los caballeros que habían tenido el placer de compartir los encantos de la dama. ¿Qué se traería entre manos ese condenado escribiente para haber retirado de la circulación a la cortesana más solicitada de toda la ciudad? Marriott era consciente de que, para tomar su decisión, Amelia había considerado unas razones en las que él poco tenía que ver: la creciente aversión que sentía por la vida que llevaba en Black Town, su deseo de adquirir cierta seguridad, por endeble que fuese, y el persuasivo encanto de Amaury fueron los motivos que realmente la pusieron bajo su cuidado.

Pronto se dio cuenta de que los rumores habían llegado más allá de su círculo de amistades masculinas. Los miembros de la alta sociedad tenían la costumbre de cenar en exceso y retirarse luego a descansar para reponerse pero, antes de la puesta de sol, solían salir a airearse un poco por la pista del hipódromo. Se reunían con sus caballos y sus carruajes ante los Salones de la Asamblea, un lugar excepcional para hacer despliegue de todo su esplendor y, al mismo tiempo, ponerse al día en los rumores del momento. Las damas se acicalaban y vestían sus mejores galas para comentar las últimas fruslerías de las que habían tenido conocimiento a través de algún mercante inglés recién atracado; afilaban el ingenio y esgrimían maliciosos argumentos. Los caballeros, ataviados con modernas chaquetas, montaban sus caballos más vistosos. Aunque el monzón del oeste ya había llegado surcando el cielo de amenazadoras nubes y sumiendo al país en un temporal de lluvias y vendavales, por las noches cesaba la lluvia y, al ponerse el sol en el aguado paisaje, la vegetación adquiría hermosos tintes dorados sobre aquellas agrietadas tierras que parecían ir a desmoronarse ante la fuerza del monzón. Tras haber pasado el día confinados en sus casas al calor de las estufas, aquellos hombres disfrutaban enormemente de su paseo en el exterior, tomando un poco el aire en medio del vendaval.

Marriott se dirigió a la pista del hipódromo cabalgando a medio galope a lomos de su ejemplar castrado. Sintió cómo el sudor empapaba su nueva chaqueta de algodón y decidió dar un paseo. En su camino, se cruzó con varias calesas, varios tílburis, varios faetones y otros carruajes de dos caballos. Finalmente, se detuvo junto a un landó en el que miss Wrangham, con aire extremadamente recatado, charlaba con el capitán de un mercante inglés.

—¡Cuán intrigante, capitán Stanton. ¡Le doy mi palabra! Y, dígame, ¿cómo logró superar el peligro cuando su artimón cayó por la borda?

—¡Ejem!... Miss Wrangham....

—¡Oh, señor Marriott! El capitán Stanton me estaba relatando el terrible azote que sacudió al *Lord Candem* en medio de un huracán cerca de Malabar. ¡Qué afortunados somos los que vivimos en tierra firme! Nuestro mayor peligro sería toparnos con un caballo desbocado... ¡O con una dama demasiado lanzada!

Marriott empezó a tartamudear y enrojeció por completo.

—Hablando de caballos, señor —continuó la joven—, he oído que sus establos han crecido. Al parecer ha adquirido usted una briosa yegua inglesa. Al menos, eso es lo que se cuenta. Me imagino que será un placer montarla, ¿no?

Lady Wrangham agitó las manos.

—Caroline, ¡te lo pido por favor! Estás siendo vergonzosamente insolente... —se reclinó débilmente sobre los almohadones del landó.

—¡Contén ese descaro! —gruñó el general, que dirigió a Marriott una mirada llena de comprensión, una mirada de un hombre de mundo a otro—. Los rumores en esta ciudad traspasan todas las fronteras del decoro. Nadie puede estar seguro de que su reputación esté a salvo. Caroline, debes aprender a dominar esa lengua.

—Yo sólo pretendía felicitar al señor Marriott por la adquisición de tan excelente yegua —protestó con aire de jovencita inocente ofendida—. Tan briosa, según me han dicho. Con las caderas firmemente dispuestas y los músculos de las patas perfectamente entrenados.

El capitán Stanton, que parecía desconcertado, saludó con su sombrero y se marchó. Lady Wrangham se puso a comentar absurdamente la última obra que se había representado en el teatro; *El Marido Provocado* había sido todo un éxito. El general hizo a su hija un gesto monitorio con el dedo y se puso a reprenderla en voz baja. Caroline asentía con la cabeza.

—Señor Marriott, entiendo que lo he ofendido en cierto modo. Le ruego que acepte mis disculpas —dijo con una sonrisa radiante—. Jamás hubiera pensado que pudiera causar consternación alguna por interesarme amablemente por la adquisición de ese caballo de montar.

Entonces, adoptó una actitud más indulgente y se puso a charlar sobre cosas sin importancia. Hubo un instante en que empezó a balbucear, sus ojos despidieron un destello de acero y subió la barbilla. Marriott reconoció a Amaury a las riendas de un elegante carruaje *vis à vis*. Se había detenido junto a un faetón y charlaba con su ocupante. Inmediatamente, logró que Caroline apartara la vista de la seductora señora Delderfield e hizo que su atención se centrase en el landó de cuatro caballos que se aproximaba chapoteando por los charcos del fuerte Saint George. Iba escoltado por dos lanceros de casacas escarlatas.

—¡Mire! Lord Clive nos honra con su presencia.

—El gobernador, ¿no es así? —dijo el general—. Tengo que hablar con él —añadió haciendo un gesto al cochero para que arrancase. Marriott se tocó el sombrero en señal de despedida antes de que el vehículo de los Wrangham emprendiese la marcha. Entonces, vio a Joseph Harley haciéndole señas desde una magnífica calesa. Bajó de ella y se acercó a él.

—Tengo noticias que contarle, señor Marriott. El enfermizo chico que subió al trono de Karnataka cuando murió Muhamed Alí yace a punto de morir en su palacio de Chepauk —dijo apuntando con la mano hacia los alminares dorados y blancos que resplandecían a lo lejos bajo el sol—. Karnataka pronto se quedará sin gobernante y la Compañía está considerando la posibilidad de tomar sus riendas. Si lo lográsemos, nuestro dominio se extendería desde los Circares hasta el cabo Comorin, pero en los Circares del Norte nuestro influjo es prácticamente simbólico. Así que he propuesto que la Compañía tome el control. Necesitamos factorías en esa zona. El gobernador está de acuerdo y me ha puesto al cargo para que haga las gestiones oportunas.

Marriott apenas le prestaba atención. El viejo Harley tenía tendencia a divagar sobre la política del gobierno y sobre decisiones que escapaban a la sencilla mente de un humilde escribiente. Marriott pensaba en la malicia de Caroline y decidió que era una joven extremadamente intolerante: todos los solteros que él conocía tenían mujeres amancebadas. ¿Acaso exigía ella que sus pretendientes viviesen como pálidos monjes? Con la mente distraída, Marriott contempló la agitada escena que lo rodeaba. Aquellas damas en los carruajes, ataviadas con sus mejores galas, de colores tan vivos que parecían llamativos ramos de flores. Los sirvientes con sus libreas chillonas, de pie sujetando los caballos por la cabeza. Los jinetes que cabalgaban por la pista del hipódromo. Nuevos personajes que llegaban, otros que se iban... Madrás al completo parecía haber acudido a la cita para tomar un poco del pesado aire del monzón.

—¡Le ruego que me escuche! —pidió Harley con brusquedad—. Lo que tengo que decir puede que afecte a su futuro. Supongo, señor, que recordará cómo le ayudé a ascender dentro de la administración. Lo que tengo ahora en mente es esto: después de la renovación de su comisionado con la categoría de mercader asistente —que me imagino que le habrá aportado los fondos suficientes como para lograr una posición segura—, creo que es hora de que lo nombren recaudador de Bahrampal, un distrito que limita con los estados *marathas* de los Circares del Norte.

Los divagantes pensamientos de Marriott volvieron abruptamente a la realidad.

—Su propuesta me honra, señor, pero... ¿Un destino en una extravagante jungla perdida en medio de ninguna parte? ¿Dejar Madrás? —dijo contemplando a Caroline, que charlaba animadamente con un caballero junto a lord Clive. Era un hombre delgado de mediana altura que vestía una sencilla casaca azul, bombachos grises y un sombrero negro de tres picos. «Un condenado secretario —pensó— que se da más importancia de la que le corresponde.»

—Señor Harley, no tengo experiencia...

—Recibirá unas instrucciones muy completas —respondió el mercader con un tono áspero—. Y, por supuesto, no irá solo. Lo escoltará un destacamento militar al mando de un oficial de confianza. Y también se le asignará un ayudante civil. He pensado en el joven Fane...

—¿Cuándo tendría que partir?

—No antes de que haya pasado el monzón del este. Seguramente, algo más tarde. Todavía hay muchas cosas que organizar.

Un carruaje se detuvo junto a ellos sobre el aguado fango, salpicándolos.

—¿A qué se debe ese abatimiento, Charles? —dijo Amaury—. Buenos días, señor Harley. ¿Ha visto quién ha venido? —dijo señalando con el látigo al hombre del sombrero negro de tres picos que, en ese momento, reía estrepitosamente ante las ingeniosas ocurrencias de Caroline—. El coronel Arthur Wellesley. Compartimos un hueso de cordero para desayunar antes de la batalla de Seringapatam.

—Un oficial de lo más prometedor, según me cuentan mis amigos militares —apuntó Harley—. Ha llegado de Misore recientemente para consultar unos asuntos con el general Harris.

Marriott escudriñó el elegante *vis à vis* amarillo de Amaury; llevaba el escudo de armas grabado en los laterales y tiraban de él dos briosos caballos zainos; el lacayo vestía una elegante librea azul.

—Un magnífico carruaje. No lo había visto nunca.

—Lo suficientemente magnífico, creo. Es uno de los mejores de Delaval —respondió Amaury complacido—. El *Lord Candem* no lo desembarcó hasta ayer. Tengo que hablar con Wellesley. Permítanme que les presente.

Saludaron al gobernador que, aunque hizo un gesto amable con la cabeza, no dijo una palabra. Una taciturna mirada delató que pretendía evitar inútiles discusiones. Wrangham ofreció una fría reverencia a Amaury, pero escuchó con gran atención cuando entabló con Wellesley una conversación que se remontaba a la oscura actuación que tuvieron en el pasado en algún lugar llamado Sultanpettah en el que, según dedujo el general, las cosas se habían torcido de la peor manera posible. Miss Wrangham, recostada sobre los cojines con aire lánguido, se abanicaba y parecía albergar un repentino interés por los chillidos de los loros procedentes de las alturas. Había devuelto a Amaury el saludo con un microscópico gesto. Después, simplemente se limitó a ignorarlo. Marriott se decidió a hacer un comentario, pero obtuvo una mirada ardiente y silencio por toda respuesta.

—Así que, señor mío —concluyó el coronel Wellesley—, nunca más volveré a atacar en la oscuridad a un enemigo bien preparado y fuertemente apostado, cuyos puestos no se reconocen a la luz del día.

—¡Una historia realmente fascinante! —exclamó Amaury—. Que, además, explica muchas de las cosas que nunca había logrado entender de esa actuación nocturna suya. Pero no quiero entretenerlo más.

Tomó las riendas y observó la figura de Caroline atrincherada rígidamente en su asiento. Un malicioso destello de alegría brilló en sus ojos; se quitó el sombrero y señaló con él el *vis à vis* y los caballos.

—¿Qué le parece mi modesto vehículo, miss Wrangham?

Caroline recorrió el espléndido carruaje con una mirada despectiva.

—Realmente elegante —respondió con frialdad—. Bastante espectacular.

Amaury soltó una carcajada.

—¿Y qué opina del cebo del interior?

—¿Le importaría —respondió Caroline— hablar en inglés o en francés?

El coronel Arthur Wellesley estalló en una carcajada al tiempo que daba palmadas sobre sus rodillas.

—Tu turno, Charles. Apuesto una *pagoda* contra un *fanam* a que no haces blanco.

El fuerte viento transportaba unas negras nubes y arremolinaba las hojas por toda la Parada con sus ráfagas. La intensa lluvia caía con fuerza formando una reluciente cortina transparente. El bramido del oleaje era incesante, un cañoneo sin límite. Olas gigantes avanzaban estrepitosamente hacia la costa y rompían en la playa lanzando enormes espirales de espuma. No había barcos en los fondeaderos porque ninguna embarcación sería capaz de echar el ancla en medio de aquel enfurecido vendaval costa afuera. De octubre a diciembre, cuando imperaba el monzón del noreste, los seguros de las naves no cubrían la zona comprendida entre las Palmiras y el cabo Comorin. La bandera de San Jorge se arriaba y su asta desnuda alertaba a los navegantes para que se alejasen.

Marriott amartilló su pistola, un pesado ejemplar que había cogido prestado de la tienda de campaña en la que guardaba sus armas el 19ª Regimiento de los Dragones Ligeros. Ajustó la mira y disparó. La bala pasó de largo del empapado blanco. El viento agitó la humareda.

—¡Los culatazos de este artefacto son como coces de un semental! —se lamentó.

El grupo, compuesto por una mezcla de oficiales y civiles, había buscado cobijo en una choza con el techo de ramas de palmera que los soldados siempre colocaban allí en la estación de las lluvias para resguardar la pólvora durante las prácticas de tiro. Entre la línea de disparo y el lugar del objetivo, boca arriba sobre unas cañas de bambú, había una docena de vasijas y tarros de barro. Un capitán de la artillería disparó y falló.

—Incluso a quince pasos —gruñó—, este condenado viento desvía la bala.

Joseph Harley se colocó en la línea de disparo con una pistola en cada mano. Apuntó con precisión, disparó, cambió de manos las pistolas y volvió a disparar. Dos de los tarros volaron hechos añicos. El grupo aplaudió.

—¿Se ha batido en duelo alguna vez, señor? —inquirió Marriott con respeto.

—En una ocasión, hace muchos años. Contra un oficial con nombramiento real que se atrevió a hacer un comentario negativo sobre los sirvientes de la Compañía en general y sobre mí en particular. Tardó varias semanas —añadió Harley con satisfacción— en poder volver a retomar sus obligaciones.

En la Parada, los hombres del 33º Regimiento de Infantería hacían prácticas de fuego bajo cubierta. La voz de un sargento resonó claramente por encima del rugido del viento.

—A la orden de *Preparen los cartuchos*, saquen los cartuchos de la cartuchera, llévenselos a la boca y muerdan sus puntas hasta donde se encuentra la pólvora...

Arropados por los rudimentarios *chattas* que sujetaban unos sirvientes sobre sus cabezas, Caroline y Anstruther se aproximaron sorteando los árboles de Bo que rodeaban la Parada. De puntillas con sus sandalias, la joven fue hasta la choza del techo de ramas de palmera, se sacudió las gotas de agua de los dedos e hizo una reverencia.

—Perdonen mi intrusión, caballeros —dijo—. Las inclemencias de este tiempo limitan tanto las diversiones que me he aventurado a salir para ver cómo hacen sus prácticas. Les ruego que continúen.

Alentados por su presencia, la puntería de aquellos hombres mejoró. Marriott hizo blanco en una jarra y recibió una radiante sonrisa como recompensa. La joven consoló a un alférez que falló y trató de justificarse achacando el fallo a la humedad de la pólvora. Ella le dio la razón.

—¿Seguro que no está descuidando sus obligaciones, señor? —le dijo mordazmente a Amaury, que estaba apoyado con aire indolente en uno de los postes que sujetaban el techo—. No esperaba ver a un oficial tan diligente frivolizando durante un desfile.

Amaury señaló con la mano aquel diluvio.

—No solemos entrenar a los caballos bajo estos aguaceros, miss Wrangham. De todos modos, estará de acuerdo conmigo en que la destreza con las armas es imperativa en una vocación de soldado.

—Ciertamente. Pero aún no he tenido ocasión de comprobar la suya.

Amaury se apartó del poste.

—Si tanto insiste, la comprobará.

Cebó y cargó un par de pistolas, se colocó en la marca, las levantó y las disparó al mismo tiempo. Un sirviente se apresuró a sustituir las jarras que quedaron hechas añicos.

—Hace tiempo que no apostamos nada sobre la puntería de Amaury —comentó Marriott—. ¡Suele salir caro!

—¿Me permite probar sus pistolas, capitán Amaury? —dijo Caroline con dulzura.

Los hombres se quedaron perplejos al oír aquellas palabras. Las armas no estaban hechas para la delicada naturaleza de las mujeres. Amaury le miró a los ojos, comprendió el reto, echó pólvora y colocó la bala.

—¿Ha practicado usted alguna vez?

—Lo suficiente, señor —dijo esbozando una amplia sonrisa—. No tenga miedo. No les daré ni a usted ni a sus amigos.

—Es una pistola de duelo con gatillo. Tenga cuidado, miss Wrangham.

Le entregó el arma cuidadosamente, sujetándola por la culata. Los caballeros se apartaron de la línea de fuego. Caroline susurró algo al oído a Anstruther quien, tras mirarla atónico, corrió bajo la lluvia hasta el objetivo y colocó un guijarro sobre una de las jarras. Después, se oyó el estallido de la pistola. No quedó nada de la piedra, pero la jarra estaba intacta.

—¡Si no lo veo, no lo creo!

—¡Un tiro magistral!

—¡Prodigioso!

—¿Hay alguna posibilidad de que esto se haya debido a una afortunada casualidad, miss Wrangham? —preguntó Amaury esbozando una sonrisa forzada.

Caroline, molesta, respondió:

—Su comentario es bastante mezquino, señor — respondió Caroline molesta—. Haya sido o no casualidad, le reto a que lo iguale.

Amaury se tomó su tiempo para cargar la segunda pistola, midiendo la pólvora meticulosamente para que la chispa saltase con precisión. Parecía estar ausente. Sujetó la culata en la mano y miró a Caroline con aire meditabundo.

—Tenemos por costumbre apostar acerca de nuestra habilidad en el tiro. ¿Qué estaría usted dispuesta a jugarse, miss Wrangham?

—Lo que usted proponga, señor.

—En ese caso... —se agachó y le susurró algo al oído. Un halo de furia encendió las mejillas de Caroline al tiempo que un extraño júbilo iluminaba sus ojos esmeralda. Amaury sonrió. Levantó la pistola y, en contra de su costumbre, pasó un buen rato apuntando al objetivo antes de disparar. Apretó el gatillo. Aunque el guijarro se agitó al pasar la bala rozando, se mantuvo en su sitio. Amaury bajó el arma e hizo una reverencia.

—Su honor, miss Wrangham, está a salvo.

Marriott se sorprendió ante tales palabras y ante la inmediata emoción que invadió el rostro de Caroline haciendo que enrojeciera.

¿Acaso era una muestra de decepción?

—Han llevado al hospital a nuestro amigo común, Todd —dijo Anstruther dando un toque en el brazo a Marriott—. Fiebres convulsivas, dicen. Propongo que vayamos a verlo antes de que vuelva usted a su oficina.

—¡Pobre diablo! —respondió Marriott con seriedad—. Confío en que su situación no sea grave. El monzón envía a los hombres a la tumba por puñados. He tenido cinco funerales en una semana.

Tras acompañar hasta la casa del comandante a Caroline —quien parecía estar preocupada y respondía cosas que no venían a cuento en el curso de la conversación—, bordearon los barracones de la artillería. A pesar de sus paraguas, cada vez estaban más mojados. Por fin, entraron en el sótano con arcos en el que se alojaba el hospital europeo. El interior era una especie de críptico calabozo inmenso. Las columnas que sujetaban el techo aumentaban la sensación de estar en una cripta. Entre las columnas, unos biombos y unas mantas dividían la sala en una suerte de pabellones independientes, aunque de forma bastante rudimentaria. Por los ventanales se colaba una lóbrega luz. Varios cuerpos semidesnudos descansaban sobre catres de madera con la mirada perdida en el techo, tratando de quitarse los sucios vendajes o murmurando frases carentes de sentido dentro de su delirio. Una miríada de moscas invadía el lugar; zumbaban sin cesar y se amontonaban en las supurantes heridas. Entre los catres y encima de ellos, indiferentes a los ruidos o al sufrimiento, algunos soldados charlaban y discutían a gritos, jugaban a las cartas y lanzaban los dados. Las jarras de *arrak* pasaban de mano en mano y un cabo de voz temblorosa entonaba una canción de borrachos. Un soldado de caballería estaba vomitando mientras dos bulliciosos compañeros lo sujetaban. A Marriott, aquel alboroto le recordó a una taberna de marineros y el hedor, a una mezcla del olor que desprendían los osarios y la pestilencia de las alcantarillas.

Anstruther sintió náuseas.

—¡Por Dios! Siempre he oído contar pestes de este sitio, pero nunca me he creído ni la mitad —dijo intentando ver algo en la penumbra reinante, ensombrecida por las bocanadas del humo del tabaco de las cien pipas de barro que había encendidas—. ¿Ve usted a algún médico?

Marriott vislumbró una figura corpulenta sobre un catre y logró identificarla. Saludó al capitán Blore. El cirujano los guió por la sala, dándoles toda suerte de información por el camino.

—Ése es el pabellón de las dolencias venéreas. Está lleno hasta los topes. Esos idiotas nunca entenderán que todas esas perras *bibees* paganas están carcomidas por la sífilis. Como notarán por el olor, éste es el pabellón de la disentería con sus diarreas; tengo que mandar que limpien el suelo. Entre esas dos columnas tenemos los casos de viruela; en una semana habrán muerto todos.

Entonces, entró en un rincón muy mal ventilado, delimitado por unos biombos de mimbre en cada uno de los lados.

—¡Ya estamos! El pabellón de las fiebres. Las tenemos de todos los tipos: fiebres selváticas, perniciosas, tifoideas y palúdicas. Su amigo, me temo, padece un tipo bastante singular.

Todd, postrado en un catre, tosía sin descanso. Sus ojos parecían ausentes, tenía el rostro arrugado, consumido y seco, con la piel tensándose sobre los marcados huesos. No dejaba de tiritar.

—¿No puede ofrecer a los oficiales un sitio mejor que éste? —preguntó Marriott con aspereza.

La expresión que adoptó el mofletudo rostro del cirujano no dejaba lugar a dudas de que se sintió molesto. Señaló el lienzo de algodón estampado que colgaba entre la pared y una columna.

—Está aislado del resto de los soldados, ¿qué más quiere? En todo caso —añadió malhumorado—, a los cadetes tampoco les corresponden los privilegios de los oficiales.

Marriott y Anstruther intercambiaron una mirada.

—Tenemos que sacarlo de aquí. Capitán Blore, insisto en que se traslade a Todd a unas dependencias más saludables. ¿Tiene usted algo que objetar si me lo llevo a mi casa, donde podrá usted visitarlo sin problemas, señor?

—¿Por qué no? Cualquiera tendría más posibilidades de curación fuera de este sitio —respondió Blore contemplando con desagrado la sórdida sala—. Si les parece intolerable el barullo de ahora, deberían quedarse a oír los gritos nocturnos. Los soldados que pueden andar salen del hospital cuando se pone el sol y vuelven a la media noche, cuando cierran las tabernas. Llegan borrachos como cubas y, entonces, se montan peleas y se arma un gran escándalo. —Escupió en el suelo—. Llévese a su amigo, señor Marriott. Iré a verlo esta noche.

Los dos hombres trasladaron a Todd a los Jardines de Moubray en un palanquín. Marriott ordenó a los sirvientes que le quitaran la apestosa camisa que llevaba puesta, lo lavaran de la cabeza a los pies y lo acostaran. El cadete gimoteaba, balbuceaba cosas sin sentido y restregaba la cabeza contra la almohada. Tenía la piel ardiendo. Los espasmos hacían que su cuerpo se contrajera y, después, lo dejaban flácido y jadeante.

«¿Seguro que no tiene frío? —se preguntaba Marriott a pesar de que él mismo sudaba sin cesar por culpa del calor húmedo.»

Amelia se acercó al borde de la cama y tocó la frente del cadete convaleciente.

—Mantas, Charles —ordenó—. Trae todas las mantas que tengas en la casa. ¿Puede beber? Dale toda el agua que sea capaz de tragar— dijo con firmeza, como si supiera perfectamente de lo que hablaba, en un despliegue de desbordante feminidad, como si para ella fuese un asunto ya muy manido. Marriott reunió todas las mantas que pudo —un artículo poco habitual en el clima de Coromandel— mientras Amelia forzaba a Todd, cuyos dientes no cesaban de castañear, a beber un vaso de agua.

—Ve a atender tus obligaciones, Charles. Yo cuidaré de él.

—La habitación de un enfermo no es lugar para una mujer —respondió Marriot poco convencido—. ¿Acaso tienes experiencia con este mal?

—Pues sí —contestó la joven con gravedad—. Mi hija murió a causa de él siendo un bebé —añadió contemplando con compasión el tembloroso cuerpo de Todd en la cama—. Y me temo que este hombre también morirá. La fiebre está muy avanzada.

Marriott se tomó el desayuno de un trago y salió pitando en su palanquín hacia el fuerte Saint George. Una vez allí, se puso a contrastar distintas cartas de embarque, copiar cartas, cuadrar cuentas y comprobar los aranceles del índigo, el opio, el arroz y la sal. Tenía la esperanza de que el trabajo le hiciera olvidarse un poco de aquel muchacho que luchaba por salvar la vida contra el paludismo. En cierto modo, Marriott se había inmunizado ante el hecho de perder a sus amigos: siete de los veinte cadetes y escribientes que habían llegado con él a Madrás dos años antes habían muerto. Uno parecía hacerse de piedra y ser capaz de ocultar el dolor y el temor tras tan terrible experiencia. Parecía estar dominado por una pétrea indiferencia que le impedía llorar ante las tumbas y aniquilaba de inmediato los recuerdos. Los recuerdos y el duelo se antojaban maliciosas indulgencias en el Indostán. Marriott calcó tanto con la pluma sobre el papel que rompió la péñola y el documento. Derramó el bote de tinta sobre el libro de contabilidad y profirió una maldición.

—Charles, esta mañana no pareces ser tú —señaló Fane—. ¿Qué es lo que te preocupa?

Marriott se lo contó.

—¡Vaya! —respondió Fane con seriedad—. ¡Es la época de las enfermedades! ¡Y está siendo especialmente mala! Todos los días colocan lápidas nuevas en el cementerio. Incluso yo mismo —añadió con ansiedad— no estoy seguro de encontrarme bien del todo.

Marriott lo dejó tratando de examinarse la lengua en un espejo que las moscas habían puesto indecente. Volvió a los Jardines de Moubray. Blore estaba al borde de la cama, rociando la cara del cadete con agua y vinagre. El cirujano apartó las mantas y echó unos líquidos en un vaso de precipitados.

—Láudano, tintura de valeriana, mercurio y crémor tártaro. Es lo más que puedo hacer por él.

Revolvió la mezcla y la vertió en la garganta del inválido. Todd yacía inerte con los ojos cerrados en sus sombrías cuencas. Blore lo miró y emitió un cloqueo con la lengua.

—A estas alturas, dudo que las medicinas lo vayan a salvar. Rara vez funcionan cuando se trata de una fiebre como ésta —cogió su maletín y lo cerró; oyéndose el tintineo de las botellas y las ampollas en su interior—. La mejor receta para conservar la salud en Coromandel, señor Marriott, es vivir en una buena casa en una zona de la ciudad en la que corra el aire, poseer un caballo al que ensillar para hacer ejercicio y, sobre todo, no beber *jamás* vino malo. En cuanto a su amigo, me temo que está dando sus últimas boqueadas.

Aún está entre nosotros, pero su pulso apenas es perceptible y, cuando lo es, es extremadamente irregular. Es imposible que sobreviva más allá de dos horas.

Blore caminó pesadamente hasta la puerta. Se volvió con la mano en el pestillo.

—Informaré al comandante del fuerte para que tenga preparado a un grupo de lugartenientes y se pueda celebrar el funeral esta noche.

Al salir por la puerta, chocó contra Amaury, que corrió hasta el borde de la cama.

—¿Qué pasa? ¿Qué hace Todd aquí?

Marriott le puso al corriente. Amelia se tapó la cara con las manos y comenzó a sollozar amargamente. Amaury abrió un párpado del moribundo, le tomó el pulso, logró separarle los dientes y examinó su boca.

—Está muy grave —murmuró—. ¿Quién ha sido el loco que le ha quitado las mantas? —añadió. Tapó a aquella figura inmóvil y se puso en pie con aire pensativo—. Probemos sólo una cosa más, un último intento. No tenemos nada que perder.

Amaury salió velozmente de la habitación y regresó con un montón de botellas. Abrió una de ellas.

—Burdeos —anunció con aire resuelto—. Incorporadle para que pueda dárselo.

Con cuidado, le dio unas cucharadas de vino. Todd tenía la boca agrietada y seca. Cuando acabó, Amaury dejó la botella vacía en el suelo, se puso de pie y observó con compasión aquella cara roja como la arcilla.

—Puede que funcione, puede que no. Dentro de una hora le daré otra botella de vino, si es que aún sigue con vida para entonces....

Con un tono brusco, ordenó a Amelia que los dejase solos. Ella le lanzó una mirada de negación, acercó una silla al borde de la cama, se sentó y cruzó las manos sobre su regazo. Amaury le respondió con una fugaz sonrisa.

La tarde dio paso al anochecer, el sol desapareció y las estrellas poblaron el cielo convirtiéndolo en una estela de diamantes. Los tres seguían contemplando al paciente, tratando de avivar aquella pequeña pizca de vida que se sacudía, decaía y resplandecía por momentos. Continuaban vertiendo burdeos por aquella garganta.

Pasada la media noche, Todd hizo un movimiento brusco, emitió un gemido y comenzó a sudar.

El coronel Todd llegó desde Arcot a toda prisa y contempló horrorizado aquella cadavérica cara blanca como la cera. Aunque demasiado débil para mover un dedo, el muchacho estaba consciente y reconoció a su padre, a quien dirigió lo que parecía una sonrisa.

—¿Cuánto tiempo lleva así? —preguntó el coronel.

—Cinco días— respondió Amaury—. Creo que se recuperará. La fiebre ya ha cedido algo.

—¿Qué dice el médico?

—Ese matasanos —dijo Amaury secamente— había perdido la esperanza y lo había abandonado a su suerte. Cuando oyó que Todd seguía vivo, pretendía volver, pero yo le he prohibido entrar en la casa.

El coronel se rascó la barbilla perplejo. Era un hombre de pequeña estatura, enjuto y de mal genio. Tenía el rostro moreno y surcado de arrugas. El cabello, salpicado de canas, le creía a mitad del cráneo y dejaba ver una reluciente calva. Hacía gala del poco pelo que tenía y lo lucía como una peluca de longitud considerable que acariciaba las charreteras de su uniforme.

—¿Y qué tratamiento le ha puesto? ¿Qué pociones ha tomado?

—Burdeos —respondió Amaury de manera insulsa—. Tres botellas al día. A veces, cuatro.

—*¿Burdeos?*

—Así es. Comida, bebida y medicina juntas en un solo brebaje que, además, es un anestésico muy eficaz. Aunque no lo parezca a primera vista, gracias a él su hijo está razonablemente inmunizado frente a los dolores. Y gracias a los constantes cuidados que ha recibido —apuntó señalando a Amelia y Charles, apostados al otro lado de la cama—. La señora Bradly y el señor Marriott le han salvado la vida. Han estado junto a él noche y día; cuando no el uno, el otro.

El coronel parecía estar atónito.

—¡Burdeos! Jamás he oído... —recobró la calma y observó a Amelia, juzgándola con perspicacia. El coronel Todd no era tonto; después de treinta años en la India, era capaz de analizar a sus compatriotas europeos a la primera y una mujer que vivía en casa de un hombre soltero era muy fácil de encasillar. Fue hasta ella, le cogió las manos y se las besó.

—Cuente con mi eterna gratitud, señora Bradly. Tengo una deuda impagable con usted.

Los ojos de Amelia se llenaron de lágrimas. El coronel le dio una cariñosa palmada en la mejilla. Después, le estrechó la mano a Marriott.

—Usted también, señor, puede contar conmigo para lo que necesite. Y, en cuanto a usted, capitán Amaury...

Amaury levantó una mano.

—Por favor, ahórrese los agradecimientos —dijo con aire aburrido—. El remedio que me he inventado bien podría haber sido un golpe mortal. Ha sido una apuesta arriesgada, como cuando se lanzan los dados. Le aconsejo, señor, que cuando Henry esté recuperado se lo lleve del fuerte. Este sitio es un pozo mortal falto de aire donde las enfermedades campan a sus anchas.

El coronel asintió.

—Haré uso de todas mis influencias para lograr que lo destinen a mi regimiento. Por suerte, el general Harris está casado con una pariente mía.

En dos semanas, Henry Todd, con ayuda de dos bastones, era capaz de recorrer cojeando la finca de los Jardines de Moubray.

CAPÍTULO CUATRO

Un día, cuando Todd estuvo prácticamente recuperado, Amaury insistió en que lo acompañara a media mañana a pasar revista a los soldados de caballería en las caballerizas.

—La recuperación —afirmó— de las fiebres convulsivas es un proceso largo. Si no haces otra cosa que zanganear el día entero en los Jardines de Moubray, sufrirás un pernicioso retroceso.

Después del desayuno, fumaron un puro. A pesar de la aversión que le producían los narguiles, Todd había aprendido a fumar en pipa y a disfrutar de los puros. Cuando terminaron, partieron hacia el fuerte Saint George en sendos palanquines. Todd se acomodó en un pesebre y observó desde allí el ir y venir de Amaury mientras pasaba revista.

Las caballerizas tenían el techo de ramas de palmera. Eran unos cobertizos bien aireados, sin paredes. Los caballos estaban alineados con la cabeza hacia el interior sobre unos pesebres de arcilla en unos espacios flanqueados por barracones. Varios soldados de caballería en paños menores cepillaban las crines de los caballos y juntaban montones de paja. Unos oficiales indígenas —*jemadares* y *risaldares*— supervisaban su trabajo. Todd sintió envidia de la fluidez con que Amaury manejaba el hindi y recordó desconsolado la enorme lucha que él mantenía con esa lengua. El reglamento exigía el dominio obligatorio de la lengua indígena, pero Todd había conocido a varios oficiales de los cipayos con largos años de servicio que sabían tan pocas frases en hindi como las que necesitaría pronunciar una señora *bibee* para hacer las camas de su casa.

Amaury examinó los caballos uno a uno, comprobó los montones de cebada de cada pesebre, despidió a la formación y llevó a Todd a la herrería. Allí supervisó cómo trabajaban los herreros, comprobó con meticulosidad las guarnicionerías y las tiendas de campaña en las que se guardaban las armas y examinó los polvorines y los graneros. No había nada que escapase a su vigilante mirada. A pesar de que sus reprimendas eran punzantes, las expresaba de tal manera que sus víctimas las recibían con una sonrisa. Todd tenía claro que, aunque tanto los oficiales como los demás hombres se sentían intimidados por su formidable capitán, también lo adoraban. Amaury pasó de largo por delante de los barracones.

—Nunca entro ahí. Es mejor dejar que los oficiales indígenas se encarguen de las cuestiones privadas.

Condujo al cadete hasta una habitación de techo bajo. Por todo mobiliario, tenía una mesa manchada de tinta, dos sillas de mimbre y un arcón de teca.

Amaury ofreció asiento a Todd en una de las sillas y él se sentó encima de la mesa.

—La oficina del escuadrón —dijo—. Un tedioso aspecto de la vida militar, pero sería de estúpidos descuidarlo.

Los soldados, que habían cambiado sus atuendos de las caballerizas por unos uniformes informales, iban llegando poco a poco al cuarto, se apoyaban en las paredes y charlaban en voz baja. Las audiencias eran muy poco convencionales.

Un *risaldar* que solicitaba un permiso urgente, «Mi casa se ha derrumbado con las lluvias.»

Varias quejas sobre las raciones de arroz, «Son restos de la cosecha del año pasado; se podrían usar como metralla, pero en ningún caso sirven como comida.»

Una disputa por un caballo de la tropa, «Yo he sido quien lo ha entrenado desde que era un potro, *sahib*. ¿Por qué debería montarlo un trompeta que lo único que ha hecho ha sido atiborrarse a comer cordero?»

Las inmediatas órdenes de Amaury eran recibidas como si de decretos divinos se tratara.

Un soldado que lucía los galones típicos de un *havildar* se puso en posición de firme y saludó.

—¿Y bien, Tillukdaree? —dijo Amaury.

—Soy el *havildar* más antiguo de mi escuadrón, *sahib*, con catorce años de servicio. El *jemadar* del escuadrón ha muerto y le ruego que me conceda el honor de un ascenso para ocupar su puesto.

—Tenía pensado —respondió Amaury— conceder ese cargo a Jaswant Rao, del segundo escuadrón. Tiene más años de servicio que usted.

Todd escuchaba atentamente la conversación, tratando de no perderse entre la rapidez de las frases que uno y otro pronunciaban, para después deducir el sentido de las palabras que conseguía entender y juntar.

—Lo que dice es cierto, *sahib*, pero Jaswant Rao ascendió a *havildar* un año después que yo. Así que, en lo que al rango se refiere, yo tengo mayor antigüedad.

—Ciertamente un aspecto a tener en cuenta, pero no por encima de los años totales de servicio... —respondió Amaury. Con aire pensativo, dio unos golpecitos con los dedos sobre la mesa antes de continuar—. Si decidiese hacer una excepción y concederle ese favor, ¿cuánto estaría dispuesto a pagar por ello?

—El mes pasado, *sahib*, ascendió al *jemadar* Deonarain a *risaldar* por treinta *pagodas* —contestó vacilante Tillukdaree—. De modo que, para ser *jemadar*, yo no debería pagar más de veinte.

Amaury esbozó una sonrisa burlona.

—¡Venga, Tillukdaree! Sabe de sobra que Deonarain pagó cuarenta, así que a usted se lo dejaré en treinta.

Todd no daba crédito a lo que estaba oyendo. El *havildar* se rascó el cuello con aire pensativo.

—Veinticinco, señor, *sahib*.

—Veintisiete y el puesto es suyo.

Una sonrisa de alivio se dibujó sobre la barba de Tillukdaree.

—Como ordene su Señoría —buscó a tientas en la bolsa donde llevaba la munición y echó unas monedas sobre la mesa. Amaury las contó, las recogió y se las guardó en el bolsillo.

—Haga constar el ascenso inmediato de Tillukdaree a *jemadar*— ordenó a un *risaldar*—. ¿Quién es el siguiente?

—El *naigue* Ramdhone, que solicita ser ascendido a *havildar*.

A Ramdhone, el ascenso le costó quince *pagodas*...

En el camino de vuelta a los Jardines de Moubray, Todd parecía cohibido. Le comentó a Amaury que no había visto a ningún otro oficial europeo en las filas de caballería al pasar revista en las caballerizas ni tampoco después.

—Tenemos veinte oficiales alistados —respondió aquél—, pero sólo cinco o seis prestan servicio en el regimiento. Los demás están destacados fuera, de permiso o tienen puestos en el Estado Mayor. Los que quedan sólo pasan revista cuando les resulta conveniente. He de confesar que rara vez se dejan caer por las filas. Prefieren que sean los oficiales indígenas quienes se ocupen de las caballerizas y las inspecciones —Amaury dio una profunda calada a su puro—. Yo, en cambio, tengo debilidad por los detalles militares. Me ayuda a sobrellevar la dura monotonía de la vida en esta plaza.

Las últimas lluvias monzónicas se llevaron consigo las nubes. El sol brillaba de nuevo con fuerza desde aquel cielo con aspecto de latón martilleado y evaporaba la humedad que los aguaceros habían imprimido a la tierra. El balanceo y las sacudidas del palanquín incomodaban enormemente al debilitado espíritu de Todd.

—Me sorprende el sistema de ascenso que seguís aquí —dijo—. ¿Establece el reglamento un precio para cada rango?

Amaury se lo quedó mirando sin dar crédito a sus palabras.

—¿El reglamento? ¿Un precio? Debes de estar de broma, Henry. Lo que has presenciado se llama soborno; soborno puro y duro. Una práctica consagrada por la costumbre desde los días de Stringer Lawrence. ¡Todo el mundo lo hace!

—¡Oficiales que se dejan sobornar! —exclamó Todd horrorizado—. ¡Qué conducta tan detestablemente vergonzosa! No me cabe en la cabeza...

—En la India —explicó Amaury pacientemente—, no se concede favor alguno si no media un incentivo y todas las prerrogativas tienen un precio. Hace años, lord Cornwallis afirmó estar plenamente convencido de que absolutamente todos los indígenas de este país eran corruptos. Podría ser una mera sutileza pero, por desgracia, me temo que tenía razón. Los cipayos tienen asumido que deben pagar para lograr un ascenso. Si no fuese yo quien les cobrase por ello, lo haría el *risaldar*. De modo que tampoco se encontrarían en mejor situación. ¿Cuál es el problema entonces?

Atónito ante lo que acababa de escuchar, Todd se hundió entre los cojines. Amaury lo examinó con curiosidad y llegó a la conclusión de que aquel hombre era demasiado vulnerable como para continuar atormentándolo con otras revelaciones, así que decidió no llevarlo a sus bodegas. «El pobre hombre podría sufrir una recaída si viera lo malvado que soy —pensó—.» Dejó a Todd seguro en el interior de la casa y, acompañado por su *banian*, fue a las despensas de la planta baja, abrió la cerradura de acero que tenía la puerta y examinó complacido aquel sótano con el suelo de ladrillo en el que se amontonaban casi hasta el techo multitud de fardos, tarros y sacos con *arrak*, harina, arroz, sal, velas, tela de algodón a cuadros y enormes paños de algodón liso.

Se trataba del depósito comercial de Amaury, una fuente de ingresos basada en una estafa consagrada a través del tiempo: la de los cipayos no existentes que los regimientos hacían constar en sus listas. El coronel retiraba la paga de esos soldados fantasma y, normalmente, compartía tan suculento botín con los oficiales de mayor rango. Para evitar sospechas, los salarios de aquellos imaginarios soldados se retiraban en pequeñas cantidades y poco a poco. Los comandantes de los escuadrones compraban harina y arroz al precio que fijaba la Compañía y se lo revendían a los comerciantes locales a un precio superior para obtener una ganancia. Ése era el núcleo de un completo tráfico de materias primas cuyo alcance variaba en función de las energías de los oficiales implicados en cada ocasión. Algunos habían prosperado tanto, que decidieron diversificar y practicar también la usura. Prestaban a los príncipes nativos de poca monta y empobrecidos el dinero procedente de las plusvalías que obtenían, y lo hacían a un interés del treinta y seis por ciento. Se decía que el nabab de Arcot debía miles de *pagodas* a los caballeros de la Compañía.

Amaury sería incapaz de hacer trampas al *Whist* o en los juegos de azar, de escapar al pago de las deudas del honor o de engañar a sus propios proveedores. Pero, al tiempo que todas esas cosas le resultaban abominables, también constituían el límite de su probidad. Había visto los desfalcos que habían sumido en la corrupción a la India de la Compañía y conocía las fortunas que se habían amasado por medio de transacciones más que dudosas. Como su intención no era terminar sus días como un coronel retirado del ejército, viviendo en Black Town con una mísera pensión y arriesgando su salud a causa del alcohol y las *bibees*, Amaury se había hecho el firme propósito de reunir el capital suficiente para comprarse una plantación y hacerse con una flota de bergantines mercantes. Cuando lo consiguiese, podría renunciar a su comisionado y convertirse en un nabab de buena posición. Según sus cálculos, había logrado juntar ya la mitad de lo que necesitaba. El saldo de su cuenta en el Banco de Karnataka era más que holgado y había hecho ventajosas inversiones en Bombay y Bengala.

«Un aristocrático oficial que había acabado convertido en un avaro mercader —pensó Amaury con sarcasmo—. ¿Y por qué no? Él era un funcionario de la Honorable Compañía y, después de todo, ¿no era el nombre original de ésta *La Compañía Unida de los Mercaderes de Inglaterra con las Indias Orientales*?»

Supervisó las bodegas con ayuda de unas cuentas que su *banian* llevaba al día. «Parece una ama de casa tomando nota para la despensa— pensó sonriéndose en su interior.» Envió los alimentos perecederos a un comerciante de Poonamallee, pidió consejo a su *banian* acerca de la colocación de la cretona estampada y las velas en el mercado de Cuddalore —consejo que recibió eficiente y precisamente, pues el sirviente cobraba una comisión por cada producto vendido— y subió a sus dependencias en el piso de arriba. Al pasar por una estancia que tenía la puerta abierta, vio a Marriott sentado junto a un musulmán de barba gris. Estaba enfrascado en la lectura de un libro y murmuraba algo.

—¿Aún sigues martirizándote con el persa, Charles? ¿Cómo vas?

—Sumamente mal. El tutor aquí presente afirma que hago grandes progresos, pero yo no me creo una palabra de lo que dice este granuja. Soy incapaz de leer o escribir doce palabras juntas. ¡Y eso después de dos años de estudio!

—¿Y por qué no lo dejas? Es demasiado esfuerzo para una lengua inservible en el mundo real y que nadie, a excepción de los abogados, entiende o habla. Resultan mucho más útiles el hindi o el urdu.

Marriott se secó el sudor de la cara.

—¡Ten compasión, Hugo! El reglamento exige que todos los escribientes dominen el persa y yo tengo más que suficiente con un solo dialecto. Además, Harley tiene interés en garantizarme un puesto como intérprete de persa en el personal a cargo del general Wrangham.

—¿Intérprete? —dijo Amaury estallando en carcajadas—. ¡Pero si eres incapaz de articular una sola frase! ¿Y qué remuneración te ofrecen por tan pesada tarea?

—Cien *pagodas* al mes.

Amaury dejó escapar un silbido.

—¡Casi quinientas libras al año! ¡Maldita sea, Charles! Tus civiles se llevan todo el pastel. Yo tengo que trabajar como un esclavo para conseguir tan sólo la mitad de eso...

Amaury regresó del permiso que había disfrutado en las colinas fortalecido tras la pausa de aire fresco que había supuesto.

—Esto de cazar tigres es una afición poco entretenida —dijo—. ¡Hemos matado ocho en quince días!

—Nunca me plantearé siquiera acompañarte. Teniendo provisiones suficientes, me parece un deporte excesivamente peligroso. ¿Ha resultado herido alguien de tu grupo de caza?

—Los tigres atacaron a dos de los caballos y el joven Conforth, de artillería, ha terminado descuartizado. El pobre idiota se empeñó en seguir a un tigre herido hasta su guarida y, para acercarse más a él, se bajó del caballo. Las heridas que sufrió eran irreversibles y tuvimos que enterrarlo en la jungla —relató Amaury estrujando una carta que tenía en la mano —. El coronel quiere verme en el mismo instante en que regrese. Me pregunto qué será lo que le preocupa ahora.

El coronel Loxford le informó. Aquel comandante del 7° Regimiento de Caballería, que antaño fuera un ambicioso subalterno durante las guerras contra Haider Alí, se había convertido ahora en un hombre huesudo, alto y de hombros encorvados. Multitud de venas moradas recorrían sus cadavéricas facciones en una suerte de patrón similar a una tela de araña. Padecía recurrentes fiebres y había sufrido el corte de un antiguo sable. Para recobrar sus menguadas fuerzas, recurría a generosos tragos de *arrak*. Vivía en el fuerte Saint George, apenas tenía vida social y rara vez acudía a los pases de revista.

—Una llamada de auxilio desde Arcot —dijo Loxford con voz temblorosa y oxidada—. Potton tiene treinta soldados de caballería menos de los declarados y Wrangham ha anunciado una inspección para dentro de cinco días, acompañado —añadió expresivamente— por su maldito pagador asistente.

Amaury reflexionó acerca de la situación. Era evidente que Potton, al mando del 4° Regimiento de Caballería de Madrás, había alistado a hombres imaginarios en su tropa con el fin de embolsarse sus pagas al igual que hacían otros respetables coroneles. Esa práctica solía resultar porque, la mayoría de las veces, los generales no se molestaban en hacer un recuento de los efectivos realmente presentes en sus visitas. Pero los pagadores eran auténticos diablos. Tenían la mala costumbre de contar a todos los hombres, llevar un preciso registro de las listas e investigar todos los pagos y recibos.

Potton corría un grave peligro y había que rescatarlo.

—Podemos enviarle media tropa. Arcot está a noventa millas. Se puede cubrir en tres sencillas jornadas de marcha. Cuento con que Potton tendrá uniformes de sobra con los que vestir a nuestros hombres cuando lleguen, ¿es así?

—Así es —respondió Loxford. Cogió una jarra de *arrak* con su temblorosa mano, se sirvió un vaso y lo vació de un trago—. Lo malo es que eso no es todo. Wrangham tiene intención de volver directamente de Arcot aquí para inspeccionarnos *a nosotros*. ¡Con su pagador! —añadió desesperado.

Amaury se rascó la mandíbula.

—Un interesante reto temporal y espacial. Tenemos que llegar a Arcot antes que el general y estar de vuelta en Madrás también antes que él. Si no recuerdo mal, a nosotros nos faltan cuarenta hombres. Debemos convencer a Potton para que, cuando termine su inspección, nos corresponda prestándonos a cuarenta de los suyos para cubrir nuestras deficiencias. Será mejor que yo mismo acompañe a la tropa a Arcot.

Partió a la mañana siguiente. Disfrutó plenamente de aquella placentera marcha, que nada tenía que ver con las de los tiempos de guerra. El amanecer cubrió los campos con un manto dorado y un millón de gemas brillaron a la luz del sol en aquella liviana hierba sembrada de rocío. Las sombras de los árboles que flanqueaban el ancho camino de tierra se proyectaban como columnas caídas sobre los surcos que dejaban las ruedas en el polvo. Olía a especias y a mangos, al penetrante aroma de los caballos y al hedor del estiércol, que llegaba en unas tenues nubes de humo gris azulado. A su paso, se encontraron con búfalos en busca de pasto, camellos que avanzaban pesadamente por el profundo polvo del borde del camino, carros tirados por cabras y bueyes, un alfarero conduciendo a su burro y un elefante bamboleándose trabajosamente como un destacado buque de guerra.

Una vez en Arcot, Amaury envió sus soldados al coronel Potton, un lánguido caballero de extrema palidez que ocultaba el profundo alivio que sentía bajo unos gestos cuidadosamente ensayados.

—¡Dios Santo! A punto estaba de empezar a preocuparme —dijo exhausto—. Ese diablo de Wrangham con su excesivo celo llegará mañana. Sus hombres deben ponerse rápidamente uniformes de los nuestros.

Amaury le explicó que precisaba de un favor similar por su parte.

—Por supuesto, por supuesto —respondió Potton accediendo a prestarle los cuarenta hombres. Amaury se dirigió a una cantina de artillería que había en el fuerte y allí permaneció oculto cuando llegó Wrangham. Observó que el general viajaba con una amplia compañía; llevaba carruajes, *hackeries* y camellos, de modo que avanzaba en una procesión lenta y pesada a la que él se podría anticipar fácilmente en la vuelta a Madrás. Mientras contemplaba desde una ventana cómo pasaba revista, ingeniosamente dispersos entre las filas de soldados, reconoció a sus propios hombres ataviados con las guerreras escarlata forradas en gamuza del 4º Regimiento de Caballería. Wrangham realizó una completa inspección con el pagador asistente siempre detrás. El pagador era un corpulento civil uniformado que garabateaba en su cuaderno sin cesar, adoptando sobre su caballo la amenazante actitud de un labrador en defensa de sus tierras.

Más tarde, Potton se reunió con Amaury. Se frotó la frente con aire cansado.

—Esto es condenadamente inquietante —murmuró—, pero creo que hemos logrado vencer al enemigo. Ese pagador es un fisgón de lo más desagradable. Ha sido extremadamente difícil conseguir que no husmeara en los palos de los almiares de forraje. Hemos dejado cuatro de ellos prácticamente huecos por dentro y los hemos colocado sobre las tumbas de los indígenas. ¡De lo más agotador!

Amaury sonrió con aire comprensivo. Todos los regimientos de caballería acumulaban reservas de forraje en las guarniciones y lo hacían en almiares, apretando los montones de paja alrededor de unos palos. Los segadores eran indígenas pertenecientes al personal de los regimientos. Uno podía reducir el número de segadores y embolsarse su paga, o bien mantenerlos a todos y vender en el mercado lo que produjeran. En cualquiera de los dos casos, las reservas de forraje resultaban insuficientes y a ningún oficial se le pasaría por alto la existencia de un número de almiares menor al autorizado. El método de los palos huecos era nuevo para Amaury.

—¿Cuándo tiene pensado partir Wrangham?

—Mañana, condenadamente temprano. Tendré que ir a despedirlo. Será mejor que se marche usted esta noche, cuando oscurezca. Enviaré a mis hombres y a los suyos a un templo que hay pasada la ciudad indígena. Cuando le venga bien y hayan cumplido su propósito, le ruego que me devuelva a los míos.

Amaury se unió a su grupo de setenta hombres y caballos en el punto de encuentro acordado. Recorrieron cinco millas a la luz de las estrellas y acamparon. Al día siguiente, continuaron tranquilamente su marcha, sin apresurarse. Cuando cayó la noche, pararon cerca de una aldea situada a treinta millas de Arcot. Al amanecer, cuando estaban ensillando los caballos, el cacique de la aldea suplicó a Amaury que cazaran a una manada de jabalís que se guarecían en un bosque cercano y que estaban causando estragos en sus cosechas. Sintiéndose enormemente tentado, Amaury hizo unos cálculos mentales y estimó que el grupo de Wrangham con sus bueyes debía de estar a unas veinte millas de distancia. Así pues, no había por qué apresurarse. Podía detenerse a disfrutar de una deportiva mañana y seguir guardando una cómoda ventaja sin problemas. Dio la contraorden para que el grupo se detuviera, tomó prestada la larga y desequilibrada jabalina del cacique y, seguido por los animados soldados, partió hacia el bosque.

Aquello supuso un grave error de cálculo que alteró el curso de su vida.

Los jabalís eran muy numerosos y se encontraban lejos. Además, tuvieron que emprender una rápida carrera para alcanzarlos. Amaury atravesó a tres con la jabalina y sus soldados, mataron a varios más con sus sables. Regresaron al campamento a media tarde, donde el cacique se deshizo en agradecimientos. Amaury echó un vistazo a su reloj, sintió una punzada de remordimiento, y ordenó a sus hombres que se pusieran las botas y ensillaran a los caballos. Continuaron la marcha hasta una hora antes de la puesta del sol. Entonces, se detuvieron para acampar y pasar la noche en un bosque salpicado de mangos. Amaury oyó el sordo ruido de unos cascos a los lejos y vio las nubes de polvo que se levantaban por encima de los árboles que bordeaban la carretera. Al instante, ordenó a sus hombres que volvieran a montar sus caballos. Incluso aunque ya no existiese la amenaza del sultán Tipu, fallecido en combate en Karnataka, ningún hombre prudente estaría dispuesto a correr riesgo alguno al oír aproximarse a un grupo de caballos. Con el ceño fruncido y la espada en la mano, quedó a la espera.

El general Wrangham, empolvado hasta las cejas, emergió entre aquella polvorienta nube que el grupo de viajeros iba levantando a su paso.

—¡Por Dios! ¡Estamos perdidos! —exclamó Amaury en voz baja.

Sir John cabalgaba al trote, seguido por un séquito al que lanzaba la polvareda que su brioso caballo levantaba. Lo acompañaban los oficiales de su formación, dos filas de dragones y el pagador, acalorado y molesto, con la piel irritada por el roce de la silla de montar. El general frenó bruscamente su caballo y se lo quedó mirando.

—Amaury, ¿qué está haciendo usted aquí?

—Unos ejercicios de marcha, señor. Justamente, íbamos a acampar —respondió Amaury con naturalidad.

—¿Unos ejercicios? —dijo el general inspeccionando con indiferencia aquellas filas de soldados indígenas de caballería—. Pues como a mí la marcha al paso de los bueyes se me hacía de lo más fastidiosa y casi insoportable, he dejado atrás a los *hackeries* y he decidido avanzar más rápido —dijo escudriñándolos con una mirada aún más penetrante. Clavaba los ojos en los uniformes e iba fijándose en los hombres, uno a uno—. Tenemos pensado parar en la residencia del recaudador, a tres millas de aquí.

Pasó con su caballo entre los soldados, examinando atónito su aspecto. «¡Que Dios lo ciegue! —rezaba Amaury.»

Pero Dios no oyó su plegaria.

—¿Qué ocurre aquí, señor? —inquirió Wrangham perplejo señalando en las filas a las cuarenta guerreras de color escarlata forradas en gamuza y a la treintena de puños amarillos de los uniformes—. ¿Cómo es que está usted ejercitando al 4º Regimiento de Caballería? ¿Y cómo es posible que hayan llegado hasta aquí estos hombres? Yo mismo vengo de pasarles revista en Arcot hace tan sólo dos días.

Amaury tragó saliva y respondió:

—El coronel Potton ha considerado oportuno que sus hombres reciban entrenamiento en... ejem... en marchas de largo recorrido. Como los míos estaban justo haciendo eso mismo... pues.. ejem... estamos colaborando.

Sir John meditó aquella floja explicación.

—¡Qué cosa tan extraña! No entiendo cómo han podido llegar hasta aquí. Sin embargo... —dijo sujetando las riendas de su caballo. Wrangham era un hombre confiado, que no solía ahondar más allá de lo que las cosas aparentaban ser.

Amaury contuvo la respiración.

El pagador arreó a su caballo y se colocó junto al del general, le tiró de la manga y se lo llevó a una distancia suficiente como para que los demás no pudieran oírlos. Al marcharse, lanzó a Amaury una mirada llena de hostilidad. Comenzó a hablar al general en voz baja y con gran rapidez, golpeando con fuerza el puño contra la palma de la mano. El ya de por sí rubicundo semblante de Wrangham enrojeció aún más, contempló las filas de soldados perplejo y a su comandante con incredulidad.

—¡Imposible!

—Se lo garantizo, señor —afirmó el pagador con total convicción—. Es un fraude del que sospechábamos hace tiempo.

Una decidida expresión de enfado se dibujó en el rostro de Wrangham.

—El asunto tiene fácil arreglo —dijo acercándose con su caballo hasta donde estaba Amaury y mirándolo con frialdad—. He cambiado de opinión, señor. Acamparemos aquí esta noche e iremos juntos a Madrás. Nada más llegar, pasaré revista al 7º Regimiento de Caballería.

«Esto echa mis planes por tierra —pensó Amaury—. ¡Vaya un maldito contratiempo!»

Saludó al general y condujo a sus hombres hasta un grupo de mangos. Mientras cabalgaba, iba analizando la situación mentalmente. Los soldados, siguiendo sus tranquilas instrucciones, se esparcieron por la arboleda sin orden alguno; una sección aquí, otra allí. Desensillaron a los caballos pero, en lugar de amarrarlos a estacas dispuestas en filas rectas, los soldados mantuvieron las riendas en la mano y comieron junto a sus monturas. Amaury visitó uno a uno a los grupos de soldados dispersos, habló con cada uno de ellos y recibió sonrisas de admiración. ¡Qué gran *sahib* aquél, tan diestro en todo tipo de tretas! Envió comida a los hombres del general Wrangham, que descansaban hambrientos al borde de la carretera. Esperaba que, al tener el estómago lleno, se sumieran en un profundo sueño aquel día.

Cuando se hizo de noche, los soldados ensillaron los caballos sin hacer ruido, apretaron las cinchas de las sillas y sujetaron los estribos con las correas de cuero para evitar que tintineasen.

Amaury estaba tumbado boca arriba con las manos entrelazadas por debajo de la cabeza y contemplaba el estrellado cielo. De vez en cuando, miraba su reloj. Una brisa extendió un suave murmullo sobre la hierba. Desde la aldea llegaban los monótonos ladridos de los perros vagabundos y, a lo lejos, se oía el aullido de los chacales. «Cuanto más ruido haya —pensó—, mejor.» A la una en punto se levantó, se quitó las espuelas, las guardó en el bolsillo, atravesó los campos silenciosamente y se detuvo cerca del campamento del general. Era una hilera de caballos amarrados a sus estacas, cuerpos que yacían en el suelo envueltos en mantas y un concierto de ronquidos. Un poco más allá, el centinela encargado de hacer guardia parecía dormitar con la cabeza apoyada sobre los brazos. Amaury sonrió, se retiró como una sombra hasta la arboleda más cercana y susurró algo en la penumbra.

Los soldados salieron de entre los árboles con sus caballos. Caminaban despacio, con cuidado, y pronto se perdieron en la oscuridad. Amaury fue de arboleda en arboleda, avisó a todos los grupos uno a uno y él mismo salió tras el último en partir. Cuando se encontraban a una milla del campamento, montaron sus caballos, tomaron un camino curvo a través de los campos y los matorrales y alcanzaron la carretera.

—¡Ahora, hermanos —les informó—, hay que cabalgar como nunca!

Agitó un brazo y guió la marcha a medio galope.

Una hora después de que sonaran los cañonazos, con el sudor bañando el polvo del lomo de los caballos, cruzaron las puertas de Saint George.

—Agua, comida y a las caballerizas —ordenó Amaury—. Y, después, cámbiense de uniforme.

Amaury fue a las dependencias de Loxford y lo sacó de la cama, con los ojos aún cerrados y tiritando. Rápidamente, le puso al corriente de la situación. El coronel perdió los nervios.

—¡Maldita sea, Amaury! —se lamentó con voz temblorosa—. ¡Estamos acabados! Wrangham ha descubierto nuestra estratagema. ¿De qué nos sirven los hombres de Potton?

—Tan sólo sospecha de nosotros —lo interrumpió Amaury bruscamente— por culpa de ese condenado pagador. Pero no tiene pruebas. Si desfilamos conforme al reglamento, no tendrá nada que objetar.

Tambaleándose, Loxford cogió una jarra de *arrak*, se sirvió un vaso y lo vació de un trago.

—¡Que Dios nos ayude! ¿Se puede saber cómo diablos piensa usted justificar su escapada nocturna?

—Desobediencia premeditada a las órdenes de un oficial de rango superior. No buscaré excusas. No ha sido una ofensa de campaña, así que no debería recibir un castigo demasiado duro, tan sólo una amonestación o algo parecido. Eso no tiene tanta importancia.

Es un riesgo que he sopesado y he decidido asumir. Mucho más importante es que estemos preparados para cuando llegue el general. Al alba se habrá dado cuenta de que nos hemos ido y seguro que la furia hace que acelere su marcha. Llegará a Madrás poco después del mediodía y querrá pasar revista de inmediato.

—¿Un desfile por la tarde? —dijo desesperado el coronel—. ¡Maldita sea! ¡Nunca se ha hecho a esas horas! ¡Esto es demasiado! —Volvió a coger la jarra de *arrak*, tomó otro trago y se dejó caer sobre la cama tapándose los ojos con un brazo—. Prepare al regimiento, Amaury, prepare al regimiento. Cuando llegue el momento, mándeme avisar. ¡Malditos pagadores entrometidos!

Amaury lo dejó farfullando entre dientes. Fue a la intendencia, cogió a cuarenta soldados del 4° Regimiento de Caballería cuyos uniformes lucían puños amarillos y los dispersó por sus escuadrones. Entonces, se dispuso a tomar un tardío desayuno. Poco después del cañonazo que anunciaba las doce del mediodía, Anstruther fue a verle manchado de sudor tras el viaje que había hecho hasta allí. Le traía órdenes del general: tenían una hora para presentarse a un pase de revista.

—No sé qué habrá hecho, señor, pero debo advertirle de que está extremadamente furioso.

—No me sorprende en lo más mínimo —respondió Amaury con sequedad.

El sol caía implacable desde aquel ardiente cielo. Las sombras que se extendían desde los pies de aquellos hombres y las patas de sus caballos parecían profundos pozos negros. Las filas de escuadrones del 7° Regimiento de Caballería desfilaron dispuestas en tres tropas. El coronel Loxford, a la cabeza del escuadrón de la derecha, cabalgaba con unos temblores iguales a los de un enfermo de fiebres palúdicas. Amaury vio que el general Wrangham se acercaba por la calle Saint Thomé. Por desgracia, el pagador asistente lo seguía muy de cerca.

—¡7° de Caballería, carguen... espadas!

Se oyó el golpe de cuatrocientos pomos sobre los muslos de aquellos hombres. Loxford cabalgó hasta donde se encontraba el general y blandió su sable en un vacilante saludo.

—¡El regimiento está listo para la revista, señor!

Wrangham le lanzó una gélida mirada.

—Coronel Loxford, quisiera conocer el estado de fuerza del personal a su cargo.

Loxford abrió la boca y balbuceó algo incoherente. El ayudante que tenía a su lado empezó a recitar la lista de un tirón, haciendo gala de su inventiva.

—Un teniente coronel, un capitán, dos tenientes, un corneta, seis *risaldares*, seis *jemadares* y trescientos ochenta y tres soldados rasos forman las filas de la revista, señor.

El general apretó los labios.

—Nada más termine de pasar revista, le ruego que me entregue las listas por escrito si no tiene inconveniente. Ahora, voy a inspeccionar al regimiento.

Recorrió con su caballo las filas del escuadrón de la derecha, examinando a cada uno de los hombres con gran atención. El impaciente pagador se puso a analizar detenidamente aquellas impasibles caras curtidas por el sol. De repente, detuvo a su caballo y señaló a un hombre con la cara surcada por la cicatriz que un sable antiguo le había dejado entre la barbilla y la mejilla.

—¡Reconozco a ese hombre de la cicatriz en la cara!

—¿Está seguro?

El pagador tragó saliva.

—Me fijé en él en Arcot —respondió con los carrillos temblando de la emoción—. Le doy mi palabra de que es el mismo hombre.

—Coronel Loxford, ordene a ese hombre que rompa filas.

Amaury, atento a la conversación, dio un suspiro. El acusador dedo del pagador detuvo la inspección en otras dos ocasiones más.

—¡Aquel bribón de los ojos bizcos!

—¡Ese tipo de la nariz rota!

Wrangham prosiguió. Era el turno del escuadrón central. Tras devolver a Amaury el saludo, lo miró de arriba abajo.

—Estaré encantado de escuchar sus excusas, señor, si es que tiene alguna, cuando termine de pasar revista. ¡Tiene usted muchas cosas que explicar!

Amaury lo siguió a lo largo de las filas. La carnosa punta de la nariz del pagador se estremecía de emoción como la de un hurón ante una madriguera de conejos.

—¡Allí! ¡Allí! —gritaba excitado— ¡El hombre al que le faltan el pulgar y otro de los dedos!

Wrangham echó un vistazo a aquella mano mutilada y se giró.

—¿Es ése uno de *sus* hombres, capitán Amaury? —preguntó con una mirada pétrea.

—Está a mis órdenes.

El general se puso rojo de ira.

—¡Déjese de sutilezas, señor! Le he hecho una pregunta muy simple. Le ordeno que me responda sin evadirla. ¿Está este hombre alistado en su escuadrón?

Amaury notaba cómo iba creciendo su enfado e intentaba mantener el control como un domador de caballos tratando de dominar a un potro salvaje. Había cabalgado sesenta millas en veinticuatro horas y llevaba treinta y seis horas sin dormir. El cansancio y el nerviosismo estaban empezando a dejarse notar. El general, de mediana edad, agotado tras un viaje de cuarenta millas, enfurecido por la decepción que aquello le había supuesto, estaba a punto de estallar. Aquellos dos hombres extenuados, completamente antagónicos, se encontraban cara a cara bajo un sol cegador. Sus miradas se cruzaron, atravesándose entre sí como si de espadas se tratara.

—Tendrá ocasión de comprobarlo con toda certeza, señor, cuando examine las listas —dijo Amaury con desgana.

Wrangham dio un puñetazo sobre una de sus rodillas.

—¡Maldita sea, señor! ¡Le ordeno que responda debidamente!

Amaury perdió la compostura.

—¡Váyase al infierno, señor! Yo contesto o no como me da la gana. ¿Debo dejar que usted y su maldito espía me interroguen como si fuera un colegial que ha hecho novillos? —dijo apuntando con el sable al pagador—. Señor, veo que acepta sin más la palabra de su lacayo. ¿Acaso no es lo suficientemente competente como para juzgar por usted mismo las cosas, general Wrangham?

Las hundidas mejillas de Loxford adquirieron un tono plomizo mientras su garganta emitía unos extraños sonidos. Los hombres del general, horrorizados, se quedaron de piedra, rígidos como estatuas ante lo que acababan de oír. En el semblante de Wrangham se dibujó una mezcla de incredulidad y furia.

—Capitán Amaury —acertó a decir con voz ahogada—, queda usted arrestado. —Considerando las implicaciones de las palabras de Amaury, se enfureció aún más y su ánimo se encendió—. ¿Acaso pretende insinuar que soy incapaz de cumplir con mis obligaciones? —preguntó con voz trémula.

—No sólo es incapaz sino que, además, recurre a artimañas —bramó Amaury—. Su conducta es demasiado ruin para ser digna de un caballero.

—¡Por Dios, no! —exclamó Loxford. Un comandante del estado mayor contuvo un silbido entre los dientes.

Amaury se arrepintió del exabrupto casi en el mismo instante en que lo pronunció. Se le había pasado el enfado y hubiera vendido su alma al diablo si con ello hubiera podido retirar sus palabras. Las comisuras de los labios de Wrangham se tornaron blancas. La furia se borró de su rostro y dejó paso a las marcas de la edad y el cansancio.

—Supongo que es consciente de lo que acaba de decir, capitán Amaury —respondió tranquilo y, volviéndose hacia Loxford, prosiguió—: No tengo ninguna intención de continuar con esta farsa, señor. Su argucia ha quedado ya bastante probada. Ordenaré que investiguen a fondo qué métodos han seguido usted y el coronel Potton para defraudar a la Compañía. Mientras tanto, capitán Amaury, considérese bajo arresto. Su regimiento puede romper filas. ¡Que tenga un buen día!

El coronel Loxford lanzó a Amaury una funesta mirada de desesperación, tomó las riendas de su caballo y se alejó de la Parada sin rumbo.

—Te has metido en un buen lío —observó Marriott.

Amaury asintió con aire taciturno. Confinado bajo arresto en el limitado espacio entre el fuerte y los Jardines de Moubray, sin poder cabalgar por el campo ni gozar de vida social alguna, sufría por la falta de ejercicio y el autorreproche. Un autorreproche que no tenía absolutamente nada de arrepentimiento. Amaury no era de los que lamentaban el fracaso de una estratagema a la que ellos se habían lanzado sabiendo perfectamente lo que hacían y siendo conscientes de que ser descubiertos les conduciría al desastre. Pero sí se maldecía a sí mismo duramente por no haber sabido controlar su lengua y, cuando pensaba en las consecuencias, sentía cómo el temor serpenteaba por sus intestinos como una fría culebra gris.

El valeroso héroe de Seringapatam sería tachado de cobarde.

Habían enviado una comisión de investigación a Arcot y otra actuaba en el fuerte Saint George. Día tras día, los comisionados fisgoneaban en las listas de alistamiento, las cartillas de racionamiento, los libros de contabilidad y los registros de uniformes, y examinaban con celo a los oficiales indígenas, los intendentes y los soldados de caballería. Loxford, totalmente abatido, se derrumbó y ni siquiera se esforzó en negar las acusaciones. Amaury aún no había sido llamado a declarar.

—Yo no pienso admitir nada, sea lo que sea —le dijo a Marriott—. Y que intenten probar lo que puedan. ¿Qué tienen en mi contra? Tan sólo la palabra de un vulgar pagador fisgón que afirma haber identificado a soldados del 4º Regimiento de Caballería en las filas del 7º Regimiento. ¿Prueba eso algo? Es su palabra contra la mía. Las pruebas han desaparecido. Nosotros mismos las mandamos de vuelta a Arcot a todo galope aquella misma tarde.

—Basta con que la comisión haga un recuento —respondió Marriott con seriedad— de los hombres en tu regimiento.

Amaury se rió aunque realmente no viera la gracia al asunto.

—Déjalos. Que cuenten hasta quedarse bizcos. Me he recorrido todos las ciudades y aldeas y he conseguido reclutar a cuarenta hombres en un solo día. Gran parte de ellos apenas saben montar a caballo y muy pocos saben distinguir el calibre de una carabina de la culata, pero ahí están, todos incluidos en las listas para mi seguridad. Loxford ha sido un estúpido admitiendo tantas cosas.

Aquel escándalo sirvió de aviso en los distintos acantonamientos de la Presidencia y los oficiales, alarmados, salieron a la desesperada en búsqueda de reclutas con los que tapar los evidentes huecos de sus listas. Las comisiones habían sido llamativamente descuidadas y no se les había ocurrido emprender investigaciones simultáneas en los diferentes regimientos. «A lo mejor —pensaba sardónicamente Amaury— los mismísimos coroneles de los Consejos no son del todo inocentes. Seguramente, si algunos removiesen demasiado el estercolero, la mierda acabaría por salpicarlos también a ellos.»

Mientras tanto, Amaury canalizaba su energía practicando con el sable, jugando al *backgammon* con Amelia y asegurándose de dormir como un tronco por las noches con la ayuda de Kiraun. Un día, estaba dando un paseo por la finca después de desayunar cuando una calesa se detuvo a las puertas para que bajase un oficial. Era un comandante del 80º Regimiento de la Infantería Real encorsetado en una casaca escarlata, con un fajín ceñido a la cintura, charreteras doradas y una espada colgando a un lado. Haciendo crujir la gravilla a su paso, recorrió el camino de entrada e hizo una reverencia.

—¿Capitán Amaury?

—A su servicio, señor.

—Me llamo Dawson. Vengo a pedirle en nombre del general John Wrangham que se disculpe por la enorme ofensa que le ha causado —carraspeó, pareciendo sentirse violento—. Lamento muchísimo tener que venir a verlo para tan desafortunado asunto, pero he aceptado este desagradable encargo en la esperanza de lograr solucionar las cosas sin necesidad de llegar a otros extremos peores.

Amaury decapitó de un bastonazo un flósculo.

—No pienso disculparme.

Dawson, buscando torpemente la empuñadura de su espada, se despojó de su tono pedante.

—Le ruego que lo considere, señor. A pesar de ser un oficial de alto rango, mi apadrinado no tiene la habilidad que usted posee como tirador. ¿Le gustaría mancharse las manos con la sangre de un hombre mayor? ¡Parece claro que ese resultado sería inevitable!

Amaury arrancó un capullo de rosa y olió con delicadeza su aroma.

—Debería haber considerado mejor esa desventaja y haberla antepuesto a sus ansias por obtener una disculpa. Si renuncia a la misma, estoy dispuesto a dejar correr el asunto.

—No es posible, señor —Dawson juntó los talones y se puso en posición de firme—. Lamento profundamente no haber sido capaz de resolver la situación de manera pacífica. Puesto que el general Wrangham exige que se repare la afrenta, le ruego que tenga la amabilidad de indicarme el nombre y la dirección de su padrino.

—No tengo ninguno —respondió Amaury. Se quedó mirando fijamente a un cuervo que sobrevolaba sus cabezas y le pareció que aquella ave se llevaba su honor en las destrozadas alas de color azabache—. No me batiré con su apadrinado.

—¿No se batirá? —tartamudeó Dawson sin saber muy bien a qué atenerse. En su arrugada cara bronceada por el sol se dibujó una mueca de consternación—. ¿Debo interpretar entonces que le trasmitirá sus disculpas?

Amaury lo miró con severidad.

—No pienso disculparme ante el general Wrangham y mucho menos batirme en duelo con él. Tómeselo como quiera —al contemplar el estado de confusión en que había sumido a aquel hombre, Amaury esbozó una sonrisa—. Antes de regresar con tan inquietante mensaje, ¿me permite ofrecerle un refrigerio? ¿Quizá un poco de champán frío?

Amaury no le contó aquel encuentro a nadie. Ni siquiera a Marriott. Por su parte, Dawson, algo menos discreto que él y bastante perplejo ante el hecho de que un conocido duelista hubiera rechazado batirse en duelo, no dejaba de hablar de ello con sus amigos. La historia se extendió como la pólvora por Madrás y se comentaba en las tabernas, en las cantinas y cada vez que se juntaba una muchedumbre. Había multitud de teorías al respecto conforme los distintos caballeros trataban en vano de encontrar explicación a lo inexplicable.

—Seguramente, Amaury estará esperando a que acabe la investigación porque le parecerá que con un solo lío al mismo tiempo es suficiente.

—A lo mejor está prohibido que los soldados bajo arresto se batan.

—¿Será que se ha vuelto un cobarde? ¡Acordaos de Bagot! —dijo un hombre en clara referencia a un capitán cipayo conocido por su galantería. Durante la guerra de Misore, le había entrado el pánico y había huido, de modo que fue degradado por la cobardía mostrada estando de servicio.

—Es un comportamiento condenadamente extraño y de lo más impropio.

Marriott, al tanto de los rumores, intentó convencer a su amigo para que se disculpase o aceptase de una vez por todas enfrentarse al fuego del general.

—Yo nunca pido perdón —respondió Amaury secamente.

Marriott le contó que corrían de boca en boca versiones tergiversadas acerca de lo ocurrido, que estaban exagerando considerablemente el insulto de Amaury al general y que Wrangham no tenía más opción que la de un reto para lavar su nombre.

—Sabes que hice la promesa —contestó Amaury con frialdad— de no volver a matar jamás a ningún hombre en un duelo.

—¿Y quién dice que tengas que matarlo? Tu puntería es lo bastante buena como para poder causarle una herida sin importancia antes de que Wrangham logre siquiera levantar su pistola.

—¿Y el riesgo de que acabe siendo una herida mortal, como suele pasar, y resulte en una muerte agónica?

—Entonces, deberías evitar lanzar provocaciones —dijo Marriott agriamente—. De lo contrario, tu honor, que ya está mancillado, acabará destrozado sin que puedas hacer nada por recuperarlo.

—Perdí los nervios y estoy pagando por ello. No tiene tanta importancia, Charles. Yo sé lo que soy y no me preocupa en absoluto cómo me juzgue la gente.

Poco a poco, las opiniones en contra de Amaury se fueron endureciendo. El constante flujo de visitas que había recibido en los Jardines de Moubray en señal de apoyo quedó reducido a un mero goteo ocasional. Los caballeros con los que se topaba de camino hacia el fuerte simulaban estar totalmente enfrascados en sus conversaciones o, simplemente, giraban la cabeza al cruzarse con él. Ninguno se atrevió a reprobarle su conducta; pensaban que podría ser peligroso poner a prueba las ataduras que mantenían aquella extraña contención que Amaury se había impuesto a sí mismo.

La única excepción fue una nota que apareció en una puerta conocida como Sea Gate. Era costumbre anunciar en un tablón que había bajo su arco de entrada los acontecimientos que afectaban a la comunidad, las subastas para vender las pertenencias de los fallecidos, las modificaciones de los impuestos internos o los bailes en los Salones del Consejo a los que era necesario apuntarse. Todos los que tenían algún tipo de negocio en el fuerte se pasaban por allí para informarse de las últimas novedades. Marriott, tras abrirse camino entre una bulliciosa multitud, leyó aquella nota que colgaba sobre el tablón:

A los caballeros de este asentamiento:

Por la presente, les notifico que el capitán Hugo Amaury, del 7º Regimiento de Caballería de Madrás, ha actuado como un infame cobarde y un detestable sinvergüenza en la última acción por él protagonizada ante sir John Wrangham.

Thomas Rumbold, Teniente Coronel
13º Regimiento de la Infantería Indígena

Furioso, Marriott se escabulló a empujones de aquel tumulto. ¿Quién demonios era Rumbold? Hizo memoria y recordó a aquel meticuloso mojigato de facciones cadavéricas que había forzado a Anstruther y a Todd a batirse en duelo. ¿Acaso aquel bruto pretendía ahora ser el guardián de la conducta de todos los caballeros en general? ¡Por Dios! ¡Ese hombre tenía que pagar por entrometerse en asuntos que no eran de su incumbencia! Marriott corrió a su oficina dando un buen susto a Fane con su apresuramiento.

—William, te ruego que transmitas mis saludos al coronel Rumbold y, de paso, le informes de que es un mentiroso y un granuja. Dile que le insto a que sugiera una fecha para batirse conmigo.

Aclaró a Fane las circunstancias que motivaban tales palabras y logró vencer su reticencia quejándose de su inexperiencia en los asuntos del honor. Lo envió a cumplir el encargo. El escribiente regresó con una respuesta heladora: «El coronel Rumbold no tenía motivo alguno de disputa con el señor Marriott. No obstante, si el señor Marriott pudiera convencer a su cobarde amigo, con sumo gusto se batiría con Amaury usando las armas que él mismo señalase.» Marriott, rojo de ira, partió apresuradamente hacia el cuartel de los cipayos. Su sirviente corría tras él jadeante, cubriéndolo con un *chatta.* Cuando llegó, encontró al coronel inspeccionando una de las tiendas de campaña donde se guardaban las armas.

—Señor —gritó sin más preámbulos—, ¡exijo que acepte mi reto!

Sin alterarse, Rumbold examinó un pedernal.

—Éste está muy agrietado —dijo a un alférez que contemplaba la escena confuso—. Cámbielo por uno nuevo. No, señor Marriott —continuó—. No tengo motivo alguno de disputa con usted.

—¡Por Dios, señor! ¿Me va a obligar a golpearlo?

—Le ruego que se controle. Este no es lugar... —respondió el coronel indicándole por señas que lo acompañase fuera—. Veamos... Apruebo la lealtad que le ha llevado a lanzar el reto. Pero, diga lo que diga, no tengo la menor intención de enfrentarme a usted. Lo que yo pretendo es que su ruin amigo salga de su escondite y dé la cara ante una pistola. No puedo tolerar la vergüenza que ha causado a mi profesión.

Marriott le dio un puñetazo en la cara.

—No me esperaba, ni puedo —dijo Rumbold secándose la sangre del labio— tolerar, algo así. Está bien, señor, si me envía de nuevo a su padrino, responderé a su reto. Esta misma noche, si le parece.

El enfrentamiento tuvo lugar en una cala aislada de la playa. En el primer intercambio de disparos, ambos fallaron. Marriott, movido por una mezcla de temor y furia, decidió hacer caso omiso de las protestas de los padrinos ante la posibilidad de un segundo intercambio de fuego. De nuevo, las balas pasaron de largo. Marriott observó la seria compostura del coronel y empezó a sospechar furioso que había apuntado mal adrede. Pidió una tercera oportunidad. Los dos padrinos se quejaron alegando que el honor ya había quedado perfectamente restablecido y amenazaron con abandonar el lugar antes de que se volvieran a cruzar nuevas balas.

—Ya ve, señor Marriott —observó Rumbold—, si uno de nosotros resultara muerto en estas circunstancias, se consideraría asesinato. Me parece que ya hemos hecho suficiente —concluyó. Entregó la pistola, cogió su sombrero y, sin prisa, empezó a andar hacia su tílburi.

La noticia del duelo llegó hasta Amaury a través de Kiraun que, a su vez, había tenido conocimiento del mismo por los rumores que se extendían entre la población indígena. Amaury se enfureció terriblemente.

—Charles, te agradecería que no combatieras por mí en mis batallas. Sobre todo —añadió de manera hiriente—, teniendo en cuenta la enorme indiferencia que tu insignificante muerte causaría. Has de saber que, si te mataran, yo tampoco tendría tiempo de ir a tu funeral porque las comisiones han hecho públicos sus resultados y han encontrado pruebas suficientes para convocar un consejo de guerra. Me imagino que me veré bastante comprometido.

—En ese caso, será mejor que te batas con Wrangham lo antes posible y le vueles la cabeza. Él será el testigo principal en tu contra.

—Charles, eres el mejor hombre que jamás he conocido, pero también el mayor estúpido de la historia —suavizando el tono de su voz, Amaury prosiguió—: Te agradezco enormemente los esfuerzos que has hecho por defender mi nombre, tarea que, por otra parte, resulta imposible. Pero ahora te pido que lo dejes. ¿Me juras que lo harás?

—¿Cómo no? De no hacerlo —respondió Amaury crudamente—, me veré obligado a enfrentarme a todos los bribones de Madrás.

Amaury contempló apesadumbrado aquel cuerpo que yacía sobre las arrugadas sábanas. Mantas y paredes estaban salpicadas de sangre, astillas de hueso y pedazos de carne rosada y gris. Con repugnancia, vio en el suelo un globo ocular que parecía observarlo. Aquella cabeza era un horroroso amasijo de restos destrozados, ahora cubiertos de moscas. Una esquelética mano sujetaba una pistola. Aún se percibía el olor a pólvora en el dormitorio. En la mesita al lado de la cama había una botella de *arrak* completamente vacía. Volcada en el suelo, los restos de licor de una segunda botella se mezclaban con la sangre. Por la papelera asomaban varios papeles parcialmente hechos trizas y arrugados. Amaury cogió una hoja, la alisó y leyó el membrete:

Compendio de pruebas presentadas para convocar un consejo de guerra con motivo de...

Cubrió con una manta los restos del coronel Loxford.

Aquel suicidio suscitó perspicacias en el cuartel general. Por temor a que su segunda víctima pudiera escapar, enviaron un jinete a Arcot con órdenes de recluir a Potton. Pero llegó demasiado tarde. El compendio de pruebas acusatorias había puesto fin a la habitual indolencia del comandante del 4º Regimiento de Caballería. Había abandonado el fuerte sin ser visto, había cabalgado velozmente hasta Pondicherry y, desde allí, había tomado un barco con rumbo a Sengalor. El general Wrangham se mordía frustrado las uñas mientras analizaba los detalles de los resultados obtenidos por la comisión. Los mayores imputados habían quedado fuera de su alcance, pero aún había pruebas suficientes para acusar a otros hombres de otros delitos menores: dos intendentes, un adjunto y... ¿quizás Amaury? Aunque a regañadientes, tuvo que reconocer que no tenían pruebas contra él. Tras leer los documentos, el propio abogado así lo confirmó.

—Aunque Loxford admitió durante la investigación bastantes cosas que incriminaban también a otros, no podemos usar su palabra como testimonio jurado ante el consejo. Potton nunca llegó a confesar nada. Por lo demás, señor, lo único que queda son rumores y unos cuantos testigos indígenas. Y todos sabemos que los consejos de guerra no suelen fiarse demasiado de los testimonios de esos hombres de piel oscura.

—Pero puedo acusar a Amaury de insubordinación y desobediencia.

—Eso, señor, es un asunto meramente militar en el que yo no puedo intervenir —dijo el abogado recogiendo sus papeles y levantándose de la silla—. Pero supongo que la sentencia no sería excesivamente dura y no creo que le merezca la pena tanto esfuerzo para eso.

El general meditó aquellas palabras. Al tiempo que deseaba con toda su alma acabar con la escandalosa corrupción en la que se había visto envuelto el cuerpo que él comandaba, no sentía animadversión personal alguna contra ninguno de los oficiales implicados en aquella falta. Wrangham no era de naturaleza vengativa. Ni siquiera sentía rencor hacia Amaury, a pesar de que no le merecía simpatía alguna. En el fondo, se sentía aliviado y bastante perplejo ante la negativa de Amaury a batirse en duelo. Wrangham no era ningún cobarde, pero incluso los más valerosos paladines hubieran preferido conservar la vida. En cuanto a los alistamientos fraudulentos, uno de los principales culpables estaba muerto y el otro, había huido. Los demás coroneles tramposos, muertos de miedo ante lo que pudiera pasarles, se habían apresurado a reclutar a tantos hombres como era necesario para rellenar los acusadores vacíos que manchaban sus listas. A fin de cuentas, la plantilla completa del ejército había quedado cubierta para unos años gracias a ese asunto. Sería mejor dejarlo correr.

Wrangham dio un suspiro y redactó una nota con órdenes de liberar a Amaury de su arresto.

Y allí habría terminado todo de no haber sido por el coronel Rumbold. Ese celoso oficial, incapaz de admitir la sola idea de que un cobarde se librase de sufrir su castigo, proclamó la infamia a los cuatro vientos. Se preguntaba públicamente si era correcto que un hombre que se tildaba a sí mismo de caballero y, lo que era peor, que estaba al servicio de la Compañía, insultase a un oficial de su formación, no afrontase las consecuencias y quedara totalmente impune. En todas las veladas, encuentros y cenas a las que asistía, Rumbold golpeaba la mesa criticando duramente la degradación que aquello suponía para la reputación del ejército. Él mismo había propuesto un duelo a Amaury, quien lo había rechazado desdeñosamente generando en Rumbold una repulsa que él esgrimía como una prueba más del alcance de aquel agravio.

Entre aquellos hombres había opiniones encontradas. Quienes habían sido compañeros de Amaury en el campo de batalla y, por tanto, testigos de su temerario coraje ante hazañas que parecían imposibles, no podían creer que se asustase ante un simple duelo y achacaban su actitud a que, seguramente, quisiera perdonarle la vida al general. Pero Rumbold no era ni mucho menos su único detractor. Había otros que también estaban en su contra. Como el comandante Delderfield que, teniendo muy buenas razones para pensar que por culpa de Amaury lucía un par de cuernos en su propia cabeza, criticaba su proceder. Por no hablar de los oficiales de edad avanzada y costumbres tradicionales, que desaprobaban su fama de vividor. Finalmente, el coronel logró que un círculo de oficiales de alto rango convenciera a Wrangham de que aquella ofensa merecía ser juzgada ante un consejo de guerra.

Al principio, el general se negó a ello. «Se trataba de un asunto personal —se quejó—, una cuestión de honor que tan sólo les incumbía a Amaury y a él. Con la proposición de batirse en duelo, su propia reputación había quedado más que a salvo. Si Amaury se negaba a aceptarlo, era problema suyo. Por su parte, no tenía problema alguno en dejarlo como estaba.»

—Por supuesto, señor —declaró Rumbold con impaciencia—, que su honor personal está fuera de toda duda. Pero el vergonzoso comportamiento de Amaury supone una terrible deshonra para la reputación del ejército. Y semejante afrenta sólo podría limpiarse en un juicio público.

Viéndose confrontado por argumentos similares por parte de los demás hombres que formaban la delegación de Rumbold, el general, aunque de mala gana, acabó cediendo. Canceló las órdenes de liberación de Amaury y firmó otras convocándolo. Las gentes de Madrás, que se habían visto privadas de un suculento escándalo cuando se paralizó el juicio por fraude, se anticipaban ahora a lo que podría suceder y se frotaban las manos expectantes. Para su sorpresa, Wrangham encontró oposición dentro de su propio hogar.

—¿De verdad tienes que perseguir a ese desgraciado como si de una caza de zorros se tratara, papá? Confieso que tu conducta me parece espantosamente vergonzosa.

—No es asunto tuyo, ni de ninguna otra mujer —gruñó Wrangham—. Te ordeno, señorita, que te guardes tus opiniones y mantengas la boca cerrada.

—¿Pero no te das cuenta —gritó furiosa Caroline— del reproche que te estoy haciendo? Tu acción judicial contra él ha fracasado y, por tanto, que ahora lo mandes detener de nuevo es cuestión de pura malevolencia. ¿Acaso son esos los generosos sentimientos que deberían dignificar a un caballero?

—Confío en que mis amigos no me atribuyan motivos tan infames aunque mi hija sí lo haga. ¡Ya está bien, pequeña descarada! Yo me debo a unos códigos y a un reglamento que tú desconoces por completo. Y, desde luego —añadió con severidad—, no tenía conocimiento de la alta estima en que tienes a Amaury, hasta el punto de defender su causa.

Caroline se puso colorada.

—¡Por Dios! No tengo ningún aprecio por el capitán Amaury. ¡Lo que a mí me inquieta es tu propio comportamiento!

Salió furibunda de la habitación, donde dejó a su padre rascándose la cabeza con aire preocupado. Lady Wrangham había escuchado la riña cada vez más disgustada.

—La joven, Sir John, no parece ella misma —dijo tranquilizadora—. Creo que está trastornada y medio enamorada del señor Marriott. Recordarás que el capitán Amaury es amigo de Marriott. Yo creo que éste le ha contado una versión parcial de la situación.

La realidad era que Marriott apenas le había mencionado los problemas de Amaury. Se le quitaron las ganas de hacerlo al ver la feroz hostilidad que Caroline esgrimió en una ocasión contra uno de los jinetes que la acompañaban cuando a éste se le ocurrió hacer un comentario sarcástico al respecto. Así pues, escarmentados y contenidos tras aquel arrebato, los caballeros no volvieron a mencionar en presencia de ella el asunto que tenía a todo Madrás en vilo. El alegre y risueño carácter de Caroline había desaparecido dejando paso a un aire de ardiente resentimiento que tenía desconcertados por igual a sus padres y a sus pretendientes.

Amaury parecía discretamente resignado. Pasaba los días en los Jardines de Moubray, leyendo las novelas de Henry Fielding.

—Describe muy bien a las mujeres de la calle.

También se distraía con el *Tratado de Disciplina Militar* de Humphrey Bland.

—Una situación durísima, ¡ya lo creo! De la ordalía que se aplicaba —dijo— yo saldría mal parado. No tenían elección.

—Nunca he alcanzado a comprender la ética militar —respondió Marriott indignado—. El año pasado, el alférez Vigors tuvo que comparecer ante un tribunal y fue amonestado por lisiar a uno de sus hombres en un duelo; y, ahora, a ti te condenan por negarte a disparar a tu general. ¿Quién lo entiende?

—Es completamente lógico, Charles. Herir a alguien no es más que un mero delito según la ley, pero la cobardía es considerada como el más abominable de todos los crímenes que un caballero puede cometer.

El Consejo General de Guerra se celebró en la Cámara del Concejo. Era una enorme sala octagonal aneja a la residencia del gobernador. En el estrado, había una pesada mesa de madera de caoba y, sentados a ella, se encontraban un coronel, tres comandantes y un capitán. Sudorosos a causa del calor y de las apretadas casacas que lucían, cada vez que estiraban las piernas dejaban ver sus largos calcetines negros y se oía el tintineo de las vainas y las empuñaduras de los sables chocando entre sí. Tras ellos, unos sirvientes los abanicaban en un constante ir y venir que distraía sus miradas. El fiscal togado del tribunal militar estaba poniendo unos papeles en orden sobre una mesa. En otra, el juez togado, un teniente de artillería ampliamente complacido con su pasajera importancia, exhibía sus tomos jurídicos al tiempo que susurraba algo a unos secretarios indígenas. En el encajonado banquillo había sillas preparadas para el prisionero y sus escoltas. El patio de aquella corte marcial estaba lleno de oficiales con sus relucientes uniformes escarlata. La guarnición al completo parecía haber decidido hacer acto de presencia. Se oía un constante murmullo de voces, la temperatura era insoportablemente alta y los dedos de aquellos hombres se esforzaban por desabrochar disimuladamente los botones de las casacas y los chalecos.

El martillo del presidente puso fin al barullo bruscamente.

—¡Que entre el acusado!

Seguido por el oficial de campo del mes, Amaury entró en la sala con una imponente y elegante presencia, luciendo una casaca escarlata, galones dorados y unas botas negras de montar de caña alta. Bajo el brazo, sujetaba un casco de correas doradas coronado con plumas. Saludó al tribunal con una reverencia y escuchó sin inmutarse los cargos que el juez togado leyó.

—Capitán Hugo Monfort Amaury. Se le acusa en virtud del artículo decimotercero, sección ocho del Código Penal Militar, de mantener una conducta impropia de un oficial y caballero, en virtud de los hechos acaecidos el tres de febrero de 1801 en el fuerte Saint George, situado en Madrás, fecha en la que usted insultó a un oficial de su compañía durante el pase de revista y lo acusó públicamente de comportamiento indecoroso, negándose posteriormente a batirse en duelo con él para restablecer su honor o a retirar su acusación. ¿Cómo se declara, señor, culpable o inocente?

Amaury levantó la cabeza.

—Declaro que no soy culpable de cobardía y lo juro por mi honor:

Un murmullo de voces recorrió la sala. El presidente susurró algo a sus comandantes y clavó en Amaury sus ojos grises con una gélida mirada.

—Señor, los cargos que he formulado no contienen ninguna acusación en tal sentido. Le ruego que responda conforme a los cargos que acabo de leer.

—La acusación, Señoría, lleva implícito el cargo de cobarde. No tengo intención de modificar mi declaración.

Los murmullos llegaban ahora hasta el estrado y también iban creciendo entre la multitud. El presidente lo fulminó con la mirada y, altamente irritado, dio un golpe con su martillo.

—¡Silencio en la sala, señores! De lo contrario, me veré obligado a expulsarles. Tomaré sus palabras como una declaración de inocencia ante los cargos que se le imputan. —Entonces, se dirigió al juez togado—: Que continúe el proceso. ¡Den paso al primer testigo!

El general Wrangham, que estaba sentado con los brazos cruzados en la primera fila, se levantó y se colocó junto al fiscal togado. Evitando mirar a los ojos a Amaury, describió sin añadir exageración alguna la escena que había tenido lugar durante aquella revista, repitiendo con gran precisión las palabras que se pronunciaron aquel día y relatando cómo él propuso el duelo y lo que sucedió después. Sus frases rompían el silencio como pesadas piedras al caer al fondo de un profundo y oscuro pozo.

El fiscal, un superficial comandante de mirada furtiva del Regimiento Europeo de Madrás, dijo con voz insinuante:

—Ha declarado, señor, que el acusado puso en duda tanto su competencia, como su integridad personal. ¿A qué cree usted que pudo deberse tal atrevimiento?

—Le pedí que me mostrara las listas de alistamiento del regimiento —respondió Wrangham inexpresivo.

—Ya veo... —dijo el fiscal. Se mojó un dedo y pasó una página de su expediente—. Sin duda, es una petición poco habitual en un pase de revista. ¿Me permite preguntar qué es lo que motivó que requiriese usted las listas?

—Eso, señor —respondió el general violento—, no guarda en absoluto relación alguna con el asunto que en este tribunal se debate.

—Me atrevo a dudarlo, señor. El acusado debía de tener muy poderosas razones para negarse a obedecer de esa forma. ¿Cree usted que cabía la posibilidad de que pensara que se podría detectar que las listas no fuesen... correctas?

—Esa cuestión resulta irrelevante. Me niego a responder.

El presidente observó la interrogante mirada que le dirigió el fiscal y, después, miró de reojo al juez togado. Éste sacudió la cabeza.

—Se anula esa pregunta por improcedente.

Al fracasar su intento de traer a colación en el juicio la malversación practicada por Amaury, el fiscal tomó asiento malhumorado.

—No hay más preguntas.

—¿Desea interrogar al testigo, capitán Amaury?

—No, Señoría.

El general Wrangham se encogió de hombros.

—Tan sólo me gustaría añadir una cosa. Tras haberlo meditado, confieso que mi conducta al plantear un duelo fue muy poco sensata y lamento profundamente mi actuación.

Seguido por un centenar de perplejas miradas, volvió a su asiento. Amaury lo observaba con incredulidad. Los testigos fueron pasando en procesión por el estrado y confirmaron sin rodeos las palabras del general. Entre ellos, un coronel de rango superior, Anstruther, que se sentía violento y declaró tartamudeando, y el pagador, que comenzó a lanzar numerosas acusaciones que el presidente se apresuró a contener. Los rayos del sol golpeaban con fuerza en las ventanas, atravesaban las contraventanas y dibujaban una suerte de franjas paralelas de tonos dorados sobre las encaladas paredes. Aquella sala era un horno y las chaquetas rojas relucían como si de pedazos de carbón al rojo vivo se tratara. En la sombría penumbra reinante se distinguía el sudor cayendo por los sofocados rostros. El fiscal revolvió sus papeles y no hizo preguntas. Amaury tampoco.

El presidente entrelazó los dedos y apoyó los codos sobre la mesa.

—La acusación ya ha presentado todos sus testigos y pruebas. Capitán Amaury, ha rechazado usted ser representado debidamente por un oficial de su compañía o por un letrado. ¿Tiene algo que decir en su propio nombre?

Amaury vislumbró una chispa de compasión en aquella pétrea mirada gris.

—Nada, Señoría.

—Sinceramente —anunció el presidente mirándose fijamente las manos—, pienso que está actuando de forma poco inteligente, señor. No obstante... —dijo poniéndose en pie— este tribunal se retirará ahora a meditar para sacar sus conclusiones.

Los espectadores se abalanzaron a las puertas en busca de aire y de un ilusorio frescor en el tórrido calor del exterior. Amaury cruzó las piernas, inclinó su silla hacia atrás y se puso a contemplar el techo con aire embelesado.

Marriott leyó una vez más aquel documento.

Señor Charles Marriott, mercader asistente,
Al servicio del señor Harley, fuerte Saint George

Señor:

Me han ordenado informarle de que, por orden del gobernador, ha sido usted designado Recaudador de Impuestos y Rentas del distrito de Bahrampal, en los Circares del Norte.

En cumplimiento de dicha orden, deberá partir tan pronto como le sea posible hacia Bahrampal donde, una vez que se encuentre completamente asentado, deberá emprender todos los esfuerzos que resulten prudentes para recaudar las rentas e impuestos que corresponden a la Honorable Compañía de las Indias Orientales, conforme a lo dispuesto en el artículo cuarto del Tratado firmado con el Nizam Alí de Hyderabad en 1766; artículo a pesar del cual no se ha recaudado cantidad alguna durante muchos años.

El gobernador me ha pedido que le ponga al corriente de la inestable situación que atraviesa el Jagir de Bahrampal que, según nuestros últimos informes, se encuentra prácticamente al borde de la anarquía. Se designará a un magistrado para que lo ayude en su labor. Así mismo, con el fin de defenderlo de posibles resistencias de carácter hostil, el comandante en jefe ha enviado tres compañías de cipayos que se encargarán de salvaguardarlo en su misión.*

El señor Joseph Harley ha sido autorizado a proporcionarle cualquier otro tipo de ayuda que pudiera precisar.

Atentamente se despide, señor,

*Un Jagir era un territorio que el gobernador indígena dejaba en manos de uno de sus súbditos para que administrase el distrito, recaudase los impuestos y reclutase y mantuviese tropas al servicio del gobernador. Como recompensa, recibía un porcentaje de los impuestos recaudados.

Honrado de contarse entre sus fieles servidores,
J. Palmer, secretario

Madrás, 1 de marzo de 1801

Marriott echó un vistazo a la oficina. Fane lo observaba con disimulo tras una pila de libros de contabilidad.

—Me atrevería a decir, William, que conoces el contenido de esta carta. ¿Es así?

Fane asintió.

—Harley me ha aconsejado que vaya contigo en calidad de magistrado. ¿Qué diablos sabré yo de códigos legales y sistemas judiciales? ¡Maldita sea, Charles! Todo apunta a que nos estamos metiendo en la guarida del lobo.

—No puede ser tan malo como te imaginas. Si fuera así, mandarían un regimiento dotado de artillería pesada para defendernos. Me pregunto qué tiene Harley que decir a esto.

Fue a la oficina del mercader senior y le entregó la carta. Harley le echó un vistazo. Una sonrisa se dibujó en sus arrugadas mejillas.

—Lo sé. He visto una copia. Y bien, señor Marriott, ¿qué es lo que desea saber?

—¿Cuándo tengo que partir, señor?

Harley se apoyó en el respaldo de su sillón, cruzó los dedos y observó a Marriott. Unas pobladas cejas canosas presidían su mirada.

—Parece usted un poco... reticente. Le garantizo, señor, que se le ha concedido una oportunidad que muchos otros escribientes estarían encantados de poder lograr. Aunque, ahora que lo pienso, usted es un mercader asistente. Considero que ya lo hemos mimado bastante manteniéndolo en ambientes civilizados y con una tarea que exige muy poco. Permítame recomendarle, señor Marriott, las virtudes de la versatilidad. Sigue usted la orgullosa tradición de los funcionarios de la Compañía. Si fuera necesario, ninguno de ellos dudaría en ponerse al mando de un regimiento, leer un sermón o administrar una dosis de medicina. ¡Lo que hiciera falta! En su caso, debe prepararse para dejar los antros de perdición de Madrás y sumergirse en el reino de las privaciones y el sacrificio máximo. Hmm... Veo que mi discurso no despierta ningún entusiasmo en usted, pero estoy plenamente convencido de que no rechazará cumplir con sus obligaciones.

—¿Qué preparativos debo poner en marcha?

—Sacará usted —empezó Harley enérgicamente— del Tesoro Público Central el equivalente a veinte mil libras en *pagodas* y *mohúres* de oro. Para ello, le proporcionaré una autorización del pagador general que tengo aquí mismo refrendada por el gobernador. Me veo obligado a recordarle seriamente que se trata de dinero de la Compañía y que deberá rendir cuentas de él estrictamente.

—¿Debo cargar con la responsabilidad —interrumpió horrorizado Marriott— de custodiar una fortuna de oro y plata? Permítame mostrar mi desacuerdo, señor. No veo motivo alguno para llevar hasta Bahrampal tan vasta suma.

—Señor Marriott, encontrará mil maneras de invertir hasta el último *fanam* —respondió Harley con una adusta sonrisa—. Piense que tendrá que pagar a sus cipayos y al personal no combatiente a su servicio. Estos últimos no tendrían reparo en abandonarlo a su suerte si no les pagara. Además, a la hora de poner en orden su distrito, comprobará que el soborno proporciona unos resultados mucho más rápidos que los que ofrecería toda una brigada con sus armas.

—Muy bien, señor —contestó Marriott resignado—. ¿Alguna cosa más?

—Necesitará *hackeries* y bestias de carga. Puede adquirir tantos como precise; el Economato General correrá con los gastos. Recibirá un complemento de destino equivalente al de un capitán. Asciende a unas dos *pagodas* al día y puede solicitar el adelanto correspondiente a un año si lo desea —le acercó dos volúmenes encuadernados en cuero que había sobre la mesa—. Aquí encontrará una descripción del sistema fiscal de ese estado, sus impuestos internos y los puestos aduaneros existentes en los Circares. Los datos fueron recopilados por el señor Lionel, que estuvo destinado allí en 1795. Tendrá tiempo de estudiarlos en el viaje a Bahrampal. Normalmente, se tarda unos dos meses en llegar. Por supuesto, le proporcionaremos avituallamiento para el camino pero, una vez allí, deberá usted subsistir con los productos locales.

—¿Y los militares?

—Se autofinanciarán y acudirán por sus propios medios —Harley frunció el ceño. Sus dedos tamborileaban velozmente sobre la mesa—. El general Harris ha ordenado al 23° Regimiento de Infantería Indígena que envíe un destacamento. Yo no estoy muy satisfecho con la experiencia de su oficial... El coronel ha puesto a su propio hijo al mando y se trata de un alférez totalmente inexperto.

—¿Henry Todd? —preguntó Marriott sorprendido— Lo conozco bien.

—Ah, ¿sí? Al parecer, el coronel Todd considera que está en deuda con usted y ofrece su más valiosa posesión para pagarle —Harley sacó su reloj—. Va siendo hora de cerrar la oficina. Haga los preparativos oportunos, señor Marriott. Cuento con su partida en el plazo de un mes.

Marriott volvió a los Jardines de Moubray, con los porteadores del palanquín imprimiendo un suave movimiento a sus pensamientos. Aquel destino en las fronteras más lejanas de los Circares suponía alejarlo de Caroline tanto como si lo enviasen a Marte. Su infatigable cortejo tampoco le había llevado ni un ápice más cerca de ella. La joven se mostraba coquetamente escurridiza y evitaba ingeniosamente cualquier tipo de propuesta. La única recompensa que Marriott había recibido era un beso o dos, el tacto de sus cálidos dedos sobre los suyos y las varias miradas provocativas que aquellos ojos esmeralda de largas pestañas le regalaban. Y todas ellas eran prendas que ella concedía con dulzura a una docena de felices jóvenes gallardos. A menos que él lograra atrapar a aquella mariposa, acabaría en la red de otro. Apesadumbrado, tomó la determinación de probar suerte de una vez por todas antes de partir hacia el norte y pedirle la mano.

Las nuevas responsabilidades que le habían sido asignadas lo oprimían tanto como su sofocante vestimenta. Había copiado cientos de cartas, cuadrado múltiples cuentas y contado multitud de fardos, pero ¿bastaría eso para convencer a aquellos campesinos hostiles de que entregaran el dinero ganado con el sudor de su frente? Para colmo, aquella zona había echado por tierra las conexiones comerciales que él había logrado entretejer en Karnataka. Sus lucrativos emolumentos se verían allí gravemente disminuidos. Además, estaba Amelia... ¿Qué diablos iba a hacer con ella?

Encontró a Amaury en su dormitorio, apoltronado en un sillón y fumando un puro.

—No he sido capaz de asistir a tu calvario, Hugo. ¿Cómo te han declarado?

—Culpable, por supuesto. Naturalmente, me han expulsado. Como manda la tradición, han enviado el veredicto y la sentencia al comandante en jefe para que los refrende. Sin duda, él los mandará a Leadenhall Street. Pasará un año o más antes de que me comuniquen el resultado. Mientras tanto, gracias a la indulgencia de Wrangham, estoy libre del arresto.

Un sirviente despojó a Amaury de la chaqueta, el chaleco y los pantalones. Ya desnudo, se dirigió a una alcoba y se sentó en una silla de mimbre mientras un sirviente lo lavaba vertiendo sobre él el agua tibia que llevaba en unos cubos. Marriott, apoyado en una jamba de la puerta, contemplaba a su amigo con desánimo.

—¿Qué piensas hacer?

—Eso es algo, Charles, que no puedo decidir por ahora. ¿Crees que si apelase ante el Consejo de Directores para solicitar un contrato como aprendiz de mercader libre de cargas aceptarían mi solicitud? Yo creo que no. También podría intentar hacerme con una plantación próspera y dedicarme al cultivo de índigo y azúcar. O mudarme a Bengala y probar suerte allí. —Amaury empezó a rascarse y se miró el estómago—. ¡Malditas sean estas fiebres miliares que he contraído! Tengo un millón de erupciones y me pican como si me estuvieran clavando agujas. ¿Dónde demonios está mi pomada?

—Te tengo que abandonar cuando más me necesitas —dijo Marriott descorazonado—. Pronto me veré obligado a dejar los Jardines de Moubray.

Los dedos que se afanaban por extender el bálsamo sobre aquel vientre plagado de sarpullidos enrojecidos se detuvieron de repente.

—¿Tú también, Charles? ¿Por qué te vas? —dijo Amaury sin levantar la cabeza.

Marriott se lo explicó.

Amaury cerró pensativo la cajita de porcelana, se ató una toalla a la cintura, fue hasta una ventana y se quedó mirando las turbias aguas del Adyar.

—Pediré un permiso —dijo en tono soñador—. No será difícil conseguirlo; nadie me quiere aquí. Y entonces —continuó volviéndose a Marriott con una mirada ardiente y llena de entusiasmo—, iré a los Circares a recaudar impuestos contigo, Charles, y te ayudaré a exprimir a los indígenas hasta dejarlos tan secos como las áridas tierras machacadas por el sol en las que viven.

CAPÍTULO CINCO

Amaury liberó a Marriott de la responsabilidad de hacerse cargo del transporte y los víveres.

—Porque —declaró— tú apenas has salido de Madrás, mientras que yo fui ayudante de Dallas como encargado de los bueyes durante la guerra de Misore. Para viajar hasta los Circares, se necesita algo más que palanquines y porteadores de *chattas*.

—No vamos a la guerra —respondió Marriott en desacuerdo—, así que no nos hace falta un convoy tan voluminoso.

Amaury lo miró asombrado.

—Sinceramente, Charles, das muestras de una ignorancia sin par. En todo movimiento militar, los hombres del séquito superan siempre a los beligerantes en una proporción de cinco a uno. Y hace falta un buey de carga por cada miembro de la comitiva. Sin contar con los fardos de forraje que se necesitan para alimentar a los bueyes. Evidentemente, durante las campañas se viaja sólo con lo estrictamente indispensable. El reglamento establece que un capitán, por ejemplo, únicamente lleve un criado, un cocinero, un camarero, un mozo de cuadra, un segador de hierba, cuatro culis para transportar su reducido bagaje, un palanquín con nueve porteadores y cuatro bueyes de carga con sus respectivos arrieros. Afortunadamente, nosotros no estamos en campaña, de modo que no nos afectan tan severas restricciones.

Amaury llamó a su *banian* y se dispuso a hacer una lista con todas las provisiones y el bagaje que debían llevar. Marriott salió a la veranda y contempló entristecido el césped seco por el sol y las adelfas. Tomó fuerzas y subió las escaleras que conducían al tocador de Amelia. Estaba haciendo un solitario con las cartas pero, al verlo, lo dejó y se puso en pie para saludarlo alegremente. Marriott la besó y la empujó con delicadeza de vuelta a su asiento.

—Traigo noticias tristes, querida. Te explicaré lo que ocurre.

Le describió la misión que le habían asignado, le habló de su inminente partida para emprender un viaje de seiscientas millas y de la duración de su exilio en los Circares que, según los cálculos de Harley, sería de al menos dos años. Amelia lo escuchaba en silencio, con los ojos muy abiertos en señal de clara consternación y frotándose las manos inquieta.

—Así que —concluyó Marriott abatido—, me temo que tendremos que separarnos.

—¿Y qué voy a hacer yo? ¿Volver a esa cárcel de Black Town?

—Estoy seguro de que eso no será necesario. Yo mismo me esforzaré hasta el límite de mis posibilidades para que quedes en buena situación. Si lo deseas, te puedo conseguir un pasaje de vuelta a casa en un mercante inglés.

—¿Pero cómo —replicó Amelia con tristeza— me voy a presentar ante mi familia después del rechazo que mi conducta suscitó en todos?

Marriott replicó vacilante:

—No debería ser difícil encontrar en Madrás a otro caballero que te acogiera en su casa —replicó vacilante Marriott—. Eres una persona de lo más refinada y elegante, Amelia.

Las lágrimas inundaban aquellos ojos de color azul claro.

—¡No puedes abandonarme sin más, Charles! ¿Acaso nuestra relación ha significado tan poco para ti que pretendes despedirme como a una criada incompetente?

—¿Qué otra cosa puedo hacer? —respondió Marriott desesperado—. ¡No hay posibilidad de llevarte a Bahrampal!

Amelia mezcló las cartas y colocó cuidadosamente un as sobre un rey.

—¿Por qué no? —dijo deslizando una reina bajo el rey—. Las mujeres marchan en los ejércitos en época de guerra. Cuando Seringapatam cayó, la señora del capitán Norris le dio una hija en las mismísimas cocinas de Tipu.

—Sí, pero se trataba de la esposa de un militar, acostumbrada a las dificultades. Tú procedes de una familia que te dio una delicada educación...

—En la vida que llevaba en Black Town —respondió sombríamente Amelia—, también tuve que lidiar con múltiples dificultades. Dudo que vaya a haber nada en los Circares capaz de herir mis sentimientos. No, Charles. Ésa sería la única salvación para mi apurada situación. Si te niegas a llevarme, seguiré a tu caballo a pie.

Marriott corrió escaleras abajo e irrumpió en el dormitorio de Amaury.

—¡Amelia se ha empeñado en acompañarnos!

Amaury levantó la vista del papel que estaba escribiendo y dejó la pluma al aire.

—Consigue cinco elefantes —le dijo a su *banian*—. Cada uno de ellos puede cargar con el equivalente al peso que podrían soportar dieciséis bueyes. También necesitamos cincuenta camellos. Cuantos menos bueyes llevemos, mejor. ¡Esas malditas bestias mueren como moscas! ¿Por qué te apuras tanto, Charles? Es un plan de lo más normal; yo mismo no esperaba una propuesta diferente por tu parte.

—¿Una delicada mujer —contestó Marriott tartamudeando— expuesta a los peligros extremos de un país salvaje?

Amaury esgrimió una amplia sonrisa.

—La idea que te has formado de Amelia es bastante errónea, Charles. Bajo esos delicados suspiros, se esconde un ser resistente como el acero templado. Lleva a tu Dulcinea contigo. Te hará más llevadero el tedioso viaje.

—¿Vamos a viajar con un harén? —preguntó Marriott con asombro—. ¿Piensas llevar a Kiraun contigo?

—¡Oh, no! Ha decidido mudarse a Hyderabad con ayuda de los medios que yo le proporcionaré. Seguramente, acabará formando parte de una compañía teatral de baile hindú tradicional y no tardará en prosperar en la corte del *nizam*. Para, Jaswant, con doscientos culis para transportar los cestos tenemos bastante...

Fane trasladó sus aposentos del fuerte a los Jardines de Moubray, llevando consigo a sus sirvientes y sus caballos. Amaury, convencido de que debían llevar tantos caballos como pudieran, los persuadió para comprar dos más por cabeza. La finca se empezó a llenar de hombres y animales: arrieros, culis, bueyes, elefantes, camellos, burros y un montón de provisiones procedentes de cabras, reses y ovejas. Amaury prohibió los *hackeries* y los carros.

—Pasado el río Godaveri, los caminos no son aptos para ruedas —declaró. Apenado, Marriott vació su bodega privada, vendió los productos que tenían algún valor comercial, liquidó sus cuentas mercantiles y envió todas sus pertenencias y sus muebles al fuerte para que se subastaran.

El día en que Amaury le informó de que el convoy estaba casi listo, Marriott se puso la mejor chaqueta azul de velarte que tenía, un chaleco de satén de rayas verdes con ribetes plateados, unos pantalones de piel de ciervo de color pardo, unos zapatos con hebillas plateadas y un sombrero fino adornado con una escarapela roja. Se tomó de un trago un vaso de brandy y partió en su palanquín hacia la casa del general Wrangham.

Se marchó de allí una hora después, medio eufórico, medio deprimido, y profundamente desconcertado. Cuando llegó, se encontró a Caroline jugando a las cartas con un grupo de damiselas. Observando atentamente su elegante aspecto, la joven adivinó el propósito de su visita y aparentó estar absorta en el juego. Marriott permaneció incómodamente de pie junto a la mesa, respondiendo lo mejor que sabía a las peticiones de consejo que aquellas desenfadadas muchachas le hacían para mejorar sus jugadas. Cediendo por fin a la súplica que se adivinaba en sus ojos, Caroline declaró que se retiraba y lo condujo hasta la repisa de una ventana con el pretexto de mostrarle unas poncheras de porcelana recientemente llegadas de China. Marriott aprovechó ese fugaz instante y puso a los pies de la joven su corazón, su mano y su fortuna.

Caroline pasó un dedo por las peonías que decoraban un jarrón de la época de la dinastía Sung.

—No, Charles. Confieso que me siento atraída por usted e inmensamente halagada por el honor que me concede. Pero no puedo aceptar su propuesta. Las circunstancias me lo impiden.

—¿Acaso está comprometida con otro caballero?

—Todavía no, aunque mamá está de lo más ocupada actuando en mi nombre para que así sea. No deja de intentar impresionarme con las admirables cualidades que numerosos jueces, consejeros y generales poseen —dijo emitiendo un suspiro—. ¡Y todos ellos son vejestorios! ¡Superan todos los cuarenta!

—Entonces, no entiendo qué es lo que impide que nos comprometamos.

—Mis padres jamás darían su consentimiento. Su posición al servicio de la Compañía no es muy destacada, su fortuna es dudosa y lo consideran demasiado joven. En lo que a mí respecta —dijo con tono sincero—, no me resulta especialmente atractiva la idea de comprometerme con un hombre que deberá pasar los próximos años a cientos de millas de distancia.

—Cuando haya arreglado las cosas en Bahrampal —respondió Marriott descorazonado—, podré venir de visita a Madrás. Mis acompañantes, Fane, el alférez Todd y Amaury, se encargarán de mantener el orden durante mi ausencia.

—¿El capitán Amaury? —preguntó Caroline con brusquedad—. ¿Por qué deja él Madrás?

—¿No le han llegado las noticias? Le han concedido un año de permiso y me acompañará a los Circares.

Caroline dejó el jarrón en su sitio tan bruscamente que la porcelana se quebró. Las damas, que seguían jugando a las cartas, se volvieron inquisitivas a ver qué ocurría. Caroline, aún junto a la ventana, tenía la mirada perdida en los planos tejados del fuerte, que descendían en hileras como si fuesen acantilados almenados.

—¡Que Dios me ayude! —susurró—. ¡No lo sabía!

Sin saber qué hacer, Marriott contemplaba a aquella figura totalmente abatida. Caroline jugueteaba con un pañuelo de puntilla que sujetaba entre los dedos.

—Charles, he cambiado de opinión —dijo con gran ardor, tuteándolo—. Comprometámonos en secreto. Informaré a mis padres después de que te hayas ido para que papá no te atosigue ni intente que retires tu proposición. No debes acercarte a él bajo ningún concepto antes de marcharte.

—¡Me niego! —exclamó Marriott estupefacto—. ¡Esa conducta sería sumamente indecorosa! Una vez obtenido el permiso de la dama, lo correcto es solicitar la mano ante...

—¡No, no y no! Ya estamos comprometidos para contraer matrimonio, Charles. ¿No era eso lo que deseabas? Debes dejar que sea yo quien me encargue de la difícil tarea de obtener el consentimiento de papá. Mientras tanto, no debes revelar nuestro secreto ni siquiera a tus mejores amigos, incluido el capitán Amaury. ¿Me prometes que así será?

Confuso ante el repentino cambio de planes, Marriott estudió su rostro. Vislumbró un trazo de tristeza que rayaba la desesperación, extrañamente mezclado con una firme determinación. Estaba perplejo y era vagamente consciente del hecho de que se estaba metiendo en un terreno pantanoso.

—Lo prometo —respondió calmado—. La verdad es que no es éste el modo en que había imaginado que nos comprometeríamos, con este acto clandestino y extremadamente indefinido... Sinceramente, no comprendo los motivos que te guían. Estoy convencido de que sería mejor...

—Fíate de mi juicio, Charles. Como te he dicho en otra ocasión, sir John es incapaz de negarme nada —una sonrisa surcó fugazmente sus labios—. Ahora debes marcharte. ¿Ves cómo cuchichean mis descaradas compañeras? Seguro que piensan que estamos tramando una cita escandalosa.

Cuando Marriott se marchó, Caroline volvió a tomar el jarrón y lo estampó contra el suelo haciéndolo añicos.

Los Ghates, que se encontraban pasado el Godaveri, eran unos sistemas montañosos de profundas gargantas. Un laberinto de montañas y bosques, con rocas rojizas y plantas de color verde oscuro, en el que se apreciaban las ruinas de antiguos fuertes derrumbados y las torres de los templos piramidales coronando erosionadas cumbres. Los ríos discurrían entre desfiladeros, que formaban después amplios valles de exuberante vegetación y desembocaban en pequeños lagos que asemejaban fragmentos desperdigados de un cristal hecho añicos. Las pendientes que arrancaban ladera abajo albergaban aldeas con casas de adobe y tierras de cultivo ganadas a la jungla. Todos las aldeas estaban cercadas por altos muros de roca. En el interior de aquellas murallas, destacaba una ciudadela cuadrada con una aspillera.

En los Circares del Norte, la paz era una bendición bastante reciente.

Al paso del convoy, el valle iba cobrando movimiento. Las reses y las ovejas cubrían completamente el terreno, los camellos caminaban lenta y pesadamente atados con largas cuerdas marrones, la procesión de elefantes parecía una hilera de gigantescas rocas en marcha. Los cipayos iban en el centro de la comitiva, en una compacta columna escarlata de resplandecientes mosquetes al reflejo del sol. En los flancos y por la parte trasera, desfilaban unos cuantos soldados irregulares de baja casta conocidos como *peones* y encargados de arrear a los rezagados. Media milla por delante cabalgaba un grupo de *hircarrahs*, irregulares montados que hacían las veces de patrullas de reconocimiento, mensajeros y espías. Tras ellos, los cinco europeos arropados por aquella comitiva de mil hombres y mil bestias que debía garantizar su seguridad.

Marriott dobló un papel y lo metió en una alforja.

—Este mapa es tremendamente impreciso. El río Godaveri aparece cincuenta millas más allá de lo que debería. Pero no importa, los *hircarrahs* afirman que estamos llegando al *jagir* de Moolvaunee, la parte más recóndita de los Circares donde vive un europeo.

—Que, supongo —dijo Amaury—, será Gregory Beddoes, ¿no?

—Sí. Toda una leyenda en Madrás. El Consejo lo nombró recaudador después del tratado firmado en el 66 y se rumorea que no ha vuelto a salir de este distrito desde entonces. Nos quedaremos una semana en su residencia de Moolvaunee. Puede que algo más. Llegaremos en cuatro días.

—Cosa que no lamento nada —señaló Todd—. Después de un mes de duro camino, mis cipayos necesitan desesperadamente un respiro para adecentar sus petates. —Antes de continuar, dio la vuelta con su caballo—. Debo ir a ver cómo van. El *naigue* Goculchand se encontraba francamente impedido esta mañana.

Amaury lo vio alejarse y sonrió.

—Nuestro joven alférez cumple con sus obligaciones con gran entusiasmo. Es un oficial muy digno. Incluso insiste en recorrer estos abruptos caminos a pie junto a sus hombres. Una labor endemoniadamente agotadora. ¡Menos mal que me alisté en la caballería!

Pasado el mediodía, decidieron hacer una parada. Aquella multitud iba llegando al lugar de descanso con el paso lento y pesado de un río antes de transformarse en lago. Los cipayos levantaron unas tiendas formando un cerco cuadrado en cuyo interior se resguardaba el bagaje; un cerco bien dispuesto en medio de aquella desordenada muchedumbre. Los demás hombres se construyeron unos rudimentarios refugios con ramas que arrancaron de los árboles. Recogieron leña para la hoguera y condujeron a sus bestias hasta el agua para dejarlas luego pastando. Todd designó a varios guardias y piquetes e inspeccionó las armas y las municiones. Amaury vigilaba a los caballos, ya cepillados y alimentados. Fane y Marriott todavía montaron un tramo más para examinar los camellos y los bueyes, hacer un recuento de los que habían muerto y reorganizar las cargas.

Amelia supervisaba la tienda que servía de comedor comunal y disponía las comidas. La dama mimada de los Jardines de Moubray había logrado que todos los criados domésticos se sometieran a sus órdenes y les había enseñado una rutina para montar y desmontar el campamento que resultaba mucho más eficiente que la de los experimentados cipayos. Todd estaba admirado ante aquello. Además, la joven había demostrado poseer cierto talento para las artes médicas, de modo que el botiquín estaba igualmente a su cargo. Por las noches, siempre ayudada por su criada portuguesa, se ocupaba de los heridos y los enfermos, fuesen de la casta que fuesen, desde los *subhadares* cipayos hasta los culis encargados de transportar los cestos. Las diarreas, las fiebres tifoideas, el paludismo y las heridas gangrenosas mortificaban al grupo. En cada etapa de su marcha, enterraban o quemaban uno o dos cadáveres.

Amelia siempre cabalgaba durante las primeras horas de la mañana luciendo su esbelta figura bajo la túnica de montar, sentada en el caballo a mujeriegas. Cuando el sol alcanzaba su posición más elevada en el cielo, se retiraba a su palanquín. Dormía sola, habiendo dado a entender que, por pudor, no compartiría la tienda de Marriott hasta que hubieran llegado a su destino. Semejante actitud de decoro tenía a Marriott enfurecido, provocaba la risa de Amaury y despertaba una sincera aprobación en Todd.

Al son del toque general —una retreta a la que el alférez se negaba a renunciar por más que el resto se la tomase a guasa—, el campamento entero cobraba vida. Cuando la pálida luz del amanecer empezaba a apagar las estrellas, los criados despertaban a sus amos, los *peones* batían las tiendas y los cocineros encendían los fuegos y hervían agua para hacer té y para que aquellos hombres pudieran afeitarse. Los numerosos animales que los acompañaban emitían un discordante torrente de rebuznos y mugidos. Los caballeros tomaban asiento en unas sillas húmedas por el rocío para que los barberos rasurasen sus barbillas. Al tiempo que se desmontaban las tiendas, los culis preparaban el bagaje. En la tienda comedor, que siempre se dejaba para el final, los europeos desayunaban cordero y curry. Marriott siempre inspeccionaba a los elefantes que portaban los *yakdanes* de cuero con las veinte mil libras de la Compañía y al destacamento de cipayos que los escoltaba.

El redoble de los tambores anunció que había llegado el momento de retomar la marcha y toda la comitiva se puso en movimiento lentamente y con desgana.

Cuando llegaron a Moolvaunee, Marriott y Fane cambiaron sus ropas de montar por otras más formales y emprendieron la marcha hacia la casa del coronel Beddoes, ataviados como correspondía a una visita oficial. Guiados por un *hircarrah*, bordearon la aldea y pudieron contemplar las casas situadas en sombreadas arboledas y dominadas por una espléndida mansión que, a excepción de las blancas paredes encaladas, no hubiera tenido nada que envidiar a las residencias de los aristócratas de Inglaterra.

—El palacio del *sahib* Beddoes —anunció el *hircarrah*.

El portero los condujo a un hall con bóvedas en abanico que estaba amueblado al estilo árabe, con sillas de ébano de incrustaciones doradas y complejas tallas. La sala lucía coloridas alfombras baluchis y las paredes, de tono rosado, estaban decoradas con delicadas pinturas chinas. El humo del incienso que ardía en el brasero de un turíbulo de filigrana ascendía en lentas volutas azuladas y se mezclaba con el ácido aroma de unas rosas que había dispersas en varios cuencos. Un camarero de librea amarilla les ofreció una bandeja de copas de cristal con vino alemán. Fane tomó un generoso trago.

—¡Qué maravilla! ¡Si está helado! ¡Nuestro amigo vive como un auténtico nabab!

Permanecieron a la espera, charlando en voz baja y degustando el vino.

—Es excepcionalmente bueno, suave como la seda.

El camarero apareció de nuevo y los condujo a una sala aún mayor que el hall. Bajo sus estrechas ventanas ojivales, había unas hileras de húmeda hierba y se respiraba un aire fresco y claro. El único mueble que contenía era una cama con dosel que estaba magníficamente tallada y presentaba incrustaciones de oro. Sus mosquiteras estaban abiertas y, sobre un montón de cojines de seda a rayas, reposaba Gregory Beddoes con una camisa y unos pantalones de algodón.

Tenía un rostro huesudo curtido por el sol como la madera de caoba vieja; multitud de líneas se entrecruzaban sobre aquella áspera piel. Su nariz era afilada y respingona y su barbilla, prominente. Unos párpados caídos ocultaban parcialmente sus ojos violáceos y su cabeza pelada lucía unos pocos mechones grises. Sus hombros eran imponentes, su pecho fornido y su barriga corpulenta. Extendió una de sus velludas manos, con los dedos plagados de anillos y las uñas decoradas con henna.

—A su servicio, señores. Hace dos días que esperaba su visita —su voz era grave y ronca. Las palabras salían de su boca atravesando aquellos dientes amarillentos en repentinas ráfagas, como si un fuelle se encargase de bombearlas. Hablaba con un marcado acento irlandés—. Me temo que me encuentran en un estado lamentable. Estaba tomando mi descanso de la tarde. Debo vestirme adecuadamente para recibirlos como merecen. ¡Chico, chico! —bramó como un toro en celo.

Unos sirvientes llegaron disparados y lo desvistieron, dejando al descubierto las enormes manchas violáceas que tenía en brazos y muslos y la arrugada cicatriz que lucía su pecho.

—Antiguas heridas de guerra. Tuve que luchar como un tigre para dominar este distrito. Pero eso fue hace años. Actualmente estamos en paz —anunció, consciente de la curiosidad que aquello despertó.

Los sirvientes le pusieron una camisa de algodón sin abrochársela al cuello y dejándole las mangas arremangadas hasta el codo. Después, le colocaron unos pantalones bombachos azules sin abotonarlos en las rodillas. Con un balanceante paso igual al de los marineros, condujo a sus visitantes a otro salón inmenso, con el suelo completamente enmoquetado, donde había elegantes sillas y mesas de estilo europeo. Una espineta descansaba en una esquina y de las paredes colgaban cuadros de Zoffany y Hickey. Bien podría haber sido el salón de una mansión de Berkeley Square. Los camareros les sirvieron té en tazas de porcelana fina. Beddoes, recostándose sobre varios cojines, se dejó caer pesadamente sobre un diván.

—¿Estaba usted al tanto de nuestra llegada, señor? —preguntó Marriott.

—En efecto. En mi provincia... Pero, ¿qué digo? ¡Ahora se llaman distritos! En fin, aquí nunca pasa nada sin que yo lo sepa. Los he estado vigilando desde que cruzaron el Godaveri. ¿Se dirigen a Bahrampal?

—Así es. He sido autorizado a recaudar los impuestos y rentas que ese *jagir* debe a la Compañía.

Beddoes dejó escapar una risa que hizo temblar su barriga.

—¡Pardiez! No me gustaría estar en su pellejo. La tierra de Vedvyas... ¡Tendrán que luchar duramente para sacar hasta el último *fanam*!

—No veo, señor —respondió Marriott con fría formalidad—, por qué tendríamos que combatir para que se cumpla con unos derechos que han sido pactados por medio de un tratado.

Beddoes tomó un ruidoso sorbo de té y se secó la boca con el dorso de la mano.

—Los hombres de Madrás viven en la inopia, convencidos de que la firma de un tratado es una especie de hechizo que todo lo arregla. Un toque de varita mágica capaz de arrebatar al *nizam* el territorio y ponerlo en sus manos. ¡Estupideces y tonterías! Será mejor que me escuchen con atención porque les voy a contar cómo funcionan las cosas realmente.

De manera sucinta y con unas frases breves pero rotundas, Beddoes les resumió el estado de la situación en los Circares.

Los Circares, originariamente una provincia del emperador mogol gobernada por un visir, habían pertenecido antiguamente a Hyderabad. Cuando murió el emperador Aurangzeb en 1707, el imperio mogol empezó a desintegrarse y el visir del Decán, un *Nizam-Ul-Mulk*, estableció un gobierno que pronto se convirtió en hereditario. Durante las décadas que siguieron, sus sucesores fueron perdiendo la ya de por sí debilitada conexión con el imperio mogol. Además, se veían confrontados con la creciente amenaza del poder de los *marathas* en el norte y la resistencia de Misore en el sur. A cambio de la promesa de recibir ayuda de sus ejércitos, los sucesivos *nizams* fueron cediendo los territorios de los Circares primero a los franceses y, posteriormente, a los ingleses. Ninguno de ellos había logrado colonizar esas tierras. Mientras tanto, los líderes *mirasdar*, que o bien eran descendientes de oficiales mogoles con derecho a recaudar impuestos y quedárselos en concepto de remuneración, o bien sucesores de los caciques independientes que gobernaban antes de la llegada de los mogoles, adquirieron derechos hereditarios sobre un conjunto de aldeas a las que consideraban feudos privados. Así que el mayor problema de los recaudadores era lograr convencer a esos *mirasdares* de que renunciasen a su parte de aquellos impuestos que, en virtud de unos antiguos derechos, pertenecían en realidad a los emperadores mogoles y, más tarde, a los *nizams*.

—Durante muchos años han permanecido fuera de control —concluyó Beddoes—. Tanto por parte del *nizam,* como de los franceses y, por supuesto, por parte nuestra. Cuando llegué a este distrito, tuve que enfrentarme a serios problemas. Pero conseguí poner de mi parte a los caciques de las aldeas y, luego, me gané al pueblo. Así es como hay que hacerlo.

—Sólo cuento con tres compañías de cipayos para ayudarme a imponer mi voluntad —dijo Marriott.

—Es más que suficiente. Para imponer la mía, yo tenía la mitad de *peones* e *hircarrahs* armados que ustedes. Los *mirasdares* son guerreros bastante mediocres. Claro, que antes deberán enfrentarse a ese bribón de Vedvyas.

—¿Un líder *maratha*?

—No. Aunque ése es otro pueblo al que pronto conocerán, ya que las fronteras septentrionales de Bahrampal limitan con el territorio de los *marathas*. Son todos excelentes jinetes, unos endemoniados bandidos que se dedican a asaltar las tierras, devastarlas y salir corriendo. Para enfrentarse a ellos, es imprescindible emplear la caballería. En cuanto a Vedvyas, es un *mirasdar* que desciende del rajá que gobernaba en Bahrampal antes de la llegada de Akbar. Pretende recuperar el *jagir* entero y ponerlo bajo su control; quiere recrear su antiguo reino. Está en continua lucha contra los demás *mirasdares*. ¿Se preguntan si deberían detenerlo?

Beddoes levantó su voluminosa figura del diván.

—Continuaré con la historia más adelante —añadió—. A fin de cuentas, se van a quedar un tiempo. Consideren mi casa como la suya propia. Mi *banian* les conducirá a sus aposentos. Comeremos a las cuatro en punto, sin dilación alguna.

—Con nosotros —dijo Marriott— viaja una dama inglesa.

Beddoes estalló en carcajadas.

—¡Vive Dios! ¡Es verdad! Me lo habían dicho. Y también me han contado que no se trata de la esposa de ninguno de ustedes. Tráigala, señor, tráigala. ¡No se sentirá sola en mi harén! Tengo treinta esposas...

Disfrutaron de una espléndida comida en un hermoso comedor adornado por dos hileras de solemnes columnas, bellamente revestidas en caoba y nogal. Marriott se preguntó cómo diablos habría logrado Beddoes impedir que las termitas atacasen. La comida les esperaba en una mesa de palisandro pulido bajo la luz de una araña. Detrás de cada silla, un sirviente abanicaba a su ocupante. Numerosos camareros ataviados con libreas amarillas fueron sirviendo toda una procesión de platos. Tomaron sopa de tortuga y pescado de agua dulce, pollo, varias piezas de caza y carne. Los vinos arrancaron a Amaury un silbido de admiración. Pero la mayor sorpresa fue el aspecto con el que su anfitrión se presentó; era un claro vestigio de la moda de los tiempos de Robert Clive. Llevaba una peluca empolvada y perfumada con cuatro tirabuzones en cada lado, una chaqueta morada de faldón largo forrada en satén carmesí y unos bombachos de seda negros, con medias a juego. También vestía un chaleco de seda blanca que se prolongaba hasta los muslos y lucía un magnífico bordado de mariposas y flores. Y todas aquellas prendas le quedaban estrechas, de modo que los botones luchaban para mantenerse en su sitio y los hombros parecían querer estallar a causa de la tremenda complexión de aquel hombre.

«El recaudador de Moolvaunee —pensó Marriott para sí— tenía una forma de ser y vestir digna de los días en que los funcionarios de la compañía, portando las mercancías con las que pretendían comerciar en una mano y la espada en la otra, se apropiaban dominios no autorizados de una India sumida en la anarquía. La época en que aquellos funcionarios hacían oídos sordos a las asustadas advertencias procedentes de los directores de la Casa de la India de Leadenhall Street. Hasta su forma de hablar evocaba aquellos antiguos tiempos... Exclamar *vive Dios* y *pardiez* era algo tan pasado de moda como los enormes tacones rojos de sus zapatos.»

Beddoes dio a Amelia unas muestras de cortesía igualmente desfasadas. Le dedicó una histriónica reverencia de saludo agitando los puños de encaje de su chaqueta, le ofreció asiento a la derecha del suyo propio y pasó toda la comida entreteniéndola con un discurso sobre la política aplicada en el Indostán, desde Comorin hasta Oudh. Alabó perspicazmente al gobernador general.

—Richard Wellesley es un personaje bastante astuto. Muy ambicioso. Se enfureció terriblemente por ese falso título irlandés que le concedieron cuando logró derrotar a Tipu.

—Pues yo considero que obtuvo bastante poco a cambio de esa victoria —observó Amaury—. Se negó a aceptar las cien mil libras que le ofrecieron para premiar su hazaña.

—¡Vive Dios! ¡Eso es actuar como un estúpido mayúsculo! ¿Qué otro motivo tienen quienes deciden venir a las Indias Orientales, que son un auténtico hervidero de personajes disolutos y acabados, sino el de conseguir algún que otro penique deshonesto? ¿Es que no aprendió nada de Clive y Warren Hastings?

Amelia, alegando padecer una migraña, se fue pronto a la cama. Los camareros prepararon las licoreras. El oporto siguió al burdeos, el brandy al oporto. Beddoes bebía cantidades ingentes, tomando aquellos fuertes licores como si de agua se tratara y sin que ello pareciera surtir grandes efectos en él. Entre los múltiples relatos que les regaló, estaba la historia de su propia vida. Era la crónica de un hombre que se había asentado en los Circares con la intención de barrer hacia su propia casa y poder retirarse cuanto antes. Gracias a su falta de escrúpulos, logró amasar una fortuna con gran rapidez. Pero, en ese proceso, quedó tan atrapado por los problemas que sufrían las gentes a quienes administraba, que su avaricia terminó por disolverse y dar paso a un intenso deseo de mejorar su suerte. Sus palabras no dejaban lugar a dudas del sincero aprecio que sentía por los indígenas.

—Es la raza más maliciosa y embustera de la que he oído hablar o sobre la que he leído jamás. Todavía no he conocido a un solo hindú que tenga una sola cualidad positiva. Los musulmanes son aún peores. Y, sin embargo —prosiguió encogiendo sus monumentales hombros—, son como niños que se dejan engatusar fácilmente por cualquier golosina o se rinden ante la menor paliza cuando hace falta.

Había rechazado en dos ocasiones la oferta que el Consejo le hizo de mandar a alguien para sustituirlo.

—Les respondí que tendrían que enviar a un regimiento para sacarme de aquí.

De modo que continuó ejerciendo de benevolente gobernador de aquel distrito del tamaño de Gales, enviando escrupulosamente a la Compañía todas las cuotas que le correspondían y guardándose un porcentaje para sí mismo.

—Tengo todo lo que quiero. Soy prácticamente millonario.

Se encargaba de garantizar el orden público, mantener la paz y administrar justicia en una región de medio millón de habitantes para los que ese tipo de cosas habían resultado desconocidas durante siglos.

—Hace un año, intentaron enviarme a otro de esos modernos magistrados. Más o menos como usted, mi buen amigo —dijo lanzando una taimada mueca a Fane—. Les respondí que, como viera aparecer su cara por aquí, le pegaría un tiro. La ley de la Compañía no se aplica por estos lares. Uno tiene que crear una ley propia basándose en lo que estas gentes conocen y en los códigos de conducta decretados por los mogoles.

Poco después de la media noche, Todd se puso en pie y anunció solemnemente que tenía que inspeccionar a los guardias.

—Parece que hoy en día los directores mandan nuevas generaciones —dijo Beddoes observando como se dirigía a la puerta haciendo eses. Hombres condenadamente aburridos y sinceros, con un estómago incapaz de tolerar el vino. Pobres diablos acobardados. Muchachos demasiado jóvenes y extremadamente endebles. ¡Pardiez! Cuando yo era joven...

—El señor Todd es un excelente muchacho —lo interrumpió Marriott gentilmente.

—Puede ser, puede ser. Sólo digo que no es de mi estilo. Sin embargo usted, señor —dijo mirando de reojo a Amaury—, me da la impresión de ser un famoso vividor sin par, capaz de cometer cualquier ruindad con tal de lograr sus fines.

—¿Debo tomarme lo que acaba de decir como un insulto, señor? —dijo Amaury con una sonrisa.

—¡Dios me libre! Es un cumplido que no tendría reparo en usar para describirme a mí mismo. Ahora que ese delicado joven se ha ido, permítanme que les muestre mi último descubrimiento.

Vociferó una orden y, al momento, apareció un *banian* con una esbelta muchacha con ojos de azabache. La joven se colocó en pie tímidamente junto a Beddoes, que le pasó un brazo por la cintura.

—Una belleza, ¿no les parece? Es una *maratha* de Indore. Tiene quince años. Y es tan buena conocedora de los vicios como el mismísimo diablo. Acompáñenme, caballeros. La noche es joven y creo que les conviene algo de distracción.

A través de unos pasillos de techos altos, los condujo hasta una sala que tendría unos cuarenta metros cuadrados. Las paredes estaban decoradas con pinturas escandalosamente obscenas, que eran reproducciones de las que lucían los templos hindúes. La sala estaba bordeada por unos mullidos lechos bajos. El suelo era de mármol. Una escultura de alabastro presidía el centro de la estancia. Representaba los cuerpos de un dios y una diosa entrelazados en fantásticas contorsiones. Los sirvientes que portaban los narguiles los depositaron en el suelo, otros criados dejaron licoreras junto a cada uno de los hombres. Beddoes dio unas palmadas.

Unos músicos ataviados con la librea amarilla característica de la casa empezaron a tocar una serie de acordes disonantes a base de cítaras, gaitas y tambores. Una veintena de voluptuosas mujeres con los párpados sombreados en tonos oscuros y colorete en las mejillas cruzaron la puerta. Cubiertas únicamente por unas gasas transparentes anudadas al hombro, realizaban sinuosos movimientos con sus cuerpos desnudos. Las bailarinas daban vueltas a la sala en imposibles contorsiones al son de ondeantes ritmos. En ocasiones, los velos se apartaban dejando al descubierto sus tentadores muslos y luego los volvían a cubrir. Los tambores entonaron una fanfarria ensordecedora y las jóvenes dejaron caer los velos. La música se aceleró, el sonido de las gaitas iba *in crescendo*. De repente, la música cesó como se detiene una tormenta tras el estallido del trueno final. Las muchachas se desplomaron sobre el suelo en una pila de belleza.

Marriott, excitado y alterado, dio una ansiosa calada al narguile. Beddoes se rió entre dientes al tiempo que abrazaba a su grácil *maratha* que, para entonces, estaba tan desnuda como las bailarinas.

—Una ejecución impresionante, ¿verdad? —Señaló a los cuerpos que yacían sobre el suelo luciendo su desnudez—. Escojan, señores, escojan. Dormir solo es de lo más aburrido. ¡Les deseo que pasen una feliz noche! —sin gran esfuerzo, levantó a la joven *maratha* como un cazador coge a su presa y desapareció de la sala dando trompicones.

Sus invitados se miraron entre sí.

—Sería de lo más descortés rechazar tan amable oferta —dijo Amaury arrastrando las palabras. Se dirigió hacia las bailarinas, eligió uno de aquellos pedazos de desnudez que tenía los ojos claros y se la llevó. Fane, con aire vacilante, dijo:

—Charles, ¿quieres elegir tú ahora? —dijo Fane con aire vacilante.

—No. Yo no —respondió Marriott—. Pero no permitas que mi presencia te demore.

—Está bien. Creo que... —Fane se acercó cauteloso al grupo de mujeres. De repente, dos de ellas se entrelazaron a su cuerpo entre risitas y lo arrastraron hasta una puerta. A pesar de sus protestas, desaparecieron con él.

Marriott vació su copa y recorrió dando tumbos largos pasillos en penumbras. Atravesó un patio donde había una fuente que animaba la noche con el dulce sonido del agua al caer. Finalmente, dio con la puerta que estaba buscando. Amelia, sobresaltada, se sentó en la cama de un respingo con la mano en la garganta.

—Charles, ¿qué haces aquí? Habíamos pactado que...

—¡Al diablo con los pactos! —con las manos temblorosas, Marriott se desnudó y se deslizó en la cama.

—¡Por Dios, Charles! Te noto distinto... Tú nunca has sido tan ardiente... Por favor, con cuidado...¡Oh!...

Marriott estiró una mano y apagó la vela.

Durante los días que siguieron, exploraron las posesiones de Beddoes. Aquel palacio lleno de recovecos se encontraba en medio de un jardín de treinta acres rodeado por los aposentos de los sirvientes, los establos, las bodegas, las casas de sus varias *bibees*, las oficinas y los barracones. La extensión de aquella finca era casi igual a la de la aldea junto a la que se encontraba. Amaury examinó los establos, que daban cobijo a más de cincuenta purasangres de raza árabe y caballos de caza ingleses. Junto a ellos, se encontraban otros ejemplares nacionales de tamaño inferior y con colas sin crines similares a las de una rata que, según explicó Beddoes, eran los que montaban sus *hircarrahs*.

—Esos cuadrúpedos son mucho más resistentes de lo que parecen —gruñó—. Recorren cincuenta millas en un día y sólo necesitan un puñado de grano y hierba para ello. Proceden del territorio de los *marathas*. Todos los jinetes de ese pueblo montan ejemplares de esta raza.

—Podría usted crear toda una tropa —dijo Amaury—. ¿Encuentra uso aquí para tantos caballos?

—Los llevo conmigo siempre que me paseo por el *jagir*. Me ayudan a dejar impresionados a los indígenas —lanzó una perspicaz mirada a Amaury—. No se me ocurriría ni si quiera plantearme la idea de cedérselos a nadie para otros propósitos.

—Le aseguro que no hay nada más lejos de mis intenciones —respondió Amaury sin inmutarse.

Beddoes apretó un pulgar contra el pecho de Amaury.

—A mí no me engaña, señor. Nos parecemos demasiado —dijo con su marcado acento irlandés—. He oído hablar del problema que ha tenido. Que me parta un rayo si entiendo por qué se negó a disparar a ese general. ¿Qué es lo que pretende ahora? Viaja con una compañía extraña para alguien como usted. ¡Mírelos! Marriott y Fane son rectos funcionarios de la Compañía; si no me equivoco, Marriott llegará a gobernador algún día. Y Todd, ese entusiasta alférez, ¿no cree que acabará siendo general? Y usted... Convertido en un oficial irregular y no parece importarle su reputación. ¿Qué se le ha perdido en estas tierras dejadas de la mano de Dios?

—Permítame que le diga que ha juzgado usted algo apresuradamente a sus invitados. ¿Está seguro de que no se equivoca?

—¡Bah! Después de haberme pasado treinta años desenmarañando las intrigas de los indígenas, con mi vida dependiendo en numerosas ocasiones de una respuesta correcta, el carácter de los europeos es para mí tan transparente como el cristal. Volviendo a los caballos, veo que los zoquetes de Madrás los han enviado a Bahrampal sin un solo soldado de caballería. ¡Y encima, a las fronteras de los reinos *marathas*! ¿Ha oído hablar alguna vez de los *pindaris*?

—No.

—Pues ya oirá hablar de ellos, ya oirá hablar de ellos —dijo Beddoes en un tono grave—. Y, créame, si alguna vez sufren sus ataques, desearán tener tantos caballos como puedan conseguir.

Beddoes estaba siempre pendiente de Amelia. La llevaba a cabalgar, le mostraba orgulloso sus jardines, su pajarera y su colección privada de animales salvajes y la mimaba dentro de su harén con té y empalagosos dulces. Cuando Marriott tuvo conocimiento de aquella situación, se sintió profundamente horrorizado.

—Su conducta es extremadamente indecente —bramó—. ¡Ese viejo socarrón ha perdido por completo el sentido del decoro!

—Las mujeres parecen muy felices —respondió Amelia simplemente.

El recaudador llevó a sus invitados a visitar la zona en una majestuosa comitiva. Iba de aldea en aldea y charlaba con sus caciques. Cabalgaba a través de los campos, examinaba las cosechas y, por las noches, atendía las demandas de distintos peticionarios del lugar. El tribunal era una plataforma que se encontraba situada bajo un árbol de Bo. Juzgaba a ladrones, vagabundos y asesinos, desenmascaraba las sinuosas pruebas y observaba escépticamente las expresiones de los testigos con aquellos ojos violáceos semiocultos bajo sus caídos párpados. Aplicaba castigos inmediatos siempre de carácter individual y hacía gala de una lógica simple que los indígenas entendían a la perfección. Fane, que había estudiado a conciencia los códigos legales de la Compañía, a menudo se mostraba horrorizado ante aquellos actos.

Un sacerdote brahmán, acusado de haber incitado a una viuda a inmolarse —cuando hacía cien años que la práctica del *sati* se había prohibido en los dominios de la Presidencia—, se defendía alegando que se trataba de una tradición nacional arraigada en toda la India.

—En mi país también hay una tradición —le respondió Beddoes—. Si algún hombre quema viva a una mujer, lo colgamos. De modo que actuemos según marcan nuestras tradiciones —dijo señalando a un árbol cercano—. Ése de allí soportará su peso.

Los guardias se llevaron al sacerdote, que iba dando grandes gritos.

Las cejas de Fane prácticamente desaparecieron bajo su cabello. Con gran agitación, comenzó a pasar páginas de su tomo legal.

Beddoes lo miró sardónicamente.

—No se moleste, señor Fane. Me sé de memoria la pena que dicta la ley para este caso: una multa de cien *fanams*. ¿Cree que eso serviría para impedir que un fanático como éste volviera a repetir lo que ha hecho?

Entonces, dio paso al siguiente caso. Esta vez era un campesino acusado de haber matado a su esposa. Lamentándose de las contradictorias pruebas, el hombre redujo su defensa a un alegato en el que explicaba que todo hombre tenía perfecto derecho a matar a su mujer si ésta lo encolerizaba.

—De acuerdo, Hydeeram —respondió Beddoes con aire benevolente—. Ahora eres tú quien me ha encolerizado a mí, de modo que, ¿por qué no debería matarte?

Hizo que lo mataran.

Como Marriott desconocía el idioma, nunca entendía las conversaciones que tenían lugar en aquellos tribunales y en las *durbars*. Su *banian* le consiguió un tutor y empezó a estudiar hindi. Durante el placentero viaje a través del *jagir* de Moolvaunee, Beddoes les explicó el complicado sistema de recaudación de impuestos y rentas que, en parte, era un legado de los mogoles. Explicó a Marriott de qué manera debía analizar los campos para calcular el valor de las cosechas —principalmente de arroz— y poder determinar los impuestos correspondientes.

—Los *mirasdares* poseen una especie de aparcería hereditaria sobre las aldeas. Liquidan la parte que les corresponde mediante créditos, ventas o donaciones. En cuanto a la parte que corresponde a la Compañía, será mejor que pacte con los *mirasdares* un pago único de la suma completa; si es que Vedvyas se lo permite.

—Ahora que menciona a ese bribón, señor —dijo Amaury—, me he acordado de que es probable que nos veamos obligados a combatir nada más llegar a Bahrampal. Y ése es un factor que, desgraciadamente, no hemos tenido en cuenta al preparar este viaje, por lo que nuestra comitiva es condenadamente pesada y difícil de manejar.

—¡Redúzcanla, redúzcanla al mínimo! Lo único que necesitan son cipayos, *peones* armados e *hircarrahs*. Eliminen los lujos de sus bagajes y déjenlos a mi cargo. Cuando se encuentren debidamente establecidos, se los haré llegar.

Deambularon por el *jagir* durante todo un mes. Después, regresaron a Moolvaunee, donde pasaron unos días sibaríticos antes de ponerse a la labor de recortar el voluminoso bagaje de su caravana. Finalmente, consiguieron cargar en no más de ochenta animales provisiones suficientes para mantener durante un mes a trescientos hombres combatientes y a otros tantos acompañantes civiles.

Preocupado por la organización de la expedición, Marriott apenas se dio cuenta del creciente gusto que el recaudador mostraba por la compañía de Amelia. Al alba, solían dar juntos un paseo en caballo y, después de desayunar, Beddoes siempre se las ingeniaba con una u otra excusa para mantenerla a su lado toda la mañana. Durante la cena, le prestaba incansable una espléndida atención y, para poder seguir disfrutando de su presencia después de la misma, incluso había renunciado a las tardías orgías que solía organizar. Para lamento de Amaury, Beddoes no tardó en notar el talento de Amelia para las artes médicas y consiguió su ayuda para planificar un hospital y una clínica exclusivamente para indígenas; los primeros que se levantarían fuera de Bengala.

El velo cayó de los ojos de Marriott bruscamente. Una noche, después de la cena, Beddoes lo condujo a aquel patio en el que los chorros de agua de la fuente resplandecían como diamantes bajo la luz de la luna.

—Entiendo, señor, que la señora Bradly está bajo su protección —le dijo sin más preludios.

—En efecto. La dama me ha concedido ese honor.

—¡Aja! Hmm... Ya veo —dijo toqueteando con la punta de una caña de ébano las blancas azucenas que engalanaban la piscina—. Supongo que se la va a llevar a Bahrampal, un lugar extremadamente peligroso para las mujeres.

—Si me concede usted su permiso, en realidad preferiría que se quedase en Moolvaunee hasta que logre poner en orden mi distrito.

—Estoy de acuerdo —Beddoes carraspeó, acarició los tirabuzones de su peluca y continuó con una inusitada falta de confianza en sí mismo—. Entonces, debo considerar que la señora Bradly no es del todo reacia a... ejem... a mi persona. Además, ha despertado en mí una profunda estima y un enorme aprecio. En resumen, señor Marriott, le ruego que me dé permiso para pedirle la mano.

Marriott se quedó perplejo.

—Pero... ¡si casi no se conocen! ¡No puede ser! Considere su modo de vida... La insalvable diferencia de edad...

—¡No es para tanto, señor! ¡Yo aún no llego a los sesenta! —replicó Beddoes en un tono de claro desagrado—. No cabe duda de que mi hogar colocaría a Amelia, es decir, a la señora Bradly, en una posición mucho más segura que la que le podrían ofrecer los rigores de una vida entre tiendas de campaña y cabañas, que es la que le esperaría en Bahrampal. ¿Acaso desea condenarla a la miserable existencia que supone ir de campamento en campamento?

—Me veo obligado a discrepar, señor. Ha sido ella quien ha tomado la decisión y, desde luego, yo no pienso hacer absolutamente nada para convencerla de que tome otro rumbo. El convoy partirá mañana. Mientras tanto, debo pedirle que abandone sus importunidades y trate a la señora Bradly con decoro y sin olvidar, además, que se trata de la dama que se encuentra bajo mi protección. Cosa que seguirá siendo así.

—Aunque lleve treinta años lejos de la civilización —gruñó Beddoes—, no soy un completo salvaje. Su honor está a salvo en mi casa —agitó la caña bajo la nariz de Marriott en un gesto admonitorio—. Pero quiero hacerle una advertencia, mi joven amigo: con o sin su permiso, seguiré adelante con mi petición de mano.

Farfullando algo entre dientes, desapareció en la oscuridad. Marriott corrió a ver a Fane.

—William, mientras no hayamos conseguido tener bajo control Bahrampal, un magistrado no tendrá nada que hacer allí. Por tanto, creo que sería mejor que te quedaras en Moolvaunee hasta que yo te ordene que nos sigas. Puedes encargarte de supervisar las cosas que dejemos aquí. ¡Ah! Y, de paso, de vigilar a Amelia.

—¿De modo que por fin has captado las lascivas intenciones de nuestro viejo sátiro? —respondió Fane con una amplia sonrisa burlona—. Me preguntaba cuánto tardarías en descubrir sus planes. ¡Acepto con gusto, Charles! —Abrazó a la rellenita muchacha que descansaba coquetamente junto a él en la cama— Aligeraré tan arduas tareas con placeres que, me temo, tú echarás tristemente en falta.

Cruzaron el valle de Vamsad en su camino hacia Bahrampal y se dirigieron a una ciudad llamada Gopalpore. Aunque el paisaje seguía siendo igual —ruidosos arroyos y boscosos valles, colinas de roca rojiza, aldeas y campos resguardados por barrancos, ruinas de antiguos fuertes que quedaban como vestigio de la conquista mogol y prominentes ramales—, la acogida que les prestaron fue completamente diferente. Así como en Moolvaunee habían corrido a saludarlos, en estas otras tierras, tan pronto como veían aproximarse a su columna, las gentes abandonaban las reses y los arados y corrían despavoridas a buscar refugio. Las puertas de las ciudades se cerraban con un portazo. En las aspilleras de las ciudadelas se vislumbraba el destello de las lanzas. En una ocasión, Marriott trató de acercarse a una aldea celosamente custodiada esgrimiendo un pañuelo atado a su fusta en son de paz. Una aspillera escupió un humo blanquecino al tiempo que una bala pasó rozando su cabeza.

Cuanto más cerca estaban de Bahrampal, más brutales eran las cicatrices que el pillaje, la guerra y el hambre habían dejado sobre el país. Durante una espantosa marcha de dos días, atravesaron un tramo en el que varias criaturas se arrastraban como esqueletos vivientes fuera de sus escondites, husmeaban el rastro de los excrementos que los animales de la comitiva iban dejando y luchaban por un pedazo de tan indigesto grano. Los bordes del camino estaban salpicados de cadáveres y los buitres se lanzaban sobre aquellas suculentas presas aleteando como vampiros a punto de darse un festín. Un hedor a carroña putrefacta impregnaba el aire.

En una aldea cuyos habitantes, ya fuera por falta de miedo o por falta de esperanza, mantenían las puertas abiertas de par en par, vieron cómo los que quedaban vivos arrastraban por los tobillos los cuerpos desnudos de los que no tenían esa suerte y los iban amontonando en una pila de cadáveres en descomposición. Poco después, la vanguardia se detuvo y Todd se adelantó para intentar averiguar lo que ocurría. Encontró a los cipayos apoyados sobre sus mosquetes, contemplando con horror la actuación de un pequeño grupo de hombres. Rodearon a un cadáver podrido, le arrancaron la carne y se la comieron. Todd apretó los dientes intentando contener el vómito que subía por su garganta y, como pudo, indicó a los soldados mediante señas que avanzasen.

—El *jagir* ha sido arrasado —dijo Amaury. Con el ceño fruncido, contemplaba una aldea que se veía en la distancia. Sus casas ennegrecidas habían sido quemadas y todo lo que quedaba eran unas vigas carbonizadas dibujándose sobre el cielo—. Con todos los graneros saqueados, estas gentes se han quedado sin nada que comer hasta la próxima cosecha. Dudo que sobrevivan muchos para sembrar y recoger el grano.

—¿Obra de Vedvyas? —aventuró Todd.

—De él, de algún *mirasdar* enemigo o de los bandidos *marathas*. El tiempo lo dirá. Será mejor que nos demos prisa y lleguemos a Gopalpore cuanto antes.

Dejaron tras de sí aquella tierra devastada y se adentraron en una zona algo más próspera. Apenas se cruzaron con otros viajeros en el camino. Tan sólo varios hombres armados con lanzas escoltando una recua de camellos, los componentes de una compañía de danza que viajaban en burro con sus mujeres tapadas hasta los ojos y una caravana de comerciantes con una potente guardia de hombres ataviados con túnicas y armados con cimitarras y mosquetes de mecha. Ninguno de ellos parecía muy dispuesto a detenerse o responder preguntas. Empezaba a oscurecer, así que decidieron aligerar la marcha.

Una ruinosa choza con el techo hecho de hojas coronaba el montículo que los restos de las derruidas casas habían formado junto al camino. Marriott y Amaury se subieron a ella. Al hacerlo, pisotearon con sus caballos multitud de pedazos de cuencos, cacharros de barro y fragmentos de ladrillos rotos. De repente, un anciano hindú barbado salió a rastras de la choza. Tenía la ropa raída y hecha jirones, se apoyaba en un bastón con una sola mano y, sin alterarse, los saludó.

—¿Quién es usted, *sirdarjee*? —le preguntó Amaury.

—Me llamo Gopal Rao —dijo el anciano poniéndose derecho—. ¿Me pregunta quién *soy*? *Soy* el dueño de esta destartalada choza. *Era* el *mirasdar* de todo lo que sus ojos alcanzan a ver —añadió señalando grandiosamente el paisaje que los rodeaba.

—¿Y cuál es la causa de que ahora se encuentre en tan penosa situación?

Gopal Rao, apoyándose de nuevo en el bastón y escudriñando a los europeos frunciendo sus pobladas cejas, les explicó lo ocurrido. Por derecho de herencia, se había convertido en el cacique del territorio que rodeaba a Gopalpore; una tierra que el mismísimo Aurangzeb había otorgado a sus antepasados. Vedvyas había empezado pocos años antes a saquear sus propiedades, tomando una aldea tras otra y apoderándose de los impuestos y las rentas. Finalmente, el propio Gopal había sido capturado en una escaramuza y su conquistador le había permitido seguir viviendo, siempre bajo las condiciones que él le impusiera.

—Ésta es una de ellas —dijo sacando un brazo de debajo de la túnica y mostrando un muñón cauterizado.

—¿Y las demás?

—Vedvyas me hizo jurar que renunciaría a mis pretensiones sobre Gopalpore mientras él viviese. Así es como he terminado —concluyó apesadumbrado—, como un paria en una choza digna de un mendigo.

—¿De modo que Vedvyas controla ahora Gopalpore?

El anciano levantó la cabeza con orgullo.

—No. Mi primogénito se ha atrevido a desafiar sus órdenes. Gopalpore es el único lugar de cierta importancia en todo Bahrampal que todavía resiste a su furia —observó con indiferencia la caravana que formaba el convoy, con los arrieros arreando a los bueyes de carga y los cipayos de casacas escarlatas apremiando a los rezagados—. Viaja usted con todo un ejército, *sahib*. ¿Hacia dónde se dirige?

—A ocupar su ciudad —respondió Amaury de manera cortante— y, después, a matar a Vedvyas.

Entonces, le tradujo a Marriott lo esencial de la conversación.

—Convenzamos a nuestro viejo amigo para que venga con nosotros —le dijo—. Si le devolvemos a su puesto, nos ganaremos las simpatías de sus gentes. Después, seguro que su gratitud, y la ayuda de sus soldados, nos serán útiles contra Vedvyas.

—De todas las maneras, ¿no nos daría su apoyo su hijo?

—Para él sólo somos una cuadrilla más de saqueadores a la que tratará de vencer con igual fuerza que a todas las demás. La autoridad de Gopal Rao nos facilitaría mucho las cosas.

—¡Maldita sea! —dijo Marriott disgustado—. ¿Es que nadie reconoce a la Compañía en Bahrampal? ¡No entraba en mis planes tener que combatir por mi distrito! En fin... De acuerdo. Ve a ver si logras convencerlo.

Aunque sin éxito, Marriott se esforzó duramente por entender algo del torrente de hindi que siguió. Analizó la cara de aquel indígena y lo que vio fue una reacción de perplejidad absoluta seguida de calmada reflexión y, por fin, de un atisbo de aquiescencia. Gopal Rao volvió a entrar en su choza, cogió un escaso fardo y tres vasijas doradas, despidió con una reverencia al lugar que le había dado cobijo y, con aire brioso, se colocó junto a los caballos para ir delante de la columna. Amaury le proporcionó un poni, lo puso bajo la protección de un *subhadar* y lo dejó aleccionando a su guardián sobre los méritos de los mosquetes de mecha.

En la última marcha de aquel día, atravesaron una llanura en la que los árboles y la elevada y gruesa hierba dificultaban la visibilidad. Marriott envió a unos *hircarrahs* por delante para que hicieran un reconocimiento y, antes de que éstos hubieran regresado con sus caballos, oyó unos disparos. Alertados por el ruido, los *hircarrahs* dieron media vuelta sin haber siquiera llegado a su objetivo. Contaron que, tres millas más adelante, se divisaban los tejados de Gopalpore y que había un campamento de soldados apostado ante las murallas de la ciudad.

—Esa información es demasiado vaga —se lamentó Amaury—. ¡Será mejor que me adelante y estudie la situación yo mismo!

—¡No seas estúpido! —dijo Marriott exaltado—. ¡No tendrías la más mínima posibilidad de salir airoso!

—Lo dudo. ¿Por qué la iban a tomar esos sitiadores, sean quienes sean, con un único europeo que, además, va vestido de civil? —sonriente, señaló su chaqueta azul pastel, los polvorientos pantalones de piel de ciervo y sus botas de color caoba—. Charles, sugiero que ordenes a la columna que se detenga aquí y que no se mueva hasta que yo vuelva.

A medio galope, se abrió paso entre los árboles y no tardó en toparse con un grupo de indígenas armados, con sus bueyes, sus carretas y sus fardos de bagaje. Los pocos que lo vieron se lo quedaron mirando fijamente, uno de ellos gritó y ninguno intentó detenerlo. Amaury azotó al caballo con el látigo y los dejó atrás pausadamente. Guiándose por las esporádicas descargas de los mosquetes y algún que otro cañonazo ocasional, adelantó a varios guerreros más que descasaban sentados o vagaban sin rumbo fijo y llegó a un punto desde el que se podían ver los altos muros de piedra que rodeaban a la ciudad.

De repente, un estruendo procedente de una arboleda cercana hizo a su caballo dar un brinco.

—¡Tranquilo, Hannibal! —dijo Amaury en voz baja acariciando el brillante cuello del animal— Has oído ese ruido con frecuencia en otras ocasiones.

Se acercó a la arboleda. Estacionado tras aquellos árboles, había un cañón de hierro de doce libras. Tenía una cureña larga y algo doblada que contaba con una manivela, dos traviesas y unas sólidas ruedas de madera. Un indígena desharrapado apagaba los posibles restos del disparo introduciendo por la boca de aquel artefacto un escobillón. Apoyado en una de las ruedas, otro indígena sujetaba una bolsa con pólvora. Un soldado algo mejor vestido que ellos, con un fajín a la cintura y unas mugrientas correas de cuero, se desgañitaba dando unas órdenes que nadie obedecía. La llegada de Amaury acalló sus gritos. Fue hasta él y se situó junto a la cabeza de Hannibal.

—¿Quién es usted? ¿De dónde ha salido? ¿Qué está haciendo aquí? —inquirió con aire agresivo.

Sus rasgos eran inconfundiblemente indígenas. Lucía una piel trigueña casi negra, tenía los dientes manchados de tanto masticar betel y en sus ojos amarillentos se apreciaban un montón de venas rojas.

—Estoy admirando sus excelentes ejercicios de fuego —dijo Amaury—. No creo que haya ninguna artillería *fringee* capaz de igualar su eficiencia. Pero, por favor, continúe, señor *risaldar*. ¡Sus maravillas me dejan sin palabras!

El hombre —seguramente un *havildar* a cargo del cañón— torció el gesto.

—Conocemos muy bien a nuestro amigo —pateó aquella burda pieza de artillería—. Aunque está un poco doblado, sus disparos son bastante directos.

El del escobillón dio la vuelta al taco y empujó el cartucho hasta su sitio. Un artillero que portaba una bola de hierro más o menos redonda la introdujo en la boca del cañón. El hombre anterior la comprimió con su taco. Amaury esperaba que completasen el disparo. El cañón estaba preparado y el botafuego con la porción de pólvora estaba listo para ser aplicado al fogón. Pero, en lugar de ello, los artilleros abandonaron el artefacto y se acuclillaron en círculo para fumar sus narguiles.

—¿No van a disparar?

El *havildar* miró hacia el sol.

—Todavía no ha llegado el momento —dijo serio acariciando el tubo del arma—. Además, mi cañón aún está caliente tras la última descarga.

Amaury examinó la ciudad, situada ochocientas yardas más allá tras una llanura llena de maleza. Sus murallas, de diez pies de altura, estaban rodeadas por un profundo foso seco y una barrera de espinosas chumberas. Tras los muros, se apiñaban multitud de tejados planos. La formidable ciudadela de cuatro plantas lucía un estandarte de color azul celeste. Las aspilleras humeaban con desgana. Las balas arremolinaban el polvo del suelo. Su alcance era demasiado largo para ser de mosquetes de mecha. Amaury se marchó de la arboleda y avanzó tranquilamente entre las filas del campamento militar —si es que se podía llamar así a semejante panda de irresponsables. Como auténticos villanos, los indígenas holgazaneaban a la sombra parloteando entre sí, dormitando o fumando. Varios de ellos estaban armados. De vez en cuando, uno de aquellos guerreros se levantaba, cargaba un mosquete, salía a descubierto y abría fuego hacia la ciudad. La realidad es que ninguno prestó demasiada atención al europeo errante. Cuando alguno se dirigía a él, Amaury lo saludaba alegremente con la mano y seguía su camino.

«Un asedio de lo más peculiar —pensó para sus adentros—. Será mejor averiguar quiénes son y qué se supone que están haciendo.»

Volvió al lugar donde se encontraba el cañón. Los artilleros iban y venían atareados alrededor de él. El Número Cuatro —conforme a los cálculos de la artillería de Madrás— echó pólvora en el fogón y otro aplicó el botafuego. Después, aquellos hombres se apartaron cautelosamente del artefacto. El cañón emitió un estallido y lanzó su proyectil. Multitud de polvorientos pétalos florecieron en el muro situado junto a la puerta. Aquellos hombres brincaban de alegría y gritaban con entusiasmo. El *havildar* dirigió una complacida mirada a Amaury.

—Un disparo excelente —dijo Amaury con seriedad.

Entonces, dejaron el cañón retraído con la boca apuntando hacia el cielo, cortaron leña de los arbustos y, con ayuda del botafuego usado para encender la mecha, hicieron una hoguera y se dispusieron a cocinar.

—Hora de comer —explicó el *havildar*—. Alrededor del mediodía, las dos partes nos concedemos una tregua de unas dos horas.

Una apacible quietud cayó sobre el campo de batalla. Amaury bajó del caballo. El *havildar* llenó un cuenco de arroz con las manos y se lo ofreció amablemente.

—¿De quién es este distinguido ejército? ¿Qué motivos tiene para querer destruir Gopalpore? —preguntó entre bocado y bocado.

—¡Oh, no queremos llegar tan lejos! Lord Vedvyas nos ha enviado a recaudar los impuestos y las rentas que se le deben.

—Sin duda, una considerable suma.

—La suficiente. Todos los años les reclamamos dos mil *pagodas* y todos los años ellos ofrecen doscientas. Entonces, intercambiamos unas salvas con nuestros cañones y mosquetes. Al final, después de dos o tres días, nos dan seiscientas *pagodas*, que es lo que siempre acaban pagando.

—Un acuerdo muy conveniente —Amaury contuvo una sonrisa—. ¿Se encuentra lord Vedvyas con la tropa?

—¡Oh, no! Lord Vedvyas nunca se dejaría importunar por un asunto tan nimio.

Amaury se limpió los dedos y montó su caballo.

—Me considero un privilegiado por haber tenido ocasión de contemplar su magnífico espectáculo bélico y su artística artillería. Adiós, *risaldar sahib*.

Bordeó la ciudad y confirmó lo que ya sospechaba: los soldados de Vedvyas únicamente estaban apostados frente a la puerta principal, de modo que la puerta trasera y más de la mitad de las murallas estaban sin vigilar. Regresó y le contó sus aventuras al preocupado Marriott.

—Es un grupo variopinto que apenas llega a los quinientos hombres. Mandemos a los cipayos y hagamos que huyan —concluyó.

—Pero nos superan en una proporción de cinco a uno —dijo Marriott con reservas—. Y tienen artillería.

—Un cañón doblado.

—No podemos correr riesgos. Un solo revés y estamos acabados. Será mejor que ocupemos primero Gopalpore.

—Eres demasiado precavido, Charles. Pero eres tú quien está al mando y, de todos modos, no debería sernos difícil entrar en la ciudad.

Mientras comían curry y bebían burdeos, elaboraron un plan y, finalmente, decidieron que se aproximarían a Gopalpore por la noche. Como era muy importante que sus defensores estuvieran al tanto, Amaury le pidió al viejo Gopal Rao que llevase un mensaje. El *mirasdar* se negó a ello.

—He jurado no entrar en Gopalpore mientras viva Vedvyas. Pida a su *banian* que escriba una carta a mi hijo y llévensela —acarició un amuleto que colgaba de un cordón alrededor de su cuello—. Así no pensará que se trata de una traición.

Un *peón* llevó la misiva. Aprovechando que aún era de día, Marriott partió con los *hircarrahs* a hacer un reconocimiento de la ruta a seguir. Mientras cabalgaban, meditaba apenado sobre los aspectos militares de la vida de un mercader asistente. Descubrió un buen camino que, escondido tras los árboles y la maleza, rodeaba la ciudad a una distancia de tres millas y luego se desviaba hasta llegar a la puerta trasera. Mientras tanto, Todd daba instrucciones a sus oficiales indígenas. Les ordenó que preparasen las bayonetas, pero debían portar los mosquetes descargados porque el eco de sus chispas en la noche podría resonar a varias millas. Cuando faltaba una hora para la medianoche, Amaury regresó al camino y examinó desde la distancia las filas de los asediadores.

—Roncan apaciblemente en sus vivacs. Los centinelas están también medio dormidos. Podríamos atacarlos por sorpresa y dispersarlos como si fueran ovejas.

—No. Antes debemos asegurar Gopalpore —dijo Marriott con firmeza.

A las dos de la madrugada, se pusieron en marcha. Se desplazaban haciendo menos ruido de lo habitual, ya que los arrieros habían quitado a los animales las campanas y los arreos y ellos mismos tenían prohibido hablar bajo pena de muerte. Pero no había forma de mantener a los animales en silencio. Los camellos iban rumiando, un elefante bramó y las reses mugieron. Marriott se estremeció y contuvo un grito ahogado. Amaury se sonrió burlonamente en la oscuridad.

—Estamos a tres millas de distancia. El enemigo no puede oírnos.

La procesión avanzaba lenta y pesadamente, sorteando rocas, deslizándose por los barrancos y sudando en el calor de la noche. La luna, cubierta por la calima, iluminaba la tierra y creaba sombras a los pies de aquellos hombres y sus bestias. Marriott buscaba nervioso las marcas que había memorizado durante la escapada de reconocimiento: el tocón de un árbol, un mojón de piedras apiladas y una tumba hindú. Un guía detuvo la vanguardia en el bosquecillo de árboles de Bo en el cual debían cambiar de rumbo para dirigirse a la ciudad. Hablando en susurros y dando tumbos, agruparon a los animales de carga y los dejaron bajo la vigilancia de los *peones*. Todd formó a sus compañías en filas y, con los mosquetes al hombro, los europeos de la vanguardia emprendieron la marcha hacia la ciudad en un desfile silencioso al filo de la noche.

Cuando estuvieron dentro del alcance de los mosquetes, todos los perros vagabundos de Gopalpore levantaron el hocico y comenzaron a ladrar en señal de alarma tan fuerte como podían.

—Iniciaremos el ataque después del amanecer —declaró Amaury—. El enemigo no sabe que estamos aquí y no se espera ninguna incursión.

Srinivas los observaba con reservas. El hijo de Gopal Rao era un hombre de treinta y pocos años, delgado y de facciones marcadas como su padre. Su boca lucía unos labios apretados y su mirada era cautelosa e inquieta. Llevaba un casco coronado con crines de caballo y una cota de malla. Guardaba una pistola en el fajín.

—Sin duda, pillarán por sorpresa a esos culis y los derrotarán —dijo—. Pero ello hará que Vedvyas se enfurezca y envíe un ejército en condiciones para saquear mi ciudad.

Con el fin de urdir un plan, se reunieron en un cuarto de la ciudadela que tenía los muros de piedra y el suelo de barro, donde no había más que una mesa y unas alfombrillas que les sirvieron de asiento. Las humeantes mechas de los platillos de las lámparas de aceite proyectaban sombras en las paredes. Una engañosa luz que parecía querer emular al amanecer iluminaba las aspilleras. Los criados de Srinivas guardaban silencio apoyados en sus lanzas. Eran hombres de tez oscura, ataviados con túnicas de múltiples colores y en cuyos ojos se apreciaban suspicaces miradas bajo la luz de las lámparas.

Los cipayos, que se encontraron con las puertas de la ciudad abiertas de par en par, habían entrado en ella y desfilaban tras sus guías hacia la ciudadela. Marriott envió a un hombre a buscar el convoy del transporte con los animales de carga. Aquella pesada muchedumbre atravesó las puertas en una ruidosa procesión y, en medio de la oscuridad y de una gran confusión, se acomodaron en callejones, plazas y bazares. Aquel tumulto alertó al campamento enemigo; las antorchas llamearon en él y sus centinelas se pusieron en guardia. Pasados unos momentos, la agitación se calmó.

Amaury se secó el sudor de la cara. Las lámparas habían calentado el aire de aquel cuarto hasta extremos sofocantes.

—Precisamente lo que queremos es provocar a Vedvyas para que combata. ¡No habrá paz en Bahrampal hasta que él haya desaparecido!

La incredulidad se apoderó del rostro de Srinivas.

—¿Cree que trescientos cipayos bastarán para vencerlo? ¡Vedvyas mandará cinco mil guerreros al campo de batalla! —Posó la mirada en Todd, sudoroso bajo su casaca escarlata, y observó escéptico aquel juvenil rostro—. ¡Nadie envía niños a luchar contra leones!

Todd captó la indirecta y se puso rojo.

—Le aseguro que mis hombres han aplacado a los musulmanes insurrectos, propinándoles terribles golpes iguales a cien veces su peso. ¿No ha oído usted hablar de Plassey?

—Además —interrumpió apresuradamente Amaury—, también tenemos cincuenta *peones* e *hircarrahs* armados y supongo que sus hombres nos prestarán su ayuda.

—Quizá, quizá —Srinivas se acarició el mostacho con aire pensativo—. ¿Aprueba mi padre sus planes? No lo he visto entre ustedes.

—Gopal Rao ha prometido apoyarnos, pero recuerde el juramento que hizo. No entrará en la ciudad mientras viva Vedvyas, de modo que será mejor que lo matemos cuanto antes.

—No me gusta su plan. Vedvyas sabe que Gopalpore es fuerte y difícil de tomar. Antes que arriesgarse a perder sus soldados en una costosa ofensiva, prefiere exigir un tributo anual que yo llevo pagando desde que se marchó mi padre. A excepción de esta pequeña lucha cada año, siempre nos ha dejado en paz.

—La Compañía ofrece la paz no sólo a Gopalpore sino a todos los habitantes del distrito de Bahrampal —dijo Amaury con vehemencia. Continuó esgrimiendo sus argumentos, haciendo uso de todos los factores de persuasión que se le ocurrieron. Srinivas lo escuchaba en actitud hosca pero, finalmente, accedió a que los cipayos hicieran una incursión. No quiso comprometer a su propia guarnición con el fin —al menos, eso creía Amaury— de que, si las cosas se ponían feas, él pudiera alegar ante su señor Vedvyas que había actuado movido por la coacción y siempre negándose a prestar apoyo efectivo. «¡Estos endiablados indígenas arteros tienen siempre dos caras! —pensó Amaury.»

Aliviado, salió de aquel cuarto de aire sofocante en busca de la pasajera frescura del amanecer. Marriott, habituado a los olores del fuerte Saint George y de Black Town, sintió una fetidez todavía mayor. Se trataba de la vida de aquel municipio indígena con el humo de la leña que quemaban, el olor de la grasa rancia que usaban para cocinar, las boñigas, los pimientos y el excesivo hedor a excrementos. El sol, aún escondido en el horizonte, comenzaba a lanzar tímidamente sus rayos. Las gentes empezaron a abarrotar las calles, los comercios abrieron sus postigos. Aquellas personas se agazapaban en cualquier rincón para aliviar sus intestinos. Vedvyas había prohibido que usaran los campos, letrinas de la India por excelencia desde tiempos inmemoriales.

Los europeos subieron a una torre de vigilancia que había junto a la puerta, otearon el terreno que se extendía frente a ellos y planearon el ataque apresuradamente. En el bosque aún parpadeaban las hogueras y se oía un creciente murmullo, como si un enjambre de zumbantes moscas lo hubiera tomado. Todd dio instrucciones a sus oficiales indígenas. Amaury seleccionó a diez de los *hircarrahs* de mayor confianza y examinó sus lanzas y sus espadas. Marriott mandó a buscar su caballo y se quedó en la torre analizando la situación. Sacó una pistola de su cinturón e inspeccionó el percutor y la cebadura.

Los cipayos, con Todd a la cabeza, emergieron por un camino y se detuvieron en un espacio al descubierto frente a la puerta. El alférez daba órdenes a gritos.

—¡Semi-amartillen ... los mosquetes!

—¡Abran... las cazoletas!

—¡Preparen... los cartuchos!

Continuó dando órdenes hasta que las armas estuvieron cargadas. Las compañías prepararon las bayonetas y ordenaron las armas. Los jinetes de Amaury avanzaron hasta la puerta entre el ruido de los cascos. Miró a Todd y sonrió, se encasquetó bien su sombrero de castor de copa baja y desenfundó su sable.

—¿Preparados?

Todd se humedeció los labios.

—¡Preparados!

Amaury se dirigió a los hombres que esperaban en las pesadas puertas de madera.

—¡Abran!

Quitaron las barras y las puertas se abrieron de par en par. Los cascos de los caballos cruzaron briosos los tablones que servían de puente sobre el foso, seguidos por los cipayos. La columna escarlata serpenteaba desde el portal.

—¡Cierren a un cuarto de milla en la división delantera!

El enemigo despertó a la vida en medio de un estruendo tan ensordecedor como el estallido de una ola gigante.

Amaury espoleó su caballo. Los *hircarrahs*, dando aterradores alaridos, lo seguían de cerca. A lo lejos, los bulliciosos enemigos se apresuraban a coger sus armas saliendo de entre los árboles. Los comandantes vociferaban órdenes intentando que sus hombres se alinearan lo antes posible. Los jinetes se lanzaban enérgicos sobre las grupas de sus caballos, algunos de ellos a pelo. Pequeños grupos de hombres corrían aquí y allá, preparaban la pólvora y disparaban. Aquellas salvas provocaban explosiones ocasionales y bocanadas de humo, pero resultaban tan inútiles como si hubieran lanzado guijarros en vez de munición. Los cipayos aún estaban completamente fuera de su alcance.

Galopando sobre las piedras y salvando estrechas zanjas, Amaury se iba acercando al enemigo. Se cruzó con un grupo de hombres a la carrera. Oyó el estallido de un mosquete y el olor a pólvora se le metió en la nariz. Tiró de las riendas y giró en seco, gritando algo por encima del hombro a los *hircarrahs* que lo seguían en tropel. Intentaba localizar la arboleda más adelante y, por fin, vislumbró las ruedas de madera del cañón y su oxidada boca de hierro.

Los artilleros se apelotonaban alrededor del artefacto esforzándose por cargarlo y orientarlo hacia el objetivo al mismo tiempo. Levantaron la pesada cureña y apuntaron a la tropa de Amaury con el cañón. Un artillero se colocó junto a su boca de un salto y comprimió con una baqueta la bolsa de pólvora y un bolaño. «Gracias a Dios —pensó Amaury clavando las espuelas en los costados de Hannibal—, no tiene ni idea de la carga que necesita.»

El hombre acercó el botafuego ya encendido al fogón. Amaury se agachó tanto como pudo en la silla de montar y encogió los hombros. Se produjo una lengua de fuego seguida de un estallido atronador y, por último, una humareda grisácea. Una ráfaga de aire arrebató el sombrero de su cabeza.

A pesar de la explosión, Amaury resurgió ileso en medio de la humareda.

El comandante artillero de tez morena que había disparado, apoyado sobre una de las ruedas del cañón, hizo una mueca de espanto que dejó entrever sus enrojecidos dientes. Trató de defenderse agitando la baqueta a la altura de las patas de Hannibal.

—Le pido disculpas, *risaldarjee* —dijo Amaury antes de atravesarle el esternón. Los *hircarrahs* cercaron el cañón. Se desató la furia y, en medio del griterío, hubo una agitada lucha en torno a aquel artefacto y su armón. La refriega duró menos de un minuto ya que los artilleros enemigos se dieron a la fuga corriendo. Amaury bajó de un salto del caballo, cogió un bolaño del suelo y colocó en el fogón una baqueta de punta afilada que sacó de uno de sus bolsillos. Rápidamente, volvió a subir al caballo y dio una orden. Los *hircarrahs* lo siguieron a través de los árboles, dispersando a los vasallos del enemigo y provocando la estampida de sus bueyes de carga. Penetraron en las filas de su infantería, que corría presurosa a la lucha en una reacción tardía. Abandonaron la arboleda y galoparon de vuelta hacia las filas de los cipayos.

Todd, con la espada al hombro, marchaba al frente de sus hombres. Formaban tres filas de noventa yardas de longitud. Sus hombres llevaban unos voluminosos turbantes negros, chaqués rojos, correas blancas y unos pantalones cortos de color azul que dejaban al descubierto sus largas y morenas piernas desnudas. El sol se reflejaba en las bayonetas y en las afiladas picas de los *havildares*. Desde la arrolladora carga de Amaury, se habían acercado hasta una distancia que los dejaba vagamente al alcance del disparo de su contrario. La infantería del enemigo formaba una línea compacta y densa. La caballería cubría los flancos, los *peones* esgrimían largas lanzas de bambú bajo el azote del viento de aquel amanecer. Los mugrientos mosquetes enemigos descargaron. Un cipayo fue alcanzado y quedó tendido en el suelo. Su chaqueta escarlata parecía hacer juego con el reguero de sangre que desprendía su cuerpo.

A la velocidad del rayo, los jinetes dejaron las alas, atravesaron aquel rocoso terreno y se unieron a la fina formación de la compañía. Las atronadoras órdenes del alférez resonaron por encima del griterío del campo de batalla y el ensordecedor ruido de los cascos.

—¡Preparados para formar un cuadro en columnas!

—¡Formen el cuadro!... ¡Marchen!

—¡Desplacen el... cuadro!

Los flancos se replegaron hacia el interior como la regla de un carpintero. La fila delantera se arrodilló presentando una hilera de infranqueables bayonetas al enemigo que, profiriendo grandes gritos, trató de bordear aquella pequeña isla escarlata.

—¡Amartillen los percutores!

—Columnas traseras... ¡Presenten armas!

—¡Fuego!

Una cortina de humo rodeó el cuadro. Los caballos enemigos cayeron al suelo y sus jinetes salieron despedidos de las monturas.

—¡Cierren las... cazoletas!

—¡Ataquen los... cartuchos!

—Columnas delanteras... ¡Presenten armas! ¡Fuego!

Con gran estruendo, lanzaron la segunda descarga. Para cuando Amaury llegó espoleando las costillas de Hannibal, la caballería enemiga ya había decidido darse la vuelta y huir. Sus *hircarrahs* también habían desaparecido de repente; las batallas campales no eran de su gusto. Cabalgó hasta el centro del cuadro. Marriott estaba situado sobre su caballo al lado de Todd, que observaba receloso la retirada del enemigo. Al ver a Amaury, un atisbo de alivio se asomó a sus ojos.

—¿Qué hago ahora, señor? ¿Retomo el avance?

—Es tu batalla, Henry —dijo Amaury alentador—. Pero permíteme recordarte que aún no has llevado a tu infantería a un punto en el que el enemigo quede al alcance de sus mosquetes.

El alférez dio varias órdenes.

—¡Prepárense para reducir el cuadro!

—¡Deshagan el cuadro y formen compañías!... ¡En marcha!

Los soldados del cuadro se desplegaron, se detuvieron unos instantes a perfeccionar su alineación y emprendieron la marcha. Amaury contempló la ciudad a sus espaldas. Las murallas y las almenas de la ciudadela estaban abarrotadas de espectadores. «Ahí están nuestros indecisos aliados —pensó—. Me apuesto el cuello a que están muertos de miedo.» Avanzó hasta uno de los flancos y se colocó junto a Marriott.

—¿Qué te parece, Charles?

—Extremadamente peligroso. ¡Esto es una escaramuza! En el futuro, me esforzaré al máximo para evitar posibles batallas.

—¿Batallas? ¡No es más que una escaramuza! —Amaury señaló con su sable a las apretadas filas que se encontraban cien pasos más allá— Nos van a ahorrar tener que seguir avanzando. Su infantería está a punto de atacar.

Los mosquetes chisporrotearon de manera irregular con el crepitar de las llamas cuando se apoderan de los bosques durante un incendio. Un *havildar* pegó un grito y se tapó la cara con las manos. La línea enemiga se hinchó de manera amenazante y se lanzó a la carga. Sus guerreros corrían, se abalanzaban sobre sus contendientes y vociferaban blandiendo lanzas y cimitarras.

Los cipayos detuvieron su marcha. Tenían los mosquetes levantados y apuntando a su objetivo.

Las descargas fueron constantes y barrieron las filas delanteras de derecha a izquierda y las traseras, de izquierda a derecha. Los soldados se manchaban la boca y la barbilla de hollín al morder los cartuchos para abrirlos. Las verdes vueltas de sus uniformes adquirieron un aspecto mugriento a causa de la pólvora quemada. Los fogonazos irrumpían en la cortina de humo que cubría las bocas de los mosquetes. Tras ella, se podían escuchar desgarradores bramidos y sollozos. Por las varias fisuras que presentaba la humareda, se veían cuerpos abatidos que caían como moscas.

La carga se fue suavizando hasta que, finalmente, paró. Poco a poco, los enemigos fueron retrocediendo y echándose a correr. El espíritu de derrota se extendió entre ellos como la pólvora. Lo que había empezado como una lenta retirada pronto tomó forma de huida en desbandada. Amaury seguía con los pies en los estribos.

—¡Ahora, Henry, ahora! ¡Descarga las bayonetas sobre ellos!

El alférez levantó la espada y gritó, haciendo que los cipayos avanzaran al trote. En cuestión de segundos, se toparon con los cuerpos del enemigo. Los oficiales proferían juramentos e intentaban en vano mantener la alineación. Así como el sol derrite implacable la nieve acumulada en las ventiscas, ellos aplastaron a sus oponentes. Las compañías se adentraron en la arboleda, se dividieron en varios grupos y dieron caza a los fugitivos que trataban de huir a través de los árboles. Marriott pegó un tiro a un indígena barbado que se había girado y le había lanzado su lanza. Amaury se batía algo más adelante con tal fuerza que su espada acabó ensangrentada hasta la empuñadura.

Detuvo su caballo y contempló las nubes de polvo que el enemigo iba levantando en su veloz escapada y que se estaban empezando a perder de vista.

—Para esto —dijo en voz alta— es para lo que necesitamos a la caballería.

Cabalgó de vuelta hasta Todd, que estaba arrodillado junto a un cipayo agonizante tratando de reconfortarlo en sus últimos momentos.

—Henry, sugiero que toques retreta. El enemigo ha escapado más allá de nuestro alcance.

Se oyó una corneta. Los soldados recogieron a sus muertos, salieron de la arboleda y formaron filas. Siguiendo las instrucciones de Amaury, uncieron los bueyes al cañón y se llevaron del abandonado campamento tantos caballos como pudieron encontrar. No había mucho más que saquear. La fuerza a la que acababan de derrotar estaba principalmente compuesta por campesinos empobrecidos reclutados para luchar. Custodiando su escaso botín, las compañías regresaron a paso lento a las puertas de Gopalpore.

Como un enjambre de abejas revoloteando sobre los frutos caídos, las gentes de la ciudad corrieron a saquear a muertos y heridos.

CAPÍTULO SEIS

—Hemos obligado a los hombres de Vedvyas a salir de aquí en estampida. Debemos prepararnos para hacer frente a su vengador ejército. Una perspectiva que no me hace ninguna gracia —dijo Marriott.

—Siempre te imaginas peligros mayores de los que realmente nos acechan —Amaury escupió pulcramente a través de una aspillera y se asomó por la muralla para ver cómo aquel glóbulo se estampaba en el suelo a los pies de la ciudadela—. He interrogado a los prisioneros. Hemos apresado a unos cincuenta soldados, además de a varios acompañantes civiles y culis de las fuerzas enemigas. Me han confesado que, como mucho, Vedvyas puede hacerse con tres mil infantes, doscientos jinetes y cuatro piezas de artillería. Srinivas ha exagerado las cifras para desalentarnos.

—Caballería y artillería. Dos cosas que nosotros no tenemos, a excepción de un tosco cañón. No veo que podamos hacer nada para evitar que tome Gopalpore.

—Si le permitimos emplazar su artillería, avanzar en paralelos y realizar un asedio convencional, no dudo que podría tomarla. Para colmo, Srinivas sería capaz de dejarle atravesar furtivamente las puertas de las murallas. Así que —dijo Amaury con convicción— no debemos dejar que Vedvyas se acerque lo más mínimo. Creo firmemente que deberíamos partir de inmediato y cogerlo por sorpresa. ¿Qué dices, Henry?

La cara de mandíbula cuadrada y facciones marcadas de Todd tenía una expresión seria.

—Considero que sería una actuación precipitada que, seguramente, nos reportaría unas pérdidas que no podemos permitirnos. Sería una imprudencia terrible ir directamente en busca de Vedvyas cuando desconocemos sus fuerzas y sus planes.

—Tiene razón —dijo Marriott—. No podemos lanzarnos a los brazos de Vedvyas simplemente confiando en que la sorpresa esté de nuestra parte. Su primera reacción sería retirarse a su fortaleza.

Hurrondah, ¿no se llama así? Y, en ese caso, estaríamos perdidos al no tener artillería con la que asediarlo. Pero tampoco, Hugo, dejaremos como dices que Vedvyas intente sitiar Gopalpore. Lo mejor es esperar a que se ponga en marcha, ir a su encuentro y derrotarlo en campo abierto.

El estandarte azul celeste ondeaba sobre sus cabezas al calor del mediodía. En el campo donde se había librado la lucha, aún se veían espirales de humo ascendiendo al cielo en medio de la llanura. Marriott, como primera autoridad de la Compañía en Bahrampal, había ordenado que los muertos del enemigo fuesen enterrados o incinerados; una tarea que se antojaba totalmente innecesaria a los saqueadores de Srinivas una vez que hubieron desplumado sus cuerpos. Los soldados de Todd encendieron sendas hogueras para dos cipayos que habían resultado muertos. Otros cinco habían sufrido heridas leves.

—Un buen análisis —dijo Amaury—. Hagámoslo así. Los prisioneros dicen que Vedvyas necesitará un mes para reunir suficientes fuerzas y poner a sus hombres en marcha. Mientras tanto, estudiaré la zona hasta la mismísima Hurrondah. He convencido a Srinivas de que me proporcione guías que conozcan bien la región. Pero ese bribón no debe enterarse bajo ningún concepto de que no vamos a combatir en Gopalpore.

—Y con ese favor —apuntó Marriott con pesimismo—, se acaba su benevolencia. Srinivas está convencido de que seremos derrotados y no pondrá ni uno de sus hombres a las órdenes de la Compañía.

Amaury cruzó los brazos sobre su parapeto y dirigió la mirada hacia los árboles y los matorrales que se extendían como una colcha moteada hasta un horizonte de montañas y desniveles. En los campos situados más allá de las puertas, los cipayos armaban tiendas de campaña en hileras mientras los arrieros llevaban desde la ciudad a los animales. Los acompañantes civiles descargaban el bagaje y los culis habían rodeado el campamento colocando una barrera defensiva de espinosas ramas de chumbera. Marriott había decidido que estarían más seguros fuera de las murallas de la ciudad. Si la mantenía confinada en una ciudad indígena en cuyo oficial jefe no se podía confiar, su comitiva quedaría expuesta al pillaje o incluso a algo peor.

—Si pudiera convencer al viejo Gopal Rao para que rompiera su juramento —continuó Marriott—, seguro que sería capaz de conseguirnos el apoyo de quinientos hombres. Pero se niega a romperlo y no se mueve de su tienda de ahí abajo —dijo señalando con la barbilla hacia el campamento—. Hugo, ¿de verdad crees que nuestras compañías de cipayos con sus cincuenta *hircarrahs* a caballo tienen posibilidades ante los miles de hombres que acompañarán a Vedvyas?

—¡Acuérdate de la batalla de Plassey! —dijo Todd con convicción.

Amaury sonrió.

—Henry, sentar precedentes puede ser peligroso. Pero, dadas nuestra previsión y destreza, y con un poco de suerte, no me cabe duda de que venceremos. Posiblemente, tarde varios días en explorar Hurrondah y sus alrededores. Así que me veo obligado a pedirte un préstamo de mil *pagodas* del tesoro que tan celosamente custodias.

—¡Mil! —exclamó atónito Marriott—. ¿Para qué necesitas dinero en la jungla? ¿Cómo debo consignarlo?

—Como gastos de burdel —respondió Amaury solemne—. No me mires tan tremendamente serio, Charles. Tendré que conseguir espías en todas las aldeas cercanas a Hurrondah para que nos den aviso de los movimientos de Vedvyas. Sólo si reciben una buena recompensa puede que envíen noticias fiables. Sin un buen servicio de información, únicamente daremos palos de ciego.

—Gastos para el servicio de varios agentes amigos —murmuró Marriott analizando mentalmente qué escribir en las columnas del libro de caja—. Suena razonablemente legítimo. Tendrás tus *pagodas*.

—Trataré de recompensar tu generosidad —dijo Amaury con ironía—. Mientras tanto, te pido que me hagas un favor. Repara el cañón que quitamos al enemigo y elige a un grupo de *peones* para entrenarlos como artilleros.

—Pero, ¿qué sé yo de ejercicios de artillería? —preguntó Marriott consternado—. Con las mismas, le podrías pedir a un simple barquero que guiase un naviero de gran envergadura.

Amaury se rió. Por la noche, para sorpresa de Marriott, apareció con unos pantalones holgados al estilo musulmán, una chaqueta de algodón larga y suelta de cuello alto con botones y un llamativo turbante.

—Será mejor vestir como los indígenas allí donde voy. Además, ¡estos ropajes son extremadamente cómodos!

En compañía de unos cuantos *hircarrahs* y de los guías que Srinivas le había proporcionado a regañadientes, cogió varios ponis, suficientes raciones de comida y forraje para dos semanas, y se perdió en la jungla.

Marriott examinó el cañón arrebatado al enemigo, que descansaba triunfal frente al barracón de la guardia. Fue en busca de los civiles que fueran herreros, sacó la barra de punta afilada que había metido Amaury y preparó el fogón. Reunió a una docena de desconcertados *peones* e intentó formular una secuencia de órdenes para cargarlo, orientarlo y dispararlo. Como el desconocimiento de la lengua inglesa que aquellos hombres tenían era bastante profundo y las órdenes militares se daban en inglés, recurrió a la ayuda de Todd. Todd y él se quitaron los chalecos, las casacas y los pañuelos del cuello, se arremangaron las mangas de las camisas hasta el codo y practicaron ejercicios especializados en aquel día de calor sofocante hasta que los peones adquirieron un nivel de destreza medianamente razonable. Aprendieron a usar los escobillones, comprimir los cartuchos, cargar las balas, cebar el fogón y orientar el cañón.

—Parece que han captado las maniobras bastante bien. Probemos a dispararlo una o dos veces antes de que oscurezca —dijo Todd a la caída de la tarde, pasándose los dedos por el pelo de su sudada cabeza.

Uncieron cuarenta bueyes al cañón y lo arrastraron hasta un campo situado fuera de la barrera defensiva. Marriott estableció un objetivo a unas cuatrocientas yardas de distancia. Se trataba de una roca prominente moteada de blanco a causa de los excrementos de los buitres. Arrastraron la pesada cureña, giraron el cañón y lo orientaron apuntando al objetivo. Marriott repitió las órdenes que se había inventado.

—¡Avancen con... el escobillón!

—¡Carguen el... cartucho!

—¡Accionen la... baqueta!

Un *subhadar* y una columna de cipayos que escoltaba a un andrajoso prisionero avanzaron decididos hacia el cañón.

—¡Carguen el... bolaño!

—¡Ceben... el fogón!

Marriott miró por el tubo del cañón entrecerrando los ojos y agitó una mano hacia la izquierda. La tropa desplazó la cureña laboriosamente como había indicado. Satisfecho con el resultado, se enderezó. El *subhadar* dio una patada en el suelo para atraer su atención.

—*Sahib*, hemos cogido a un *fringee* que intentaba colarse en el campamento. ¿Debo...?

—¡Ahora no, *subhadar sahib*! —lo interrumpió Marriott impacientándose. Se inclinó sobre la recámara y desenroscó el oxidado tornillo hasta que la boca del cañón quedó lo suficientemente levantada como para cubrir el objetivo.

—¡Avancen con... el botafuego!

Un *peón* avanzó. Sostenía sobre el fogón un cordón encendido a modo de mecha. Le castañeaban los dientes y la mano le temblaba tanto que la incandescente punta del cordón iba chorreando chispas. Los artilleros corrieron a apartarse.

—¡Fuego!

El *peón* dejó caer el rudimentario botafuego, dio media vuelta y echó a correr tan rápido como podía. Marriott profirió una sarta de juramentos mientras Todd se reía. El harapiento prisionero del *subhadar* corrió hasta la cureña del artefacto y, antes de que nadie pudiera detenerlo, cogió el botafuego del suelo y lo colocó en el fogón. El cañón estalló y realizó un brusco retroceso. El bolaño fue dando botes de matorral en matorral levantando varias nubes de polvo y se detuvo más allá de la moteada roca.

—¡Qué diablos...! —Marriott agarró al intruso de un hombro y le dio la vuelta—. ¡Dios santo! ¡Un europeo!

El hombre cabeceó y levantó una ceja.

—¡Joshua Welladvice, a su servicio, señor! —Contempló el cañón apenado—. Creo que esa carga era demasiado ligera y el retroceso tampoco ha sido suficiente.

Marriott lo observó molesto. Tenía la cabeza pelada y llevaba el resquicio de pelo rojizo que le quedaba atado en una cola de caballo que sujetaba con una deshilachada cinta dorada. Tenía una crecida barba y el rostro surcado de arrugas y viejas cicatrices. Sus ojos, hundidos, eran bastante inexpresivos y su boca tenía una forma caprichosa. Vestía una camisa mugrienta y desgarrada, unos pantalones de montar deslucidos y andrajosos que dejaban al descubierto sus piernas, llenas de arañazos de espinas. Calzaba unos zapatos totalmente ruinosos.

—¿Quién demonios es usted? ¿Por qué diablos ha disparado mi cañón?

Los agrietados labios esgrimieron una sonrisa.

—Siendo como soy artillero de profesión, señor, no me he podido resistir al ver que su Número Uno no cumplía con su misión. Es una larga historia, señor. ¿Me podría dar algo de beber? Me estoy muriendo de sed.

Todd le ofreció una cantimplora. Welladvice inclinó la cabeza hacia atrás y bebió de ella con la nuez bailando en su escuálida garganta a cada trago.

—Gracias, señor. Les contaré la historia... —dijo secándose la boca.

El sol se estaba ocultando tras las montañas tiñendo el horizonte de rojo, los periquitos buscaban lugares en los que posarse piando ruidosamente y los cuervos que batían las alas surcando el dorado cielo asemejaban las figuras de unas negras brujas en un lento vuelo. Los improvisados artilleros se acuclillaron entre los bueyes y comentaron la terrible experiencia adornándola con sus propias deducciones. Por supuesto, uno de ellos sacó el consabido narguile para fumar. El ácido olor de la pólvora contaminó la esencia de la leña quemada que llegaba desde el campamento. Marriott, cansado, se sentó a horcajadas sobre la cureña mientras que Todd se apoyó en una de las ruedas, y ambos escucharon la historia que Welladvice les relató en la quietud del anochecer.

Aunque en principio no era más que un trabajador de la fundición de la Torre de Artillería y Material Bélico, fue obligado a alistarse en la Armada y, con el paso de los años, logró ascender, pasando de ser grumete de la tripulación a ayudante de artillería y, finalmente, a artillero. Después de haber servido a bordo de numerosas embarcaciones y haber tomado parte en multitud de combates, llegó a las Indias Orientales en el *Belliqueux*, bajo el mando del capitán Byng. Allí se unió al escuadrón de sir Edward Pellew, que protegía Coromandel de los corsarios franceses. Enfurecido por un injusto castigo que recibió consistente en treinta latigazos a pesar de que no había sido él quien quitó las cuerdas e hizo que el cañón se disparase desatado, decidió desertar en Madrás. Viendo la empobrecida existencia furtiva a la que se vio forzado como tabernero, proxeneta y mendigo en los alrededores más deprimentes de Black Town, decidió volver a echarse a la mar. Embarcó en un bergantín mercante que, rara coincidencia, era propiedad de Joseph Harley. Pasó dos años navegando entre Calcuta y Trinkomalee, sobreviviendo a los huracanes causados por los monzones y evitando a aquellos rapaces franceses.

—Siempre logré esquivar sus tiros.

Hasta que el bergantín, perseguido por el *Confiance* del corsario Surcouff en medio de una fuerte tormenta de vientos del sur, se estrelló contra la rocosa costa de los Circares.

—El barco quedó hecho astillas y los diez hombres que formaban la tripulación se ahogaron. Todos a excepción de mí mismo y de un *lascar* indígena. Como pudimos, nos arrastramos hasta la costa. Recorrimos la playa, pero no vimos ni una sola aldea y nos encaminamos tierra adentro. Fue un viaje muy duro.

Aquellos dos hombres habían atravesado la llanura costera y cruzado las montañas. Welladvice había perdido la cuenta de los días que estuvieron andando. El *lascar* mendigaba comida a las gentes de las aldeas que, aunque de forma imprecisa, le contaron que había un *fringee* viviendo en los Ghates. La fama de Beddoes llegaba mucho más allá de las fronteras de su distrito. Así fue como emprendieron la marcha hacia Bahrampal siguiendo las indicaciones de los indígenas, a menudo equivocadas. Se habían perdido multitud de veces en las intrincadas tierras altas y sus densos bosques. Habían luchado, pasado hambre y sufrido un agotamiento extremo.

—Entonces, una serpiente mordió al *lascar*. Tuvo una muerte horrible, la pobre criatura. ¡Con lo buen hombre que era! Lo enterré como pude y seguí mi camino. Los musulmanes de aquella zona eran bastante hoscos y se mostraban de lo más tacaños cada vez que les pedía un bocado. Ayer me di por vencido y me tumbé a esperar la muerte. De pronto, oí cañonazos y pensé que estaba soñando, como en un delirio. Me levanté y seguí caminando sin rumbo. Anduve toda la noche y... ¡Aquí —concluyó sencillamente— me tienen! No tengo nada que llevarme a la boca, señor, ¿No me daría usted algo?

Marriott contempló con lástima aquella descarnada cara.

—Le proporcionaremos comida, ropa y una cama. Conque es usted artillero, ¿eh? Parece que nos ha traído la ración de suerte que necesitábamos desesperadamente.

Joshua Welladvice, recuperado tras las chuletas de cordero que cenó y los generosos tragos de ron con que las había acompañado, fortalecido tras las ocho horas de sueño que siguieron y el copioso desayuno de curry que tomó, aceptó de buena gana la responsabilidad que Marriott le otorgó.

—¿Comandante de artillería? No es mucho más que mi cargo a bordo del viejo *Belliqueux*. Lo que no me gusta son las condiciones en que se encuentra ese cañón suyo —dijo mirando despectivamente la pieza de artillería arrebatada al enemigo y a la que ahora le había sido devuelta la dignidad en su puesto frente al barracón de la guardia. Tiró del tornillo elevador y pateó la pesada cureña—. Pesa tanto como las piezas de dieciocho libras, es difícil de poner a punto y aún más complicado de orientar. Para colmo, tiene el calibre tan enorme como Houndsditch. Ya sabe, ese foso cavado alrededor de Londres. ¿Para qué lo necesita, señor?

—A falta de información sobre nuestras intenciones militares, no puedo juzgar ese extremo debidamente —admitió Marriott—. Pero supongo que el cañón servirá de refuerzo a nuestros cipayos en el campo de batalla.

—En ese caso, lo que necesita es una artillería más ligera y manejable. Como esos cañones de tiro ecuestre que usan los soldados de caballería. ¿Los conoce, señor?

—Los conozco. Pero me temo —dijo Marriott con amargura— que no nos van a caer del cielo como si de maná se tratara en este lugar sumido en la ignorancia.

—Yo sé cómo fabricarlos, señor, siempre que me proporcionen el material.

Marriott lo miró perplejo.

—¿Fabricarlos? ¿El material? ¿Qué diablos quiere decir?

Entusiasmado, el marinero se lo explicó a Marriott, cuyo asombro iba creciendo con cada una de sus palabras.

—Entre nuestros hombres hay herreros, herradores y carpinteros —dijo Marriott no muy convencido señalando el terreno que rodeaba las tiendas de las compañías—. Puede cortar toda la madera que necesite pero, ¿de dónde vamos a sacar el metal?

—Usaremos cazos, cacerolas y cazuelas, señor. Latón, hierro, cobre y estaño —Welladvice señaló con el pulgar por encima de su hombro—. ¡Seguro que en la ciudad hay material suficiente para todo un equipo de batería pesada!

Marriott, incrédulo, pidió a Todd su opinión.

—Merece la pena intentarlo y es lo más fácil para lograr nuestro propósito. Srinivas se niega a prestarnos a sus soldados. ¡Hagamos que nos preste sus cacharros de cocina!

Marriott fue a la ciudadela con una columna de cipayos y, con ayuda de un intérprete, le hizo saber a Srinivas lo que quería. El enfado sustituyó a la perplejidad en el rostro de aquel hombre que, hoscamente, le negó sus utensilios.

—Pagaré todos y cada uno de los cacharros que nos llevemos —dijo Marriott.

—¡Ni hablar! ¿Para qué necesita confiscar los enseres de los hogares de mi pueblo?

—He ofrecido dinero por ellos. Existen poderosas razones. Acompáñeme a las almenas, Srinivasjee.

Marriott señaló la llanura desde una de las aspilleras. Srinivas frunció el ceño. El cañón había sido arrastrado a campo abierto y tenía el tubo levantado hacia la ciudadela en la que se encontraban. Welladvice, con el botafuego encendido, se agazapó sobre el fogón. Las compañías habían formado columnas a ambos lados, con las bayonetas preparadas y los mosquetes dispuestos.

Srinivas dio un gruñido y posó la mano en la cimitarra que llevaba colgada al hombro. El *naigue* que estaba al mando de los cipayos de Marriott gritó enérgico unas órdenes:

—¡Tomen las armas! ¡Amartillen las armas!

El *mirasdar* se estremeció. Sus criados retrocedieron hacia las murallas. Marriott dijo:

—Srinivas, te vas a quedar aquí bajo custodia hasta que haya cogido todo lo que necesito. Te aconsejo que no intentes impedirlo.

Dijo unas palabras al *naigue* y corrió escaleras abajo. Una vez en el campamento, tomó a los *peones* que Todd le había indicado previamente y los envió a la ciudad escoltados por los cipayos. Registraron de arriba abajo todos los edificios, comercios y bodegas y amontonaron en los callejones todas las cazuelas y sartenes de metal que encontraron. Marriott y Todd, con unas bolsas llenas de monedas, trataron de recompensar a sus propietarios por aquellas pérdidas. Una vez más, no lograron mantener bajo control a los ágiles *peones* y su registro pronto adoptó las dimensiones de un saqueo en toda regla. Apilaron el botín en carretas igualmente requisadas y lo transportaron hasta el campamento. Welladvice, regodeándose ante él como los avaros se recrean en el oro, corrió a manosear el tintineante cargamento.

—¡Hay suficiente para fabricar todo un equipo de asedio! ¡Les prometo que tendrán sus armas en dos semanas!

El marinero buscó una fragua dotada de hornos y fuelles e instaló en ella su fundición. Escarbando como un terrier en aquel montón de cuencos, platos y ollas, escogió los metales que necesitaba para sus aleaciones. Se hizo con un grupo de ayudantes —compuesto de todos los herreros del campamento y de los metalúrgicos de la ciudad, atraídos por la suculenta paga— que dejaban noche y día el sudor de su frente en aquella fundición, dando martillazos, limando el material, trabajando con los fuelles y aullando cada vez que el metal fundido salpicaba sus torsos desnudos. Welladvice avivaba las llamas de su rugiente horno, fundía el metal y lo vertía en enormes moldes que había fabricado con arcilla cocida. Moldeaba las piezas en posición vertical, con los extremos de las recámaras hacia abajo. Cuando el bronce se endurecía, rompía el molde y desechaba seis pulgadas de la punta con una sierra.

—La fundición no es fiable en la zona de la superficie —alegaba.

Después, sujetaba los tubos con unas abrazaderas y les practicaba unos orificios sobre unos tornos que los caballos se encargaban de hacer girar.

A pesar de su dura invectiva y de las coces y golpes que tenían que soportar, los ayudantes se sometían complacidos a las órdenes de Welladvice. Aunque Marriott les proporcionaba una paga espléndida, no servía por sí sola para explicar la brusca relación que unía al maestro con sus hombres. Haciendo gala de un extraño dialecto en el que mezclaba el telugú con el hindi, el francés y el portugués, insultaba al linaje de los indígenas remontándose a sus más canallescos antepasados. Pero lograba disolver las ofensas luciendo una amplia sonrisa en su rostro. Las bromas iban acompañadas de golpes y de un interés solícito por la salud de las familias de las víctimas. El marinero sabía cómo tratar a los indígenas con una mezcla de compresión y compasión que muy pocos europeos poseían. Amaury también mostraba hacia ellos esa misma empatía intuitiva.

Tras varios días de incesante trabajo, Welladvice mostró a Marriott con orgullo dos relucientes piezas con sus correspondientes muñones.

—Pesan seis libras. Tan cierto como que yo he trabajado en la Torre. Ahora necesitamos botes de metralla y bolaños. Lo mejor será fundir esa antigualla suya de doce libras y toda su munición. Supongo que ya no la querrá para nada.

Deseando que esa decisión le hubiera correspondido a Amaury, Marriott asintió. Amaury había partido y estaría fuera dos semanas. Cuando tenía tiempo para pensar, unas punzadas de ansiedad asaltaban a Marriott. En realidad, estaba demasiado ocupado como para detenerse a preocuparse por nada. Las provisiones de la columna se habían agotado. Por medio de zalameras promesas o duras amenazas, había logrado arrancar a Srinivias vituallas para alimentar a sus hombres, a menudo pagando precios desorbitados por ellas y prometiéndose enfadado a sí mismo que recuperaría tales extorsiones cuando se restaurase la autoridad de la Compañía en Bahrampal. Llevaba las cuentas al día con gran meticulosidad. Se pensaba mucho los gastos que no estuvieran debidamente amparados por recibos y meditaba a conciencia antes de rellenar las largas hojas en blanco asignadas a los créditos.

—¡Maldita sea! ¡Me van a acabar juzgando por desfalco!

Gopal Rao estaba agazapado con las piernas cruzadas a la entrada de su tienda de campaña y contemplaba con benevolencia las actividades que se desarrollaban a su alrededor. Los cipayos limpiaban las armas, los segadores apilaban el forraje, los arrieros conducían a los camellos en busca de pasto. A veces, Marriott se sentaba junto a Gopal, compartía su narguile y le rogaba que depusiera a su testarudo hijo y retomara su condición real. Aquel hombre se negaba categóricamente a ello. Marriott respetaba sus escrúpulos de mala gana, y es que conocía a muy pocos indígenas tan particulares como él. Además, no deseaba ofenderlo consciente de que, cuando lograsen derrotar a Vedvyas, el respaldo a la autoridad de aquel *mirasdar* sería de gran ayuda para poner el *jagir* en orden.

Gopal confiaba plenamente en la capacidad del pequeño destacamento de la Compañía para vencer al enemigo.

—Yo no vi cómo derrotó a esos recaudadores de impuestos —dijo serenamente—, pero he hablado con sus prisioneros. Juran que ningún hindú armado con un mosquete de mecha sobreviviría a la terrible carga de bayonetas que sigue a sus salvas. Recordará que yo he combatido contra Vedvyas. Cuenta con una escolta formidable compuesta por mercenarios de la caballería de Marwar y Rohilkhand. Pero el resto de sus hombres han sido reclutados contra su voluntad en los distritos que Vedvyas ha ido dominando. Están mal pagados, son desordenados y, aunque su número es apabullante, su fuerza no lo es.

Exceptuando a los cipayos de la Compañía, de cuyos asuntos se encargaba Todd, todas las demás labores de administración del campamento recaían sobre los hombros de Marriott. Con ayuda de su *banian*, atendía a los enfermos, ejercía como juez en las disputas, ponía fin a las peleas que surgían en torno a nimiedades y escribía a Amelia, Fane y Beddoes. Envió a Joseph Harley un informe oficial.

—Únicamente contando aquello —murmuró— que deje al Consejo satisfecho. No tengo por qué extenderme. ¿Para qué habría de desvelarles que nuestra suerte pende de un hilo?

Entre tanto, Welladvice había concluido su labor de fundición de armas y se adentró en el bosque con un grupo de hombres provistos de hachas para cortar, serrar y aplanar los trozos de madera que le servirían para empezar a construir cureñas, carretas y armones.

—Lo de las ruedas es una cuestión peliaguda —declaró—. No tienen ninguna en sus filas, ni tampoco poseen carreteros. Los necios trigueños de la ciudad saben cómo hacerlas para los *hackeries*, pero no para las piezas de artillería.

Maldijo una y otra vez a sus carpinteros y dirigió sus tareas hasta que la labor estuvo terminada. Después, fabricó pólvora en una factoría que situó lo suficientemente alejada del campamento y de la ciudad.

Transcurridas tres semanas desde que empezara sus trabajos, por fin arrastró sus artesanales obras hasta el campamento.

—¡Ahí las tienen! —anunció pavoneándose—. Artillería apta para ser tirada por caballos y armones. Cureñas con gualderas de verdad. ¡Nada que ver con su tosco afuste de dos soportes! Sólo se necesita un artillero para girarlas pasando un espeque por las argollas —dijo dando la vuelta a un tornillo—. Basta con tocarlo para que realice la elevación. ¿Ven? Aquí tienen estas dos carretas llenas hasta arriba de munición. Hay noventa bolaños y treinta botes de metralla para cada cañón. Todo ese trabajo me ha dado una sed terrible, señor. ¿No me podría dar uno o dos sorbos de ron?

—Tendrá un barril entero —respondió Marriott—. ¿Disparará las piezas para probarlas?

—Claro, señor, claro —entonces, se puso a dar órdenes a gritos a sus ayudantes, que tiraron de los cañones y los empujaron hasta depositarlos algo más allá de la barrera defensiva. Marriott se dio cuenta de que avanzaban con cierta facilidad. Veinte hombres bastaban para desplazarlos al trote. Welladvice cogió las baquetas y los cargó.

—Para practicar, basta con una carga de una libra —dijo—. En el campo de batalla, una y un cuarto. No lo olvide. Y bien, señor, ¿qué quiere que usemos como objetivo? Supongo que la vieja roca que su horrible monstruo de doce libras intentaba destrozar el día que lo hice estallar, ¿no? El alcance es de unos cuatrocientos metros, así que es de esperar que hagamos blanco.

Marriott estaba seguro de que los tubos de aquellos cañones caseros reventarían, de modo que se retiró a una distancia prudencial. Welladvice orientó los cañones con sumo cuidado, encendió el botafuego en un pedazo de pedernal, fue pasando de recámara en recámara y tocando los fogones. Los cañones emitieron una rápida sucesión de estallidos y retrocedieron en las cureñas. Cuando desapareció la humareda, Marriott pudo ver que la roca había desaparecido.

Más allá de los dispersados fragmentos, varios jinetes salieron a medio galope de entre los árboles. El que iba en cabeza levantó un brazo gritando.

—¡Maldita sea! —exclamó Amaury—. ¿Es que no tienen otra cosa que hacer que intentar volarnos la cabeza?

Marriott corrió a su encuentro y le dio un fuerte apretón de manos.

—¡No sabes cuánto me alegro de verte! Estaba empezando a pensar que Vedvyas te había cazado y que estarías encadenado en uno de sus calabozos como lo estuvieron los hombres del general Medows cuando Tipu los cogió prisioneros.

Amaury tenía el rostro bronceado como un pedazo de teca seca. Sus ropas y su cabello estaban impregnados de polvo y una incipiente barba imprimía un halo dorado a sus mejillas.

—No ha sido para tanto, Charles. Reconozco que ha sido un duro viaje, pero ha merecido la pena hacer el esfuerzo. He logrado tejer una red de espías y he dado con una buena plaza —entonces, clavó la mirada en las armas por encima de los hombros de Marriott—. ¡Jesús! ¿De dónde ha salido eso? ¡Creía que lo que habías disparado era el destartalado cañón que arrebatamos al enemigo!

Bajó del caballo y se dirigió hacia las piezas, pasó una mano por los relucientes cañones, acarició las ruedas, examinó las cureñas, y contó la munición que había en los cajones. Marriott contemplaba sonriente la admiración de su amigo.

—¡Indescriptible! ¡Maravilloso! —exclamó Amaury— ¿Has invocado al cielo para que te envíe cañones de tiro ecuestre?

Marriott le expuso el milagro y le presentó a Welladvice. Amaury escudriñó al marinero unos instantes.

—De modo que —dijo con calma— es usted capaz de fundir piezas, construir carretas y preparar y disparar las armas que ha fabricado. Es usted un auténtico parangón de todas las virtudes de la artillería —dio unos toquecitos en la espalda a Marriott—. Charles, tenemos que designar a este hombre comandante de artillería y que cobre la paga y las dietas de un capitán. ¿Te parece bien?

—Eso es endemoniadamente irregular —respondió Marriott con recelo—. No cuento con autoridad suficiente...

—Estoy convencido de que es imprescindible hacerlo porque necesitamos la ayuda de Welladvice en los consejos de los oficiales. Nos ha proporcionado los cañones pero ¿ha entrenado también a los tiros?

—¿Tiros, señor? ¡Aquí no tenemos nada más que bueyes!

—¿Bueyes para unos cañones de tiro ecuestre? ¡Caballos, señor Welladvice! Necesitamos caballos.

—Yo no sé nada de caballos, ni siquiera de bueyes. Eso está fuera de mi alcance, señor.

Amaury acarició su incipiente barba.

—Los bueyes no sirven. Cuando avancemos, deberemos hacerlo rápidamente. El tiempo es nuestro enemigo. Tiempo para entrenar a artilleros y a los tiros. Tiempo para estar preparados cuando el enemigo se ponga en marcha. Tiempo antes de...

De repente, se giró y observó con el ceño fruncido las montañas que adornaban el horizonte. Una espesa neblina envolvía las cumbres occidentales como si estuvieran cubiertas por un manto de seda raída. Multitud de brillos transparentes despuntaban en aquel dorado cielo.

—Ésas son las primeras señales del monzón —recalcó Amaury—. Todo depende de que Vedvyas se ponga en marcha antes de que los vientos descarguen.

—¿Has pensado un plan para derrotarlo?

—Podemos machacar a sus tropas. —Amaury miró con nostalgia hacia las apretadas tiendas que habían montado tras la barrera defensiva del campamento y olfateó el aire—. Huele a cordero asado. Ahora comamos y bebamos burdeos, Charles. ¡Será mi primer sorbo en veinticinco áridos días!

Amaury se dio un baño y se afeitó. Sustituyó la apestosa ropa que llevaba por un reluciente uniforme.

—Hay mucho trabajo de soldado que hacer. Además, todavía no he sido expulsado formalmente.

Tomó una copiosa comida y vació una botella de vino. Cuando trajeron el café, mandó a los sirvientes fuera de la tienda comedor y pidió a un grupo de centinelas que vigilase los alrededores.

—Los indígenas entienden más inglés del que pensamos. No deben saber nada acerca de nuestros planes —encendió un puro y extendió sobre la mesa una arrugada hoja de papel.

—Durante mi viaje, he esbozado un mapa. Gopalpore está aquí —dijo señalándolo sobre el papel con un dedo— y Hurrondah, la fortaleza de Vedvyas, se encuentra aquí. Según mis cálculos, está a unas sesenta millas a paso ligero. Entre ambos lugares, a treinta millas de Hurrondah y a otras treinta de nosotros, hay una barrera de montañas —sacudió la ceniza de su puro—. Existen tres caminos distintos entre Hurrondah y Gopalpore y todos ellos pasan por esa cordillera. El camino central es el más fácil. Los otros dos presentan dificultades y supondrían un día más de marcha. Vedvyas tomará la ruta más rápida, que es la que cruza la cordillera a través de un desfiladero. En ese punto lo detendremos y lo derrotaremos.

Marriott estudió detenidamente las vacilantes líneas que conformaban aquel mapa en una trama similar a una tela de araña.

—¿Piensas que debemos partir cuanto antes hacia el desfiladero y esperar allí a que llegue Vedvyas?

Amaury tomó un trago de brandy y se relamió los labios.

—Desde luego, Charles, no cabe duda de tu gran acierto cuando decidiste servir en la Compañía como civil y no como militar. De lo contrario, me temo que tus hombres se sentirían tristemente abrumados —la sonrisa en su mirada despojó a aquellas palabras de su significado ofensivo—. Piensa que, si hacemos lo que propones, Vedvyas se enteraría de que lo esperamos en el desfiladero, tomaría otra ruta, amenazaría nuestros flancos y nos sacudiría por la retaguardia.

—Creo firmemente que no debemos partir hasta que el enemigo se haya puesto en marcha —dijo Todd con aire serio.

—Así es, Henry. Tienes razón. Es de suma importancia para mantener nuestra estrategia que Vedvyas no descubra que vamos a salir a su encuentro. Por eso, cuando él se ponga en marcha, partiremos a la carrera para enfrentarnos a él en el desfiladero sin que sepa de antemano que lo detendremos en el camino. Y es una carrera que tenemos que ganar.

—Welladvice vació un enorme vaso de ron con la misma facilidad con la que el desierto absorbe las lluvias.

—Perdone que le interrumpa, señor. Si no piensa partir antes que él, ¿cómo hará para saber que ha levado anclas?

—Con ayuda del oro de la Compañía —dijo Amaury mirando de soslayo a Marriott—, he sobornado a los caciques de tres aldeas vecinas de Hurrondah, cada una de ellas situada en una de las tres rutas que el enemigo podría tomar. Bajo la promesa de incrementar aún más su premio, han jurado enviarme un mensajero a caballo para avisarme en el mismísimo instante en el que Vedvyas se ponga en marcha.

—¿Y son fiables? —preguntó Todd con reservas.

—¿Quién se puede fiar de la palabra de un indígena? En realidad, dependo de su avaricia y en eso sí que se puede confiar. Si me fallasen, cosa que dudo, combatiríamos con una pequeña desventaja —Amaury se rió—. Ya sé que es todo muy arriesgado, Henry. ¡Pero toda guerra entraña riesgos! Te ruego que me pases la botella, Charles, esta sed me está matando.

Amaury apagó su puro y se encendió otro con la chispa de una caja de yesca. Multitud de moscas revoloteaban entre los rayos de sol que se colaban en la tienda por una abertura. Fuera, las órdenes de un *havildar* resonaban como latigazos; un arriero se esforzaba por controlar a un buey torpe con gran estruendo. Amaury expulsó una bocanada de humo.

—Vedvyas necesitará dos días para llegar al desfiladero —dijo—. Henry, ¿serían tus cipayos capaces de cubrir treinta millas en uno?

—Me esforzaré al máximo para intentarlo...

—No basta con intentarlo. ¡Tienen que conseguirlo! No sé cuánto tiempo de calma nos queda. Quizá una semana. Puede que menos. Así que deja las maniobras manuales y ejecuta maniobras de campo. Henry, entrena a tus hombres en marchas rápidas de largo recorrido. Debemos entrenar también a los caballos para que tiren de los cañones. De eso me encargo yo —Amaury se rellenó el vaso de brandy—. Mañana nos pondremos manos a la obra.

Marriott lo observaba con curiosidad.

—¿Has estudiado el desfiladero que pretendes bloquear antes de urdir tu plan?

—Así es —Amaury eructó y se espatarró aún más en la lona de su asiento —. Si todo sale como tengo previsto será un excelente combate.

Marriott, pensativo, se llenó el vaso y se preguntó cómo se las hubiera apañado él, como recaudador de Bahrampal y jefe de todas las fuerzas armadas de la Compañía en ese destino, para dirigir aquella pequeña campaña sin la iniciativa y la incansable energía de Amaury. Se preguntó qué haría si sólo dependiera del consejo del alférez Todd, su consejero militar oficial. Era un hombre diligente y cumplidor de sus deberes, pero carecía por completo de ese sentido para captar los golpes de suerte y aprovecharlos. Aunque quizás Amaury fuera demasiado impetuoso y corriera riesgos innecesarios. «Pero, ¿cómo voy yo a juzgarlo, siendo como soy un mercader asistente con la pluma como única arma?»

Bebió un trago de oporto y, mentalmente, brindó por el veredicto inmediato del consejo de guerra.

Amaury registró las caballerizas y eligió a los treinta caballos más fuertes, sin mostrar reparo alguno en tomar las monturas que pertenecían a los europeos.

—Me resulta extremadamente sorprendente que consideres que Hannibal no es apto —apuntó Marriott mordazmente.

Amaury sonrió y dio unas palmaditas al semental en el cuello.

—Me temo que, tratándose de un purasangre, no accedería fácilmente a tirar de la artillería.

Dejó a los *hircarrahs* al cargo, dividió a los caballos en tiros de seis y los entrenó usando los carros que arrastraban los bueyes. Algunos pocos ya habían practicado el tiro antes. Los resultados fueron desalentadores al principio. Dando tumbos, los carros arrastrados por aquellos tiros de ojos desorbitados conseguían levantar nubes de polvo a su paso por aquellas tierras. Los tirantes se partían y los caballos galopaban libremente. Los guarnicioneros trabajaban laboriosamente para reparar las correas rotas. Los *hircarrahs* vigilaban la circunferencia del campamento día y noche, con un hombre apostado junto a cada animal. Amaury los entrenaba implacable, descartando a las bestias que parecían ser incorregibles. Tan solo una semana después, lograron que una docena de dóciles caballos totalmente exhaustos caminara pesadamente delante de los carros.

—¡Excelente! —dijo Amaury—. Ahora fijaremos los cañones con las correas.

La abismal diferencia que existía entre una tarea y otra era más que obvia. Los pesados cañones y los armones hacían que los caballos se moviesen a un paso extremadamente lento. Amaury envió a unos hombres a por las sillas de montar.

—¡Allá vamos! —murmuró—. ¡Ahora veremos la auténtica artillería de tiro ecuestre!

Ensillaron todos los caballos y los *hircarrahs* los montaron. Tras un montón de caídas, peleas, blasfemias y juramentos, los tiros tensaron los tirantes y arrastraron la artillería a un animado paso.

—No entiendo por qué se han puesto de repente a tirar del peso con tanta rapidez —dijo Todd, espectador siempre interesado en los experimentos de Amaury, sin ocultar su perplejidad.

—El esfuerzo tractor de los caballos es mayor cuando los monta un jinete que cuando cabalgan libres. Creía que no iba a funcionar. Normalmente, se necesita más tiempo para entrenar a un caballo para someterse a un jinete a la vez que ejerce el tiro. Por suerte, están tan cansados que se rinden fácilmente.

Pasaron dos días más antes de que los cuatro tiros de seis caballos cada uno —dos para los cañones con sus armones y dos para las carretas de munición— amblasen apaciblemente alrededor de la plaza. Amaury decidió limitar su progreso a simples paseos.

—¡Nada de entrar en acción al galope para la artillería de tiro ecuestre de Bahrampal!

Así, practicaron con ellos movimientos simples como la entrada en acción al frente, el desacoplamiento de los armones y el acoplamiento de los mismos. Cuando estuvo satisfecho con el resultado, juntó a los *hircarrahs* que montaban los tiros con los artilleros de Welladvice. Y es que, según expuso el propio Amaury, se daba una curiosa paradoja: no había manera de convencer a los *hircarrahs*, que contaban con cierta experiencia en la tradición militar, de que disparasen esas aterradoras armas. Por el contrario, los variopintos ayudantes del marinero, todos ellos pacíficos artesanos comerciantes, se mostraban enaltecidamente orgullosos de las armas que habían creado y ardían en deseos de probar sus resultados. Eso sí, estaba por ver si serían capaces de abrir fuego ellos mismos.

Welladvice escogió al equipo de artilleros de entre tan extrañas filas. Asignó siete hombres a cada cañón —uno que actuara de comandante, otro encargado de la baqueta, un cargador, un encargado del fogón, otro para abrir fuego y dos a cargo de la munición— y los entrenó aplicadamente con prácticas de tiro hasta que fueron capaces de efectuar dos tiros en un minuto. Convenció a Marriott para que les diera una paga igual a la de los soldados de artillería de Madrás, lo que suponía una suma semanal mucho mayor al sueldo que aquellos hombres habían cobrado jamás en un mes.

Los espías de Amaury no enviaron mensaje alguno. Todos los días al amanecer, salía de su tienda y observaba ansioso el cielo. La neblina que cubría las montañas al oeste ocultaba sus cumbres, las nubes dibujaban franjas en el sol y un sofocante viento levantaba espirales de polvo al alba y también al anochecer.

—Las cosas se van a poner condenadamente difíciles —le dijo a Marriott—. Cuando irrumpa el monzón, los caminos se convertirán en embarrados lodazales. Eso supondrá un obstáculo para la infantería y será prácticamente impracticable para los cañones.

Ordenó disponer raciones para cinco días y preparar grano para los caballos en unos morrales adicionales. Le pidió a Todd que consiguiera un azadón, una pala o un pico para cada cipayo. Una petición que hizo gruñir al alférez.

—¡Eso supondrá un gran exceso de peso!

—Henry —le respondió Amaury gentilmente—, mi posición en este ejército es totalmente irregular. No tengo autoridad para darte ni una sola orden. ¿Preferirías consultar a Charles, que es quien realmente está al mando?

Todd se puso colorado. Secretamente, admiraba a Amaury, a quien tenía por un héroe y a quien debía su propia vida.

—Perdona, Hugo. Por supuesto, haré lo que dices.

Amaury cubrió con lonas impermeables las carretas de Welladvice y le pidió a Todd que enseñase a sus hombres a fijar correctamente los mosquetes, acción que requería sujetar el sistema de ignición bajo la axila con el cañón apuntando hacia abajo para mantener así secos el cartucho y la pólvora. También debía conseguir que fueran capaces de prepararse para la marcha en solo una hora desde que ésta se anunciase. Descargó su incansable energía haciendo infructuosas incursiones por los caminos que llevaban a Hurrondah con la esperanza de encontrarse con alguno de sus espías. Pero, en lugar de los informantes que él esperaba, quien llegó fue un enviado de Vedvyas. Se trataba de un corpulento hindú que montaba un poni cuya cola no tenía crines e iba escoltado por media docena de lanceros.

Avisado por el disciplinado *havildar*, Marriott lo dispuso todo rápidamente para recibirlo frente a la tienda comedor, haciendo gala de tanta ceremonia como era posible ofrecer en un campamento itinerante. Colocaron una mesa junto a una alfombrilla de flecos de color verde y añadieron unas sillas de campamento para los europeos. También extendieron una alfombra sobre el suelo y una impecable guardia de cipayos vigilaba la entrada. El enviado hizo una amplia reverencia y le entregó un rollo de pergamino sujeto con un lazo. Marriott observó con aire hostil aquel rostro gordo y redondo, extremadamente insulso, que lucía unos ojos de fondo amarillento y cuyos mofletes colgaban por encima de la mandíbula. Echó un vistazo al texto en persa, entregó la misiva a su *banian* y oyó con creciente cólera la fiel traducción que éste fue haciendo:

Al sahib Bahadur de la Honorable Compañía.

Dios tenga la bondad de concederle prosperidad y admitirlo a la vida eterna. No podemos ocultarle la sorpresa que nos ha causado que, haciendo uso de la fuerza y las armas, haya sometido a nuestra ciudad de Gopalpore. No enviamos este mensaje cuando el sol más calienta para exigirle que nos devuelva inmediatamente nuestra propiedad, ni tampoco pretendemos que pague con creces su fatídica actuación. Más bien, a menos que nos dé motivo para recordar hechos aún peores y que perdure la vergüenza a la que yo y mi familia de un largo linaje de mirasdares nos vemos sometidos al saber nuestras posesiones en manos extrañas, estamos dispuestos a cederle de buena voluntad Gopalpore y las demás aldeas de ese distrito siempre que entregue, como venía sucediendo hasta ahora, la cuarta parte de todos los impuestos que en él recaude. De ese modo, usted se asegurará los beneficios que ofrecen las rentas y el comercio, y la Compañía y nosotros mismos podremos convivir en cordial armonía. ¿Qué más puedo decir?

—¡Ese tipo parece muy seguro de sí mismo! —se quejó Amaury.

—¡Se merece una buena paliza! —respondió Todd enfurecido.

—¡Está envalentonado como el mar en medio de una tormenta! —añadió Welladvice.

Marriott, lleno de ira, redactó la siguiente respuesta:

Para Vedvyas Daulat Ram
En virtud de un tratado, la Compañía es dueña de todo Bahrampal y no concede derecho alguno a los usurpadores. A menos que entregue Hurrondah y renuncie a todos los demás distritos que ha invadido ilegalmente y en los que cobra unos impuestos igualmente ilícitos, nos veremos obligados a lanzar contra usted el más severo de los ataques por parte de nuestras fuerzas; las mismas fuerzas que ya lo han derrotado en una ocasión. Si insiste en ofrecer resistencia, sepa que las penas serán duras y que usted y sólo usted deberá cargar con las consecuencias. ¿Qué más puedo decir?

El enviado leyó la nota sin inmutarse, la guardó en su fajín e hizo una reverencia. Marriott recordó sus costumbres y le ofreció algo de beber. El hombre lo rechazó educadamente, montó su caballo sin decir una palabra, hizo unas señas a su escueto séquito y abandonó el campamento. Amaury, que estaba distraído contemplando cómo aquellos hombres desaparecían entre los árboles, apenas advirtió la presencia de un indígena andrajoso al que un *havildar* había conducido hasta la mesa de los europeos a base de alabardazos.

—Esta persona —dijo el *havildar* con desprecio— afirma que trae un mensaje para el *Umree sahib*. Le he amenazado con propinarle una azotaina de latigazos si miente.

El hombre, un joven campesino con el cuerpo cubierto de polvo tras el camino que acababa de recorrer, rebuscó en su taparrabos y sacó un papel completamente arrugado. Amaury descifró los caracteres hindis en él escritos frunciendo el ceño.

—¡Por Dios! —susurró— ¡Esos malditos bribones traicioneros! ¡Nos han enviado a un mensajero para que pacte con nosotros en el mismísimo momento en que se dirigen a la guerra! ¡El ejército de Vedvyas ya ha salido de Hurrondah!

Marriott se levantó haciendo chirriar su silla, se estiró y bostezó.

—Gracias a Dios, la espera ha terminado. Henry, rápido, a por las armas.

La columna marchaba pesadamente por un pedregoso camino bajo el encapotado cielo. Amaury, acompañado por tantos jinetes como había logrado reunir —veinte *hircarrahs*—, cabalgaba al frente e iba abriendo camino. Todd desfilaba a la cabeza de sus compañías. Lo seguían los tiros, que arrastraban ruidosamente la artillería. Las ruedas iban salvando las rocas a sacudidas y los caballos se hacían daño con los tirantes. Welladvice trotaba junto al cargamento, fustigando con fiereza a los caballos y lanzando violentas invectivas contra los jinetes y los artilleros. En aquellas filas no se contaba ni un solo acompañante civil, ni siquiera un sirviente para los oficiales. Amaury lo había prohibido.

—Es una marcha de aproximación al campo de batalla —dijo—. ¡No cargaremos con una panda de marginados que la entorpezcan!

Las nubes surcaban el cielo cubriéndolo con un plomizo manto de vapor. El aire era húmedo y sofocante. De vez en cuando, ráfagas de viento calientes como la sangre arrastraban consigo algunas gotas de lluvia. Los relámpagos centelleaban tras las montañas y perfilaban sobriamente sus crestas haciéndolas parecer almenas gigantes.

Amaury miró al cielo preocupado y ordenó a Todd que aligerara el paso. La oscuridad se iba apoderando del agonizante crepúsculo. La comitiva se detuvo, aflojó las cinchas y comió a gran velocidad. Después, continuó su pesada marcha en medio de la noche, ahora espasmódicamente sacudida por los relámpagos.

Un tambor marcaba el paso de las columnas. Los cañones y los armones iban dando tropezones y patinazos, se atascaban en los surcos y rebotaban contra las rocas. Los jinetes azotaban a los caballos con los látigos para que avanzasen. Welladvice iba de tiro en tiro examinando cada uno de ellos, profería algún que otro juramento y ordenaba a sus artilleros apresurarse a hacer palanca, arrastrar o empujar conforme fuese necesario. De alguna manera, lograron seguir el firme paso de los cipayos como la cola de una culebra que, seccionada del resto del cuerpo, continúa moviéndose a su son.

Tras una caída, Marriott decidió bajar de su caballo y guiarlo a pie. Sabía por el punzante dolor que sentía en los muslos que el camino empezaba a tornarse en una furtiva y agotadora pendiente encubierta por la oscuridad. Más adelante, se oían los crispados pasos de la infantería. Sentía cómo el monótono repiqueteo del tambor le taladraba la cabeza tanto como el destartalado ruido de los cascos, el chirrido de las ruedas, el crujido de los ejes, las maldiciones en hindi, los juramentos náuticos y el hedor a polvo y a sudor. Amaury cabalgaba con su purasangre en una suerte de figura fantasmal, más negra que la misma noche. Estimulaba a los hombres, los alentaba y les iba dando información con su retumbante voz.

Marriott se lamió los labios, completamente secos, y saboreó la sal de su lengua.

Aquella vertiginosa marcha hizo otra parada más. Los hombres se desplomaron en el suelo tal cual estaban, sin tan siquiera buscar un sitio mejor. Los caballos descansaban con la cabeza gacha. Tras las montañas, los relámpagos proseguían con su difuso centelleo. La cordillera, cada vez más cerca, se alzaba imponente ante ellos en medio de la noche. El aire olía a lluvia y, en la distancia, se oía el resonar de los truenos como si fueran los cañonazos de una batalla lejana.

—Aún nos quedan tres millas —dijo Amaury— y, más adelante, hay una pendiente bastante acusada. Henry, ordena a tus hombres que se preparen para tirar de las cuerdas. Que vayan cuarenta con cada tiro y dos en cada rueda. Nos turnaremos para arrastrar los cañones y las carretas cuesta arriba.

Los cipayos prepararon las cuerdas en medio de un sinfín de empujones a causa de la oscuridad, agradecidos por cada relámpago que iluminaba las cumbres y les regalaba un poco de claridad. Marriott se sentó en una roca sujetando las riendas de su caballo. Varios arrieros y artilleros se acuclillaron en torno a las carretas pasándose un narguile de mano en mano. Otros se acurrucaron en el suelo dispuestos a dormir. Un brillo metálico tiñó el cielo de color gris por la parte del este. Marriott contó los radios de una de las ruedas del cañón y dio gracias a los dioses hindúes por enviarles la luz del día. Descendiendo por aquel sendero que discurría entre árboles y espinosos matorrales, las columnas escarlata retrocedieron para coger el segundo cañón.

Exhaustos hombres y sudorosos caballos tiraban de cuerdas y tirantes. Los caballos resbalaban una y otra vez en los guijarros. Los cipayos inclinaron los cuerpos tanto que iban rozando el suelo con los codos. Welladvice gritaba tan fuerte como los marineros cuando giran los cabestrantes de sus trinquetes. Dio varios alaridos de dolor cuando le tocó soportar a hombros un armón que patinaba.

—¡Levadlo, bastardos paganos, levadlo! ¡Sujetadlo, sujetadlo! ¡Que no resbale! ¡A la de una! ¡A levar!

Jadeantes y con los músculos destrozados, ascendieron yarda a yarda y con gran esfuerzo por aquel sendero que se empinaba como una escalera. Se detuvieron en dos ocasiones a descansar, aunque sólo unos instantes.

—¡A las cuerdas! —gritó Welladvice— ¿Preparados? ¡A levar!

Poco a poco, la pendiente fue nivelándose. Marriott, que iba empujando un armón, echó un vistazo a su alrededor a través del sudor que empañaba sus ojos. Los *hircarrahs* de la tropa de caballería montaban guardia junto al primer cañón que habían subido. Dispuestos alrededor de la pieza, habían soltado las cuerdas y descansaban jadeantes, apoyándose en las ruedas. El amanecer desveló a los pies de la cumbre que habían alcanzado una meseta triangular cuyos lados descendían hasta formar un vértice en una escarpada grieta que dividía las montañas.

—¿Es éste el sitio?

Amaury se chupó un dedo que le estaba sangrando.

—No, pero estamos lo bastante cerca por el momento —respondió—. Señor Welladvice, agua y alimento; por allí hay un arroyo. Henry, tus hombres pueden descansar y comer —sacó un reloj del bolsillo de su chaleco—. Tienen una hora.

Amaury envió a unos *hircarrahs* a vigilar el desfiladero, se sentó junto a Marriott y masticó un trozo de pan.

—Hemos pasado —dijo con la boca llena y escupiendo migas— lo peor. Ahora combatiremos en una plaza de nuestra elección. Por lo demás, pronostico una masacre.

Marriott escudriñó aquel rostro rubicundo. El uniforme de Amaury había acumulado un montón de polvo, las rocas y las espinas habían llenado sus botas de arañazos y su pantalón tenía las rodillas raídas. Aparte de eso, no había ninguna otra señal en él que dejara adivinar que había recorrido treinta millas, llevaba una noche sin dormir y había hecho un enorme esfuerzo físico.

Marriott bostezó.

—Me alegra mucho oír eso, aunque me admira tu férrea convicción —estiró su agarrotado cuerpo—. ¿Qué planes tienes ahora?

—Estudiaremos el terreno y estableceremos nuestras posiciones —volvió a consultar su reloj—. Los oficiales ya han descansado suficiente. ¡En marcha!

Los condujo a milla y media del precipicio que dividía las montañas y, desde allí, identificaron los rasgos más destacados del terreno. La meseta, rodeada por laderas, se extendía en una depresión hasta llegar a la garganta que coronaba el desfiladero, de modo que formaba un embudo triangular cuyo pico estaba junto al precipicio. El terreno estaba salpicado por pequeños montones de áspera hierba, arbustos y árboles raquíticos.

—Aquí es, caballeros —señaló Amaury—, donde tendrá lugar la matanza. Estaremos apuntando al enemigo cuando emerja por ese hueco y se dirija hacia el borde de la meseta, justo hacia donde hemos dejado los cañones. Allí es donde caerá en nuestra trampa.

—¿Trampa? ¡Pero si nos verá nada más cruzar el desfiladero! —objetó Todd.

—¿Acaso estás pensando en formar a tus hombres en filas, hombro con hombro? No, Henry, no será así. Tus compañías deberán flanquear la depresión. Situarás a seis secciones en cada uno de los lados separadas entre sí por cien pasos.

—¿Cómo? ¿Dividir a las compañías? ¿No preparar una línea de fuego normal? Es un plan endemoniadamente inusitado...

—Por eso mismo —dijo Amaury sonriendo—. Me temo que dejaremos que Humphrey Bland y su tratado de disciplina militar se retuerzan en la tumba. Señor Welladvice, sus cañones deberán cerrar la boca del embudo a ochocientas yardas del desfiladero. De ese modo, los hombres de Vedvyas quedarán rodeados por tres de los lados y el cuarto será el desfiladero, un estrecho paso que la cola de su propio ejército estará bloqueando. Y, Henry, no nos verán porque nos esconderemos. Debes ordenar a tus hombres que se pongan a cavar.

—¡Cielo santo! ¿Cavar?

—Así es. Cavar trincheras. ¿Para qué pensabas que hemos traído las herramientas? Una vez cavadas, deberán cubrirlas con follaje. Welladvice, usted también debe ponerse manos a la obra para que sus cañones no resulten demasiado obvios desde el frente. El tiempo corre. Les indicaré las posiciones exactas que deben ocupar para que sus hombres las preparen.

Amaury los condujo a través del terreno y fue dejando montoncitos de guijarros en las posiciones asignadas a las secciones y a los cañones. Todas las fuerzas se pusieron a cavar: *hircarrahs*, cipayos y artilleros. Dado lo pedregoso del terreno, era una agotadora tarea para unos hombres ya exhaustos de antemano. Apilaron el material excavado en unos parapetos que disimularon con ramas que cortaron de los arbustos. Amaury miraba constantemente el reloj y observaba las nubes sintiendo sobre su cara las gotas de lluvia que caían intermitentemente.

—No cavéis tan hondo que un hombre de rodillas no pueda disparar desde ahí —dijo a los trabajadores—. Nuestro objetivo es ocultarnos, no protegernos.

A media mañana, habían concluido la labor. Los cipayos se colocaron en las trincheras y los cañones y los artilleros ocuparon sus emplazamientos. Amaury fue hasta el desfiladero y regresó cabalgando lentamente, examinando las posiciones desde la perspectiva que tendría el enemigo. Ordenó añadir más follaje para disimular la obvia cicatriz que habían dejado en la tierra y ocultar una delatora bayoneta que asomaba por encima de un parapeto. Concluyó su inspección en la zona de los cañones y se dirigió complacido a Welladvice.

—Ahora sí que somos más difíciles de ver que los conejos cuando se esconden en sus madrigueras. Pasarán prácticamente junto a las bocas de nuestras armas sin ni siquiera verlas. Señor Welladvice, apile la munición y los cartuchos bajo las lonas en las posiciones de los cañones. Envíe después las carretas y los armones trescientas yardas hacia la retaguardia y manténgalos a descubierto, de modo que se vean bien. Serán como imanes para los ojos del enemigo y lo distraerán de tal modo que no prestará atención a los flancos —miró a Marriott socarronamente—. Me temo, Charles, que he olvidado consultarte este punto. ¿Espero que des tu aprobación?

—¡Por supuesto que sí! ¿Qué sé yo de asuntos militares? Confío plenamente en tu capacidad de juicio, sin duda superior en estos avatares.

Amaury se inclinó ante él y se golpeó el pecho en una burlona reverencia.

—Me concedes demasiados honores, Charles. ¿Dónde piensas apostarte tú? Te recomiendo que te sitúes entre los tiros de los cañones, donde yo me reuniré contigo en breve.

—¿Un comandante escondiéndose cómodamente lejos del peligro? —dijo Marriott sonriendo irónicamente— No, Hugo. Me quedaré junto a mis cipayos.

—¡Una peculiar elección! ¿Arrodillado de mala manera en una embarrada trinchera? Como desees. *Au revoir*, Charles. Cuando acabe el combate, tenemos que celebrarlo compartiendo una botella.

Amaury dio las últimas instrucciones, ordenó que cargaran los cañones con botes de metralla y se unió al grupo de jinetes que, en vanguardia, vigilaban desde el punto más alto de la garganta el camino que conducía a Hurrondah.

—¡Enemigo a la vista!

Amaury condujo a la vanguardia valle abajo a medio galope, pasando entre los cipayos agazapados en las trincheras, más allá de los poco profundos emplazamientos donde se ocultaba la artillería de Welladvice. Se detuvo junto a las carretas y ordenó a los *hircarrahs* que continuasen galopando por aquella zona, gritando y blandiendo sus lanzas. Debían intentar por todos los medios atraer la atención del enemigo.

El ejército de Vedvyas, formado por una mezcla de infantería y caballería, avanzó entre las paredes del precipicio y se encaminó en cascada hacia el valle. Su caballería lucía resplandecientes espadas y lanzas. La acompañaban hombres armados con mosquetes de mecha y lanceros. También llevaban carros tirados por ponis, palanquines y culis. Formaban un irisado torrente de azafrán, ocre, malva y carmín que destacaba en aquella sombría escena con su estallido de colores. Sus trompetas, de correas doradas y curvadas como los cuernos de un carnero, armaban un discordante estruendo totalmente falto de melodía y sus tambores repiqueteaban con un desagradable ritmo irregular. Sus chillones estandartes adornados con borlas ondeaban al viento luciendo sus tres colores: azul eléctrico, bermellón y verde esmeralda. Llenaban la depresión de lado a lado, con sus flecos arremolinándose a una distancia no superior al tamaño de un caballo de las trincheras de Todd, ocultas tras el follaje.

Los hombres que iban en cabeza vieron las cabriolas de los jinetes de Amaury y divisaron los tiros de los cañones, las carretas y los armones, llamativamente dispuestos en hileras. Verificaron su visión y gritaron, pero continuaron avanzando arrastrados por el torrente. La caballería rompió filas y galopó hasta el frente. Un aluvión de hombres armados, de doscientas yardas de ancho y media milla de largo, se abalanzó sobre ellos valle abajo.

Welladvice observaba la escena a través de las ramas que adornaban los tubos de los cañones de seis libras y vio cómo el torrente se dirigía hacia él. Los dientes le empezaron a castañear ruidosamente. Los artilleros se encorvaron junto a las cureñas con los botafuegos preparados encima de los fogones.

—Ochenta yardas —murmuró—. Sesenta. Cuarenta.

Una tremenda detonación sacudió los tímpanos de Welladvice con un trueno que, además de dejarlo aturdido, hizo que se tambaleara. Unos cegadores destellos de fuego atravesaron las nubes. El bramido del viento se acrecentó y empezó a llover a cántaros.

En las consternadas filas del enemigo, las atemorizadas caras contemplaban aquel cielo cuyos dioses parecían haberles declarado la guerra.

Welladvice se puso en pie y agitó la mano hacia abajo.

—¡Fuego!

La furia de aquel repentino estallido desbarató completamente la vanguardia y los botes de metralla la hicieron trizas. La boca del cañón escupió hacia el frente unos botes de ochenta balines que segaron aquellas vidas como si se tratara de briznas de césped. Alertados por la descarga del cañón, que era su señal, los cipayos habían abierto fuego simultáneamente desde los flancos.

Recurrieron al método conocido como fuego alterno. Las secciones lanzaban salvas alternamente desde los dos flancos opuestos, de modo que, para cuando le llegaba el turno a la sexta, la primera ya había vuelto a cargar las armas y sus hombres esperaban preparados con las culatas sobre los hombros. Todos los soldados bajo el mando de Todd lograron cargar y disparar dos veces por minuto. A una distancia nunca mayor de cincuenta yardas, sucesivas tempestades plomizas fueron fragmentando la formación enemiga.

Marriott, apartando el follaje que enmascaraba su trinchera, apoyó los codos en el parapeto y observó aquel asesinato en masa. Una salva procedente de los cipayos hizo blanco en su trinchera. Las órdenes del *jemadar* resonaron por encima de los truenos y los cañonazos.

—¡Recuperen las armas!

—¡Abran las cazoletas!

Los hombres sujetaron el sistema de ignición bajo las axilas, protegiendo la pólvora de la lluvia, mordieron los cartuchos y cebaron las armas.

—¡Cierren las cazoletas!

—¡Carguen los cartuchos!

Las resplandecientes baquetas penetraron en los cañones y comprimieron las balas y los cartuchos.

—¡Preparados!

El *jemadar* se detuvo un instante a observar la sección que cruzaba su frente en sentido diagonal. Una lluvia de ardientes dagas atravesó la cortina de humo. Levantó un brazo.

—¡Presenten armas!... ¡Fuego! —gritó.

Las devastadoras salvas y la inusitada violencia de la tormenta sumieron al ejército de Vedvyas en un mar de confusión. Disparaban sus mosquetes de mecha a ciegas contra aquellas casacas escarlatas que tan sólo alcanzaban a entrever y se esforzaban por volver a cargar las armas, pero el aguacero apagaba sus mechas. Atrapados en la depresión del valle, recibiendo cañonazos de metralla por el frente y soportando las salvas que los mosquetes les lanzaban por los flancos, decidieron dar marcha atrás por el mismo camino por el que habían venido. Se dieron de bruces con los hombres apostados en el desfiladero, un paso que detuvo su marcha como las presas contienen los torrentes. Para aumentar aún más la confusión, emergieron del desfiladero varios cañones de nueve libras arrastrados por bueyes, cuyos armones fueron velozmente separados para orientarlos apuntando hacia el valle.

—¡Novecientas yardas según mis cálculos! —señaló Welladvice al mirar por el tubo del cañón entrecerrando los ojos tratando de ver más allá de la cortina de aguanieve y la neblina—. ¡Colocad el bote de metralla! ¡Cargad el bolaño!

Los cañones dieron varios estallidos, escupieron llamas y humo, quemaron los últimos botes de metralla y ocasionaron nuevos huecos en aquella multitud que intentaba batirse en retirada desordenadamente. Los artilleros recargaron los cañones con sus torsos desnudos refulgiendo bajo la lluvia y comprimieron la pólvora con los tacos de los escobillones. Los cargadores sacaron varios cartuchos de debajo de las lonas. Con las ruedas resbalando a causa de la lluvia, elevaron los cañones. Welladvice iba de recámara en recámara, orientaba las cureñas con agilidad y giraba los tornillos elevadores. Los tubos se alzaron.

La tercera salva se abrió camino e hizo blanco en una carreta cargada de pólvora que explotó en un abanico de llamaradas amarillentas. Una columna de humo ascendió hasta las nubes, un aluvión de piedras y fragmentos de la carreta destruida cayó sobre las trincheras de los cipayos. La sacudida rebotó en los oídos de Welladvice. Se protegió los ojos con las manos y contempló la devastación que había causado. Había un cañón a su lado. Otro tenía una rueda destrozada y su tubo apuntaba tristemente hacia el cielo. No había vestigio alguno de los artilleros.

—¡Ajá! —alardeó— ¡Tenéis vuestro merecido, piratas bastardos!

Sus cuerpos sin vida, ataviados con estridentes túnicas, yacían en el suelo del valle. Más allá, la huida en desbandada había cesado contenida por el atasco que se formó en la garganta. En medio de una tregua compasiva por parte de los cañonazos de las piezas de seis libras, pero todavía azotados por el fuego de los cipayos, se dirigieron una vez más hacia los cañones. Estaban entre la espada y la pared.

—¡Bajad las bocas! ¡Continuad con bolaños y disparad más rápido, panda de lisiados malnacidos!

Sabía que esa orden era ilógica pues, para cargar los bolaños en los cañones, incluso los artilleros mejor preparados necesitaban alrededor de un minuto más que para lanzar botes de metralla. Los cañones estallaron y retrocedieron en sus cureñas. Welladvice observó complacido las consecuencias de aquella acción.

Los botes de metralla agujerearon los cuerpos del enemigo y los bolaños los partieron por la mitad. Salva tras salva, sesgaron el valle entero y atravesaron aquellas huestes desmoronadas alcanzando incluso las filas más rezagadas, todavía junto al desfiladero. Las balas arrasaban la formación de aquellos hombres provocando una auténtica carnicería. Los caballos, asfixiados por sus propios intestinos, se mantenían a duras penas en pie, tiritando y relinchando. Un hombre rodó cuesta abajo con la cabeza entre las rodillas como una pelota rebotada. Tenía el pecho en carne viva y sus costillas, rotas y cubiertas de sangre, estaban al aire y dejaban entrever sus morados pulmones.

Los artilleros disparaban y cargaban los cañones. Iban y venían alrededor de sus tubos con gran ajetreo. Al comprimir una de las cargas, ésta se encendió de inmediato y convirtió los sesos del hombre que había colocado la baqueta en un amasijo de glóbulos rosados y grisáceos.

La traicionera actuación del cañón que tanto adoraban puso nerviosos a los artilleros, que retrocedieron contemplando la escena asustados. Welladvice tocó el tubo del cañón, profirió un juramento y se chupó la mano.

—¡Detened el fuego! ¡Pasad el escobillón y empapadlos! ¡Vamos! ¡Hay que enfriarlos!

—¿Ha quedado su división fuera de juego, señor Welladvice?

El marinero miró compungido al esbelto jinete de anchos hombros que se había detenido a su lado sobre su enorme purasangre negro. La lluvia había empapado su uniforme tornando su tono escarlata en carmín, había enmarañado las crines que coronaban su casco y había bruñido el pelaje de Hannibal.

—Así es, señor. Los cañones están condenadamente calientes. Calculo que no podremos volver a disparar hasta dentro de un cuarto de hora.

Amaury observó el turbulento paisaje. Los relámpagos atravesaban las nubes describiendo repentinos zigzags. La tormenta retumbaba con un trueno tras otro. Las gotas de lluvia manaban por una miríada de surtidores en aquella tierra llena de fango. Los cuerpos sin vida inundaban el suelo desde el precipicio del desfiladero hasta las mismísimas bocas de los cañones. Los enemigos, derrotados, corrían montaña arriba entre las trincheras de los cipayos o permanecían agazapados y muertos de miedo en la depresión.

—Es hora de acabar con esto —dijo Amaury.

Condujo a sus veinte jinetes más allá de los cañones, los formó en una larga fila y desenfundó su sable.

—¡Persigámoslos y acabemos con ellos! —ordenó lacónicamente.

Los *hircarrahs* se lanzaron sobre su presa divididos en grupos para perseguirlos por varios frentes. Amaury galopaba a la cabeza, desviándose para darles primero caza y después muerte. Los cipayos contenían su fuego, de modo que sólo se escuchaba el retumbar de la tormenta.

Saliendo de sus trincheras, se lanzaron a la carga pendiente abajo.

En aquel enjambre de hombres que atascaba el desfiladero en la desesperada huida sólo había uno a caballo. Aflojando las riendas de su animal, se lanzó valle abajo profiriendo incomprensibles gritos de guerra. La luz de los relámpagos se reflejaba en su crestado casco de hierro, hacía refulgir las tachuelas de bronce del rudimentario escudo que portaba en el brazo con el que sujetaba las riendas y destellaba sobre su cota de malla. Era un hombre corpulento e imponente y describía con su cimitarra danzas similares a las de las llamas de una hoguera. Sorteó a los hombres que huían a su paso y fue directo hacia Amaury.

Amaury se puso en marcha, cogió a su caballo y lo espoleó para que galopara veloz. Los dos hombres se acercaron rápidamente y, en su encuentro, resonó un potente sonido metálico igual al del martillo sobre el yunque. Las hojas de sus aceros se rozaron haciendo saltar multitud de chispas. Con la arremetida, Hannibal se apartó hacia un lado. Amaury dio un fuerte tirón a las riendas y obligó al corcel a girar en seco. El ágil ejemplar árabe de su enemigo también había dado ya la vuelta y estaba preparado para el envite.

Se batieron girando alrededor de un círculo cuyo diámetro era igual a la longitud de sus espadas. Sufrieron las punzadas de algunas estocadas, esquivaron otras y arremetieron una y otra vez el uno contra el otro. Fue un encarnizado combate envuelto por los chasquidos y silbidos de sus aceros. Amaury amagaba y lanzaba escotadas, blandía la espada a cierta altura y apuntaba más abajo. Enfrentado a un acero luchador, logró hacer mella en el escudo de cuero de su contrario. La espada de su enemigo estuvo también a un palmo de su propia cara. Sujetó más cortas las resbaladizas riendas y arremetió directamente contra aquella feroz cara de tez trigueña. El adversario logró esquivar el golpe pero, en respuesta, le causó un corte desde el hombro hasta la muñeca en el brazo en que llevaba la espada.

Aquel duelo creó expectación. Los cipayos dejaron de lado su lucha de bayonetas, cercaron a los combatientes en un anillo contenido diligentemente por los mosquetes y contemplaron el combate embelesados. Amaury, esquivando una estocada dirigida a su cabeza, vio que un cipayo se disponía a preparar su pedernal.

—¡Quieto! ¡Este hombre es mío! —gritó furioso.

Los cascos de los caballos patinaban en el barro y se retorcían. Temiendo sufrir una caída, Amaury tiró de las riendas hasta detener a Hannibal, hizo que girase la parte delantera de su tronco para resistir el brusco giro que su adversario dio hacia uno de los flancos, esquivó la curvada cimitarra y esperó su oportunidad. El ejemplar árabe pasó por su derecha y patinó sobre el resbaladizo terreno. El jinete de la cota de malla se alarmó y sujetó las riendas con la misma mano con la que sujetaba la espada. Amaury descargó su sable sobre el casco de aquel hombre aprovechando el momento de descuido. La empuñadura, resbaladiza a causa de la lluvia y el sudor, se le dio la vuelta en la mano. La hoja de su férreo acero tintineó potente y con un estruendo igual al de una campana agrietada y defectuosa.

La cimitarra salió despedida de la mano del indígena. El sable le hizo perder el equilibrio y cayó al suelo. Amaury bajó del caballo y se sentó a horcajadas sobre aquel cuerpo postrado. El hombre, tumbado sobre su espalda, respiraba entrecortadamente con los ojos medio cerrados. Su cara era sumamente angulosa; dos marcados surcos unían los labios a la nariz y un negro bigote se curvaba hasta encontrarse con una rala barba.

Abrió los ojos y dirigió a su conquistador una mirada de agotamiento.

—Ha luchado muy bien, *sirdarjee* —dijo Amaury—. Jamás me he batido con nadie de su talla a la espada. ¿Puedo saber el nombre de tan valeroso guerrero?

Amaury lo levantó del suelo. El hombre, tan alto como el inglés y con los hombros igual de anchos que él, apenas mantenía el equilibrio con un balanceo y lo miraba desafiante.

—Soy Vedvyas Daulat Ram, *mirasdar* de Hurrondah, señor a quien Bahrampal ha de rendir tributo, maestro de...

—No siga —le interrumpió Amaury señalando con gestos la matanza que había tenido lugar—. Su poder, al igual que su ejército, ha sido derrotado bajo el fango. En adelante, será la Compañía quien gobierne Bahrampal.

Una amarga sonrisa curvó aquellos labios encarnados.

—Está saboreando un triunfo prematuro, *sahib*. Mire a su alrededor. Sus hombres se han dispersado, entregados al pillaje y la persecución. Pero allí —se giró y señaló con un brazo el desfiladero—, mi venganza está preparada para atacar.

Amaury miró hacia la garganta situada trescientas yardas más allá. En la cresta de la pendiente, un escuadrón de túnicas amarillas, rojas y azules avanzaba en una columna escoltada por doce hombres a pie armados con lanzas, cuyos pendones estaban empapados a causa de la lluvia.

—Su famosa escolta —dijo Amaury sin alterarse—, pero no se han lanzado a la carga con usted. Lo han dejado solo.

—Mis hombres esperan mi señal — respondió Vedvyas con desdén.

Un pequeño círculo de cipayos seguía con la batalla. Rodearon al enemigo y lo derrotaron victoriosos. El valle se inundó de uniformes rojos que clavaban bayonetas a los heridos y daban caza a los supervivientes que quedaban disparándolos sin piedad. Todos los hombres del enemigo que tuvieron ocasión de huir lo hicieron. El campo de batalla quedó convertido en un caos de hombres y caballos destrozados. Amaury miró hacia los cañones. ¿Podría disparar Welladvice ya? No estaba seguro. Las tropas de la Compañía se encontraban en una posición vulnerable al haberse dispersado y no estar preparadas. Serían una presa fácil si aquella caballería decidiera cargar con contundencia.

—Custodiad a este hombre —ordenó a unos cipayos. Después, se dirigió a un *jemadar* que pasó junto a él.

—¡Rápido! ¡Vuelve a reunir a tus hombres en las trincheras! ¿Dónde está el *sahib* Todd?

El alférez corrió hacia él chapoteando sobre el barro portando una espada teñida de sangre en la mano.

—¡Por Dios, Henry! ¿Estás ciego? ¿No ves la amenaza que se cierne sobre nosotros? —dijo señalando al escuadrón—. ¡Id a vuestras posiciones, cargad las armas y preparadlo todo!

Los tambores repiquetearon alborotados. Las compañías volvieron a formarse, regresaron a las trincheras, limpiaron las armas con las baquetas y las cargaron. Amaury se volvió hacia Vedvyas.

—Nunca dará —dijo con aire sombrío— esa señal a sus hombres.

Sacó una pistola de su fajín, colocó la boca apuntando directamente al pecho de Vedvyas y apretó el gatillo. La cebadura se había mojado por culpa de la lluvia y no provocó chispa alguna. Vedvyas retrocedió, dio medio giro y levantó un brazo.

—¡Sujetadlo! —gritó Amaury bruscamente.

Los cipayos forcejearon con el *mirasdar*. Entre tanto, Amaury manipuló el martillo, secó el mecanismo de ignición y la cazoleta con un pañuelo, cogió pólvora nueva de un chifle de marfil y la echó en la cazoleta. Realizó la operación sin apresurarse y de forma precisa. Vedvyas observaba sus preparativos con los ojos muy abiertos por la consternación que lo invadía.

Amaury amartilló la pistola.

—¿Listo para morir? —le preguntó.

Vedvyas llenó sus pulmones de aire que luego exhaló lentamente.

—¿Es ésta la caballerosidad *fringee* que ensalzan nuestros poetas? ¿Va a asesinar a un enemigo derrotado, apresado e indefenso?

—En efecto. Y, después —dijo Amaury en tono férreo—, le cortaré la cabeza y se la mostraré a su escolta pinchada en una lanza para preguntarles si creen que merece la pena arriesgar sus preciadas vidas por semejante trofeo.

Amaury volvió a colocar la boca de la pistola sobre el pecho de aquel hombre mirándole a los ojos fijamente.

—Estoy dispuesto a negociar —dijo Vedvyas dejando caer los hombros.

—Sabia decisión —respondió Amaury implacable—. Coja su caballo y venga conmigo.

Indicó a Vedvyas que fuera delante. Él lo seguía muy de cerca sin dejar de apuntarlo a la espalda con la pistola. Cabalgaron en columna hasta la cumbre.

—Ordenará a sus hombres que tiren las lanzas, bajen de los caballos y se dirijan hacia las bocas de mis cañones. Allí deberán detenerse a esperar mis órdenes.

—Se está metiendo en la boca del lobo usted solo. ¿Qué ocurriría si me niego? —respondió Vedvyas por encima del hombro.

—Moriría.

—Igual que usted. Doscientas lanzas sesgarían su vida en un abrir y cerrar de ojos.

—Ése es un riesgo, Vedvyas, que estoy dispuesto a asumir basándome en su honor.

El *mirasdar* se giró sobre la silla de montar, miró a Amaury a los ojos y soltó una carcajada que puso de relieve unos inmaculados dientes sobre su oscura tez.

—He oído hablar de sus hazañas en combate y he comprobado con mi propia espada que su reputación es bien merecida. Es usted un hombre muy valiente, *Umree Sahib*. No le tenderé una estúpida trampa pues estoy convencido de que, en el futuro, nos irá muy bien juntos.

Amaury se guardó la pistola en el fajín, clavó una espuela en un costado a Hannibal y se puso a la altura de su prisionero. Dio la mano a Vedvyas por encima de la montura.

—Me ha leído el pensamiento. Ha sido una suerte que mi pistola fallase el tiro.

La furiosa obertura del monzón fue disminuyendo su potencia sonora. Los relámpagos bramaban y retumbaban, pero se iban retirando en la distancia. La lluvia formaba un velo a la deriva que, vacilante en el aire, acabó por reducirse y desaparecer. Por unos instantes, las nubes se apartaron y dejaron al descubierto un fragmento de cielo que asemejaba una alfombra de color azul pálido.

Vedvyas pasó un brazo por los hombros a Amaury, tiró de las riendas y dirigió un discurso a sus tropas.

—¡Es imposible! —dijo Marriott—. Nuestros hombres han recorrido treinta millas, han librado una batalla y no han dormido. Necesitan descansar ¡Míralos!

Los cipayos, con los uniformes empapados, se apiñaban en torno a los mosquetes, apilados como si de inseguras garberas de grano se tratara. Algunos estaban tumbados boca arriba y dormían tapándose los ojos con los antebrazos. Los centinelas, agotados, descansaban apoyados sobre los mosquetes, dando cabezadas a punto de caer en un profundo sueño. Justo cuando se iban a quedar dormidos, la cabeza se les caía hacia un lado con un brusco movimiento que los despertaba. La caballería de Vedvyas, vigilada por los cañones, holgazaneaba junto a sus caballos e intentaba en vano encender hogueras con una leña totalmente empapada. El viento se encargaba de disipar las reducidas espirales de humo que lograban avivar. En los emplazamientos de los cañones, los artilleros dormían al lado de sus piezas. Sólo Welladvice, ojeroso y vigilante, no quitaba ojo a la caballería, de la que no se fiaba, ni tampoco se separaba de su botafuego.

—Es absolutamente necesario —afirmó Amaury— que partamos hacia Hurrondah de inmediato. Las noticias de la derrota de Vedvyas se esparcirán como la pólvora y podría quedar alguien que decidiera organizar la resistencia. La ciudad es como una fortaleza y es bastante dudoso que nuestros cañones de seis libras vayan a ser capaces de ofrecer una buena alternativa para emprender un asedio.

Vedvyas estaba sentado en un lugar un poco apartado con los brazos alrededor de las rodillas. Su mirada iba de cara en cara intentando seguir aquella conversación en una lengua que le era extraña. La tormenta había conferido algo de frescor al aire. Marriott tenía la ropa mojada y tiritaba de frío. Meditaba sobre la certera posibilidad de padecer fiebres palúdicas. Señaló al valle.

—Según mis cálculos, los muertos del enemigo ascienden a unos seiscientos. Muchos otros han sido heridos y todos ellos han huido. No creo que estén en ningún caso en condiciones de volverse a enfrentar a nuestras fuerzas.

—Me alegra que así sea —respondió Todd—. Hugo, mis hombres tampoco están en condiciones de recorrer otras treinta millas ahora mismo. Y tampoco eso nos supondría una enorme ventaja. Hemos logrado apresar al bribón que los dirige y podemos usarlo como rehén para asegurarnos de que sus vasallos no hagan nada en contra nuestra. Falta una hora para que el sol se ponga. Acampemos aquí para pasar la noche y descansar. Mañana al amanecer continuaremos con la marcha.

—No es mala idea —dijo Marriott—. Estoy plenamente de acuerdo contigo, Henry.

Amaury se tumbó boca arriba con los dedos de las manos entrelazados bajo la nuca y contempló las nubes.

—Pones en peligro los frutos de la victoria. Sin embargo, Charles, tú eres quien tiene la autoridad y tus órdenes deben ser acatadas. Me atrevo a pensar que habrás meditado la manera de custodiar durante toda la noche a los hombres de la caballería enemiga por mucho que estén desarmados. En la oscuridad, nuestros artilleros no podrán ver si traman algo.

Todd se frotó los ojos. El cansancio y la tensión de la batalla habían acentuado las facciones de su joven rostro.

—Un enojoso problema. Sin embargo, mis compañías son incapaces de...

—¿Incapaces? —lo interrumpió Amaury con serenidad—. Esa palabra no tiene cabida en el vocabulario de un soldado diligente. Algún día lo aprenderás, Henry. Tratemos el asunto con Vedvyas.

Se reclinó sobre un codo y comenzó a intercambiar con el *mirasdar* rápidas frases en hindi, planteando varias preguntas y recibiendo las correspondientes respuestas. Todd escuchaba con el ceño fruncido y una seria expresión de desaprobación en el rostro. Amaury se volvió a tumbar boca arriba con las manos tras la cabeza.

—Solucionado. El escuadrón quedará bajo mi mando y obedecerá fielmente mis órdenes. Welladvice y sus artilleros pueden dormir tranquilos esta noche.

—¿Te fías de la palabra de este indígena? —preguntó Marriott incrédulo.

—Totalmente. Parece un hombre muy civilizado.

—¡Se pasa de civilizado! —dijo bruscamente Todd—. No es más que un bribón sin principios con un pico de oro, como todos sus congéneres. A pesar de los inconvenientes, pienso montar una guardia para custodiar a sus hombres al anochecer.

Amaury volvió la cabeza y miró al alférez a los ojos.

—No harás tal cosa, Henry. La vieja escolta de Vedvyas ha sido puesta a *mi* cargo, no al tuyo ni al de la Compañía. Ésas son sus condiciones y yo las he aceptado, al igual que asumo toda la responsabilidad.

—¿Acaso estás —dijo Marriott sarcásticamente— alistando un ejército privado?

—Eso podría parecer, ¿no?

Amaury sonrió benévolamente mirando al cielo.

CAPÍTULO SIETE

Hurrondah era una ciudad fortificada encaramada en una escarpada montaña que se elevaba cien pies por encima de la llanura. Sus pendientes eran pedregales llenos de rocas enormes. Sus faldas estaban cubiertas por campos cultivados, praderas y bosques en una suerte de manto ocre, verde y pardo. A sus pies, un desolado paisaje pedregoso ascendía hasta las murallas protegidas por baluartes, que coronaban inhóspitas e imponentes la montaña y rodeaban por completo las casas de tejados planos de aquella ciudad. Los tentáculos de las nubes peinaban el punto más alto de Hurrondah y una cortina de lluvia hacía brillar aquellas sombrías murallas grises.

Los hombres que habían logrado huir de la batalla habían anunciado la derrota, desastre rápidamente confirmado por el ultimátum que Vedvyas, siguiendo el dictado de Marriott, había escrito a un sobrino suyo a quien había dejado custodiando la ciudad. Al amanecer, los hombres de la Compañía y sus cautivos jinetes se pusieron en marcha. Llegaron a Hurrondah a media tarde. Vedvyas, escoltado por Marriott, Amaury y una columna de cipayos los guió por un difícil sendero a través de las rocas hasta las puertas de la ciudad, que aguardaban abiertas.

Los baluartes y las almenas estaban desiertos. Recorrieron las retorcidas calles bajo la atenta mirada de las múltiples caras que se ocultaban tras altas ventanas enrejadas. Atravesaron unas plazas que estaban completamente vacías de vida, a excepción de unas cuantas cabras y varios burros y, por fin, llegaron al pequeño palacio que coronaba la montaña. Era un edificio de dos plantas en forma de L que contenía un patio descubierto en el que se apreciaban las claras huellas de una desbandada provocada por el pánico. Estaba lleno de cajas y fardos atados con cuerdas, bueyes cargados esperando pacientemente, y carros medio llenos de enseres colocados precipitadamente y a punto de desbordarse. Todo estaba abandonado. Entraron a una sala de audiencias que tenía el piso de piedra y estaba adornada por varias columnas esculpidas que sujetaban el techo.

Un oficial solitario se escondía cobardemente tras el trono lleno de cojines.

—¿Dónde —inquirió Amaury— están sus hombres?

Vedvyas extendió sus manos.

—Algunos han huido y los demás se han escondido. Tienen miedo, *sahib*, de la venganza de la Compañía. ¿Cuándo —preguntó afablemente— emprenderá el saqueo?

Amaury tradujo sus palabras.

—¿Nos considera este hombre unos salvajes? —respondió Marriott enfadado—. Dile, Hugo, que envíe por toda la ciudad mensajeros que anuncien que sus propiedades y sus vidas están a salvo. Únicamente necesitaremos un sitio para cobijar a nuestras tropas y requisaremos los víveres que necesitemos. Por supuesto, pagaremos por todo lo que tomemos.

—No olvide, *sirdar sahib* —tranquilizó Amaury a Vedvyas—, que Hurrondah, y en realidad todo Bahrampal, están a partir de ahora bajo la protección de la Compañía. No tenemos por costumbre saquear aquello que custodiamos.

Vedvyas sonrió.

—No es eso lo que oí decir cuando murió Tipu.

—Seringapatam —dijo Amaury devolviéndole la sonrisa— se resistió y fue tomada por asalto. Y, como manda la tradición bélica, fue entregada al saqueo. Una tradición que conoce usted muy bien, amigo mío. Y ahora, veamos. ¿Dónde podemos alojarnos?

—La casa es toda suya —señaló hacia un ala que flanqueaba el patio—. Allí viven mi familia y mis mujeres. Si me dan tiempo...

—No las moleste. Las demás partes del palacio son más que suficientes.

Marriott, analizando cada uno de los gestos, logró captar el significado de aquellas frases.

—Estamos concediendo a este canalla demasiadas cortesías —gruñó—. Te ruego que insistamos...

—Hasta que hayamos decidido qué hacer con Vedvyas, sería descortés ofenderlo todavía más. Puede que aún lo necesitemos para dar a sus hombres órdenes en nuestro nombre.

—Yo no concibo ninguna otra cosa que hacer con él salvo encerrarlo en prisión una larga temporada. Cuando haya convencido a sus gentes de que no pretendemos hacerles daño alguno, será mejor que lo metamos entre rejas.

Amaury cogió a Marriott de un brazo y lo llevó donde no pudieran oírlos.

—Charles, te suplico que trates a ese hombre con discreción. Será la primera prueba a la que tu gobierno se verá sometido. Durante años, Vedvyas ha ejercido el poder y la autoridad en Bahrampal. Los *mirasdares* lo han obedecido y se han acostumbrado a sus edictos a la hora de dirigir sus asuntos. Sin su mediación, perderás la comunicación con ellos. Te encontrarás tanteando un terreno vacío porque, libres del yugo de Vedvyas, los *mirasdares* no se someterán fácilmente ni sin más al dominio de la Compañía. ¿Por qué iban a pensar que no los extorsionaremos del mismo modo que Vedvyas?

—Sinceramente —dijo Marriott indignado—, ¿estás proponiendo convertir a ese hombre en regente en nombre de la Compañía?

—No, pero sugiero que te tomes la victoria con moderación. Por supuesto, Vedvyas debe renunciar a todos los distritos de los que se ha apoderado. Pero te pido de corazón que le permitas conservar Hurrondah para que, en señal de gratitud, utilice su influencia en favor nuestro.

Marriott se paseó unos instantes por la sala meditándolo seriamente. Después, regresó a donde estaba Vedvyas.

—Hace años que impuso usted un reinado ilegal en unas tierras que tomó por la fuerza y, desde entonces, se ha estado beneficiando de unas rentas cuya legítima dueña era la Compañía. Dado que, al parecer, la autoridad de la Compañía no estaba clara en Bahrampal durante todo el tiempo que han durado sus transgresiones, asumiremos gustosos que actuó movido por la ignorancia más que por rebeldía. Por tanto, deberá entregar todo lo demás, pero podrá seguir siendo el *mirasdar* de Hurrondah siempre que el gobernador así lo autorice.

Aquellas rotundas frases oficiales hicieron sonreír a Amaury, que se apresuró a traducirlas. Vedvyas hizo una reverencia juntando las puntas de los dedos en la frente, con una expresión impasible en el rostro.

—En el peor de los casos, esperaba la muerte y, en el mejor, el encarcelamiento. Su compasión será correspondida y la Compañía tendrá en mí a un fiel y diligente servidor.

—Muy bien —dijo Marriott con tono de eficiencia—. Puede empezar a demostrar su fidelidad ya mismo dando alojamiento a nuestros hombres, dejando que nuestros caballos usen sus cuadras, proporcionando víveres a ambos y permitiendo que los bueyes traigan los cañones hasta aquí. Luego, deberá llamar a las gentes que han huido, aplacar los temores de los que aún quedan y devolver la normalidad a la ciudad.

Cuando Amaury terminó de transmitir al *mirasdar* las instrucciones, éste salió de la sala.

—Hugo, he hecho lo que me has aconsejado. Confío en que ese hombre no nos traicione —dijo Marriott.

—Vedvyas —dijo Amaury pensativo— es un indígena. La traición es en él algo tan natural como el aire que respira. Pero como nuestros planes también sirven a sus intereses, creo que nos será leal.

Marriott decidió que Hurrondah se convirtiese en la sede del gobierno de la Compañía en Bahrampal, de modo que los europeos acomodaron sus aposentos en el palacio. Cuando terminó la época del monzón, anunció su intención de construir una residencia en la llanura al pie de la montaña.

—El recaudador no debe esconderse cobardemente tras una fortaleza. Debemos dejar claro que Bahrampal es un lugar seguro y debemos empezar por dar ejemplo.

Mandaron ir a buscar al grupo de civiles que se habían quedado en Gopalpore, junto con todos los enseres. Marriott permitió a Vedvyas enviar a un grupo de hombres al campo de batalla para enterrar o incinerar a sus muertos. La Compañía había sufrido pocas bajas: el artillero al que dio muerte la carga que se disparó antes de tiempo accidentalmente, tres cipayos y un *hircarrah*. Welladvice pidió permiso para requisar unos bueyes de tiro e ir a recoger la artillería enemiga.

—Nunca se sabe, señor. A lo mejor vista bien de cerca resulta que no es tan mala como parece. Y, en todo caso, su metal nos serviría de todas maneras.

Arrastró los dos cañones enemigos hasta el lugar donde habían guardado el resto de la artillería y caminó alrededor de ellos examinándolos a fondo. Ambas piezas desaparecieron en la fundición que creó en el barrio de los metalúrgicos de la ciudad.

Marriott envió cartas a los *mirasdares* y caciques de todas las aldeas convocándolos a una *durbar*. «Será mejor dar señas de nuestra autoridad cuanto antes, ahora que el recuerdo de nuestra victoria aún está fresco en sus mentes.» Los distintos jefes fueron llegando a lo largo de varios días en compañía de los séquitos que correspondían a su rango. Marriott esperaba ansioso la llegada de Gopal Rao porque, dada la promesa de aquel anciano, no tenía claro si Gopal se enfrentaría ahora al enemigo que, aunque derrotado, aún estaba vivo y coleando.

Una lluviosa mañana, Gopal por fin cruzó las puertas. Marriott llevó al *mirasdar* aparte de sus demás compañeros gentilmente, lo acomodó en la sala de audiencias y mandó que quitasen a aquel patriarca la empapada capa que llevaba.

—He atendido a su cita como corresponde a la cortesía y la rectitud —dijo el anciano recurriendo a su *banian* para que hiciera de intérprete—. Pero no me puede pedir más. No puedo gobernar en un distrito a cuya capital no puedo acceder. Mi hijo Srinivas ocupa mi lugar al mando y está a la espera de la oferta que usted decida hacerle.

—Srinivas tiene una actitud hostil. La Compañía no está dispuesta a dejar una importante ciudad en manos de alguien en quien no puede confiar. Le ruego, Gopaljee, que lo reconsidere.

—¿Y romper mi juramento? —sus labios se retorcieron esgrimiendo una amarga sonrisa—. Sólo con la muerte de Vedvyas quedaría libre de mi promesa. Y usted ha permitido que viva.

Unos criados llevaron a la sala dos narguiles, avivaron el carbón con que se encendían y entregaron sendas boquillas a los dos hombres allí reunidos. Gopal Rao aspiró el humo, lo inhaló y lo exhaló después en una bocanada.

—El hombre que le ha impuesto esas cadenas que tanto le limitan también puede romperlas —dijo Marriott midiendo sus palabras.

Antes de que el *mirasdar* tuviera tiempo de responder, envió a un mensajero en busca de Vedvyas.

Se mantuvieron a la espera en silencio, dando bocanadas de humo. Gopal tenía una misteriosa expresión en la cara. Vedvyas entró en la sala. Sus desarrollados músculos se adivinaban perfectamente bajo la amplia capa larga que vestía. En la cabeza, llevaba un turbante plano bordado. Se inclinó ante Marriott y observó impasible el arrugado rostro del hombre al que él había mutilado. Gopal lo miró un instante, retomó su actitud contemplativa y dio una honda calada al narguile. Abstraído, tiró de su túnica dejando claramente a la vista el muñón que normalmente llevaba oculto.

—Le pido un favor, Vedvyas *sahib* —dijo Marriott—. En una ocasión y valiéndose de la coacción, usted obligó a mi amigo Gopal Rao de Gopalpore a jurar que renunciaría a su ciudad mientras usted viviese. Ahora le suplico que lo libre de ese juramento.

—Ésa es una promesa que este hombre hizo a los dioses, no a mí —respondió Vedvyas acariciándose el bigote—. ¿Quién soy yo para romper un voto sagrado?

—Si se niega, la alternativa es la muerte. No dudaré en colgarlo como a un perro.

Vedvyas miró inquisitivamente a Marriott y comprendió que estaba decidido a cumplir su amenaza.

—Está bien. Teniendo en cuenta el precio a pagar en caso contrario, lo libero gustoso de su juramento. ¿Satisfecho, Gopal Rao?

El aire pensativo de Gopal se había esfumado. Ahora, una expresión de fría furia se había dibujado en su rostro.

—Me has dispensado de manera insultante, como cuando un soberbio rajá lanza una limosna a un vagabundo con desprecio —colocó el cauterizado muñón a la altura de la nariz de Vedvyas—. ¿Me devolverá tu arrogante caridad la mano con la que blandía la espada? Arrodíllate a mis pies, Vedvyas Daulat Ram, del mismo modo que yo me arrodillé a los tuyos en aquella ocasión. Libérame de mi juramento y devuélveme el honor con la debida ceremonia.

Aunque no comprendía aquel veloz intercambio de frases en hindi, Marriott ordenó a su *banian* interrumpir la traducción que iba susurrándole. Los gestos y las expresiones de aquellos hombres le bastaban para captar el sentido.

—¿Humillarme —dijo Vedvyas con desdén— ante alguien a quien yo mismo he aplastado con el pie? ¡Antes preferiría sacrificar mis extremidades! —Se descubrió un brazo y lo extendió—. Te ofrezco esta recompensa. Por el brazo que te sesgué, te doy el mío. Desenfunda tu cimitarra, Gopal, y córtamelo.

Una despiadada mueca dejó al descubierto los amarillentos dientes del anciano. Agarró la empuñadura y sacó la espada de la vaina haciendo un fuerte ruido. Marriott, atónito, contempló cómo el *mirasdar* se irguió, posó el filo sobre la muñeca de Vedvyas y levantó la hoja. Se puso en pie de un respingo.

Gopal, sonriendo con una enorme frialdad, enfundó su espada.

—Tienes valor, Vedvyas. Ni siquiera te has estremecido. Pero, ¿de qué me serviría a mí tomar un miembro a cambio de otro? Prefiero aceptar la anulación de mi promesa. —Se volvió hacia Marriott—. Recaudador *sahib*, si así le place, retomaré el lugar que me corresponde en Gopalpore.

La hostilidad era patente en los ojos de Vedvyas, que lanzaron una furiosa mirada a Marriott.

—He obedecido sus órdenes, *sahib*. ¿Puedo irme ahora?

Gopal contempló cómo aquella altanera figura se dirigía hacia la puerta.

—Ha mancillado la reputación de ese hombre en mi nombre y se ha granjeado un enemigo. ¿Cree que ha sido una sabia decisión?

Marriott suspiró.

—Era algo inevitable. Mantendré vigilado a Vedvyas y espero que en el *jagir* existan hombres en los que la Compañía que los gobierna pueda confiar.

La *durbar* se celebró en la sala de audiencias y congregó a unos doscientos indígenas influyentes en Bahrampal. Todd estableció una impresionante alineación de cipayos escarlata a lo largo de las paredes y colocó un guardia a la espalda del recaudador.

—No, Henry. El gobierno de Bahrampal está en manos de civiles. La presencia de fuerzas militares debe ser moderada si no queremos que los indígenas crean que no nos sentimos seguros.

Marriott dio por buenas esas indicaciones, preparó al puñado habitual de *peones* uniformados y sustituyó el trono por una silla de madera.

—Soy un funcionario de la Compañía, no un reyezuelo hindú.

Leyó los términos del tratado firmado en 1766 que imponían la autoridad de la Compañía y enumeraban detalladamente todos los impuestos, peajes y rentas anteriormente pagados al *nizam* y que ahora pertenecían a la Compañía. Las expresiones de sorpresa y alivio de aquellos hombres dejaron claro que Vedvyas les había exigido mucho más durante su supremacía.

Marriott, sentado ociosamente, escuchaba la interminable traducción —el *banian* hablaba a turnos hindi, persa y urdu para asegurarse de que todos los presentes entendieran lo allí dicho. Aquellas palabras le habían hecho pensar. «Vedvyas debía de tener un tesoro. ¿Dónde estaría ahora? Seguramente, seguiría en sus arcas, fruto de saqueos perpetrados a lo largo de dos décadas. ¿No debería pertenecer aquel botín —pensó mientras analizaba los trigueños rostros de aquella hilera de hombres que escuchaban atentamente— exclusivamente a la Compañía? Tenía que averiguar discretamente dónde estaba y obligar a aquel bribón a entregárselo.»

Los *mirasdares* y los caciques de las aldeas fueron pasando en procesión ante su silla. Él los saludó a todos y les prometió visitar el *jagir* deteniéndose en todas sus aldeas. Se dio cuenta de las aprensivas miradas que lanzaban a la grandiosa figura de Vedvyas, que presidía la sala con una resplandeciente túnica dorada y un turbante adornado con una joya. Los vínculos fruto del temor no estaban aún deshechos del todo. Los congregados no podían entender la rareza del *fringee* al permitir al enemigo derrotado conservar su vida y su rango. «Una auténtica pena —pensó Marriott— que la pistola de Amaury fallara aquel tiro.»

Dio por finalizada la *durbar* y, antes de que aquellos hombres regresaran a sus casas, habló una vez más con Gopal Rao.

—Srinivas no aceptará tan fácilmente ser destronado y retirado de su palacio, *sirdarjee*. Por supuesto, deberá darle voz en su consejo pero, ¿cómo podrá estar seguro de que no usará sus antiguas influencias contra usted?

El viejo *mirasdar* lanzó a Marriott una mirada inconmensurable.

—No tema, *sahib*. Si mi hijo se mostrara subversivo, haré que su memoria recuerde sus deberes con severidad.

Pero fue el propio Srinivas quien pasó a formar parte de la memoria de los demás. Según le contaron a Marriott, tras comer excesivamente y con gran opulencia en una fiesta celebrada en casa de su padre pocas semanas después, enfermó de manera misteriosa y murió en medio de horrendos dolores.

Marriott escribió a Fane pidiéndole que se trasladara a Hurrondah con los animales, el bagaje y el grupo de civiles que habían dejado en Moolvaunee. Escribió una carta de amor a Amelia y una carta oficial al Consejo, relatando la derrota de Vedvyas y las medidas que proponía adoptar para gobernar Bahrampal. Envió a una compañía de cipayos a que escoltasen a Fane y su convoy. Aunque la resistencia organizada había terminado, se había extendido el desorden por las carreteras y los caminos. Después, dio las instrucciones pertinentes para levantar la residencia del recaudador y empezó a organizar el largo viaje que pensaba hacer por el territorio.

—Has decidido enfrentarte a un viaje extremadamente tedioso —apuntó Amaury—. Cuando te adentres donde impera el monzón, el camino será endiabladamente arduo. ¿Necesitarás mis servicios?

—Será mejor, Hugo, que me vaya acostumbrando por mí mismo a las complicaciones que supone el trabajo de un recaudador que, según tengo entendido, suele ser una labor solitaria. Haría mal si dependiera siempre del consejo ajeno.

Amaury ocultó su sorpresa. «Charles se estaba volviendo endemoniadamente concienzudo.»

—Me atrevo a afirmar que tienes razón. Mientras tanto, me las arreglaré para buscarme una ocupación con la que matar el tiempo.

De hecho, Amaury no sabía qué hacer en esa época de tregua. Atrás quedaban la frenética energía que lo había guiado durante la incruenta ocupación de Gopalpore, la escaramuza que ideó para derrotar a los asediadores, el largo viaje de reconocimiento que realizó en las inexploradas tierras de Bahrampal y la emboscada con la que destruyó al andrajoso ejército de Vedvyas. Todas esas cosas se habían secado como la sangre que brota de una herida mortal. La fuerza que lo movía se había desvanecido. Marriott estudiaba minuciosamente los asientos correspondientes a los impuestos y las rentas a la par que preparaba su viaje. Todd pasaba revista, dirigía las maniobras militares y realizaba inspecciones. Welladvice acudía a su fundición al alba y nunca salía de ella antes del anochecer. Pero Amaury no tenía papel alguno que desempeñar en la pacífica colonización de aquel distrito.

Recorría sin rumbo fijo los callejones de Hurrondah, siempre abarrotados por las gentes de la ciudad, llenos de tenderetes y puestos de comerciantes, con el bullicio de los tenderos que gritaban las bondades de sus mercancías. Una vez, durante uno de esos paseos, se detuvo ante la entrada del edificio de adobe que había sido ocupado ilegalmente para establecer la fundición. Echó un vistazo a la sala llena de humo, tan sólo iluminada por la luz que se colaba por las estrechas ventanas y por los destellos del horno. Multitud de hombres con el cuerpo empapado en sudor trabajaban bajo el ensordecedor golpeteo de un metal contra otro en un ambiente tan sofocante como el del más profundo de los avernos del infierno. El marinero, lleno de mugre y sudoroso, lo vio apostado a la puerta.

—¿Qué es lo que le tiene tan ocupado, señor Welladvice?

—Estoy fundiendo un par de piezas de seis libras, señor —echó mano a una botella de ron estratégicamente situada sobre un alféizar, inclinó la cabeza, pegó un trago y se secó la boca—. Están casi terminadas. Dentro de poco, haremos los carros y, entonces, podrá usted tener una auténtica compañía de artillería. Dos divisiones con dos cañones cada una.

Amaury sonrió.

—Una diligente tarea que nadie le ha ordenado. ¿Por qué lo hace?

—Verá, señor, se lo voy a explicar. Yo disfruto creando armas. Fui educado para ello, por no hablar de todos los años que pasé en la Torre. Aprovechando que todos esos artilleros que alistamos en Gopalpore no hacían más que holgazanear soñando con un trabajo de verdad, que no es otro que fabricar cosas con metal, les he dado empleo. Y, además, estoy seguro de que en estas tierras olvidadas por Dios, donde esos oscuros infieles se multiplican como las avispas, cuanta más artillería se tenga, mejor.

Amaury, sacudido por las espirales de humo que se colaron por la puerta, tosió y se tapó la boca con un pañuelo.

—Una precaución extraordinariamente adecuada, señor Welladvice. Pero, ¿de dónde piensa sacar destacamentos para aprender a usar sus cañones y cómo piensa entrenarlos?

Welladvice escupió hábilmente y pisoteó el glóbulo expulsado.

—Yo hago las armas, señor. Encontrar a los artilleros es su trabajo y, cuando los tenga, me encargaré de entrenarlos —a través del rabillo del ojo vio que uno de sus trabajadores estaba haraganeando y desapareció en la penumbra blasfemando a gritos.

Amaury se marchó. Dando un paseo, fue hasta las cuadras en las que se guarecía la escolta de Vedvyas. Era la única reminiscencia que quedaba del ejército del *mirasdar* y, a menudo, suponía un problemático punto de fricción entre él y Marriott. La inmensa mayoría de los artilleros de Hurrondah habían muerto cuando explotó la carreta cargada de pólvora. Los hombres que sobrevivieron de la infantería y la caballería habían sido reclutados al estilo feudal en las aldeas tributarias y decidieron escaparse y volver a sus hogares. Marriott había ordenado disolver a los doscientos soldados de caballería del *mirasdar*.

—No hay lugar para una milicia privada —declaró rotundamente— en el territorio de la Compañía.

—En ese aspecto coincido plenamente contigo, Charles —dijo Amaury suavemente—. Pero no debes olvidar que Vedvyas se rindió con unas condiciones y una de ellas era que su caballería quedase bajo mi mando. No debemos mancillar nuestra reputación. Los indígenas tienen en alta consideración las promesas de un inglés. Vedvyas pensaría que carezco de todo sentido del honor si disuelvo a su valioso escuadrón.

—¡Valioso! ¡Es terrible! —respondió Marriott enfurecido—. Se supone que las tropas han de cobrar su paga y sus caballos han de ser alimentados. ¡Te puedo asegurar que no pienso dedicar ni un sólo penique de los fondos de la Compañía a tales fines!

—Jamás se me hubiera ocurrido pensar que fueras a hacerlo. Vedvyas sigue pagándolos él mismo, de lo contrario, hace tiempo que se habrían esfumado. Piensa un poco, Charles. Aunque hemos logrado aplastar a las facciones de Bahrampal, nuestras tierras limitan con territorios de enemigos incansables. Los *marathas* no tienen precisamente fama de respetar las leyes.

—Pero rara vez han dado problemas a Vedvyas.

—Probablemente porque les pagaba un tributo. Bahrampal tiene ahora nuevos dueños y los sobornos que antes servían para contener a los *marathas* han dejado de existir. Son una panda de jinetes predadores y saqueadores. Atacan con rapidez y desaparecen. Tus lentos cipayos nunca lograrían detenerlos ni darles caza. ¿No crees conveniente conservar el escuadrón que la victoria nos ha servido en bandeja?

—¡Maldita sea! Te lo advierto, Hugo: cuando regrese de mi viaje, llegaré a un acuerdo que permita preservar tu honor y disolver al mismo tiempo esa mezcolanza de soldados que tanto te empeñas en conservar.

Amaury, paseando entre los caballos, meditaba inquieto sobre el cambio que se había operado en el carácter de Marriott tras sólo unos meses de dura responsabilidad. Aquel frívolo jovencito de Madrás se había transformado en todo un cónsul contundente y franco a cargo de un turbulento territorio. No podía presionar a Marriott. Su propia posición era ambigua y, desde luego, extraoficial.

Escudriñó a los soldados. Tenían el torso al descubierto y estaban cepillando a los caballos. Comparada con las demás fuerzas de Bahrampal, la escolta de Vedvyas era un cuerpo de élite compuesto por mercenarios reclutados mucho más allá de sus fronteras. La mayoría procedía de los *rajputas* de Marwar, conocidos como *rathores*, o de los *rohillas* de Rohilkhand, una cohorte profesional cuya lealtad dependía de la suma que se les pagase y de la promesa de otorgarles un suculento botín. Una promesa que el propio Vedvyas se había visto obligado a cumplir en numerosas ocasiones. ¿Se darían por satisfechos ahora que sus días de saqueo tocaban a su fin? Observando aquellos rostros aguileños, Amaury juzgó poco probable que así fuera. Tratarían de combatir y buscar fortuna en otra parte. Contempló los caballos. Eran unos enjutos jamelgos vigorosos algo más grandes que los ponis, capaces de recorrer cincuenta millas alimentados tan sólo por un puñado de guisantes y un fardo de áspera hierba.

Un extraño sentimiento, vago y amorfo como una nube de verano, se apoderó de la mente de Amaury y le estuvo rondando durante unos instantes como un vilano de cardo revoloteando al son del viento. Abandonó aquel pensamiento y se fue a buscar a Vedvyas al palacio.

El *mirasdar* escuchó taciturno y silencioso sus propuestas y se acarició el bigote.

—Haga lo que quiera, *Umree Sahib*, el escuadrón es suyo. Conmigo ya no tienen nada que hacer. ¿Para qué necesito una escolta? Con su permiso, he estado pensando en despedir a mis hombres. Su función es meramente decorativa y se han convertido en caros juguetes. Pero ya no son un instrumento bélico.

—Caros resultan, es cierto. ¿Estaría dispuesto —continuó Amaury con cautela— a continuar haciéndose cargo de sus pagas mientras pongo mis planes en práctica?

Vedvyas examinó atentamente la cara del inglés.

—Está usted abusando de mi generosidad, *sahib*. Mis ingresos se han reducido ahora que la Honorable Compañía se ha apoderado de gran parte de mis arcas. ¿Por qué debería entregar el resto para mantener a tan inútil baratija?

Amaury calculó la suma que debía de tener en el Banco de Karnataka y consideró la posibilidad de que, si la caballería demostraba su valor, pudiera convencer a Marriott para emplear a aquellos hombres al servicio de la Compañía. Pero enseguida olvidó tan fantasiosa idea. Mantener a aquella escolta le costaría por lo menos cuatrocientas *pagodas* al mes.

—Estoy dispuesto, *sirdarjee*, a costear yo mismo la cuarta parte de los gastos durante tres meses.

—El hecho de que esté dispuesto a empobrecerse —dijo Vedvyas con aspereza— no me parece un buen argumento para convencerme de que yo haga lo mismo.

Amaury se preparó para realizar un largo intento para persuadir al *mirasdar*. Adujo multitud de razones, disparándolas como si de cañonazos se tratara. Hurrondah seguía siendo una fuente de ingresos para su desinflada fortuna y la sola existencia de aquella caballería quitaba a los saqueadores las ganas de acercarse y acabar con ella. Si consentía que la Compañía ordenase la disolución de la caballería, su prestigio se vería todavía más comprometido. Por otra parte, si reorganizaba el escuadrón como él había propuesto, dotando a la caballería de artillería, su fama se recuperaría.

A su vez, Vedvyas fue refutando cada uno de aquellos argumentos ordenadamente para terminar negociando al más puro estilo indostaní.

Amaury supo que había ganado; lo único que quedaba por hacer era establecer las condiciones. Tras una hora de dura negociación, se secó la frente.

—El trato que propone es bastante roñoso, *sirdar sahib*. Pero está bien. Correré con la *mitad* de los gastos yo mismo, pero sólo durante tres meses. Después, deberemos revisar las condiciones.

—De acuerdo —respondió Vedvyas mirando a Amaury con curiosidad—. Aunque no comprendo qué fin persigue, *Umree Sahib*, para prolongar de tal manera la existencia de mi escuadrón.

—Soy un soldado sin órdenes que cumplir —respondió Amaury riéndose—. Así tendré algo que hacer.

Después, salió al patio. El raído manto de nubes que formaba la retaguardia del veloz monzón cruzó el cielo agitadamente. Los fugaces rayos de sol se colaban entre ellas y acariciaban el embarrado suelo haciendo que los charcos relucieran como platillos dorados dispersos. El evanescente pensamiento de antes volvió a deslizarse en su mente, esta vez más firme y con los cabos más atados. Se detuvo un momento a acariciarse meditabundo la barbilla.

—¡Una idea disparatada! —dijo el capitán Amaury—. ¡Totalmente falta de sentido práctico!

Marriott emprendió su viaje llevando consigo un convoy de media milla de longitud provisto de bueyes, carros y sirvientes, todos ellos custodiados por un destacamento de cipayos que decidió añadir tras la insistencia de Amaury en que así fuera.

—¡Eso es algo superfluo! —dijo Marriott—. Los *peones* armados son más que suficientes. Si viajamos con presencia militar parecerá que tenemos desconfianza.

—Mejor será convertirse en un recaudador desconfiado, pero vivo —respondió Amaury—, que en un cadáver en medio la jungla.

Marriott partió refunfuñando y ordenó a los cipayos que se colocasen en la retaguardia, tan lejos de su persona como fuera posible.

La laxitud de Amaury desapareció. Examinó a la escolta de Vedvyas y dividió a los hombres que la formaban en dos grupos: la mitad eran *rajputas* y la otra mitad *rohillas.* Puesto que todos aquellos mercenarios indígenas eran dueños de sus propios caballos y monturas, los animales iban incluidos en el lote. Reunió al escuadrón en un círculo frente al barracón y explicó sus intenciones.

—Los hombres de Rajputana, unos valerosos jinetes desde que sus antecesores llegaran a esta tierra, nunca han conocido otro tipo de oficio que el de servir como soldados sobre sus sillas de montar. Quiero que continúen con su función como caballería, pero con una disciplina y una formación al estilo *fringee* hasta que nadie, a excepción de los ingleses, se les pueda resistir.

—A menudo hemos librado batallas en las que hemos derrotado a nuestros enemigos —objetó un *risaldar rajputa*—. ¡No hay nada que ningún extranjero pueda enseñarnos!

—Si duda —replicó Amaury sonriendo benévolamente—, las levas que se han rebelado contra lord Vedvyas han sufrido vuestro azote pero, ¿se ha enfrentado alguno de vosotros alguna vez a la caballería *fringee*, espada contra espada?

Un forajido con la cara surcada por una cicatriz levantó la mano.

—Yo serví en una ocasión al sultán Tipu y luché en la batalla de Malavelly.

—¡Enhorabuena, hermano! Yo también estuve allí. ¿Cómo te fue?

El *rathor* sonrió torciendo la boca.

—Un *risala* cipayo cargó contra nosotros. No paramos de correr hasta que llegamos a Seringapatam.

—Así es como siempre ha sido. Los soldados indostaníes rara vez logran vencer a las tropas de la Compañía en el campo de batalla. Pero eso no tiene ningún misterio; simplemente, su grado de disciplina es superior. Por eso yo os pondré a su altura.

Se volvió hacia los *rohillas*, que estaban sentados de cuclillas con las piernas cruzadas y los sables en el regazo.

—Vosotros, amigos míos, habéis sido el azote del Indostán desde que los *pastunes* saquearan Delhi por primera vez. Pretendo aprovechar vuestra destreza y enseñaros a usar la artillería.

Los rostros barbados de aquellos hombres no ocultaron la consternación que los invadió. Un torrente de murmullos rompió el silencio que había surgido a causa del estupor. Amaury alzó los dos brazos.

—¿Por qué os sorprendéis tanto? ¿Son las armas de artillería algo impuro y ajeno a vuestra casta? No hay magia en la artillería, hermanos. Incluso un niño podría aprender a usarla si se le enseñase bien. ¿No usaron los ejércitos mogoles cientos de cañones? ¿No son envidiados los artilleros porque reciben una paga correspondiente a su cualificación, muy superior a la de los demás soldados?

Amaury dio una palmada y concluyó:

—Ésa será la paga que se os dará a vosotros también. Todo hombre que se esfuerce y pruebe su valía para el manejo de la artillería ganará sesenta *fanams* al mes.

La oferta hizo que se inclinara la balanza y unas sonrisas de complacencia se dibujaron sobre las barbas de los *rohillas*. Entonces, los *rathores* comenzaron a quejarse dando muestras de disconformidad.

Amaury supo aprovechar el momento y, señalando con la mano a aquellas caras resentidas, dijo:

—En cuanto a vosotros, muchachos míos, aumentaré la paga mensual de los soldados a cuarenta y cinco *fanams* para igualarla al salario de los cipayos de la Compañía. La de los *risaldares* ascenderá a quince *pagodas* y la del resto de rangos irá subiendo en proporción como corresponda.

Los murmullos cesaron. Amaury despidió a aquellos hombres, todos ellos satisfechos con la paga prometida que duplicaba la escala actual. Seguramente, Vedvyas se enfurecería ante tal incremento de la carga financiera, pero estaba obligado a cumplir con el trato y en él no se había mencionado nada acerca de las pagas. Amaury volvió a la fundición y sacó a Welladvice de sus hornos.

—¿Cómo va la cosa?

—Con normalidad, señor, con normalidad. Las piezas ya están hechas y los carros casi listos. Tenemos que forjar las llantas para las ruedas. Después, pasaremos a los armones y las cureñas.

—Un trabajo de suma importancia, señor Welladvice. Le comunico que cuento con destacamentos para toda esa artillería y que espero que, tal y como prometió, se haga usted cargo de entrenar a los hombres.

Amaury le describió brevemente cómo estaban organizados los soldados. Welladvice se rascó uno de sus ásperos brazos.

—De acuerdo, señor. Conozco a esos bribones de los *rohillas* y creo que, con algo de tiempo, se podrán convertir en buenos artilleros. Después de todo, ya han sido soldados de caballería antes, así que la mitad de su entrenamiento ya está hecho —hizo unos rápidos cálculos con los dedos murmurando algo entre dientes—. Para una compañía de cuatro cañones necesitará unos cien hombres y alrededor de noventa caballos, sin contar con los segadores y los mozos de cuadra.

—Puedo alistarlos entre las gentes de por aquí.

—Sí, uno por cada caballo. —Su barba raspaba como una lima oxidada—. ¿Qué hará con los artilleros que trajo de Gopalpore? ¿No pueden los *hircarrahs* dirigir los tiros de los cañones?

—Los *hircarrahs* han retomado las labores que realmente les corresponden como espías y exploradores. Dios sabe que los necesitamos. Los artilleros sólo son simples comerciantes usando las armas que ellos mismos han fabricado, nada belicosos y, seguramente, nada fiables bajo fuego. Su actuación en el campo de batalla fue buena y ya han cumplido con la labor que les tocaba. Pero ahora, lejos de sus hogares, están empezando a sentirse agotados e infelices. Los mantendremos un tiempo, señor Welladvice, para que enseñen a los nuevos reclutas cómo se maneja la artillería. Después, les daremos una buena recompensa y dejaremos que regresen a Gopalpore.

La llanura situada bajo el peñasco sobre el que descansaba Hurrondah fue el lugar elegido por Amaury para domesticar a los tiros de los cañones y entrenar a la caballería. Tan pronto los colmaba de halagos y lisonjas como deploraba su falta de habilidad, los animaba con bromas subidas de tono o les dedicaba los más terribles improperios. Gracias a su poderosa personalidad, no sólo convenció a aquellos testarudos guerreros para que aceptasen someterse a la disciplina ajena que tanto despreciaban, sino que también logró que se sintieran orgullosos de sus progresos. Escogió el armamento y dotó a hombres y caballos de cimitarras, pistolas, picas, dagas, lanzas e incluso algún que otro mosquete de mecha. Accedió a entregarles una cimitarra y un par de pistolas por cabeza.

—Las lanzas son armas de las que uno no se puede fiar. ¡Sólo las usa la caballería polaca!

Por las noches, cuando Welladvice terminaba en la fundición, ejercitaba a los novatos artilleros en el ritual del manejo de los cañones, paseándose irritado entre ellos, dándoles furiosas órdenes.

—¡Adelante los... escobillones! ¡Pasad los escobillones! ¡Basta, pandilla de necios de cara negra! Hay que atacar hasta el fondo con una sola mano. Intentadlo otra vez. ¡Pasad los escobillones! ¡Así, muy bien! ¡Cargad los... cartuchos! ¡Vamos, Número Tres! ¡Despierta y mete ese cartucho por la boca del arma! ¡Comprimid los... cartuchos! ¡He dicho *comprimir*, por Dios santo! ¡Parece que estuvierais haciendo cosquillas a una puta para abrirla de piernas! ¡Eh tú, Número Cuatro! ¿No estás a cargo del fogón? ¡Pues no quites el dedo gordo de encima del maldito chisme! ¿Es que quieres que tus compañeros de los escobillones estallen en llamaradas? ¿Y tu púa? ¿Cómo que se te ha caído? Ójala me librara Dios de tener que ver este espectáculo...

Fuera como fuese, aquellos hombres entendían sus palabras, disfrutaban de sus extravagancias y aprendían con notable rapidez. El entrenamiento iba avanzando día tras día, mientras el monzón descargaba sus últimas gotas de lluvia sobre aquella tierra prisionera de un sofocante calor húmedo. En el terreno donde hacían los ejercicios, que había sido machacado hasta quedar convertido en una especie de polvo harinoso que descendía por la ladera de aquella montaña como una espesa nube marrón, el escuadrón, a medio galope, formó una columna para pasar luego a alinearse en una fila, giró en redondo y convirtió lo que antes era el frente en un flanco. Amaury ordenó a las tropas que se detuvieran, hizo unas señas con su estribo a un corneta cipayo y le pidió que tocara la orden que incitaba a pasar a la carga.

—¡Este toque hará que os hierva la sangre! —dijo a los mugrientos soldados cubiertos de polvo—. Un toque que jamás oiréis hasta que estéis prácticamente en las mismísimas fauces del enemigo. Cuando lo oigáis, cabalgad veloces como demonios y atacad a fondo. Pero manteneos alertas para cuando suene el toque que ha de seguir a éste.

El corneta tocó el sonido que ordenaba volver a formar.

—Grabaos bien esas notas y obedeced a su toque del mismo modo que obedeceríais ante una llamada de Dios. La caballería ha perdido incontables batallas por lanzarse a perseguir temerariamente al enemigo al que acababa de destrozar en una carga. Por ejemplo...

Un indígena que montaba un poni que iba dando tumbos cruzó el terreno en el que hacían las prácticas. El animal tenía el pelaje cubierto de sudor seco y el jinete se aferraba a sus crines con las dos manos. Cabalgaba con la cabeza inclinada hacia el pecho y su cuerpo, totalmente cubierto de polvo, parecía una coraza grisácea. A la altura de las costillas tenía un profundo corte del que salía sangre. Gesticulaba débilmente señalando hacia la arboleda de la que procedía y tan sólo acertó a decir una palabra antes de desfallecer:

—*¡Pindaris!*

Entonces, los ojos se le pusieron en blanco y cayó al suelo.

—*¡Pindaris!* ¿Quién diablos son los *pindaris*?

Amaury comprobó la cebadura de su pistola y se la guardó en el fajín.

—Una plaga —respondió Vedvyas adustamente—. Saqueadores *pastunes* y *marathas* y bandidos de todas las castas y todas las clases. Unos salvajes que son fruto de la anarquía y de las supurantes rivalidades existentes entre las dinastías *marathas*. Asaltantes montados que viven de su espada, poderosas bandas de hombres sin hogar que se dedican a devastar el país con los mismos resultados que si fuera pasto del fuego. Arrasan todo lo que encuentran y desaparecen después a la velocidad del rayo. La aldea que han saqueado se encuentra a treinta millas. Nunca logrará cogerlos, *sahib*.

—Pues lo voy a intentar con todas mis fuerzas. —Amaury se ató el cinto en el que portaba la espada y dejó la sala de audiencias camino del patio—. ¿Dónde se ha metido Welladvice? ¡Debería estar aquí! ¡Ah, señor, está aquí! Prepárelo todo, señor Welladvice. Necesitamos una pieza de seis libras y una carreta de municiones con los mejores animales de tiro que haya en las cuadras. ¡Partiremos en treinta minutos!

En los barracones de la caballería, las tropas se afanaban por preparar las raciones que precisaban: bolsas de harina para colgar al hombro y sacos de cebada para atar con cuerdas a la parte delantera de las monturas. Después, afilaron sus sables en la muela. Saltaron chispas y los caballos retrocedieron dando un brinco.

—¡Deprisa! ¡Deprisa! —insistía Amaury—. Montad vuestros caballos, hermanos. ¡Parecéis viejas chismosas charlando sin parar mientras vuestro enemigo se escapa!

Vedvyas llegó a donde estaba Amaury. Montaba un ejemplar árabe castaño, llevaba la cimitarra con su empuñadura enjoyada colgada de una correa y un par de pesadas pistolas en su cinturón.

—¿Desea acompañarnos, *sirdar sahib*?

—Así es. No me gusta perseguir sombras, pero mis hombres jamás han salido de Hurrondah sin mí —sonrió fríamente y se peinó la barba con los dedos—. No olvide, *Umree Sahib*, que una mitad del escuadrón todavía me pertenece.

Amaury se rió y puso los pies en los estribos.

—¡Arriba, Hannibal! —gritó al perezoso semental. Después, tomó las riendas y levantó un brazo— ¡Emprendan la... marcha!

Amaury bajó aquella rocosa pendiente seguido por el ruido de los demás caballos y por las chirriantes ruedas de los cañones. Cuando llegaron a la llanura, espoleó a Hannibal para que cabalgase al trote. Los caballos de los indígenas lo siguieron a medio galope, mascando los bocados de las bridas y echando espuma por la boca.

Vedvyas había prometido guiarlos por la ruta más corta. Era un sendero lleno de surcos de ruedas y huellas de cascos que se dirigía al norte y transcurría en medio de árboles y frondosos arbustos. Cruzaba varios valles de calor sofocante y subía por algunas colinas para volver a bajar a otros valles.

—Este camino es más corto, pero también más dificultoso. Los caballos han de salvar pequeños obstáculos, pero... —lanzó una expresiva mirada por encima del hombro al pesado cañón que avanzaba lentamente en la retaguardia.

Amaury marcaba el paso en función de las condiciones del sendero, cabalgando a medio galope cuando el terreno era llano y reduciendo el paso cuando tenían que subir pendientes pronunciadas o bajar por las laderas. Las columnas tomaban rutas separadas, desplegándose y volviéndose a plegar como un cordón de hebras sueltas. El prolongado entrenamiento había dado sus frutos, pensó

Amaury. El escuadrón era capaz de mantenerse en columna por mucho que ésta se curvase. En la guerra de Misore, había tenido ocasión de ver cómo se desplazaba la caballería irregular en una suerte de horda ruidosa, que avanzaba con los hombres farfullando entre sí como las tribus nómadas en sus movimientos migratorios. Oyó cómo los *risaldares* y los *jemadares* ordenaban a los hombres cerrarse y vigilar la formación. ¡Formación en una caballería de mercenarios!

Llevaban cabalgando cerca de una hora cuando Vedvyas le dio un toque en el brazo.

—Hemos perdido el cañón, *sahib*.

Amaury desvió a Hannibal de las filas y recorrió con la vista el camino que habían seguido. Las columnas más rezagadas aún estaban subiendo la larga pendiente de retorcidos matorrales que antes habían superado los demás. No se veía ni rastro de los hombres que faltaban en el poco profundo valle que precedía a la pendiente.

—¡Maldita sea! ¿Es que Welladvice se ha quedado dormido? —deshizo la columna, aflojó las cinchas, apretó las piernas sobre los costados de su caballo y galopó a su encuentro. A una milla, en la retaguardia, los tiros emergieron de una arboleda de lilas hindúes, con los caballos arrastrando con gran esfuerzo los tirantes sin trotar apenas. Welladvice, que cabalgaba torpemente a horcajadas sobre un huesudo ruano, iba sujetando con firmeza su tricornio, profiriendo maldiciones y dando indicaciones a los hombres.

—¿Por qué se ha retrasado? —preguntó Amaury con brusquedad.

Welladvice arrojó su sombrero al suelo.

—No pueden hacerlo, señor. No al paso que lleva usted —dijo señalando a los sudorosos tiros—. Hacemos lo que podemos. Los ejemplares del país no son apropiados para el tiro, igual que nadie soñaría con ponerlos frente a un arado. No tienen la forma necesaria, señor. La carga es demasiado pesada.

—¡Tonterías, señor Welladvice! ¡Precisamente los ejemplares del país han sido capaces de arrastrar la artillería de tiro ecuestre de Madrás!

—¡Claro que sí! Pero, ¿cómo? Resulta que ustedes envían a sus oficiales a las ferias ecuestres de Hyderabad para que elijan a los mejores animales y a los más fuertes y, además, jamás descuidan su alimentación. En cambio, los nuestros son sólo un montón de pequeños patizambos con las pezuñas hinchadas —gritó al borde de la exasperación—. ¡Así no podemos avanzar más que al trote! ¡Y eso si el terreno es llano! Tenga en cuenta, señor, que los animales tiran de más de una tonelada de peso.

Amaury contuvo su irritación y sonrió forzadamente.

—Hace usted milagros, señor Welladvice. No le puedo pedir más. Pero no podemos esperar; la velocidad es de vital importancia. Dejaré una sección atrás para que lo escolte. Llévenos el cañón tan rápido como pueda.

Regresó al escuadrón, designó a los soldados que debían escoltar el cañón y siguió avanzando con el resto de la columna. Vedvyas observó su expresión con el ceño fruncido al amparo del casco crestado que cubría su cabeza.

—Nos movemos rápido, *Umree Sahib.* Ya le advertí que este camino era duro. No me extraña nada que su cañón se quede rezagado.

—Pues para mí es una sorpresa de lo más inoportuna —Amaury se frotó la mandíbula y se puso a pensar en inglés en voz alta—. Es una cuestión del número de caballos en relación con el peso. ¿Sería mejor llevar tiros de ocho caballos? ¿De diez caballos? No. Excesivamente voluminosos. Quizá con unos cañones más ligeros... De tres libras, por ejemplo. Su disparo es menos potente pero llegan tan lejos como los de seis libras —se volvió de nuevo hacia el hindú—. Según creo, tiene usted cañones de tres libras en su artillería ¿no es así?

—Así es, *sahib.* Dos piezas de latón excelentes.

El calor azotaba sus cuerpos igual que si los sacudieran las llamaradas de un horno abierto. Una nube de polvo envolvía a la columna y la acompañaba, obstruyendo las gargantas de aquellos hombres obligados a mascar su arenilla. Aquella bruma se alzaba al cielo y marcaba la línea de su marcha señalando su camino como si de un faro se tratara. Amaury sacó su reloj.

—Las tres en punto. Deberíamos estar cerca.

Vedvyas observó el sol y contó con ayuda de sus dedos.

—Más o menos, a cuatro millas. Si los *pindaris* se han entretenido, pronto nos encontraremos con nuevos restos de saqueos.

Les llevó aún varios minutos atravesar una llanura bañada por el sol antes de cruzarse con el rastro de aquellos asaltantes. Llegaron a un ancho camino lleno de huellas de cascos. Se encontraron jirones de ropas enganchados en varios arbustos, una cacerola de cocina por aquí y otra por allá, la correa de una silla de montar, un trozo de lanza partida clavada en el suelo... Hannibal dio un respingo para salvar un arrugado bulto que yacía tras unos cactus. Amaury tranquilizó al caballo, se acercó para ver más de cerca qué era aquello y gritó espantado. Se trataba de una muchacha con un profundo corte escarlata en la garganta. Apenas era una niña.

Vedvyas observó el cuerpo sin inmutarse.

—Restos que deja la marea del pillaje. Seguro que no serán los únicos —entonces, examinó las huellas de los cascos en el fango—. Los *pindaris* han estado aquí y se han ido. Veamos qué es lo que ha quedado tras su paso.

La aldea estaba circundada por campos y mangos. Era un poblado solitario en medio de aquella yerma llanura. Tras la barrera natural de espinosas chumberas, se escondían un montón de casuchas con techos de paja completamente apiñadas entre sí, la cúpula encalada de un templo y una pequeña ciudadela circular. No se apreciaba movimiento en ninguna parte, ni tampoco vieron ser humano o animal alguno.

—Alguien ha avisado a esos bandidos de que veníamos —dijo Vedvyas—. De lo contrario, la aldea estaría ardiendo.

Multitud de cuerpos mutilados yacían dispersos sobre los campos. Los aldeanos habían luchado junto a la barrera de cactus y, ahora, sus cuerpos sin vida se amontonaban en aquel lugar. Amaury estableció un cordón y cabalgó con Hannibal a través de un hueco. Las secuelas del saqueo eran patentes en aquellas calles: había cajas rotas por el suelo, utensilios de cocina hechos pedazos, muebles destrozados, grano desparramado y jirones de ropas por doquier. Las puertas de las casas habían sido reducidas a astillas o estaban abiertas dejando entrever en los pisos de tierra los hoyos que los bandidos habían cavado en busca de tesoros. Las paredes estaban salpicadas de sangre. El hedor del fuego y los cadáveres impregnaba el aire. Amaury espoleó a Hannibal a través de los callejones. El propio purasangre se asustaba y daba bruscos giros para esquivar las terribles visiones y los insufribles olores. Llegaron al bazar. Los puestos habían sido volcados y aplastados. Los comerciantes yacían inertes entre los restos de sus mercancías.

Los supervivientes de aquella masacre se escondían como ovejas acechadas por una manada de lobos, acurrucados en un hueco que había entre una bodega y la casa de un banquero local, también saqueada. Había aproximadamente una veintena de hombres, mujeres y niños. Agazapado y apoyado sobre las manos y las rodillas, un corpulento prestamista de Bengala no paraba de toser. Su cuerpo sufría unos espasmos que lo hacían temblar de la cabeza a los pies, sacudiendo sus rotundas carnes como si fueran gelatina. Levantó la cara en un intento por tomar aire. Tenía la nariz, los labios y la barbilla chamuscados y en carne viva.

—Le han atado alrededor de la boca —dijo Vedvyas en respuesta a la mirada de Amaury— una bolsa de cenizas al rojo vivo. Después, lo han golpeado en la espalda para obligarlo a respirar fuego. Es una de las torturas favoritas de los *pindaris*, *sahib*, para que sus presas les digan dónde guardan los tesoros. Ese hombre morirá. Los gases pudrirán sus pulmones.

Amaury recorrió con una rápida mirada aquel grupo de aldeanos. Parecían estar extrañamente tranquilos. Enmudecidos por el susto y con gran sufrimiento, acunaban a sus heridos y gemían con dolor en un murmullo de lastimeros susurros igual al sonido de un grupo de hojas mecidas por el viento.

Amaury sintió ganas de vomitar. Se maldijo a sí mismo por mostrar esa actitud de cobarde amedrentado. Cuando Seringapatam cayó en manos del enemigo, había vivido horrores mucho peores que ése.

—*Sirdar sahib*, encuentre a alguno que sea capaz de describirnos las fuerzas de los *pindaris*, cuánto tiempo hace que se fueron y en qué dirección. Tengo intención de perseguirlos.

Vedvyas lanzó los brazos al aire.

—¡Sería una pérdida de tiempo! Nunca nadie ha sido capaz de dar caza a los *pindaris* en sus huidas —viendo la expresión de Amaury, echó un vistazo al grupo y comenzó a interrogar a una anciana que lo miraba estupefacta—. Atacaron al anochecer y se fueron al alba. Tenían mil caballos, a juzgar por las huellas que han dejado. Sería fácil seguirlos guiándose por ellas. Pero partieron hace diez horas, así que es inútil intentar alcanzarlos. Los *pindaris* recorren cincuenta millas al día. Si se saben perseguidos, soltarán lo que hayan robado y lo esparcirán por los campos para poder cubrir setenta millas entre una puesta de sol y la del día siguiente.

—¿Con esos enclenques ponis escuálidos que montan? ¡Me cuesta creerlo! Arrastran un botín y tienen que arrear al ganado que han robado. Sin duda, eso los demorará. Beberemos algo, comeremos y seguiremos la marcha.

—Como desee. Tiene un extenuante viaje por delante, *Umree Sahib*.

El escuadrón se congregó en torno a los pozos. Los *rathores,* como saqueadores que eran no menos experimentados que los *pindaris*, registraron las casas y las bodegas en busca del grano que los bandidos hubieran podido dejar y reabastecieron sus morrales. Amaury se sentó al borde de un pozo cerca del templo saqueado y contempló cómo acariciaba Hannibal su trigo. Oyó el ruido sordo de unas ruedas y frunció el ceño perplejo. ¿Qué iba a hacer con aquel lento cañón de seis libras? Welladvice se acercó montado sobre la silla de su caballo como si el cuero le quemase y se bajó de ella con gran dolor.

—¡Ese maldito camino no tenía más que baches! ¡Casi me parto en dos! —Lanzó una malévola mirada a su ruano—. Cañón, armón y carreta presentes y en buen estado, señor.

—Y condenadamente tarde. Vamos a iniciar una persecución, señor Welladvice, en la que tendremos que cabalgar mucho más veloces que hasta ahora. Hay que abandonar el cañón.

El marinero lo miró abatido.

—Sí, señor. No es un cañón de tiro ecuestre. Eso está tan claro como que usted tiene nariz en la cara. —Vio el cuerpo de una mujer tendido junto al pozo. En el lugar donde antes había estado su nariz sólo quedaban dos agujeros simétricos de los que manaba sangre a borbotones. Welladvice se estremeció.

—¡Este sitio está lleno de cuerpos negros hechos pedazos! ¿Lo puedo acompañar, señor? Los artilleros pueden acampar aquí y volver mañana a Hurrondah. He puesto al cargo a un *havildar* de confianza.

—Por supuesto, siempre que los dolores que le causa su silla no se lo impidan. Designaré a varios soldados para que escolten el cañón. Refresque a su caballo ya mismo, señor Welladvice. Partiremos enseguida.

Siguiendo el rastro dejado por los *pindaris*, el escuadrón emprendió la marcha hacia el oeste. Amaury cabalgaba con un trote ligero que obligaba a los caballos del país a seguirlo a medio galope. El sol fue apoderándose lentamente de aquel horizonte bordado por las cumbres de las colinas y empezó a quemarles la cara. Los árboles arrojaban sombras y una bruma se extendió dando un matiz cobrizo a la cegadora luz del día. El camino empezó a empinarse imperceptiblemente. Las escarpas iban quedando a sus espaldas como auténticos terraplenes vestidos de árboles. El rastro de hierba aplastada y matorrales pisoteados que los saqueadores habían dejado a su paso era cada vez más difícil de ver a medida que se acercaba el anochecer.

Vedvyas giraba la cabeza de lado a lado en busca de lugares que pudiera reconocer y murmurando algo entre dientes.

—Hemos cruzado la frontera de Bahrampal, *Umree Sahib* —dijo de repente—. Estamos en territorio *maratha*, en el dominio denominado Berar, bajo el mando del *Bhonsla* Raghujee. ¿De verdad quiere continuar?

—Esa panda de saqueadores ha salido de Berar para causar estragos en las tierras de la Compañía y correr luego a refugiarse en el semillero de bandidos del que proceden. ¡Los seguiré allí donde vayan!

Los destellos verdes y carmesí que lanzaba el cielo se fueron apagando como una hoguera a punto de extinguirse. Los caballos no cesaban de tropezar con obstáculos parcialmente ocultos y sus agotados jinetes no paraban de proferir juramentos y sujetaban las riendas firmemente. Amaury oyó el sonido inconfundible del agua. Era un arroyo que engullía aún los posos de las lluvias monzónicas. Aunque de mala gana, se detuvo.

—Que centinelas monten guardia al frente, en la retaguardia y en los flancos. Quiero dos hombres en cada uno de esos puestos. Desmontad, dad agua a los caballos en ese arroyo y comed. Pernoctaremos aquí hoy.

Aquella noche, los hombres pudieron dormir donde quisieron y se desparramaron en medio la oscuridad como si fueran cadáveres tendidos en el suelo tras una batalla. Los caballos se quedaron en pie junto a sus dueños, que se habían atado las riendas a la muñeca. Cansado y con la cabeza apoyada en la silla de montar, Amaury pensó en lo mucho que quedaba por enseñarles. Aún no sabían clavar estacas ni formar piquetes y tenían a los caballos alineados en hileras. Durmió nervioso, atormentado por terribles pesadillas llenas de cuerpos mutilados y sin ojos, caras sin narices y labios quemados que no dejaban de hablar atropelladamente diciendo locuras. Se despertó repentinamente, con la boca seca y empapado en sudor. Fue hasta el arroyo con paso torpe, bebió un poco de agua y se lavó la cara. Cuando volvía, pasó junto a uno de los puestos de los centinelas. Esperaba encontrarse con algún tipo de reto pero no se oía nada y, en lugar de eso, lo que vio fue a los soldados roncando plácidamente, ajenos al resto del mundo. Los despertó bruscamente y los reprendió por descuidar su trabajo. Entonces, se dio cuenta de que la noche se estaba volviendo más clara. La luz de la luna, del color del peltre, atenuó el resplandor de las estrellas y dibujó unas franjas de marfil sobre las oscuras sombras de los matorrales. Amaury miró la hora en su reloj. Eran las dos de la madrugada. Recorrió el campamento despertando a los hombres e instándoles a montar sus caballos para partir. Bostezando, estirándose y gruñendo, los soldados apretaron las cinchas. Guiada por la luz de la luna, la columna se puso en marcha.

Poco después del amanecer, dejaron las colinas a sus espaldas y llegaron a una meseta. Una llanura cubierta de hierba y salpicada de espinosos matorrales y árboles raquíticos se extendía ante ellos hasta perderse en el nebuloso horizonte. Las huellas de los cascos de los *pindaris* atraían la vista como un imán. A media milla de su rastro, un reducido grupo de casas se alzaba sobre la llanura.

—Allí debe de haber pozos y también puede que podamos sacar algo de grano. El forraje está a punto de acabarse —dijo Amaury señalando hacia ellas.

Multitud de hormigueros bullían alrededor de la consabida defensa que rodeaba la aldea, compuesta por una simple barrera natural de cactus. Vedvyas examinó las huellas que subían por los caminos y frunció los labios.

—Los *pindaris* se nos han anticipado, *sahib.* No encontrará provisiones aquí.

En efecto, encontraron otra cosa.

Al dirigirse al hueco de entrada de la valla, Amaury divisó unas manchas entre los hormigueros. Eran cerca de una docena y estaban dispuestas en círculo. Parecían cuencos de barro colocados boca abajo. Se acercó y profirió un exabrupto de espanto absoluto ante lo que vio.

Las víctimas habían sido enterradas allí hasta la altura de los hombros para que las hormigas se alimentasen de ellas. Una miríada de insectos morados, cada uno de ellos tan largo como la uña de un pulgar, se paseaban entre los restos. La corrupción se había ido apoderando de aquellas caras despellejadas hasta dejar los huesos al aire. Sus bocas emitían unos vagos sonidos inhumanos.

Welladvice sintió náuseas y vomitó sobre las crines de su caballo.

—¡Jesús! —musitó—. ¡Nunca había visto un espanto similar! ¡Es peor que una cubierta hundiéndose por los costados tras el alcance de un cañonazo!

—No podemos hacer nada para ayudarlos. ¡Mátalos! ¡Rápido! —dijo Amaury con aspereza a un soldado.

El hombre se bajó del caballo y desenfundó su sable. Mientras tanto, Amaury continuó hacia el interior de la aldea sin volver la vista atrás.

En aquellas devastadas casas no había trigo ni harina. Lo único que quedaba eran cadáveres atravesados por profundos tajos. Sacaron agua de los pozos, dieron a los caballos los últimos granos que les quedaban y continuaron el viaje. Cabalgaron a medio galope durante quince minutos para después reducir la marcha al paso y viceversa. Amaury controlaba los intervalos con su reloj. El implacable cielo desprendía un calor sofocante. La llanura se perdía más allá de donde la vista alcanzaba a ver. Las sombras de los árboles y los arbustos se deformaban. El crujido del cuero y el sordo ruido de los cascos se unían en coro al jadear de los caballos; el tintineo y el traqueteo del acero retumbaban en una nota discordante. Amaury notó que Hannibal ya no tenía la misma fuerza que antes. La escasez de forraje, el lento paso y las interminables millas habían apagado su desenfrenado ardor. En cambio, los nervudos ejemplares del país, medio muertos de hambre, avanzaban incansables. En toda la marcha, ni uno de ellos había desfallecido.

A la altura de un embalse de aguas estancadas descansaron, dieron de beber a los caballos y dejaron que pastasen durante una hora. Vedvyas se apoyó en su cimitarra con las manos cruzadas sobre el pomo.

—Se han terminado las raciones de los hombres y sus morrales están vacíos —dijo—. Los *pindaris* se nos adelantan en el camino, acaban con cualquier bocado a su paso y no nos dejan nada que comer. ¿Qué debemos hacer? ¿Vivir del aire o comer hierba como nuestros animales? ¿Cuánto más, *sahib*, pretende prolongar esta absurda caza?

Amaury rebuscó en una alforja, sacó una corteza de pan, la partió y dio la mitad a Welladvice.

—Aprovéchela al máximo, señor. Es todo lo que tengo. —Se volvió hacia Vedvyas y le dijo con aire cortante—: Continuaremos hasta que no podamos más o hasta que cacemos a nuestra presa. Mientras sigamos encontrando hierba, los caballos aguantarán. En cuanto a los hombres, ¿desde cuándo se deja amedrentar el valor de los *rathores* por un estómago vacío? —Se puso en pie sacudiéndose el polvo de su casaca escarlata—. Hablaré con ellos.

Amaury fue hasta los soldados, que estaban sentados en el suelo sujetando a los caballos mientras pastaban. Los saludó alegremente, hombre a hombre, llamándolos por sus nombres. Posaba su mano en su hombro, bromeaba, sonreía ampliamente y alababa su comportamiento logrando enaltecer su orgullo. Al oír sus palabras, los malhumorados rostros de aquellos hombres cobraban luz y dejaban caer los hombros enderezados.

Vedvyas lo observaba refunfuñando desde la distancia.

—Un comandante caído del cielo. Ese *sahib* tiene un don. Una capacidad de empatía y liderazgo que consigue levantar los ánimos.

—¿Qué dice? —gruñó Welladvice mascando su trozo de pan—. No le entiendo. ¡Dios, cómo me duelen las posaderas! ¡Las tengo más rojas que un suculento filete de ternera poco hecho! ¿Pero por qué diablos se me ocurrirá pensar en esas cosas justo ahora, que tengo el estómago vacío y más revuelto que un artimón a la deriva?

Estuvieron cabalgando durante toda la abrasadora tarde y, al anochecer, acamparon junto a una nueva aldea que también había sido devastada. Esta vez les sonrió la fortuna. Los soldados, buscando comida desesperadamente en aquellas casas saqueadas, encontraron oculto bajo el suelo de una bodega un alijo con el que los *pindaris* no habían dado. Había harina y cebada suficientes para alimentar al escuadrón y poder guardar una pequeña reserva. Durmieron profundamente y con las tripas sonándoles. Cuando salió la luna, emprendieron de nuevo la marcha.

Al mediodía, Vedvyas observó de cerca las huellas de los cascos sobre el polvo, profirió algunos juramentos para sí mismo y miró a lo lejos hacia la izquierda y hacia la derecha.

—Los *pindaris* se están dispersando, *sahib*. Es lo que siempre hacen cuando les persiguen de cerca.

—¿Y qué deberíamos hacer?

—Ésa es una pregunta a la que no puedo responder porque no conozco este país. Según mis cálculos, en estos tres días nos debemos de haber alejado unas ciento ochenta millas o más de Bahrampal —Vedvyas hizo un gesto de impotencia mirando a su alrededor—. Algunos han tomado esta dirección; otros, aquélla. Se volverán a encontrar dentro de unos días en el punto que hayan establecido para ello. Esto va a ser como intentar quitar una pluma a una agachadiza en medio de un pantano.

Amaury sonrió tranquilizador.

—Busque por los alrededores, *sirdarjee*. Busque y encuentre las huellas del grupo más numeroso. Seguiremos a ése.

Vedvyas se esforzó por encontrarlas, retrocediendo en busca de los rastros de los saqueadores y atravesando unas huellas en pos de otras. Los hombres del escuadrón se bajaron de los caballos, aflojaron las cinchas y contemplaron cómo el indígena seguía con su búsqueda. Hizo señas a Amaury para que se acercara a ver las huellas que había en un sendero lleno de marcas de cascos de caballería.

—Creo que unos doscientos han tomado este camino y que son los que llevan el botín. ¿Ve? Hay marcas de ganado arreado a gran velocidad y otras marcas paralelas de caballos de carga. La punta de su velocidad estará desafilada. ¡Debe apostar por este sendero!

—¡Adelante! ¡Le seguimos!

Siguieron aquel rastro durante toda la tarde. Les condujo hasta un páramo llano y plagado de árboles que no parecía tener fin. Pararon una vez para tomar un poco de grano. Amaury dio de comer a Hannibal en su propia mano. Con la otra, se dio sombra en los ojos y oteó a lo lejos. En el horizonte, un inmenso peñasco aislado sobresalía en medio de la calima como un espejismo. El sol del oeste confería a sus rocosas formas un tono ámbar apagado con grandes surcos de color púrpura.

Sacó un catalejo del bolsillo y lo enfocó hacia la roca.

—Parece que hay murallas y torres. Por su aspecto, diría que es una fortaleza. ¿Reconoce algo?

Vedvyas sacudió las cáscaras de un morral.

—¿Cómo iba a reconocer un fuerte situado a más de doscientas millas de mi hogar? Los *marathas* plantan fuertes en sus tierras con la misma facilidad con que los campesinos esparcen semillas de trigo.

Amaury ajustó el catalejo. Los músculos de su mandíbula se hincharon como si fueran dos nueces.

—¡Veo una nube de polvo entre nosotros y el peñasco! ¡Por fin hemos dado con ellos! —Cerró el catalejo de golpe—. ¡A los caballos! Hermanos —dijo a los soldados—, el enemigo está a sólo tres millas, listo para probar el azote de vuestras espadas. ¡A medio galope!

En una columna de seis en fondo, azotaron a sus desfallecidos caballos en una última carrera. Eso acabó con varios de aquellos animales, que trotaron hasta detenerse con la cabeza gacha, las patas hacia fuera y las ijadas palpitando como un fuelle. Amaury fue hasta Hannibal, hizo que se levantara y lo obligó a cabalgar al máximo. El ejemplar árabe de Vedvyas, con su resistencia intacta, trotaba a medio galope sin dificultad. Welladvice rebotaba sobre su silla, azotando las enjutas costillas de su ruano. La nube de polvo se arrastraba hacia ellos. Pronto pudieron distinguir cada una de las espirales que se elevaban en una suerte de umbela a la deriva con las raíces llenas de motas de polvo. El escuadrón avanzó hacia aquella nube al galope, esquivando los arbustos y haciendo un ensordecedor ruido con los cascos. Los caballos resollaban y las vainas y los bártulos tocaban una tormentosa melodía. Amaury vio el brillo del acero y vislumbró a los jinetes revoloteando fantasmalmente en medio de la neblina.

—¡Desenfundad los sables!

Los hombres del escuadrón blandieron sus hojas. Los *pindaris* avanzaban a brincos, apiñados en un montón informe y realizando movimientos ondulantes. Iban dando gritos y blandían unas lanzas de diez pies de longitud. Tras ellos, los pastores a cargo del ganado azotaban a los animales para que corriesen. A su lado, unos jinetes guiaban las riendas de los caballos de carga.

—¡Formad la línea al frente!

«Hay que pasar de la columna a una línea —pensó Amaury—. ¿Recordarán cómo tienen que hacerlo?» Los *rathores*, profiriendo terribles maldiciones, frenaron el paso, aflojaron las riendas y giraron para formar una línea irregular.

—¡La alineación! ¡Mantened la alineación! —aullaban los *risaldares*.

Confrontados con aquel aluvión de acero, los *pindaris* se dieron la vuelta y emprendieron la huída al galope, fragmentados como un proyectil que acabara de estallar en mil pedazos. Dejaron atrás al ganado y a su lento séquito.

—¡Escapan! —gritó Welladvice envalentonado—. ¡Al abordaje!

Amaury colocó su sable en posición de ataque.

—¡A la carga!

—Son prisioneros de guerra, *sirdarjee*, y como tales debemos tratarlos.

—¿Acaso se alimenta a un chacal rabioso después de darle caza? —preguntó Vedvyas agriamente—. No, *sahib*. Deje que los soldados hagan con ellos lo que quieran. Tienen muchas razones por las que vengarse. Parece que ha olvidado usted muy pronto la matanza de la que hemos sido testigos.

Con las riendas curvadas sobre los brazos, se abrieron camino entre los restos que el enemigo había dejado tras de sí en la huída ante la aplastante derrota. El suelo estaba salpicado de cuerpos, de cadáveres ataviados con capas de lo más variopintas que les llegaban hasta las rodillas. Los caballos del escuadrón, prácticamente agotados, dieron varios traspiés para acabar deteniéndose, incapaces de emprender una persecución. Más de la mitad de los jinetes contrarios escaparon, dejando atrás a muertos, heridos —a quienes despacharon sumariamente— y a una docena de avergonzados prisioneros.

—Ha conseguido apresar a varios bandidos *pindaris*; una hazaña nada común —declaró Vedvyas—. Mis hombres grabarán la lección a fuego en la memoria de los *pindaris*.

Amaury examinó el botín que el enemigo guardaba: reses y cabras, caballos faltos de jinetes, animales de tiro, armas abandonadas —cimitarras, lanzas y mosquetes de mecha— y numerosas mujeres de las aldeas, que habían sido violadas y sollozaban lastimeramente. Los soldados rodearon a los prisioneros y les quitaron sus llamativas capas, de modo que quedaron únicamente ataviados con sus taparrabos. Un sable brilló y seccionó una oreja con un limpio corte. El hombre que sufrió el corte gritó y cayó de rodillas implorando piedad.

Amaury profirió un juramento y dio unos pasos hacia delante. Vedvyas lo agarró de un brazo y lo detuvo.

—Es peligroso interferir, *sahib*. Tenga en cuenta que estos hombres no son dóciles cipayos de Madrás sujetos al reglamento y a las leyes bélicas. Déjelo estar, *Umree Sahib*.

Los *rathores* cortaron ramas de varios arbustos secos y las apilaron en una hilera formando una especie de colchón gigante. Después, prendieron los extremos con ayuda de unos trozos de yesca. Aquella madera seca se encendió enseguida y comenzó a crepitar. Las llamas brillaron bajo el sol del atardecer tardío.

—¿Qué están haciendo? —murmuró Amaury inquieto.

Vedvyas cruzó los brazos y respondió sin inmutarse:

—Los van a quemar vivos. Ése es el destino que les espera a los saqueadores cuando son apresados. Apártese, *sahib*; ese espectáculo no resultaría agradable para los ojos de un *fringee*. —Señalando hacia el monte que se elevaba desde la llanura una milla más allá, prosiguió—: Si nuestros caballos aún tienen fuerzas para cabalgar, tratemos de averiguar a qué se debe que la fortaleza no haya enviado a nadie para preguntar a qué hemos venido hasta aquí.

La colina se elevaba majestuosa sobre la llanura, como una embarcación solitaria en un mar de aguas apacibles. Era un fenómeno geológico que alguna erupción volcánica había escupido a la superficie hacía siglos con unas laderas rocosas, en ocasiones prácticamente verticales, que se elevaban quinientos pies hasta formar una altiplanicie de dos millas de diámetro. La cumbre estaba rodeada por un foso que bordeaba una muralla de piedra, tachonada de bastiones y cruzada por múltiples aspilleras y parapetos. Las casas abarrotaban la base de aquella formidable ciudadela cuadrada que descollaba sobre la cima.

No había signo alguno de vida por ninguna parte.

Bordearon la colina con sus caballos, contemplando la parte alta y asombrados ante aquella quietud y aquel silencio. Había claras señales de abandono; las murallas presentaban crecientes fisuras, los terraplenes estaban erosionados por la lluvia, por las grietas de los muros asomaban ramas de árboles incipientes y las enredaderas se entrelazaban alrededor de los bastiones. Las casas llegaban hasta la ciudadela. La paja de sus antiguos techos hacía tiempo que se había podrido y sus vigas de madera se habían encorvado.

Amaury tiró de sus riendas.

—Creo que este lugar está totalmente abandonado. Por aquí está la puerta.

Condujeron a sus caballos por un camino tortuoso y empinado. Hannibal resopló y resbaló hacia un lado.

—¡Quieto! ¿Qué es lo que te ha sobresaltado así?

En el suelo, una enorme serpiente marrón se deslizaba sobre los guijarros. Amaury desenfundó su sable, se inclinó sobre la montura y partió aquella bestia en dos, observando con aversión cómo se retorcían las espirales de su seccionado cuerpo.

—Si quiere, tiene muchas más oportunidades para ejercitar su espada. ¡Mire a su alrededor! —dijo Vedvyas.

La ladera estaba infestada de serpientes que reptaban sobre las rocas y se retorcían bajo el sol, acechando como escamosas sogas en las grietas y los recovecos. Amaury se estremeció. Esos reptiles le daban pánico, les tenía una fobia que nunca había logrado superar.

—Son todas mortíferas —murmuró Vedvyas—. Cobras, kraits y víboras. Deben de llevar años anidando aquí sin que nadie las moleste. Elija con cuidado su camino, *sahib*.

Atentos al suelo, subieron hasta la puerta externa, atravesaron un paso elevado que cruzaba el foso y entraron a una barbacana. Unas pesadas puertas de acero bloqueaban el acceso a la puerta interna. Una poterna entreabierta colgaba de unas bisagras rotas. Amaury bajó del caballo, sacó la pistola de su cinturón, abrió la cazoleta y añadió cebadura nueva. Vedvyas, nervioso, cogió una pistola en cada mano.

—Ate los caballos, Vedvyasjee, y exploremos este sitio.

Subieron por los muros de la barbacana y después continuaron por un parapeto que coronaba la muralla de veinte pies de altura y unos diez de grosor. Amaury se dio sombra en los ojos con la mano. Más allá del campamento, bajo una columna de humo, se veía cómo el sol se estaba poniendo. Miró por el catalejo, hizo una mueca y lo volvió a guardar en el bolsillo. Al bajar por un bastión, cuando estaban a medio camino, se abrieron paso entre un laberinto de callejones flanqueados por casas en ruinas. Entonces vieron el primer esqueleto decolorado; era un conjunto de huesos amarillentos que habían sido despedazados por buitres y chacales. A medida que fueron avanzando, aparecieron más. En una esquina, los huesos, los cráneos y las cajas torácicas atascaban la calle de pared a pared, formando una espeluznante barrera que crujía y chirriaba al paso de aquellos dos hombres. Amaury se asomó a la entrada de una casa, oyó el siniestro susurro de las serpientes deslizándose y se retiró rápidamente. Echaron un vistazo en el interior de varios pozos y vieron que una capa de verdín cubría sus aguas brillando como un resorte mohoso. Amaury dejó caer una piedra y oyó cómo chapoteaba en el fondo.

—Un suministro de agua permanente dentro de los muros.

Llegaron a la ciudadela, una enorme estructura cuadrada de tres plantas. Unas sólidas puertas de acero cerraban la única entrada que poseía. Con gran esfuerzo, lograron abrir una de ellas. Vedvyas entró en la ciudadela, dio un alarido y agitó los brazos. Unos cuerpecillos peludos rozaron sus caras.

—Murciélagos —dijo Amaury—. ¡Bueno, son mejores que las serpientes! —dijo escudriñando el interior. La ciudadela era fuerte y palacio al mismo tiempo. Sobre los claustros que rodeaban los cuatro laterales con sus arcadas y tras unos muros macizos, se escondían varias hileras de habitaciones cuyas ventanas daban a un espacioso patio interior.

—Dejémoslo. Está demasiado oscuro como para explorarlo sin peligro.

Tras la ciudadela, en un terreno rodeado por una muralla de barro de poca altura, había un templo. Vedvyas respiraba de tal modo que el aire silbaba al pasar entre sus dientes. Ambos hombres amartillaron bruscamente sus pistolas.

Agazapado junto a una estatua con restos de ocre que representaba al dios Shiva adornado por caléndulas marchitas, un anciano los miraba fijamente. Tenía el cráneo afeitado y llevaba pintadas en la frente las marcas de su casta. Bajo el faldón de su raída túnica sobresalían unas piernas flacas y sucias. Una crecida barba de color ceniza cubría sus mejillas y sus ojos, astutos y negros como el ébano, flanqueaban el enorme cartílago de su nariz.

—¿Quién eres? —le preguntó Amaury.

Aquellos labios enrojecidos por el betel dejaron escapar un sonido ronco. Amaury sacudió la cabeza.

—Es hindi y, sin embargo, me resulta desconocido. ¿Usted lo entiende?

Vedvyas, con las pistolas levantadas a la par en señal de desconfianza, se dirigió al anciano, que respondió a sus preguntas con frases que parecían chirriar como si su capacidad de habla hubiera permanecido en desuso largo tiempo. Amaury subió los escalones del templo y echó un vistazo a través del arco de entrada flanqueado por columnas. Conducía a una estancia oscura como la noche, cavada en un hueco de roca sólida. Un terrible hedor invadió sus fosas nasales. Olía a grasa rancia, a incienso y a descomposición. Se retiró apresuradamente, se sentó en los escalones y echó de menos el poder fumar un puro.

—Es un sacerdote —dijo el *mirasdar*—, el único habitante de la ciudad. Este lugar se llama Dharia y estaba bajo el mando del *Bhonsla* Raghujee. Me ha contado más cosas, pero es un hombre muy mayor y tiende a irse por las ramas. Regresemos ahora, *sahib*, o tendremos que cabalgar en la oscuridad.

Eligieron una ruta prudente para bajar de la colina. A ambos lados de la misma, se oía el movimiento deslizante de las serpenteantes amenazas allí presentes. Mientras trotaban a través de la llanura en dirección a los fuegos del campamento, que brillaban en la penumbra del anochecer, Vedvyas le contó el relato del viejo sacerdote. A partir de la serie de hechos y sucesos inconexos que oyó y fue recopilando, Amaury logró entretejer la historia de Dharia semanas después. Una fortaleza desde la que una vez se había gobernado un poderoso *jagir* en la época del dominio mogol. Posteriormente, fue devastada y saqueada por un ejército *maratha* a cuyo mando estaba el *Bhonsla* Raghujee, rajá de Berar. A excepción de aquel sacerdote solitario, todos los demás habitantes de la ciudad la habían abandonado y los campesinos se vieron forzados a intentar subsistir en las reducidas aldeas del *jagir*. Pero los saqueadores quedaron aislados y el territorio se convirtió en un buen escondrijo y lugar de asalto para los *pindaris*.

Amaury se quitó el casco y el viento nocturno secó su húmeda cabellera. Los soldados estaban sentados alrededor de las hogueras del campamento, charlando pacíficamente, cociendo el arroz y asando la carne de cabra que habían encontrado en el botín de los *pindaris*. «Parecen tranquilos y relajados —pensó Amaury—, como animales salvajes después de una pesada comida y plenamente saciados gracias a la sangre de sus víctimas.» La hoguera desprendió un apagado resplandor rojizo en cuya superficie se apreciaban motas de ceniza ennegrecida. Un acre olor a carne asada impregnó el aire.

Desensilló a Hannibal, le dio de beber y de comer y, después, se dejó caer exhausto en el suelo junto a Welladvice y devoró con voracidad el trozo de carne medio cruda que el marinero le ofreció. Aunque estaba tan extenuado como para ser capaz de sentir nada, le invadió una sensación de júbilo vibrante. Amaury tomó conciencia de su objetivo, vislumbró una tenue luz iluminando el oscuro horizonte, un faro que le hacía señales para dejar aquella sombría existencia, falta de emociones y de sentido.

—¿Ha estado en ese fuerte, señor? Su aspecto es impresionante. Está vacío, ¿no?

—Casi del todo. Pero contiene un diamante de valor incalculable, un reino para quien lo quiera tomar. Descansaremos aquí dos o tres días y, luego, volveremos a Bahrampal en varias marchas suaves. Después —dijo Amaury con aire soñador—, ya se me ocurrirá la manera de arrancar esa joya de su engaste.

CAPÍTULO OCHO

Mientras Marriott se encontraba explorando los distritos meridionales de Bahrampal, un mensajero le llevó noticias sobre la incursión de los *pindaris* en el norte. Regresó rápidamente a Hurrondah. La casa del recaudador aún no estaba terminada. Era una residencia de una única planta, llena de recovecos y con una galería de profundas verandas que bordeaban sus enormes salas de techos altos. Los albañiles estaban colocando las últimas hiladas, los carpinteros estaban poniendo los marcos de las ventanas y los culis estaban echando cal en las paredes interiores y exteriores. Marriott decidió que el edificio era habitable, dejó su bagaje en el suelo y mandó ir a buscar a Todd. Tomaron asiento en unas sillas de mimbre que había en una de las verandas y holgazanearon cómodamente, con sendas copas de burdeos en la mano y los narguiles borboteando suavemente mientras el alférez trataba de responder a las inquietas preguntas de Marriott.

—Sé muy poco. Un campesino herido de gravedad nos contó dónde habían atacado los maleantes. Hugo cogió a su caballería, tomó un cañón y partió de inmediato hacia lo desconocido. —Todd inhaló del narguile, puso mala cara y sacó un puro de un estuche de cuero—. El cañón ya está de vuelta. Pero no tenemos noticias de Hugo, lo que resulta de lo más extraño. La aldea se encuentra a sólo treinta millas.

—¡Maldito incordio! ¿Por qué no nos mantiene informados? Puede que esté en apuros. Sus hombres no son muchos más de ochenta y, según tengo entendido, el número de jinetes *pindaris* era considerable. Quizá lo mejor sea enviar a tus cipayos allí de una vez por todas.

—Me cuesta imaginar a Hugo metiéndose en líos a ciegas —dijo Todd tras encenderse un puro—. Si se hubiera visto envuelto en un desastre, los supervivientes ya habrían regresado. Puede que esté restableciendo la paz y el orden en esa zona. Haciendo el tipo de trabajo al que tú mismo te has dedicado últimamente. Por cierto, ¿cómo ha ido tu viaje?

Marriott se hundió aún más en la silla, levantó su copa y dejó que pasaran a través de ella los rayos de luz del atardecer, admirando su brillo rojizo.

—Ha sido de lo más fatigoso. He cabalgado diez millas al día, yendo de aldea en aldea con mi tienda de campaña. En una ocasión, hubo una tormenta de arena y la lona se separó de las estacas que la sujetaban. Y todo por cobrar las rentas de los campesinos; un proceso largo y tedioso que no deja tiempo para mucho más. Desde el amanecer hasta el mediodía, me he pasado las horas rodeado por una veintena de personas yendo y viniendo en grupos a mi alrededor aireando sus quejas. Uno de ellos me contó que su tío le había robado sus tierras aprovechando que él había caído enfermo con unas graves fiebres, por lo que no le era posible pagar sus deudas a la Compañía. Ahondé en la verdad y descubrí que su tío había muerto hacía años. Otro declaró que no podía pagar la renta habitual porque su mujer, que trabajaba más que el más fuerte de sus bueyes, había fallecido. Por las tardes, y hasta el anochecer, mi labor consistía en recorrer los campos con mi caballo, tratando de calcular el rendimiento de las cosechas, actuando como juez para dirimir las disputas surgidas en torno a las lindes e inspeccionando los sistemas de riego. Así es como me ha ido, haciendo ésas y otras muchas cosas por el estilo.

—Ha debido de serte endemoniadamente difícil desenvolverte en hindi para tales asuntos, con o sin intérprete.

Marriott se rió.

—No me ha quedado más remedio que aprender, de modo que mi nivel de comprensión es suficiente y sé chapurrear esa lengua como un musulmán. ¡Hasta soy capaz de balbucear en urdu! Raramente necesito de la ayuda del *banian*.

—Supongo que no habrás cobrado ni la mitad de las rentas.

—¡Ni tan siquiera la décima parte! Tengo intención de acelerar el sistema. Los cálculos individualizados llevan demasiado tiempo de modo que, en lo sucesivo, clasificaré cada una de las aldeas como un todo y les concederé a sus caciques poder para determinar cuánto ha de pagar cada hombre. —Marriott contempló su copa con el ceño fruncido—. El porcentaje fijado para la Compañía es demasiado alto. Tomamos como punto de partida el antiguo sistema de contribuciones tributarias del *nizam* como prueba de ingresos tangibles. Eso es un error. Durante siglos, no se ha analizado realmente lo que esta tierra puede pagar en justicia. Es un asunto que tengo pensado mencionar la próxima vez que escriba al Consejo.

—Lo que me recuerda —Todd rebuscó en uno de sus bolsillos— que ayer llegó una carta de Moolvaunee para ti. Supongo que será de Beddoes.

—¿Moolvaunee? ¿Por qué no habrá llegado Fane todavía con las cosas que dejamos allí? ¿Lo habrán sumido en la pereza sus promiscuas amantes de piel morena?

Marriott abrió el sello que cerraba la carta. Se oyó el ruido de unos carros tirados por bueyes fuera de la casa; los campesinos volvían de su trabajo en los campos y charlaban en voz alta. Las sombras se fueron apoderando de la veranda y los mosquitos zumbaban en la penumbra. Marriott ordenó traer unas lámparas, ajustó una mecha y desplegó la carta bajo su luz. La leyó en silencio.

—¡Maldita sea! ¡Henry, escucha esto! —exclamó en alto.

Mi querido señor Marriott:

No sin tener que insistir bastante, he logrado convencer al señor Fane de que deje de prestar atención a las distracciones existentes en Moolvaunee, lugar que yo mismo consideraba hasta la fecha como terriblemente monótono. Su amigo es de lo más singular, pero sus méritos superan con creces sus peculiaridades —si me permite no emplear un término más fuerte.

Confío en que, antes de que reciba esta carta, ya esté camino de Hurrondah para llevarle las cosas que dejó usted bajo mi protección. Me atrevo a decir que las encontrará todas en perfecto estado, hasta la última de las cabras lecheras y el último saco de arroz.

Seguramente, le sorprenda oír que yo mismo acompañaré a Fane o, de no ser así, partiré tras él pocos días después para escoltar a la señora Bradly. Usted conoce a la perfección lo que pienso sobre la dama y le aseguro que mi comportamiento hacia ella ha sido totalmente decoroso. Por su parte, la actitud de ella en Moolvaunee ha sido prudente, sus modales exquisitos y su conversación educada. Pero su porte me ha convencido de que no es del todo insensible a mi petición de mano. Teniendo en cuenta las esperanzas que ella misma ha alimentado, por inocentes que hayan sido, de que algún día aceptará tomar mi mano, he ido a Madrás hace poco para solicitar al juzgado de Registros una licencia de matrimonio. También aproveché para convencer a un capellán indigente, al que tenté con una considerable cantidad de pagodas, para que se aventurase a emprender el peligroso viaje a Moolvaunee, donde reside actualmente y donde la Biblia y el brandy refuerzan su ansiedad.

Por la felicidad de una dama tan meritoria, señor, me permito pedirle en su nombre que sea benevolente. Le ruego que la despoje de los lazos que la unen a usted y la libere de esa desdichada existencia que rebasa claramente los límites de la buena sociedad. Me doy por contento si su humanidad consiente en dejarla a mi cuidado y siento una satisfacción personal especial ante la posibilidad de que tome mi apellido y, de ese modo, pueda llevar una vida decorosa y respetable en adelante. Pero soy plenamente consciente de que estaría usted en su derecho de exigir un duelo para solucionar este asunto y, por ello, he limpiado mis pistolas y he decidido viajar a Hurrondah en lugar de celebrar mis nupcias de manera subrepticia, mortificándome a mí mismo, a usted y, sobre todo, a mi amadísima amiga, la señora Bradly.

Durante mi corta estancia en Madrás, pasé una agradable velada en compañía del señor Harley. Ha recibido recientemente las noticias que usted ha enviado sobre los asuntos de Bahrampal y se encuentra bastante alarmado ante la hostilidad con la que lo han recibido y las batallas que han tenido que librar sus escasas fuerzas. Habló de enviarle refuerzos. He intentado tranquilizarlo por todos los medios, aunque me temo que sin éxito alguno. Creo que siente por su persona un afecto paternal y, desde luego, se muestra excesivamente preocupado por usted.

Por lo demás, ¡pocas cosas he oído contar en Madrás excepto acerca de la moda del momento! Se considera una falta suma de delicadeza empolvarse el pelo o llevar medias caladas. En lo que a mí respecta, estoy totalmente satisfecho con las antiguas maneras y soy demasiado tranquilo como para adoptar todas las absurdas y ridículas novedades que aparezcan.

Siempre suyo, señor,
se despide su solícito servidor,
Gregory Beddoes.

Moolvaunee,
10 de septiembre de 1801.

P.D.: un asunto de urgencia me obliga a abrir de nuevo esta carta. Nos han llegado noticias de que el propio general Wrangham ha solicitado un permiso y se dispone a conducir una tropa de dragones a Bahrampal. En estos momentos, se encuentra a un día de camino de Moolvaunee. Supongo que querrá unirse a mi comitiva, de modo que dentro de poco nos verá a ambos en Hurrondah. Como puede ver, pronto contará con compañía.

Marriott vació su copa de burdeos de un trago y la dejó sobre la mesa dando tal golpe que resquebrajó el pie de la misma.

—¡Al infierno! ¡Le he dicho al Consejo que todo estaba en orden en Bahrampal! ¿Para qué demonios tiene Harley que mandarme soldados?

—Se trata de soldados de caballería —dijo Todd—. Seguro que Beddoes le ha dicho que no podremos apañárnoslas sin ellos. ¿No te acuerdas de que, cuando paramos en Moolvaunee, no hacía más que repetir que necesitaríamos jinetes para interceptar a las partidas de saqueadores montados?

Marriott se volvió a llenar el vaso.

—¡Pues es de lo más inconveniente! Todavía no he hecho ni la mitad de mi trabajo en el *jagir*, los *pindaris* están atacando al norte, Hugo anda cabalgando por sabe Dios dónde y ahora resulta que un general viene a visitar Bahrampal con una pandilla de soldados que no necesitamos ni queremos.

—Sí, no podía ser peor momento —asintió Todd—. ¿Qué le responderás —preguntó con cierta cautela— a Beddoes en lo relativo a la señora Bradly?

—¡Sabe Dios! Supongo que Hurrondah es un lugar extremadamente inadecuado para alojar a una dama pero, ¿cómo voy a dejar que caiga en las garras de ese viejo libertino?

Marriott envió a varios *hircarrahs* a la aldea que había sido asaltada. Con perplejidad, escuchó a su vuelta cómo Amaury había desaparecido sin dejar indicación alguna acerca de su destino. Aquellos exploradores lo buscaron aún más lejos, pero regresaron anunciando que no estaba en ninguna parte de Bahrampal ni en ningún otro rincón de los Circares. El recaudador llegó a la conclusión de que, seguramente, se habría adentrado en territorios a los que un edicto de la Compañía prohibía entrar, lejos del alcance de cualquier maniobra de rescate por parte de los lentos cipayos de Todd. Marriott estuvo pensando qué hacer y concluyó que no tenía sentido ir tras un fantasma. Quienes infringían las normas debían asumir las consecuencias. Amaury, un oficial de permiso que pronto sería apartado del servicio, no tenía estatus oficial en aquella expedición de la Compañía. Además, la situación de aquel grupo de tunantes a quienes había alistado como caballería resultaba muy conveniente para apoyar la decisión de Marriott. Decidió abandonar a ambos a su destino, fuera la que fuese la suerte que hubieran corrido, y acalló implacable los amagos de remordimiento que trataron de invadir su conciencia.

Sin saberlo ni ser consciente de ello, Marriott había entrado en los despiadados reinos de los enjuiciamientos políticos, en los que nada debía interponerse frente al bienestar mayor. Y mucho menos la amistad. Así pues, Marriott cruzó la frontera de esos reinos y dejó atrás la lealtad.

Se metió de lleno en los preparativos para recibir a las visitas que estaba esperando. Amuebló los dormitorios de su casa e hizo levantar cabañas para los dragones y establos para sus caballos. Una abrasadora mañana de octubre, oteó el horizonte con el catalejo desde las murallas de Hurrondah. Eran las doce del mediodía.

—Tomarán el camino que une directamente Moolvaunee y Hurrondah sin pasar por Gopalpore. Es la ruta más fácil y resulta mucho más accesible para las ruedas.

Todd echó un vistazo a la llanura situada a las faldas de la colina. Las filas de sus cipayos asemejaban unos cordones escarlata dispuestos alrededor de la casa del recaudador.

—La guardia de honor está lista —miró con reservas al cañón de seis libras que acompañaba a la guardia y a la variopinta pandilla uniformada que custodiaba la cureña y las ruedas—. ¡Espero que los canallas de Hugo no estropeen el saludo!

—¡Maldito protocolo! ¿Acaso es esto la Parada del fuerte Saint George? —Marriott enfocó el catalejo y alcanzó a ver a lo lejos un destello y una polvareda—. Ahí vienen. Será mejor que bajemos a recibirlos. ¡Como Wrangham no esté en esa columna, me temo que tu ordenada formación se echará a perder!

Pero el general Wrangham sí que estaba. Tenía el uniforme cubierto de polvo y montaba un brioso purasangre. Iba al frente de toda una procesión de bueyes, caballos, camellos, palanquines, carros tirados por bueyes, elefantes, numerosos perros vagabundos y cientos de indígenas. Una tropa de dragones ligeros tintineaba a la cabeza con sus casacas azules de cuello alto adornadas por galones dorados, sus relucientes cascos crestados y sus rosados rostros ingleses. Los cipayos presentaron las armas, Todd blandió su espada y el cañón estalló y escupió una humareda. Los pájaros que había en los árboles salieron en desbandada dando graznidos, uno de los elefantes se asustó y se tambaleó, el corcel del general dio un respingo. El general tranquilizó al caballo y levantó su morrión de seda.

—Buenos días, señor Marriott. Lo felicito por su excelente guardia, señor Todd. Deduzco que estaban al tanto de nuestra llegada, ¿no?

Marriott lo condujo hasta la casa, donde los camareros les sirvieron vino blanco alemán y pastas. Entonces, se disculpó rápidamente, volvió a salir fuera y vislumbró entre la multitud el rojizo rostro de Beddoes. Llevaba una peluca empolvada que sobresalía por debajo de su sombrero de tres picos de fieltro. Sus robustas piernas estaban embutidas en las pesadas botas de caña alta del uniforme de los dragones, que él llevaba sumamente apretadas. Montaba una rolliza jaca zaina y charlaba con alguien que ocupaba un palanquín que avanzaba a su lado. Marriott abrió las cortinas. Amelia se levantó de los cojines bastante ruborizada. Sus ojos brillaban y sus tirabuzones dorados asomaban juguetones por debajo del ala de su sombrero de paja. Marriott le tomó las manos y las besó.

—¡Cuánto tiempo ha pasado, Amelia! ¡Te juro que nunca he sido más feliz en toda mi vida! ¡Estás deslumbrante! ¿Espero que los rigores del viaje no te hayan fatigado en exceso?

—Me encuentro muy bien, Charles —dijo bajando los ojos con sus enormes pestañas—. El señor Beddoes se ha desvivido para garantizar mi bienestar.

Beddoes los observaba con aire taciturno y un gesto de desagrado en su arrugado rostro.

—Permíteme acompañarte a tus aposentos, querida —dijo Marriott—. Allí podrás refrescarte sin más dilación. —La ayudó a bajar del palanquín y, dirigiéndose a Beddoes, continuó—: Señor, usted también se alojará en mi casa. Más adelante, cuando lo considere oportuno, podremos discutir cierto asunto que tenemos pendiente.

—En efecto, tenemos algo pendiente —Beddoes se aclaró la garganta—. Pero se lo advierto, señor Marriott, no soy hombre dado a cháchara remilgadas. Parece claro que no aprueba mi propuesta, así que ¿para qué malgastar palabras? De un modo u otro, este asunto se puede zanjar de inmediato. Así que le ruego que designe a su padrino.

—¡Señores, se lo ruego! —dijo Amelia agitando las manos—. ¡Éste no es el sitio adecuado! ¿Piensan discutir en público y dejarme en vergüenza? Esto se puede solucionar de manera amistosa si ustedes...

—Charles, ¡viejo pícaro! ¿Cómo le van las cosas? —Un dragón tiró de las riendas de su inquieto corcel y rozó su casco con los dedos. La visera daba sombra a un rostro cetrino de nariz larga—. ¿Hay algo de vino con el que refrescar un gaznate sediento en este sitio dejado de la mano de Dios?

—¡Dios mío, Anstruther! ¿Qué está haciendo usted aquí?

—Corneta del 19º Regimiento de Dragones Ligeros, para servirle, señor. He venido a combatir a las hordas de musulmanes a las que usted ha hecho salir de su avispero —sonrió pícaramente—. Además, tengo otra sorpresa para usted, Charles. Permítame que le presente...

Hizo señas a una esbelta figura que montaba un caballo, ataviada con una chaqueta verde de terciopelo que le llegaba por las rodillas y unos ajustados pantalones de gamuza. Un tricornio con una cinta plateada cubría su hermoso cabello de color caoba, elegantemente recogido con una cinta de seda. Marriott reconoció al instante aquella yegua árabe de color gris. Dirigió una mirada incrédula a aquellos ojos esmeralda, las marcadas mejillas y los rojos labios que se curvaron en una sonrisa.

—¿Cómo está, señor Marriott? —dijo Caroline Wrangham.

—¡No me lo puedo creer! —murmuró Marriott.

—¿Le apetece tomar una copa de vino conmigo, sir John?

—¡Con sumo gusto, señor Beddoes, con sumo gusto! ¡A su salud, señor!

Marriott recorrió con una mirada confusa el pasillo de damasco blanco como la espuma, con la brillante plata y la reluciente cristalería. Su *banian*, tras reunir a varios sirvientes y registrar los bazares, había organizado una cena que nada tenía que envidiar a las de los Jardines de Moubray. Los albañiles habían logrado terminar la casa a tiempo empleándose en una frenética actividad. Olía a serrín, pintura y yeso, aroma que se mezclaba con el de la cera de las velas y el del vino. Las lámparas de las paredes lucían las pantallas de porcelana china de Marriott, que habían sido transportadas en fardos por los camellos. Aún no se habían apagado y arrojaban una tenue luz sobre los escotados vestidos, los uniformes escarlata, el chaleco floreado de Beddoes y su espléndida chaqueta granate.

Marriott contempló con desánimo a Amelia, que estaba charlando animadamente con el alférez Todd. Se había mostrado reticente a asistir a la cena alegando que era impropio que una meretriz mantenida apareciese en público en compañía de una dama como miss Wrangham. Los argumentos de Marriott no habían logrado convencerla de lo contrario. Finalmente, exasperado, aunque sin olvidar las normas que regían la buena sociedad, le planteó la cuestión delicadamente a Caroline y le preguntó si tenía alguna objeción a que Amelia estuviera presente.

—¿Por qué iba a tenerla? —respondió—. Conozco perfectamente las circunstancias de la señora Bradly. Su cuna es incuestionable y su educación, excelente. Ha sido víctima de infortunios que escapaban a su control y que son los que la han conducido a su situación. Me alegra, Charles —añadió maliciosamente—, todo intento por tu parte para aliviar tal desgracia.

Marriott, ruborizado, prefirió ignorar la estocada.

—Está decidida a no acompañarnos. Me gustaría pedirte que me ayudases a convencerla...

—Durante el viaje de Moolvaunee aquí, he tratado por todos los medios de acercarme a ella, pero siempre me rehuía. ¡En fin! ¡Intentaré convencer a esa bobalicona!

Marriott nunca supo qué fue lo que Caroline le dijo. Poco después, se encontró a las dos jóvenes paseando por la veranda cogidas por la cintura. Amelia tenía los ojos llorosos y trataba de contener el llanto. Caroline iba hablando alegremente. Marriott se secó la frente y fue a comprobar cómo iban los preparativos de la cena. Colocó sobre las esteras de fibra una alfombra turca que birló de las posesiones de Fane. Éste, aunque había sido invitado a alojarse en la casa del recaudador, había rechazado la invitación tímidamente y había insistido en alojarse a una mayor distancia, en el palacio de Vedvyas. Marriott echó un vistazo a los palanquines que formaban el séquito de Fane y atisbó varios rostros femeninos de tez morena escondidos tras las cortinas. Sonrió y ordenó a su intérprete que escoltara al *sahib* hasta el palacio.

Como era habitual en ella, Caroline no había dado explicación alguna acerca de su sorprendente presencia en la comitiva del general que, después de todo, no dejaba de ser una expedición de carácter bélico. Durante la cena, entre bocado y bocado de cordero aderezado por sus correspondientes tragos de burdeos, su padre expuso a Marriott las razones con un tono que dejaba adivinar que se sentía violento.

—La vida en Madrás se había convertido en algo extremadamente tedioso. No hacía otra cosa que ejercicios de instrucción, inspecciones y papeleos. El gobernador general, Wellesley... ¡Maldita sea! El de ahora se llama Mornington. ¡Tengo que aprender a no confundirme!... El gobernador, digo, planea emprender otra campaña, me imagino que contra los *marathas*, y está reuniendo tropas y pertrechos en el fuerte Saint George. Los ejércitos de Bengala y Bombay se están preparando a su vez para la guerra. Por mi parte, esperaba recibir órdenes en ese sentido, al menos para el contingente de Madrás —el enfado confería un aire gélido a sus ojos azul claro—. Pero me equivocaba. Me comunicaron que quien estaba al mando del ejército de Madrás era Baird y que Arthur, el hermano de Mornington, sería quien dirigiría la campaña. ¡Una clara muestra de nepotismo! —Sir John aflojó los puños y tragó un poco de vino—. ¡Un burdeos bastante bueno, el que consigue usted en este estrafalario lugar!

Marriott indicó a un sirviente que volviera a llenar la copa del general.

—¿Cómo ha logrado miss Wrangham... ejem... persuadirlo para que le permitiera visitar un territorio tan inestable como Bahrampal?

Sir John observó el plato que un camarero había deslizado bajo su nariz.

—¿Qué es esto? ¡Vaya! ¡Carne de venado asada! ¡Ya veo que vive usted bien por estos lares! ¿Caroline? Pues verá... La cosa fue de la siguiente manera: viendo que mi presencia en Madrás era superflua, cuando Harley convenció al Consejo de que le enviasen una tropa de caballería, decidí solicitar un permiso. Así, tendría ocasión de ver el país y llevar mis exploraciones más allá de los confines de la Presidencia. Caroline, con esa irresistible mirada suya, insistió en acompañarme y gimoteó hasta volverme casi loco. Es una muchacha muy decidida —añadió el general con cariño—. Es muy difícil negarle algo. Como había leído las cartas que usted había enviado al Consejo, pensé que no correría un serio peligro en Bahrampal. Así que acabé cediendo y, después de que su madre soltara unas cuantas lágrimas, ¡aquí la tiene!

—¿Le apetece brindar conmigo, señor Marriott? —preguntó Anstruther.

Marriott participó en el brindis con la mente ausente mientras observaba cómo Caroline miraba fijamente a Beddoes. La benevolencia y el sudor lustraban las oscuras facciones del recaudador. El general notó cómo miraba a su hija y se acercó más a él en actitud cómplice.

—Yo creo que tiene motivos ocultos para haber venido. Hace algunos meses, lady Wrangham mencionó que le parecía que Caroline sentía debilidad por usted. Una magnetita que atrae a un meteoro, ¿eh? ¿Qué piensa usted al respecto?

Marriott, estupefacto, tomó un acelerado trago de burdeos para aclarar su confusión.

—Pero, señor —respondió—, supongo que usted no considerará ni siquiera por un instante...

—¡Bah! Antes era usted un escribiente empobrecido, pero ahora es todo un recaudador de impuestos y rentas. Y su sueldo supone... ¿cuánto era?... Quinientas libras al año. Además, Harley me ha asegurado que tiene usted por delante un futuro muy prometedor. Caroline podría haber escogido muchísimo peor, señor, muchísimo peor...

Marriott giró su copa y meditó las implicaciones de aquellas palabras en su mente. «Casarse con la hija del general Wrangham a la que, sin duda, amaba. Una joven de familia distinguida, lo suficientemente adinerada como para aportar una generosa dote. El favor de sir John podría acelerar su ascenso dentro del funcionariado. Y sus *pagodas*, con su hija como depositaria, servirían para dar impulso a las ambiciones que su nueva posición había despertado en él. Quizás, incluso podría llegar a ser miembro del Consejo. O incluso gobernador de Madrás. ¿Por qué no?»

Con aire abstraído, observó a Amelia. «A la luz de las velas, su cabello parecía oro fundido y sus ojos, dos radiantes zafiros. Era una criatura maravillosa; algo que él estaba encantado de poseer. ¿Se convertiría ahora en un estorbo? Estaba totalmente decidido a disuadirla de contraer matrimonio con Beddoes y, si no lograba convencerla, tenía intención de retar a aquel hombre a un duelo. El honor exigía que así fuese. ¿Cómo iba a tolerar dócilmente el secuestro de su amante por parte de un calavera lascivo? Aunque ahora ya no estaba tan seguro... Quizá Beddoes fuera la solución para eliminar aquel obstáculo que se interponía en su camino a la fama y las riquezas.»

El general aguantó la tediosa anécdota que relató el capellán entre hipos. Aquel clérigo barrigón de tez pálida estaba ocupado castigando el vino.

—Debo informarle, señor —dijo en voz baja, girándose hacia Marriott—, de que no daré mi aprobación bajo ningún concepto a menos que ponga usted fin a... a cierta conexión de lo más delicada —lanzó una expresiva mirada al otro lado de la mesa—. Una persona muy completa y elegante. Tengo entendido que durante una época incluso gozó de enorme fama entre los jóvenes de Madrás. Pero sería extremadamente impropio... ¿sabe a qué me refiero?

Marriott asintió apesadumbrado. Wrangham se limitó a confirmar una conclusión a la que acababa de llegar por sí mismo. La voz de Caroline lo sacó de sus pensamientos.

—¿Dónde se esconde el capitán Amaury, señor Marriott?

La pregunta sonó desenfadada, como si se tratara de una frivolidad cualquiera dentro de la trivial conversación de la mesa. Nadie se percató de la fuerza con la que la joven apretaba las manos sobre su regazo. El general frunció el ceño. Aquella pregunta se le antojó falta de tacto; sobre todo, teniendo en cuenta que era algo que él mismo había estado evitando plantear.

—No puedo decírselo —respondió Marriott—. Se marchó de manera imprevista y no dijo a dónde...

Entonces, se oyó el tintineo de unas espuelas en la veranda. De repente, alguien abrió una de las puertas del comedor de par en par, dejando entrar una súbita luz bajo la que apareció resplandeciente una alta figura ataviada con una casaca escarlata. El polvo cubría aquel uniforme y moteaba las botas y los pantalones de montar. La rubicunda cara lucía un bronceado de color nuez. Amaury se quitó el casco e hizo una reverencia.

—¡A su servicio, caballeros! ¡Y al suyo, mis damas!

Anstruther se puso en pie y, con pasos vacilantes, corrió a estrecharle la mano en señal de bienvenida.

—¡Hugo, Dios santo! ¿De dónde sale usted? Miss Wrangham acababa justamente de preguntar...

Caroline se levantó. Su encantadora cara había empalidecido y parecía tambalearse ligeramente. Seguramente, no era más que un vahído pasajero a causa del calor y del vino.

—Señora Bradly —dijo mirando a Amelia a los ojos—, creo que va siendo hora de que nos retiremos y dejemos que los caballeros saboreen su vino. Con su permiso, señores...

Amelia la siguió de mala gana. Había disfrutado enormemente

y quería oír las hazañas de Amaury. Pero había vislumbrado una extraña llamada de atención en la mirada de Caroline, una petición urgente, un llamamiento desesperado. Se preguntaba qué sería lo que martirizaba a la joven, observando cómo caminaba nerviosamente de un lado a otro por la alfombra del salón. Amelia sirvió dos tazas de café y le ofreció una a Caroline. Le desconcertó la mirada de pánico que esgrimieron sus ojos esmeralda.

Amaury se dejó caer en una silla con gratitud, estiró las piernas y se sacudió el uniforme levantando una nube de polvo.

—Les ruego que disculpen mi aspecto. Acabo de estar en los establos después de acomodar a los hombres del escuadrón —levantó una copa rebosante—. ¡A su salud, sir John! ¡Y también a la suya, caballeros! —vació la copa de un trago— Me alegra informarte, Charles, de que los *pindaris* han sufrido una derrota.

—¡Muy bien hecho, señor! —dijo Beddoes—. Y díganos, ¿dónde ha conseguido darles caza?

Amaury gesticuló vagamente.

—En alguna parte más allá de la frontera —dijo—. En un lugar llamado Berar, según tengo entendido.

—Hugo —respondió Marriott afablemente—, hay un edicto del gobernador general que prohíbe tajantemente que el ejército de la Compañía entre sin autorización en territorio indígena.

—¡Tonterías, señor! ¡Absurdas tonterías! —bramó Beddoes—. ¡Al infierno con las normas y con el reglamento! Yo actué de la misma manera hace años. De hecho, recuerdo...

—Sólo que no es exactamente el ejército de la Compañía —dijo Amaury sonriendo mientras inclinaba una licorera—. Este oporto es excepcional, fuera de lo común. Me imagino que será de su bodega, ¿no es así, señor Beddoes? Charles, mi caballería es totalmente irregular. Sus hombres son aquellos a quienes tú te negaste en redondo a alistar en la Compañía.

—Le estás buscando tres pies al gato, Hugo. Si me permites que te refresque la memoria, yo soy el único responsable del gobierno de Bahrampal. Y esos hombres pertenecen a Bahrampal y han sido guiados por un oficial que está al servicio de los directores de la Compañía.

—No por mucho más tiempo. Ha sido mi cántico final de cisne antes de dejar el ejército de la Compañía. Ya está hecho, así que déjalo estar.

El general Wrangham se pellizcó en la nariz. La tenía roja y en sus ojos había una mirada amable bajo sus pobladas cejas.

—Hmm... Sobre ese tema, capitán Amaury, he vuelto a escribir a Leadenhall Street instándoles fervorosamente a que lo mantengan al servicio de la Compañía. Estoy convencido de que mis palabras surtirán efecto.

Amaury levantó su copa, se quedó mirando fijamente la temblorosa llama de una vela a través del brillo rosado.

—Le agradezco su atención, señor —dijo—. Pero me temo que es demasiado tarde.

—¡Por Dios, Charles! No tengo ni la menor idea de qué es lo que ha motivado este reto, pero Beddoes ha afirmado tener la certeza de que usted sabría reconocer cuál es la provocación. Así que me ha pedido que actúe en su nombre y quiere que escoja un padrino. ¡En nombre del honor, no me he podido negar! —Anstruther, con el uniforme impecable, estaba en rigurosa posición de firme, pero la sensación de incomodidad se superponía a las formalidades y parecía muy disgustado.

Marriott se acabó el café, apartó la bandeja con las sobras del desayuno y se encendió un puro. Enganchó una silla con el pie y la acercó a la mesa.

—Siéntese, Richard. No seamos tan pomposos. ¿Quiere un cigarrillo? Conozco el motivo perfectamente, pero no lo revelaré. De modo que Beddoes desea un duelo y con él ha amenazado... —musitó en voz alta—. Si lo matase, ¿qué arreglaría con ello? Ese nabab entrado en años es toda una reliquia de aquellos tiempos pasados en los que cualquier problema se solucionaba recurriendo a la espada o a la pistola. Cuando los caballeros se iban felices a la tumba con tal de mantener intacto su ridículo honor, aunque dejando los problemas sin resolver. Pero ahora vivimos una época mucho más moderada —contempló la expresión de confusión en el rostro de Anstruther—. No, Richard, usted no lo entiende. Está en juego el bienestar de una tercera persona implicada en este asunto y debe ser preservado.

Marriott se puso en pie y dio una calada a su puro.

—Antes de concertar un duelo —prosiguió— cuyas fatales consecuencias podrían ser irreparables, será mejor que hable con Beddoes.

—Pero el reto ya ha sido lanzado —replicó Anstruther—. ¡Sería sumamente indecoroso que los duelistas se reunieran antes de que tenga lugar el enfrentamiento!

—¡Al diablo con las normas! Sírvase un café, Richard. ¿O prefiere un brandy? ¿No le apetece nada? Iré a ver a Beddoes de inmediato. Después, le enviaré a Todd para que cumpla con las formalidades, o bien para informarle de que la disputa se ha solucionado amistosamente.

Recorrió la veranda y llamó a una puerta. Beddoes estaba repantingado en un sillón, ataviado con una bata de color morado que dejaba al aire el vello de su pecho. Su barriga sobresalía como un pudin por encima de sus pantalones de algodón de estilo musulmán. Un barbero le estaba enjabonando la cara y un sirviente le daba aire agitando un abanico sobre su hirsuta cabellera. Tenía apoyado en el estómago un vaso de brandy con agua. Cuando vio a Marriott, se enderezó.

—¡Vive Dios, señor Marriott! ¿No ha ido a verle Anstruther?

—Sí lo ha hecho. Justo acabo de estar con él.

—¡Dios santo! En ese caso, no tiene usted nada que decirme —Beddoes se quitó la espuma de los temblorosos carrillos y ordenó a los sirvientes que se retirasen—. ¡Es inconcebible que se presente usted aquí! ¡Lo veré el día del duelo! ¡No antes!

—Señor Beddoes —dijo Marriott tenso—, no tengo intención de batirme en duelo con usted. ¡Es algo totalmente contrario a los intereses de la señora Bradly!

Aquellos ojos violeta de párpados caídos examinaron a Marriott minuciosamente.

—¡Pardiez! En eso estoy de acuerdo. Pero, si no la libera de estar bajo su protección, ¿de qué otra manera se puede arreglar la cosa? Le advierto, señor, que estoy decidido a casarme con Amelia a menos que una bala suya me lo impida.

—No habrá bala alguna. Hablaré con ella, le explicaré mis razones y dejaré que sea ella quien decida. Y, por supuesto, acataré lo que diga. ¡Tiene usted mi palabra!

Una sardónica mueca deformó el oscuro rostro de Beddoes.

—Estoy seguro de que pretende convencerla para sacar partido, sólo porque le interesa. ¿Se cree que estoy ciego, señor Marriott? Sé muy bien que quiere pescar una presa mayor y Amelia tan sólo es como un tronco en el que se le ha enganchado la caña.

—Si está tan seguro de eso señor—dijo Marriott moderando el tono—, ¿por qué esa insistencia en batirse en duelo?

—Hay hombres —respondió Beddoes con tono grave— a los que sólo un tiroteo puede convencer —se reclinó en la silla y llamó al barbero a gritos—. Use las linsonjas y patrañas que use para tentar a Amelia, creo que perderá el tiempo. Que tenga usted un buen día, señor. En adelante, le ruego que no se interponga en mi camino.

Marriott corrió a la veranda, se apoyó en una columna y luchó por mantener su furia bajo control. «¡Maldito viejo decrépito! ¡Sinvergüenza impertinente!» Se dirigió con paso firme a la habitación de Amelia y llamó a la puerta. Estaba sentada frente a una cómoda, con un mantón sobre los hombros. Una doncella portuguesa le estaba cepillando el pelo, cuyas ondas le llegaban hasta la cintura. Marriott sacudió la cabeza indicando a aquella mujer que se retirase y fue directo al grano.

—Amelia, acabo de tener una charla sumamente irritante con ese viejo canalla de Beddoes. Parece sentir una obsesión enfermiza por desposarte. Tu futuro debe quedar resuelto de una u otra forma, así que te ruego que me digas abiertamente qué es lo que piensas tú. No toleraré que se diga por ahí que yo me he desembarazado de ti vilmente.

La mirada de Marriott se topó con unos ojos azules muy abiertos. Trató de sonar convincente. A través de las contraventanas del dormitorio, cerradas para combatir el sol, se colaban unos rayos que dibujaban franjas doradas paralelas sobre las alfombras de Malabar. Las moscas zumbaban sin cesar y se agolpaban en el techo. Había un catre de cuerdas entrelazadas apoyado contra la pared, cubierto por unas cortinas mosquiteras. Un espejo lleno de moscas coronaba la cómoda. Los pesados muebles de caoba traídos del palacio descansaban junto a las mesas que los carpinteros de la zona habían fabricado con madera de *shisham*. Un arco del que colgaba una cortina conducía al cuarto de baño; era un reducido espacio que asemejaba una celda, únicamente amueblado por un baño de asiento con los bordes de hierro y un balde de hojalata a modo de inodoro. «Un rudo alojamiento para Amelia —pensó—. Pero era lo mejor que podía ofrecerle. Un dormitorio que apenas podía competir con la suite que la joven tenía en los Jardines de Moubray y una pocilga comparada con las palaciegas estancias de

Beddoes. Si decidía continuar bajo la protección de Marriott, ése sería el ambiente que podía esperar.» En su interior, él rezaba para que aquella mujer se diera cuenta a simple vista del evidente contraste.

Parecía muy preocupada.

—¡Nunca me hubiera imaginado tal cosa! Charles, me has tratado con gran generosidad y te estaré eternamente agradecida. Pero el señor Beddoes me ofrece...

—Un matrimonio, seguridad, decencia... ¡Pero se trata de simples señuelos con los que pretende tentar a una inocente presa! ¿Te has parado a pensar en la edad que tiene y en que tú eres prácticamente una niña? Ese hombre no vivirá eternamente. ¿Qué harías en Molvaunee si te quedases viuda? ¡No podrías vivir allí!

—En su reciente visita a Madrás, Gregory —dijo Amelia dulcemente—, es decir... el señor Beddoes, fue a ver a un abogado y me asignó una fortuna sumamente generosa. No me faltarán medios para adquirir un pasaje de vuelta a casa y vivir cómodamente el resto de mis días.

—¡Veo que nuestro amigo se ha vuelto de lo más dadivoso! —dijo Marriott con aire despectivo—. Pero, entre tanto, vive completamente aislado y entregado a unas costumbres de todo punto repugnantes para las personas decentes. ¿Estás dispuesta a compartir sus favores con las *bibees* indígenas?

—Gregory se ha desprendido de su harén —respondió Amelia seria—. Según he podido percibir, el señor Fane se ha quedado las joyas más apetitosas para su propio tesoro —se ruborizó y esgrimió una sonrisa trémula—. ¡Qué conversación más odiosamente indecorosa, Charles!

Marriott se acercó a una de las ventanas, abrió la contraventana y miró fijamente la deslumbrante luz del sol hasta que se le cegó la vista. Vislumbró una fila de camellos que se dirigía pesadamente a los campos de pasto; los animales seguían al arreador sujetos por unas argollas en la nariz. Decidió que su conciencia podía estar tranquila. Le había explicado abiertamente a Amelia todos los inconvenientes de contraer matrimonio con Beddoes y era ella la que no quería dejarse convencer. Así pues, tenía un estorbo menos en el camino que conducía a Caroline, que ahora se presentaba directo y totalmente despejado. Sin embargo, la frustración, la herida surgida en su orgullo y el temor a que su reputación quedara destrozada ensombrecían su liberación. Deseaba vengarse del hombre que había logrado ganarse a su amante.

Marriott cerró la contraventana de golpe.

—Has tomado una decisión y yo respetaré tus deseos —le tendió las manos—. Ven aquí, querida. ¿No me vas a dar un beso de despedida?

Amelia se acurrucó entre sus brazos y levantó la cara. Marriott depositó un prolongado beso en aquellos suaves y cálidos labios. Comenzó a desatar a tientas los lazos del sedoso camisón a rayas de Amelia. Ella se puso rígida y se separó de Marriott empujándole en el pecho con las manos.

—No, Charles, no debes...

Él le desnudó los hombros, bajó la cabeza y besó sus turgentes pechos. Amelia forcejeaba apurada; tenía la respiración acelerada.

—¡Para, Charles! ¡Esto es muy escandaloso! No tienes derecho... Estoy comprometida con... ¡Oh!... ¡Qué vergüenza!... ¡Me has desgarrado la enagua!... Esas manos tuyas... Son tan malvadamente libertinas... ¡Sí, ahí!... ¡Ah! ¡Amor mío!...

—La señora Bradly ha decidido en favor suyo, señor —dijo Marriott asomando la cabeza por la puerta del dormitorio de Beddoes—. Ya le he dado mi... ¡ejem!... mi bendición.

Sonrió cordialmente y cerró la puerta.

La población europea de Hurrondah había crecido a prácticamente más del doble y las cenas en sociedad estaban a la orden del día en la casa de Marriott. Pero Amaury guardaba las distancias. Se negó a mudarse del palacio de Vedvyas, donde convivía junto con Todd y Welladvice. Fane ocupaba los antiguos aposentos de Marriott y su harén se alojaba en un edificio adyacente reservado a las *bibees*. Era tan hospitalario como para ofrecer a sus compañeros la posibilidad de compartir su selección de muchachas morenas. Todd, escandalizado, se había negado en redondo a aceptarla. Welladvice había respondido negando con la cabeza con aire apesadumbrado.

—Se lo agradezco en el alma, señor —había dicho—. Pero no quiero correr riesgos. Ya en dos ocasiones me han contagiado la sífilis las *bibees* y aquí no hay matasanos que me pudieran curar.

Amaury sonrió.

—Una decisión extraordinariamente civilizada por tu parte, William. Pero no ha de ser así. Tengo a una *bibee* muy joven y me temo que podría tomárselo como una ofensa.

Welladvice sacó los cañones de seis libras del parque de artillería y los llevó a su fundición. Sustituyó las toscas cureñas de traviesas por unos bloques más compactos, colocó nuevos tornillos de elevación y dotó a los fogones desgastados por los disparos de unos revestimientos de cobre. Después, ató los cañones a unos tiros de seis caballos y emprendió con ellos varias marchas de diez millas a un infatigable medio galope.

—Los tiros soportan ahora la mitad del peso de un cañón de seis libras —le dijo a Amaury con una amplia sonrisa de satisfacción—. Seiscientos diez kilos contra mil trescientos setenta y dos. ¡Serán capaces de seguir a tu caballería, corra lo que corra!

Amaury, que prefería no fiarse de aquellas palabras sin más, decidió comprobarlo con una marcha al galope a través de los accidentados campos. Satisfecho con el resultado, adquirió bueyes suficientes para arrastrar los dos cañones de seis libras que no contaban con tiro alguno. Ya no quedaban caballos adecuados para esa labor en toda Hurrondah.

Ordenó a Welladvice que comprara carretas que los bueyes fueran capaces de arrastrar para transportar todos los botes de metralla y los bolaños que hubiera en el polvorín de Vedvyas, todos los cartuchos y hasta el último gramo de pólvora.

—Ya tenemos los ciento veinticinco bolaños —dijo el marinero confuso rascándose la cabeza— que establece el reglamento para cada cañón en las carretas, más treinta y dos en reserva por cada división. ¿Para qué quiere más, señor?

—Usted limítese a hacer lo que le digo, señor Welladvice. Y avíseme cuando esté todo listo.

Amaury retomó casi de inmediato los rigurosos ejercicios de instrucción del escuadrón. Todas las mañanas, cuando terminaba el pase de revista a la formación, pasaba horas entre las columnas, charlando con los *rathores* y los *rohillas* para ganarse su amistad y su confianza. Así fue como fortaleció el lazo que, en realidad, ya había forjado durante la furiosa incursión a Dharia. Las puertas de su casa estaban abiertas para los oficiales, y los *risaldares* y los *jemadares* solían comer con él. En una ocasión en la que Todd se presentó sin avisar, lo descubrió en mangas de camisa y con unos pantalones holgados, en cuclillas al estilo del país y comiendo curry con los dedos. Amaury notó la repulsión en la mirada del alférez, que se retiró precipitadamente y, sintiendo cierta diversión, se dio cuenta de la conclusión a la que Todd debía de haber llegado, que era la misma que más tarde expresó el propio Fane:

—¡Maldita sea, William! ¡Hugo se está transformando en un indígena!

Amaury tenía trato con todos aquellos hombres, fueran simples soldados o *risaldares*. Mantenía con ellos una cordial camaradería que pronto se transformó en familiaridad, aunque jamás cruzaron la línea divisoria entre dirigente y dirigidos. Y actuó así hasta asegurarse de que aquellos mercenarios rufianes estarían dispuestos a seguirlo en todas las situaciones complicadas que implicasen batallas y saqueos. Vedvyas era otro cantar. Quería conseguir la ayuda del *mirasdar*—una autoridad por derecho hereditario con la que defender y confirmar su propia autoridad— y también quería el tesoro que guardaba oculto en algún lugar de su palacio. Como no se fiaba de la perfidia de los indígenas, se abstuvo de revelar sus planes. Cada vez que lanzaba pequeñas indirectas o alusiones a Vedvyas, éste respondía con una gélida expresión.

Por fin, una sofocante mañana soleada, se encontraban contemplando cómo el escuadrón realizaba la instrucción cuando Amaury decidió tirar la prudencia por la borda y exponer sus intenciones abiertamente.

—Después de tantos años gobernando Bahrampal, *sirdar sahib* —dijo con aire despreocupado—, ¿se conforma con ser ahora un simple *mirasdar* entre tantos, todos con igual poder, bajo el mando de la Compañía? ¿No le irrita esa situación a veces?

El tono de desprecio de las palabras de Amaury sacudió a Vedvyas como un latigazo.

—¿Qué hace un tigre al que dan caza y encierran en una jaula? ¡Rugir, dar violentos golpes con el rabo y arañar en vano los barrotes! ¿Debo mostrarme desesperado y apesadumbrado ante el triunfo de mi captor? ¡Permítame tener un poco de dignidad, *sahib*!

—¡Escape de la jaula, Vedvyasjee! ¡Huya a un territorio más justo que el de Bahrampal y fuera del dominio de la Compañía! Si lo planea y lo prepara un poco —y se arma de una pizca de decisión—, puede romper los grilletes que lo atan a la Compañía y volver a ser dueño de su propio destino. ¿Tiene valor suficiente para jugarse su futuro a una sola carta?

Vedvyas le lanzó una mirada de odio.

—¡Nadie se ha atrevido jamás a cuestionar mi valentía! ¡Al menos, nadie que haya logrado seguir con vida después! No es la primera vez que me lanza indirectas al respecto. ¿Cómo es que usted, un oficial de la Compañía, está proponiéndome que me rebele y combata contra sus dragones y sus cipayos? ¡No soy ningún estúpido, *Umree Sahib*!

Amaury observó cómo la columna de tropas a caballo del escuadrón se alineaba a medio galope y reprendió duramente a un cabo de fila que se había despistado.

—No hace falta blandir las espadas contra la Compañía. ¿Por qué le iba yo a recomendar lanzarse a un suicidio? Los fines que persigo para usted se pueden conseguir fácilmente. Pero, antes de revelarle mis planes, ¿me jura que guardará silencio?

—Por supuesto. Lo juro por mis dioses.

Amaury contuvo una sonrisa. Aunque Vedvyas le caía bien y sentía respeto por él, estaba convencido de que era tan traicionero como una víbora, de modo que concedía a aquella promesa el mismo valor que a una *pagoda* falsificada.

—Muy bien. Ésta es mi propuesta: Dharia está libre para quien decida tomarla. Vayamos hasta allí a escondidas con todos nuestros hombres y ocupemos la fortaleza. Luego, podremos imponer desde ella nuestra supremacía en el *jagir* del que era cabeza.

Vedvyas examinó misteriosamente una rueda en mitad de la tropa.

—El *jemadar* Kandiah Ram confunde las órdenes. Ese estúpido cretino no es merecedor del rango que ostenta. Tenemos que sustituirlo. No, *sahib* —dijo con decisión—. Su plan es imposible de llevar a cabo. Pretende ocupar Dharia sin más, con un anciano sacerdote al mando de la guarnición. ¿Y después? ¿Permitirá el rajá *Bhonsla* de Berar que doscientos hombres le arrebaten su *jagir*? ¿De qué manera íbamos a poder ofrecer resistencia a sus cinco mil soldados? ¿De qué viviríamos? ¿Con qué pagaríamos a nuestras tropas? ¿Con promesas basadas en las ruinas de Dharia?

—Usted es dueño de una vasta fortuna, *sirdarjee* —dijo Amaury con suavidad—. Los impuestos y rentas de Bahrampal han ido colmando sus arcas durante veinte años.

—Y en ellas seguirán. Necesito uno o dos *fanams* para mantener mi mísera situación. ¿Por qué iba a jugármelo todo a una apuesta tan arriesgada?

—Yo mismo apostaré mis recursos de buen grado, aunque sean mínimos comparados con los suyos. Además, tendré que soportar el menosprecio de todos los ingleses, riesgo que usted no correrá a los ojos de los indostaníes. Ciertamente, su imagen se verá reforzada.

—Es usted un astuto tentador, *Umree Sahib* —dijo Vedvyas acariciándose el bigote—. Casi me convence, pero no del todo. Yo soy el *mirasdar* de Hurrondah bajo el gobierno de la Compañía. Es una posición de bajo rango, pero segura. ¿Por qué iba a dejarla por la de un *dacoit* fuera de la ley para encerrarme en una ciudad arruinada? ¡Me pide demasiado!

Amaury suspiró. Sus argumentos eran como flechas arrojadas contra un muro infranqueable. Se despidió de Vedvyas, deshizo la formación y se alejó de allí cabalgando, sin apretar las riendas sobre el cuello de Hannibal y meditando sobre la situación. Estaba convencido de que los mercenarios lo seguirían allí donde fuese, con independencia de que Vedvyas lo acompañase o no. Pero el dinero seguía siendo un problema. Necesitaba dinero contante y sonante. Amaury había calculado que, una vez que ocupase Dharia, pasaría un periodo sin beneficios hasta que consiguiera ganarse la confianza de los campesinos y lograse que la población de la ciudad regresase y que ésta recobrase su prosperidad; una prosperidad de la que dependían sus rentas. Además, tendría que emplear a los hombres del lugar para reconstruir las murallas de la fortaleza y hacer que la ciudad resultase habitable. Sólo para pagar a sus soldados necesitaría cuatrocientas *pagodas* al mes. Y también debía contar con dinero para pagar a los trabajadores y comprar comida y forraje. Tenía en mente ampliar su tropa de mercenarios alistando a nuevos hombres a los que habría que pagar un salario igualmente. Había calculado que, con el tiempo necesario y si se gestionaba bien, un distrito del tamaño de Dharia podría llegar a producir noventa mil *pagodas* al año. Con tiempo. Pero, mientras tanto, necesitaba conseguir dinero.

Amaury subió la colina de Hurrondah encorvado sobre la perilla de la silla de montar para facilitarle el ascenso a Hannibal. Decidió tomar una ruta que daba un rodeo pero conducía directamente a las caballerizas del escuadrón. Era un angosto callejón flanqueado por dos hileras de casas muy juntas, adyacentes a los barracones de los cipayos. Los barracones eran los grandes edificios de ventanas pequeñas que antaño sirvieran de aposento a los criados del palacio. Se detuvo en un patio presidido por una casa marrón que había sido ocupada ilegalmente y en la que un centinela marcaba el paso. El soldado saludó a Amaury, que le devolvió el saludo y, con aire pensativo, apretó los pies en los estribos. Se encontraba en el cuartel de la guardia cipaya, donde se guardaban las tiendas con las armas y las arcas públicas, custodiadas día y noche por una imponente guardia de diez *havildares*. Amaury acarició inquieto las crines de su caballo. Allí estaban los fondos de la Compañía en Bahrampal; de las veinte mil libras esterlinas que habían traído de Madrás, aún debían de quedar como mínimo quince mil. Muchos eran los *mohúres* de oro y las *pagodas* que tintineaban en aquellos *yakdanes* de cuero. Amaury tragó saliva y su sabor le recordó al del vino añejo recalentado al sol.

Espoleó los costados de Hannibal y dio un rodeo hasta llegar a un callejón que separaba la parte trasera del cuartel de la guardia de la alta pared inconclusa y fisurada que daba al ala del palacio en la que se alojaba el harén de Vedvyas. Apoyó la barbilla en una mano y examinó la anchura de aquella estrecha grieta.

—Es posible —murmuró—. Perfectamente posible. ¡Si lograra convencerlo...!

Amaury tomó las riendas y regresó a sus aposentos cabalgando con brío.

Los ingleses de visita en Hurrondah se divertían de la mejor manera que sabían. Caroline salía a pasear a caballo antes del amanecer. La escoltaba Anstruther y, a veces, Todd, que abandonaba para ello a sus preciados cipayos, dejaba al *subhadar* senior al mando de los ejercicios de instrucción y procuraba acallar así la llamada del deber. En cambio, los miramientos militares nunca supusieron estorbo alguno para Anstruther, que acudía a las caballerizas todos los días, asistía al paso de lista nocturno sin apresuramientos y, una vez por semana, desfilaba con sus veinte dragones, trotaba por los campos y practicaba con el sable. Consideraba que cumplía con la debida aplicación aquellas tareas, que eran las que a su juicio le correspondían.

—¡Es extenuante! ¡En el fuerte Saint George, el que se encarga de los desfiles es el adjunto!

Caroline gozaba de un excelente estado de ánimo y decía sentirse cautivada por aquellas polvorientas aldeas de adobe enclavadas a la sombra de los tamarindos y los mangos y por las llanuras salpicadas de árboles que se extendían a las faldas de las lejanas montañas.

—¡Pobre señor Marriott! —dijo un día, mientras paseaba por un campo de hierba moteada por perlas de rocío—. ¡En Madrás siempre salía a cabalgar al alba! Supongo que ahora trabaja demasiado y no le queda tiempo. ¿Dónde —añadió despreocupadamente— se esconde el capitán Amaury todo el día? ¡Nunca se deja ver en sociedad antes de la cena!

—Hugo es... —respondió frunciendo el ceño—. ¡Cómo diría yo!... Extremadamente diligente en el desempeño de sus deberes.

—¿Qué deberes? —replicó Caroline con desdén—. ¿No está de permiso? No cabe duda entonces de que es un oficial de lo más aplicado.

Beddoes siempre acompañaba a Amelia cuando salía a cabalgar o a tomar aire en su palanquín, y la agarraba celoso del brazo si casualmente se encontraban con Marriott.

—¡No he visto una situación igual para un futuro casamiento en toda mi vida! —comentó Anstruther con perspicacia.

El general Wrangham inspeccionó los barracones de los cipayos, observó con desconfianza a los hombres de caballería y los artilleros de Amaury, exploró las abarrotadas calles de Hurrondah, descubrió que los dragones frecuentaban los comercios donde vendían *arrak* y castigó a Anstruther por ello. Éste aceptó resueltamente la reprimenda y prohibió a sus hombres ir a Hurrondah. Organizó carreras, juegos de tira y afloja con cuerdas y competiciones de tiro para ocupar los excesivos periodos de ocio con que contaban, y regresó felizmente a sus propios divertimentos. El capellán, que apenas se dejaba ver, se desenvolvía en una atmósfera espiritual —un rico aroma a ginebra y brandy con agua.

Al calor del mediodía, todos se refugiaban en el interior de los edificios y jugaban al backgammon y a las cartas en las ensombrecidas estancias, para retirarse a echar la siesta a media tarde. Cuando el anochecer empezaba a oscurecerlo todo y los cuervos planeaban en bandadas para posarse en alguna rama, se reunían en el comedor.

Marriott no solía acompañarles en esos momentos de relajación. Montones de peticionarios abarrotaban la veranda ante su oficina esperando a ser atendidos. Leía todo tipo de documentos de otorgamiento y escrituras, apaciguaba los conflictos que surgían en torno a campos de cañas de azúcar o pozos artificiales, revisaba las cifras de las rentas e impuestos y dictaba cartas apremiantes para los morosos. A pesar de su falta de entusiasmo, a Fane le fue asignada precipitadamente una estancia que había sido acondicionada como sala de audiencias para el magistrado. Parecía un gorrión asustado entre todas aquellas montañas de papeles, con informes sobre casos que debían ser juzgados. El joven magistrado comprendió horrorizado que se vería obligado a resolver trescientos o cuatrocientos casos al mes, redactar las actas correspondientes a cada uno de ellos incluyendo los alegatos y las pruebas, proporcionar informes mensuales de cada causa que tramitase, mantener correspondencia con los caciques de las aldeas y con los *mirasdares*, y enviar los debidos informes al Juzgado de Registros de Madrás.

A pesar de su absorbente trabajo, que apenas le dejaba tiempo para pensar en nada más, Marriott se sentía inquieto y preocupado. Era incapaz de armarse de valor para pedir la mano a Caroline y, a su juicio, la proposición que le había hecho meses atrás en Madrás ya había caducado. Estaba deseando poder volver a viajar por los distritos para despachar los pagos de las tierras de labranza —una interminable tarea que la incursión de los *pindaris* había interrumpido— y despotricaba contra la convención de rigor que exigía su presencia en Hurrondah mientras sir John estuviese allí. «¿Cuánto más pensaría quedarse aquel hombre?» Después de la cena, cuando las damas y los sirvientes se hubieron retirado, tomó una licorera que contenía vino de Madeira y se sentó al lado del general.

—Nuestra compañía debe de parecerle de lo más ruda, señor —dijo—. Soy consciente de que deberíamos esforzarnos para dispensarle un trato más agradable.

—No se preocupe, señor Marriott. Me considero plenamente satisfecho. Sin embargo, no me quedaré mucho más en estas tierras. Falta poco para que se termine mi permiso —dirigió a Marriott una gélida mirada y le preguntó—: ¿Ha hablado usted ya con esa hija mía?

—Lamento sinceramente que las circunstancias no hayan sido propicias para ello —respondió Marriott incómodo—. Créame cuando le digo que no haber encontrado la ocasión de hacerlo no responde en absoluto a una falta de decencia por mi parte. Pronto lo solucionaré. Mientras tanto, señor, he de visitar un distrito bastante alejado en el que sospecho que existe una remota aldea en la que los campesinos practican sacrificios humanos.

—¿Sospecha? ¡Seguro que lo hacen! ¡Esos malditos bárbaros trigueños...!

—Es un rito de fertilidad, según tengo entendido. Ceban a la víctima durante meses para que engorde. Después, la atan a un poste y cortan pedazos de su cuerpo a tajos, pero sin matarla antes. Entierran los pedazos de carne en los campos o los cuelgan en palos que colocan sobre los arroyos que riegan las cosechas. Me gustaría preguntarle si le gustaría unirse a mi expedición...

—Por supuesto, por supuesto. Nada me produciría mayor placer. Siempre me resulta interesante observar cómo ustedes...

Una risotada ahogó sus palabras. En una mesa de la esquina, tres jóvenes jugaban a las cartas con Beddoes mientras el corneta aderezaba la partida con habladurías y chismorreos procedentes de Madrás. Marriott lanzó una bocana de humo de su puro en la dirección en la que se encontraba Anstruther.

—Sir John, ¿cuánto tiempo se quedará el destacamento de los dragones en Bahrampal? —preguntó.

El general dio un trago de madeira y contempló con desdén al capellán, que roncaba en su silla.

—La intención del Consejo es que los dragones y los cipayos se queden hasta que usted considere que su distrito está completamente bajo control.

—Eso ya es así —respondió Marriott con firmeza—. El ejército está de más aquí. Se puede retirar de inmediato.

Amaury, ataviado con una elegante chaqueta de color amarillo pálido y unos pantalones de satén de color crema, apartó su lánguida mirada del techo.

—Me veo obligado a disentir, Charles —dijo—. El territorio de Bahrampal en sí es bastante seguro pero, ¿qué ocurriría si los *pindaris* atacaran de nuevo? ¿Confías, después de todo, en la protección de mis hombres de caballería?

—Estoy totalmente decidido, Hugo —replicó Marriott enérgicamente—, a desmantelar a esa chusma a la que llamas tus hombres. Sería imprudente conservarlos después de que las tropas de la Compañía se hayan retirado. Además, conceden a Vedvyas una importancia que no merece. Una vez que me haya deshecho de ellos, recuperaré todas las rentas e impuestos que Vedvyas ha estado cobrando ilegalmente durante años. Tengo unos precisos asientos en los que constan las cantidades, ya que he tasado su valor a partir de los antiguos cálculos de impuestos y rentas a pagar. Ese hombre debe de tener en sus arcas unas cincuenta mil *pagodas* recaudadas ilegalmente. ¡Casi veinte mil libras!

A Amaury se le cayó la ceniza del puro y chamuscó el mantel de Damasco. Limpió rápidamente el desaguisado.

—Una apabullante suma —dijo sin alterar el tono—. Charles, ¿estás seguro de que es buena idea?

—¡Desde luego, deshacernos de esa panda de villanos mercenarios sí que lo es! —bramó el general Wrangham—. He estado observando cómo realizan la instrucción y cómo manejan la artillería. ¡Son demasiado eficientes!

—Hay que cortar las alas a Vedvyas —replicó Marriott tercamente—. No reconoce ni acepta el gobierno de la Compañía. Hay cuestiones civiles que desconoces, Hugo, en las que ese hombre recurre a dudosas artimañas para dar al traste con mis edictos. ¡No sabes cuán a menudo lamento que lograras convencerme de que lo mantuviera como *mirasdar*!

—¿Cuándo —preguntó Amaury examinando sus uñas atentamente— tienes pensado llevar a cabo esa... ejem... esa confiscación?

—Sir John ha accedido a acompañarme a recorrer las aldeas de los alrededores. Será un viaje corto y, cuando regresemos, me dispondré a ello.

Amaury se puso en pie y estiró los brazos luciendo su gran estatura. Con su rubio cabello, su apuesta figura con el sable colgado a la cintura ofrecía una visión espléndida a la luz de las velas.

—Me siento en deuda contigo, Charles —dijo con aire benevolente—. ¡Es una idea brillante! ¡Me acabas de dar la respuesta a un problema que a mí se me escapaba!

Los rayos del sol perforaban las ventanas y dibujaban caprichosas formas sobre los mosaicos del suelo. No había ninguna silla. Unos chillones cojines se amontonaban alrededor de las mesas, sobre las que descansaban unas fuentes plateadas llenas de dulces. Las moscas revoloteaban a su alrededor. Vedvyas se llevó a la boca la boquilla que sujetaba entre las palmas de las manos y exhaló unos finos hillillos de humo azulado. Trataba de ver el rostro de Amaury para intentar adivinar qué intenciones escondía.

—Eso es lo que se propone el *sahib* recaudador —concluyó Amaury—. Saqueará sus arcas y se deshará de sus soldados como si de maleantes se tratara —tomó un albaricoque confitado de la fuente más cercana a sus cojines. Al hacerlo, molestó a las zumbantes moscas y dejó caer la mano—. ¿Piensa someterse a él dócilmente y sin hacer nada para impedir que lleve a cabo sus planes? ¿O tomará mi propuesta en consideración para salvaguardar sus arcas, su honor y sus jinetes?

Vedvyas profirió un profundo bramido.

—No tengo elección. ¿Acaso cree ese *fringee* que soy un culi de casta inferior y que lo voy a adular como un perro vagabundo mientras él me despluma? Si ésa es la forma en que la Compañía entiende la justicia, ¡será mejor que escape a sus garras! Sí, *Umree Sahib,* su idea me convence más. Debemos partir hacia Dharia lo antes posible. ¿Cuándo piensa atacar su recaudador?

—Cuando vuelva de su viaje. En dos semanas, o puede que menos. Tenemos tiempo suficiente. Dígame, *sirdarjee*, ¿dónde están los aposentos de sus mujeres?

Vedvyas levantó las cejas y señaló hacia una puerta.

—Por allí, un poco más allá, en el edificio colindante. ¿Necesita una *bibee*, *sahib*? Le puedo ofrecer una sin problemas...

—Tiene usted que trasladarlas a otro lugar y hacerlo de inmediato. Escúcheme bien. Lo que tenemos que hacer es...

Amaury estuvo hablando durante una hora y, después, hizo repetir a Vedvyas todas sus instrucciones hasta que estuvo seguro de que el *mirasdar* dominaba a la perfección hasta el más mínimo detalle. Entonces fue al cuartel de la guardia y le dijo muy elegantemente al *havildar* que deseaba inspeccionar los cuartos de guardia. El hombre no le puso objeción alguna. ¿Quién se iba a oponer a un oficial de la Compañía uniformado, con su fajín y todo? Amaury atravesó la sala más externa, en la que los soldados comían y dormían, y entró en el lugar donde se guardaban las armas. Los mosquetes provistos de bayonetas estaban apilados contra las paredes, las cajas de madera de los cartuchos se amontonaban en las estanterías y había varias filas de ganchos de las que colgaban múltiples pedernales en pequeñas bolsas de piel de ciervo.

Amaury realizó una inspección a fondo.

—Esta bayoneta tiene manchas de óxido. Hay que enarenarla y engrasarla. Esta baqueta está abollada, envíenla al armero —se agachó para atravesar el arco de una puerta y entró a una sala que no tenía ventanas y estaba prácticamente a oscuras.

—Aquí se guardan las arcas públicas, *sahib* capitán —murmuró el *havildar*.

Era la sala de custodia. Ocho cajas de cuero atadas con correas y dotadas de grilletes para colocarlas en los fardos de los camellos descansaban en el centro de la instancia, apiladas una sobre la otra. Amaury se paseó a su alrededor calculando a simple vista la distancia existente hasta la pared adyacente, situada más atrás.

—Excelente, *havildar*... Chandu Lal, ¿no? Un cuarto de guardia ordenado y bien dispuesto —el soldado sonrió e hizo un saludo; no muchos otros *sahibs* recordarían su nombre.

Amaury se dirigió al callejón situado detrás del cuartel de la guardia y midió la anchura.

—Cuatro yardas— murmuró—. Seguramente, necesitaremos tres días de trabajo. Ahora toca abordar a Welladvice.

Regresó al palacio y localizó a su presa en la sala de audiencias, examinando con reservas una pluma de ganso.

—Si se llena de pólvora en grano mezclada con algún licor o con vino y se mete en el fogón, toca el botafuego. Así no habrá pérdidas de pólvora que corroan el orificio. Los artilleros de la Compañía han usado ese método durante años.

—Señor Welladvice —dijo Amaury sin más preámbulo—, quiero trasladar la artillería a Dharia, con los cañones, los destacamentos, los caballos y todo lo demás. Y nunca regresarán. Como estoy convencido de que usted resulta imprescindible para dirigir las operaciones y garantizar el buen estado de la artillería, le ruego encarecidamente que considere la posibilidad de acompañarme.

Welladvice clavó la pluma en una mesa de filigrana, golpeó el pedernal contra la yesca y encendió su extremo. La pólvora estalló en destellos y carbonizó la madera. Welladvice restregó su callosa mano contra las cenizas.

—El resultado es suficiente —murmuró—. Aunque, no sé... Más aparejos para que los musulmanes pierdan... —un seco sentido del humor encendió aquellos ojos de color gris pizarra que examinaban la cara de Amaury—. De acuerdo, mi señor. No sabía que se marchaba a Dharia, aunque me lo imaginaba viendo este sumidero. Cuando salimos de aquel lugar, me pareció ver en sus ojos una mirada que apuntaba a un regreso. Yo me uniré a usted a su debido tiempo. Me he encariñado con los cañones y esos sucios paganos trigueños los maltratan. ¿Cuándo levará anclas?

—No lo sé. Le avisaré con suficiente antelación, pero será mejor que lo tenga todo preparado para que los cañones puedan emprender la marcha con sólo seis horas de aviso. Y, señor Welladvice, sepa que seguirá recibiendo de mi parte la paga de capitán que la Compañía le ha venido asignando hasta la fecha.

Amaury cruzó el patio en dirección al ala donde se encontraba Vedvyas. El *mirasdar* se incorporó de entre sus cojines y mandó retirarse a los sirvientes.

—He desalojado la sala del harén, *Umree Sahib*. ¿Quiere echar un vistazo?

Vedvyas condujo a su visitante a través de un laberinto de celdas y pasillos hasta llegar a una espaciosa sala que daba a la calle situada detrás del edificio. Amaury dio unos pasos realizando sus cálculos y señaló al suelo.

—Empiecen a cavar aquí. Háganlo únicamente durante el día, mientras las gentes abarrotan las calles y hay bullicio en la ciudad. No se les ocurra seguir de noche bajo ningún concepto. Con que utilice a una docena de hombres de confianza bastará; no hacen falta más. Reténgalos confinados aquí hasta que hayan terminado su trabajo. Si llega a oídos de terceros la más mínima insinuación de lo que aquí ocurre...

—No tema, *sahib*. Escogeré a los hombres de entre los *rohillas*. ¡Esos *pastunes* serían capaces de robarle la cama a un hombre que estuviera durmiendo sobre ella sin que se enterase!

Pero las preparaciones para la partida de los mercenarios no eran tan fáciles de ocultar. Y es que se trababa más bien de una emigración que de un movimiento militar. Aquellos hombres no querían prescindir de sus esposas y sus familiares, los segadores de hierba, los cocineros, los mozos de cuadra, los barberos, los aguadores, los barrenderos, los vivanderos y los sirvientes. Necesitaban comprar o alquilar bueyes, camellos, carros y carretas. Podían mantener en secreto hacia dónde se dirigían y con qué fines, pero no había manera de ocultar el inminente éxodo que se iba a producir. Los rumores eran constantes en las calles de Hurrondah y en sus bazares. Los *hircarrahs* de Marriott, cuyo trabajo no era otro que mantenerle informado, enseguida le fueron con el cuento. No dudó en interrogar a Amaury acerca de aquel asunto.

—¿Qué significa toda esa actividad, Hugo? ¿Es que tienes en mente emprender una nueva expedición con tu panda de canallas? ¡Sin mi autorización, semejante cosa te está prohibida!

—Nada más lejos de mis pensamientos —respondió Amaury con serenidad—. Pero mis hombres se aburren enormemente con tu pacífico gobierno que, además, no les resulta rentable en absoluto. Están deseando servir a un capitán belicoso que por fin los conduzca a batallas en las que lograr los botines que ansían. ¡No olvides que son mercenarios! No deberías quejarte; después de todo, ¿no querías librarte de ellos?

—En efecto —dijo Marriott golpeando el pulgar al tiempo que meditaba esas palabras—. En ese caso, no veo nada malo en su actuación. Pero no permitiré de ningún modo que se lleven los cañones. ¡Son propiedad de la Compañía!

—Yo diría más bien que pertenecen a Welladvice o a Vedvyas —replicó Amaury—. No te preocupes, Charles. Sin que yo dé permiso, ningún hombre se atreverá a tocarlos.

La conformidad de Marriott dio a Amaury libertad para acelerar la emigración de las familias y sus acompañantes abiertamente. Unas largas y desordenadas caravanas, escoltadas por la caballería, partieron de Hurrondah hacia el oeste y desaparecieron en la calima que envolvía las montañas. Aunque las familias de los *rohillas* se marcharon, ni un sólo artillero abandonó la ciudad. Una incongruencia que Amaury esperaba que pasase inadvertida. Pero no fue así. Un *hircarrah* alerta pronto informó de aquel hecho a Marriott quien, desconociendo la organización de los mercenarios y sin saber distinguir entre la caballería de los *rathores* y la artillería de los *rohillas*, hizo caso omiso de sus palabras. Para él, todos ellos eran unos bribones sinvergüenzas sin más.

Al día siguiente, Wrangham y él emprendieron su viaje.

Esa misma noche, Vedvyas vació sus sótanos y cargó todas sus riquezas —*pagodas*, rupias, *mohúres*, lingotes de oro y plata, rubís y perlas— en unos carros que avanzaron en medio de la oscuridad tirados por sus respectivos bueyes y seguidos por un séquito compuesto de múltiples enseres domésticos. Iban escoltados por una tropa de *rathores* y un *risaldar* senior de confianza. El traqueteo de las ruedas en mitad de la noche despertó al alférez Todd, que se puso una bata a tientas y corrió a ver qué sucedía. A la puerta del patio se topó con Amaury, completamente vestido, que volvía de las calles.

—Un alboroto de lo más llamativo, Hugo. ¡En mitad de la noche! ¿Qué ocurre?

—Eso mismo me he preguntado yo —dijo Amaury suavemente—. Tan sólo es una caravana de mercaderes que se dirige a Karnataka. Viajan de noche para evitar el calor del día. No te preocupes, Henry, vuelve a la cama.

Aquel incidente puso a Amaury sobre aviso: hacer ruido con las ruedas por la noche podría ser arriesgado. Apresuradamente, reestructuró sus planes. Durante la comida, dejó caer como sin darle importancia que tenía intención de hacer ejercicios de instrucción con sus mercenarios —los mismos que ya se habían marchado— en las inmediaciones de Hurrondah, pero fuera de la ciudad.

—Partiremos de madrugada —añadió— para practicar con la artillería y con fuego real, pasaremos la noche acampados en el campo y regresaremos al día siguiente. De modo que no se alarmen si oyen disparos a lo lejos.

Anstruther, haciendo gala de un sorprendente fervor, propuso que sus dragones también tomaran parte en esa instrucción nocturna. Amaury logró esquivar la propuesta con una sonrisa e hizo un guiño con los ojos cuando Caroline afirmó coquetamente que, debido a aquella exacerbada pasión militar del capitán Amaury, no conseguirían formar el equipo de cuatro que necesitaban para jugar una partida de cartas.

—El señor Beddoes y la señora Bradly no quieren jugar; el capellán no puede porque se lo impide su... conciencia. ¿No podría reconsiderarlo, señor?

—Miss Wrangham —dijo Amaury en tono solemne—, lamento no poder complacerla. ¡Pero le prometo que no pasará mucho tiempo antes de que sea capaz de ofrecerles unas excepcionales distracciones!

En la sala antes ocupada por el harén, había un montón de tierra y de escombros. Un hoyo de una yarda cuadrada se perdía con su vertiginosa pendiente en la oscuridad; tenía ocho pies de profundidad y atravesaba la pared con un túnel. En turnos de días enteros, los *rohillas* se despojaban de sus ropas hasta quedarse en paños menores, se ponían manos a la obra con picos y azadones, y transportaban sacos de tierra a la superficie. La primera vez que vieron las herramientas para cavar la zanja, empezaron a poner reparos alegando que esa tarea les correspondía a los culis y bramando que no era digna de unos guerreros de casta superior. Vedvyas les entregó impaciente varias *pagodas*. La codicia venció los escrúpulos y el túnel avanzó rápidamente. Cuando, según los cálculos de Amaury, llegaron justo hasta debajo del cuartel de la guardia, éste les prohibió usar los picos. Laboriosamente, escarbaron los últimos pies de profundidad sólo con ayuda de los azadones y, entonces, comenzaron a cavar hacia arriba.

Amaury salió del hoyo y se sacudió la tierra de la cara y de la ropa.

—Ya es suficiente —dijo—. Debajo de la sala donde están las arcas públicas, hemos dejado una capa del grosor equivalente al de una mano. Acceder a la superficie será cuestión de minutos. Veamos cómo van los preparativos, *sirdar sahib*. ¿Se han ido ya las familias de todos los soldados?

—Sí. Las primeras en partir llegaron a Dharia hace dos días —respondió Vedvyas.

—¿Y qué hay de su propio séquito y sus arcas?

—Ya están en camino. Sin problemas.

—Bien. La artillería está sobre aviso y a la espera. ¿Cuántos soldados de caballería quedan aún aquí?

—Quince. Más estos —dijo Vedvyas señalando a los hombres que cavaban la tierra.

—¿Se ha llevado ya el último de los tiros para los cañones de seis libras y ha cambiado a los bueyes? —preguntó Amaury sacudiéndose la arena del pelo.

—Sí. Los tiros de caballos están listos y ocultos en una aldea situada a dos millas hacia el norte.

—¿Y los camellos?

—Hay seis en mis caballerizas.

—Perfecto. Los cañones partirán mañana de madrugada —dijo dedicando una alegre sonrisa a los *rohillas*—. Sólo una noche más, amigos míos. Un poco más de tiro y empuje y partiremos cabalgando veloces como rayos.

Amaury desparramó alegría durante la comida. Preguntó a Beddoes con gran descaro cuánto tiempo más pensaba aplazar su boda.

—Si sigue posponiéndola, señor, el capellán estará inmerso en una borrachera permanente que le impedirá atender sus deberes —dijo al tiempo que lanzaba una significativa mirada al somnoliento clérigo.

—¡Desde luego, faltará poco para que así sea! —respondió Beddoes—. ¡Maldito borrachuzo! Esperaremos a que regrese el general. ¿Confío en que será usted mi padrino?

—Me temo que ése es un honor que lamento mucho tener que rechazar.

—¿Por qué, señor?

—Sería de lo más indecoroso por mi parte —dijo riéndose entre dientes—, teniendo en cuenta que mi corazón siempre pertenecerá a su prometida.

—¡Debería darle vergüenza, capitán Amaury! —dijo Amelia riendo disimuladamente—. ¡Sus palabras han conseguido ruborizarme!

Amaury bebió poco y se negó a tomar un segundo vaso de oporto.

—¡Qué indecoroso, señor! —gruñó Beddoes—. ¡Jamás se debe rechazar un trago!

Después, aplacó la discusión que mantenían Anstruther y Todd acerca de cuál de los dos estaba realmente al mando de las tropas de Hurrondah mientras durase la ausencia del general.

—Yo llevo en el servicio desde septiembre de 1800 —afirmó Todd—. ¿Y tú?

—Tu servicio no tiene relevancia alguna —respondió Anstruther con frescura—. Los oficiales nombrados por el rey, sean del rango que sean, tienen prioridad frente a los hombres de la Compañía.

—¡No desde el amotinamiento de Bengala del 96!

—Caballeros —los interrumpió Amaury con aire solemne—, no olviden que estoy presente. Aún no he sido retirado de mi cargo oficialmente y no pienso interceder por ninguno de ustedes. De modo que lo arreglaremos con un duelo al amanecer, ¿les parece?

Los dos hombres se rieron al oír sus palabras y brindaron por él. De todas las personas que se encontraban en aquella comida, sólo Caroline, que no dejaba de formar bolitas sobre el mantel con las migas de pan, parecía distante y un poco encerrada en sí misma. De vez en cuando, miraba a Amaury para volver a apartar la vista de él de inmediato. A veces, Amaury se dirigía a ella con las típicas frases cordiales que correspondían a un caballero que se preciase en los eventos sociales del tipo de aquella comida. Ella respondía sucinta y educadamente, evitando mirarle a los ojos.

Antes de que saliera el sol, Amaury bajó el tortuoso camino que descendía por la colina sobre la que se encontraba Hurrondah, a la vanguardia de unos tiros de seis animales que servían para arrastrar los cañones. Todd, aún no desperezado del todo, se estaba afeitando en su veranda cuando vio adormilado cómo atravesaban con gran estruendo la llanura que usaban para pasar revista.

—Es rarísimo —caviló— que unos tiros de bueyes estén arrastrando todos los cañones de seis libras. Creía que Hugo prefería por encima de todo los cañones de tiro ecuestre. ¿Qué les habrá pasado a sus caballos? —el barbero le hizo un corte en la barbilla. Todd apartó la cabeza del indígena de un tortazo y se secó la herida con una toalla. Cuando volvió a mirar hacia la llanura, los cañones habían desaparecido tras los grisáceos albores del amanecer.

Amaury detuvo a sus hombres a tres millas junto a una bifurcación de aquel camino lleno de marcas de ruedas.

—Nos separaremos en este punto, señor Welladvice —dijo—. Tome el camino de la izquierda; Vedvyas lo guiará. La frontera de Berar está a treinta millas. ¡Avance tan rápido como pueda!

—Sí, sí, señor. ¡Iremos a toda vela!

—Se está metiendo en terreno peligroso —dijo Vedvyas estrechando la mano de Amaury—. Está colocando alrededor de su cuello una soga que bien podría tensarse. ¿No le basta con mis arcas para cubrir nuestras necesidades?

Amaury se rió.

—¡Cada cual tiene que pagar su parte! —dijo en inglés—. Tranquilo, Vedvyas, no me cogerán. ¡Nos reuniremos de nuevo en Dharia!

Amaury agitó un brazo en señal de despedida, hizo girar a Hannibal y desapareció entre los árboles cabalgando a medio galope. Tomando como referencia los ardientes rayos del incipiente sol, siguió un camino que rodeaba Hurrondah. Salió de la arboleda y se adentró en unos campos de mijos donde había una barrera de cactus alrededor de una aldea desolada. Un *jemadar rohilla* lo condujo hasta una plataforma situada bajo un árbol de Bo que había servido como lugar de encuentro para los consejos de los aldeanos desde tiempos inmemoriales. Los tiros de los cañones descansaban amarrados a los carros en la plaza. Los artilleros se pusieron en pie junto a sus caballos al ver llegar a Amaury. El cacique de la aldea lo saludó. Amaury depositó una bolsita tintineante en las palmas de las manos de aquel anciano.

—¡Aquí tiene! La recompensa por su discreción, Ramdhone Ghose.

Después, se quitó rápidamente el uniforme, las botas de montar y las espuelas. Se colocó un mugriento turbante en la cabeza, se puso unos pantalones holgados y una sucia túnica de algodón y se cubrió la cara con el borde de ésta.

—Está bastante bien. Pero agáchese un poco. ¡Camina usted demasiado erguido! —el anciano entregó a Amaury las correas de un camello—. Si no está de vuelta cuando llegue la noche, partiremos hacia Dharia tal y como nos ha ordenado.

Amaury dejó la aldea con el camello avanzando pesadamente tras él. Para poner a prueba su disfraz, se acercó al borde de un pozo en el que tres campesinos estaban cogiendo agua. Lo miraron con indiferencia, lo saludaron y le preguntaron hacia dónde se dirigía. Amaury señaló mediante gestos el peñasco de Hurrondah, situado dos millas más adelante. Después, siguió el sendero lleno de curvas que los aldeanos empleaban para conducir el ganado al mercado. No se topó con nadie hasta que bordeó la llanura usada para el pase de revista. Allí, los cipayos estaban haciendo maniobras y se pavoneaban formando unas arrolladoras columnas escarlata. Observó el sol. El incandescente astro no dejaba ver el horizonte. Con alivio, Amaury llegó a la conclusión de que había llegado en el momento planeado: Todd pronto desharía la formación de las compañías y las enviaría de vuelta a los barracones.

Encorvado como un tullido, con el dobladillo de la túnica cubriendo su cara, tiró de su lento camello a través de las abarrotadas calles, donde las gentes de la ciudad hacían negocios antes de que el fiero calor del día apretase demasiado. Llegó a los antiguos aposentos de Vedvyas. Entregó su carga a unos arrieros que estaban sentados junto a sus camellos y entró en el palacio, silencioso y desierto. Los *rohillas* que se encontraban en las salas que antaño hubieran servido de harén sonrieron al ver el aspecto del *sahib*. A pesar de ello, Amaury notó su nerviosismo. Cogió el narguile que uno de aquellos soldados de caballería tenía en la mano, se recostó sobre una pila de escombros y sujetó la boquilla.

—Sin prisas, hermanos. Esperaremos a que los cipayos hayan guardado las armas. Ahmed Khaliq, ve a vigilar. Cuando se hayan ido del cuartel de la guardia, avísanos.

Hablando con tranquilidad y con el narguile pasando de mano en mano, Amaury logró restablecer la calma entre sus hombres. A lo lejos, oyeron unas órdenes y el pesado paso de marcha de los soldados. El vigilante regresó.

—Los cipayos se han ido del cuartel de la guardia, *sahib* —anunció jadeante—. Se han dispersado por los barracones y los bazares.

—¡Tranquilidad, tranquilidad, Ahmed! —respondió Amaury sonriendo—. ¡Revoloteas como una gallina asustada! Sin prisas, mis muchachos, no hay confusión. Esperemos a que todo esté tan calmado como la verga de un eunuco... Muy bien. ¡Allá vamos! ¡De ahora en adelante, todos callados! ¡Ni una sola palabra!

Amaury cogió la cabeza de un azadón, se metió en el hoyo, se arrastró por el túnel y, al llegar al extremo, se enderezó. En medio de una profunda oscuridad, palpó el techo de tierra que se encontraba sobre su cabeza. Entonces, comenzó a raspar con cuidado. La tierra le caía en el pelo y se le metía por los ojos. De repente, una catarata de tierra se precipitó hasta el fondo con gran estruendo. Amaury permaneció quieto, a la escucha, tenso como la cuerda de un arco. No oyó nada más que la acelerada respiración del hombre que estaba agazapado tras él. Ante su cara, un diminuto agujero dejaba pasar una luz. Lo palpó y agrandó sus bordes con los dedos. Con cautela, introdujo la cabeza por él y, con los ojos al nivel del suelo, examinó el cuartel de la guardia.

Los *yakdanes* resplandecían en la penumbra como un catafalco. Los rayos de sol que se colaban por el arco de la puerta destellaban sobre las hileras de mosquetes amontonados. La sala de custodia quedaba fuera del alcance de su vista, presidida por la veranda. Escuchó con atención. Las voces procedentes de la veranda farfullaban en hindi. Los acompasados pasos del centinela que hacía guardia en el patio apenas se oían. Amaury bajó la cabeza y se puso a raspar la delgada capa de tierra que cubría el hoyo.

Minutos después, salió de él y se arrastró hacia el arco de la puerta. Sin hacer ruido, cruzó descalzo la sala donde se guardaban las armas y miró por la cerradura de la sala de custodia. Todas las estancias estaban vacías. Los cipayos estaban sentados en la veranda charlando animadamente. Volvió hacia atrás con rapidez y le hizo señas a un *rohilla* que estaba en pie con los hombros asomando por el borde del hoyo. Levantaron uno de los *yakdanes*. Su peso los hizo tambalearse. Durante un enfermizo instante, Amaury estuvo a punto de asumir el fracaso. Aquello pesaba demasiado. Apretó los brazos y, juntos, ambos hombres desplazaron la carga levantada a un palmo del suelo y la metieron al hoyo, lamentando en silencio el tintineo de monedas que aquello provocó. Una de las asas se le escapó de la mano arrancándole un anillo de uno de los dedos. El tremendo golpe que la caja dio al caer al suelo pareció resonar como el cañonazo que anunciaba el mediodía. Los *rohillas* que se encontraban a la espera en el túnel, cogieron la caja y se la llevaron. Los chirridos y los golpes que acompañaron a la operación se desvanecieron cuando se alejaron de allí. Limpiaron el pasadizo; otros dos ayudantes se metieron en el hoyo y recogieron el segundo cajón.

Cuando sólo quedaba un *yakdan*, un cipayo fue a echar un vistazo a la sala en la que se guardaban las armas tarareando una melodía en voz baja. Amaury se agachó y susurró algo dentro del hoyo. Los trabajadores se detuvieron y se mantuvieron a la espera, quietos como estatuas. El soldado se fue tranquilamente.

—Déjelo estar, *sahib*. Es demasiado peligroso —dijo el *rohilla* acercando los labios al oído de Amaury.

Amaury sacudió la cabeza negativamente. El polvo y el sudor hacían que le picase todo. Aquellas frías gotas de sudor sacudían su rostro como una lluvia de invierno. Reunieron las fuerzas que les quedaban y dejaron caer la caja al hoyo, siguiendo su curso a cuatro patas a través del túnel.

Los rayos del sol sacudieron como una bofetada los ojos de Amaury, que se habían acostumbrado a la oscuridad. Sin que pudieran ser vistos desde el patio, apostados junto a las murallas del palacio de Vedvyas, los *rohillas* cubrieron con una arpillera las cargas que los camellos soportaban arrodillados. Los animales levantaban altaneros sus cabezas y emitían gruñidos de desaprobación. Amaury examinó las correas.

—¡Buen trabajo! Adelante, hermanos.

Se cubrió la cara, tomó una de las argollas que sujetaban a los camellos por la nariz y se alejó lenta y pesadamente del palacio.

Los demás lo siguieron en lo que parecía una caravana de arrieros que transportaban en camellos las mercancías que debían entregar a alguien.

Atravesaron las calles y bajaron la colina. Nadie les dijo nada y tan sólo les lanzaron rápidas miradas despreocupadas. Al pie, se encontraron con Beddoes. Escoltaba a Amelia, que volvía de visitar los bazares en su palanquín. El recaudador les dirigió un saludo en hindi. Amaury bajó la cabeza y se encogió de hombros. No se atrevía a contestar. Beddoes reconocería su voz. La comitiva pasó de largo en silencio.

—¡Condenados granujas maleducados! —exclamó Beddoes.

Llegaron a la aldea, descargaron a los camellos y pasaron los *yakdanes* a unos carros. Amaury se despojó de sus harapientos ropajes y se puso el uniforme.

—¡A los caballos, hermanos! ¡Montémoslos y desaparezcamos de aquí! —dijo.

Los rohillas montaron sus caballos, rodearon la plaza y cruzaron las puertas a medio galope. Uno de los caminos se dirigía hacia el oeste y ése fue el que tomaron.

Entre nubes de polvo, traqueteos y bandazos, aquellas quince mil libras que pertenecían a la Honorable Compañía se esfumaron en medio del desértico paisaje.

Todd miraba boquiabierto al acongojado *havildar*, sintiendo cómo su propia consternación se reflejaba en aquel angustiado rostro.

—¿Desaparecido? ¿Todos los fondos de la Compañía? ¡Por Dios, Richard! ¿Qué vamos a hacer? —dijo.

Anstruther tomó un sorbo de ponche de *arrak* y volvió a sujetar el puro entre los labios.

—Supongo que ir al cuartel de la guardia y calcular los daños —respondió—. ¿Tiene tu hombre alguna pista acerca de quién ha sido?

—¡Claro que no! ¿Cómo iba a tenerla? ¡Maldita sea, Richard! ¡Tenemos que organizar la persecución y atrapar a los ladrones!

—Hace un calor insufrible para salir a cabalgar. No obstante, mis dragones están a tu disposición —admitió Anstruther perezosamente—; si es que logras descubrir hacia dónde han ido esos bribones.

Todd atravesó el piso y se dejó caer en una silla con las manos en las sienes.

—¡Jesús, menudo lío infernal! —Señaló a Andtruther con un dedo tembloroso—. Richard, tú eres un oficial con nombramiento real que reivindica su jerarquía. Es responsabilidad tuya decidir qué debemos hacer.

—¡Tonterías, Henry! Tus años de servicio están jerárquicamente por encima de los míos —vació su vaso y se reclinó sobre el respaldo de la silla—. Sugiero que esperemos a que Hugo nos aconseje. Mañana estará de vuelta.

CAPÍTULO NUEVE

Todd contempló agriamente el hoyo que había en el suelo de la sala de custodia de las arcas públicas y, sirviéndose de una linterna, examinó sus bordes toscamente labrados. Se deslizó por el túnel, observó la sala del harén llena de escombros y regresó a cuatro patas. A la luz de la linterna, algo relució levemente dentro del hoyo. Pensando que se trataría de una moneda que se les habría caído a los ladrones en su huída, se afanó por rescatar aquel descubrimiento. Pero no era una moneda, sino un sello de oro. Llevaba grabada la cabeza de un perro de caza. Todd lo reconoció al instante.

Giró el anillo lentamente, sujetándolo entre el pulgar y el índice, mientras escudriñaba estupefacto al círculo de silenciosos cipayos que lo rodeaban. Sus uniformes habían adquirido un tono púrpura bajo la amarillenta luz de la linterna y los redondos ojos de sus morenas caras expresaban su perplejidad. «¡Hugo! ¡Imposible! Fuesen quienes fuesen, seguro que los ladrones habían robado el anillo y se les había caído en la huída. Debían de haber registrado los aposentos de Amaury. Pero, ¿cuándo? Hugo había pasado la noche durmiendo en su habitación y había salido al amanecer. ¿Habría olvidado ponerse el anillo y se lo habría dejado en algún sitio? En ese caso, lo tendrían que haber robado de día, esa misma mañana o ya entrada la tarde. ¿Cómo era posible que unos ladrones cargados con semejante botín hubieran podido escapar de Hurrondah a la luz del día?»

Decidió adoptar una primera solución fácil e inmediata al problema. Todd se dio la vuelta.

—Está usted bajo arresto, Chandu Lal —dijo al desamparado *havildar*—. Por negligencia grave en el cumplimiento del deber.

Después, se encaminó con paso rápido hacia el palacio y entró en los aposentos de Amaury. La cama estaba hecha, con las cortinas mosquiteras cuidadosamente colocadas. En una pequeña cómoda de teca se amontonaban varios peines, cuchillas de afeitar y cepillos con el dorso de plata alineados en filas. Abrió los armarios. Las chaquetas y las casacas escarlata colgaban de las perchas y, en los cajones, se apretaban las camisas y las sábanas. El *banian* de Amaury seguía atento sus movimientos.

—¿Qué está buscando el *sahib*? Si su señoría me lo dijese...

—¿Ha llevado el capitán *sahib* algo de bagaje a la instrucción? —le preguntó Todd impaciente.

—Un poco de comida, algunos artículos de aseo en las alforjas y un petate... Nada más.

—¿Lo ha acompañado alguno de sus sirvientes?

—No, señor. Cuando el *sahib* Amaury sale a cabalgar, únicamente lleva consigo a un ordenanza *rathor* —el *banian* adoptó un aire despectivo antes de seguir—. Un zoquete zafio, totalmente incapaz de atender a un *sahib*.

—¿Lo reconoces? —dijo Todd mostrándole el anillo.

El *banian* lo observó y pareció sorprenderse.

—Claro que sí. El *sahib* Amaury jamás se lo quita del dedo —respondió.

—¿Han robado alguna cosa de estos aposentos?

—¿Cómo iban a poder hacerlo? Yo llevo aquí todo el día y la noche pasada el *sahib* durmió...

Todd lo interrumpió y se fue a los aposentos de Welladvice. El marinero tenía pocas posesiones y las que tenía habían desaparecido. Todd cruzó el patio, entró en el ala de Vedvyas y fue de habitación en habitación. Todas ellas estaban desiertas. Los restos dejados al partir invadían cada una de aquellas estancias: mesas rotas, cajas vacías, cacharros de cocina desechados, esteras de fibra de coco deshilachadas... Y todo ello estaba cubierto por una capa de polvo.

—¿Hola? ¿Hay alguien ahí?

El eco de su voz retumbó en las paredes.

«Vedvyas y Welladvice habían huido. ¿Serían ellos los culpables? ¿Y dónde encajaba Hugo dentro de aquel lío?»

Todd mandó ir a buscar un palanquín para que lo llevasen a casa de Marriott. Allí se encontró a Anstruther cambiándose para cenar. Le contó todo lo que había averiguado, pero no dijo ni una palabra del anillo que tanto lo atormentaba. El corneta terminó de anudarse el pañuelo, se miró en el espejo y se alisó las arrugas.

—Una prenda muy delicada —observó—. Es sumamente difícil de anudar. Has dado con tus delincuentes, Henry: ese maldito Vedvyas y el señor Welladvice quien, después de todo, no era más que un grumete canalla. Hoy ya es demasiado tarde para hacer nada. Cuando amanezca, cogeré a mis dragones e iremos en su busca.

—¡Yo los vi marcharse! —dijo Todd con tono de desesperación—. Llevaban cuatro cañones de seis libras tirados por bueyes y dos de tres libras tirados por caballos. Nada más. No había ningún animal de carga ni ningún carro con los que pudieran llevarse el botín.

—¡Pero si cada cañón tiene una carreta para municiones! ¡Qué inocencia la tuya, Henry! Me apuesto cualquier cosa a que en esas carretas había de todo menos bolaños —un sirviente le puso una chaqueta de velarte carmesí; Anstruther se colocó las solapas y se abrochó las presillas plateadas—. Una de las mejores hechuras de Schultz. ¡Me pidió quince guineas por ella!

Todd tragó saliva antes de ser capaz de formular la pregunta que lo preocupaba:

—¿Qué crees que le ocurrirá a Hugo?

—¡Uf! Pagaría por poder ver la cara que se le quedará cuando dé la orden de *¡Carguen los... bolaños!* —Anstruther se rió entre dientes pero, de repente, la sonrisa desapareció abruptamente de sus labios—. Ahora que lo pienso, podría estar en apuros. Esos bribones querrán deshacerse de él y preferirán hacerlo cuanto antes. ¡Por Dios! ¡En qué estamos pensando! —se quitó la chaqueta apresuradamente—. ¡Hay que ir tras ellos ya mismo! Daré a mis hombres la orden de ensillar y montar y nos pondremos en marcha. Síguenos con tus cipayos lo antes que puedas.

Todd acarició el sello que había encontrado y sintió un malestar en el estómago, como si hubiera sido sacudido por un repentino golpe. «¿Cómo era posible que Hugo no se hubiese dado cuenta de nada? Antes de que la compañía emprendiese alguna de sus marchas, Amaury siempre inspeccionaba minuciosamente los cañones, los armones, los tiros y las carretas. Y enseguida saltaba si encontraba el más mínimo error, ya fuera un cubo torcido o una cuchilla para los botafuegos mal colocada. ¿Cómo era, pues, posible que hubiese partido a las maniobras de tiro con unas carretas llenas de plata tintineante en lugar de munición?» Una amarga sonrisa torció la boca del alférez, y se dejó caer en una silla.

—Vuelve a ponerte la chaqueta, Richard. No podemos seguir el rastro de los ladrones en la oscuridad. Ni siquiera sabemos hacia dónde se han dirigido. Esperaremos a que sea de día y mandaremos a nuestros hombres que los busquen por la mañana. Mientras tanto, debemos poner al corriente al pobre desgraciado de Charles, que es quien debe responder de la pérdida ante la Compañía.

Anstruther, que tenía una pierna ya prácticamente metida dentro de una de sus botas de montar, lo contempló asombrado.

—¡No me lo puedo creer! —respondió—. ¡De repente, te tomas esto con mucha calma! Hugo cabalga sin sospechar nada con una panda de hombres que le rajarán el cuello, mientras tú...

—Estoy totalmente convencido —dijo Todd con aire cansado— de que Hugo sabrá cuidar de sí mismo.

A fuerza de castigar a los caballos, Amaury y las carretas cargadas con las arcas públicas llegaron a Dharia dos días antes de que lo hiciese la artillería. Vedvyas, que había decidido dejar atrás la lenta procesión de tiros formados por bueyes a cargo de Welladvice, ya estaba allí. Las familias y sus comitivas fueron alojadas en los edificios menos destartalados. No pasó mucho tiempo antes de que empezaran a quejarse de la invasión de serpientes que acechaba en todos los rincones de la ciudad. Éstas habían picado ya a varios niños, que habían muerto atormentados. «Tenía que conseguir eliminar aquella amenaza; de lo contrario, sus gentes pronto abandonarían el lugar.»

Amaury depositó en la ciudadela sus valiosos *yakdanes* bajo la custodia de una guardia. Ordenó a varios hombres armados con palos y sables que recorriesen hasta la última de las casas de aquella fortaleza y acabasen con la plaga. Mataron cobras, kraits y víboras por veintenas. Pero otras tantas consiguieron escapar, se ocultaron en rincones y recovecos, y les fue imposible dar con ellas.

Al final de aquel ardiente y peligroso día, Amaury se sentó sobre la muralla que rodeaba el patio del templo, se secó el sudor de la cara y contempló con repugnancia su bastón de bambú, manchado de restos de carne blanquecina mezclados con sangre.

—Es una tarea imposible —se lamentó—. Este sitio está infestado, completamente invadido por serpientes.

Vedvyas asintió con pesar, cogió un puñado de hojas de Bo y limpió con ellas el acero de su cimitarra. El viejo sacerdote, agazapado junto a la estatua que representaba al dios Shiva, estaba musitando algo en hindi. Vedvyas atravesó el patio delantero del templo y le preguntó algo bruscamente. Amaury, con la frente en las manos, no prestó atención a lo que su temblorosa voz respondió. No entendía el dialecto de aquel anciano, que imaginaba que era una lengua ancestral usada por los sacerdotes de aquel templo desde antes de la llegada de los mogoles. Vedvyas regresó, sentándose a su lado en la muralla.

—Si he entendido bien a ese viejo loco, promete que expulsará a las serpientes siempre y cuando no las matemos.

—Un encantador, sin duda —Amaury bostezó. El día había sido muy largo y agotador—. ¿Cómo hará tal milagro?

—No quiere desvelarlo. Dice que evacuemos a todas nuestras gentes antes de que salga el sol y las enviemos a la llanura. Asegura que podrán volver para el mediodía de mañana y que, para entonces, no quedará una sola serpiente en Dharia.

—¿Y qué le parece a usted, Vedvyasjee?

El *mirasdar* trazó unas marcas en el suelo con la punta de su espada.

—A veces, los hombres santos poseen poderes extraordinarios, *sahib* —respondió—. Nos encontramos ante un problema que no podemos solucionar, así que vale la pena intentar cualquier cosa.

La cansada mente de Amaury analizó la alternativa en caso contrario: una deserción en masa de la fortaleza y, con ello, el fin de todos sus planes. Al menos, el truco de aquel viejo charlatán le daría un respiro por un día.

—¡Hagámoslo entonces! Daré las órdenes.

Al alba, todos los habitantes de Dharia —humanos y animales— se habían trasladado a los pies de la colina sobre la que se encontraba la ciudad. Formaban una ruidosa multitud, expectante ante las conjeturas de lo que podría pasar. Amaury, negándose a la posibilidad de quedar en ridículo, había mantenido en secreto la razón para evacuarlos. Fue el único que permaneció en la ciudad, oculto en la ciudadela. Se dirigió a las almenas y observó desde allí la vista que ofrecía la fortaleza. Era como un mapa, con sus retorcidas calles y sus casas sin techo apelotonadas como un montón de cajas rotas que hubieran perdido su tapa. Contempló a las gentes arrastrándose como hormigas en la llanura a los pies de la colina. La ciudad estaba tranquila y en silencio; tapizada de sombras, sus tonos marrones y negros se apreciaban claramente a la luz del sol.

El sacerdote, engalanado y ataviado con una túnica de color azafrán, salió cojeando del templo, que quedaba mucho más abajo. Su cráneo afeitado resplandecía como un *mohúr* recién acuñado. Cruzó el patio delantero, se colocó frente a la puerta de entrada a la ciudadela, levantó los brazos y entonó en un tono muy agudo un lastimero cántico.

Amaury oyó un crujido junto a sus pies que lo hizo saltar temiendo por su vida. Dos cobras salieron serpenteando de unos canalones de desagüe y se deslizaron hasta las escaleras que conducían hacia abajo. Una krait que parecía una cuerda negra y estrecha, la más mortífera de todas, salió retorciéndose de un hoyo y fue tras ellas. Amaury, que estaba temblando, desenfundó su sable hasta la mitad de la hoja. Pero lo volvió a enfundar rápidamente al recordar la condición que había puesto el sacerdote: había prohibido matar a aquellas bestias. Observó la escena desde una tronera. El sacerdote continuaba frente a la puerta, entonando aquel extraño estribillo de tono lastimero. Multitud de serpientes salieron de la ciudadela y reptaron hasta situarse a su alrededor. El hombre se dio la media vuelta y comenzó a andar arrastrando los pies sin dejar de entonar su cántico. Los reptiles lo siguieron.

El anciano recorrió las calles deteniéndose ante cada una de las puertas de la ciudad. Reunió a todos los animales venenosos que había en las casas, los establos y las bodegas en ruinas. Amaury lo perdía de vista cuando se adentraba en los callejones y en los edificios, pero podía adivinar su curso gracias al torrente de serpenteantes patrones negros, marrones y grises que lo seguía. Recorrió la ciudad de principio a fin. El sol cada vez estaba más alto y las sombras se iban atenuando.

Sintiendo repugnancia y fascinación al mismo tiempo, Amaury seguía la escena desde las almenas. El sudor imprimía un cosquilleo a sus costillas.

El sacerdote desapareció en la barbacana, volvió a aparecer en la puerta del exterior y bajó por el sendero seguido por su mortífera comitiva. De repente, se detuvo, se giró y agitó los brazos. Su canto se tornó en una especie de alarido, un espeluznante aullido como el que lanzan las almas atormentadas. Las escurridizas serpientes se dividieron en dos torrentes y abandonaron el sendero, dirigiéndose unas hacia la izquierda y otras hacia la derecha, perdiéndose entre las rocas y los matorrales que salpicaban la ladera. El anciano bajó por el camino tambaleándose y articulando conjuros. Después, se giró y volvió a subir. Se dirigió a la ciudadela arrastrando los pies, torció el cuello y lanzó una mirada a la solitaria silueta que lo observaba oculta en una tronera. Una sonrisa de infinita maldad se dibujó en sus pálidos labios.

—Puede bajar, *sahib*. Es seguro —gritó en perfecto hindi.

Amaury se encontró con él a la puerta de la ciudadela.

—He cumplido mi promesa —dijo el anciano—. No queda ni una sola serpiente en Dharia.

—Las ha expulsado hacia las laderas de la colina para alimentar aún más los horrores que éstas ya encierran. El camino que conduce a la llanura es peligroso.

El anciano le lanzó una mirada maliciosa.

—Eso no es cierto —respondió—. Mis criaturas tienen prohibido acercarse a ese sendero. Mientras ustedes las respeten, sus gentes estarán a salvo. Le doy mi palabra.

—Será recompensado por ello.

El patriarca se rió socarronamente.

—¿Por salvar a las guardianas de Dharia de sus espadas y sus bastones? Era mi deber, *sahib*. Un hombre debe proteger a su familia.

Cuando Amaury le contó a Vedvyas lo sucedido, el *mirasdar* lo miró con recelo.

—Desde ahí abajo no hemos visto nada de eso. ¿Está seguro, *sahib*? A lo mejor el sol...

—¿Insinúa que he sufrido una alucinación? Me gustaría que así fuese —dijo Amaury estremeciéndose—, pero no. Estoy convencido de que no encontrará ninguna serpiente en el interior de las murallas. En cuanto a las laderas, así servirán como elemento disuasorio para posibles asaltantes, ¿no le parece?

La compañía de artillería llegó por fin. Con la colaboración de todas las manos disponibles para tirar de las cuerdas y con los animales de tiro esforzándose casi hasta el ahogo, consiguieron subir los cañones por el zigzagueante sendero. Mientras tanto, Welladvice relató con una sonrisa victoriosa un pequeño encontronazo que habían tenido con los dragones Ligeros de Anstruther cerca de la frontera de Berar. La ciudad contaba ahora con una población de seiscientas personas entre hombres, mujeres y niños, y todo el mundo se puso a trabajar para hacer que aquellos edificios resultasen habitables.

Amaury se había marcado tres objetivos inmediatos: establecer las fronteras del *jagir* de Dharia, contactar con los oficiales de las aldeas y crear una red de inteligencia. Desapareció en la jungla acompañado por veinte soldados de caballería, fue visitando una a una las aldeas e informó con benevolencia a sus caciques de que el inglés que tenían delante era el nuevo gobernador de Dharia. Tal imposición era dócilmente aceptada; los años de anarquía vividos habían enseñado a aquellos campesinos a someterse sin más a los caprichos del destino. Sus asentamientos eran pobres, sus campos estaban sin cultivar y los pocos animales de ganado que poseían estaban en los huesos, de modo que Amaury repartió inmediatamente entre ellos unas ayudas para que comprasen animales mejores y semillas para sembrar las tierras. A cambio, les pidió que enviasen a Dharia todos los hombres que no necesitasen para unirse a los trabajadores que Vedvyas había reclutado con el fin de reparar la fortaleza.

Urdió una red de inteligencia. Para ello, escogió a cuatro jóvenes de mente despierta en cada una de las aldeas y les encargó recopilar información sobre todo lo que fuese digno de destacar en los alrededores. También debían acudir a Dharia a toda prisa para comunicarle cualquier posible noticia urgente.

Amaury viajó hasta los confines más alejados del distrito y descubrió que sus fronteras presentaban un trazo tan vago como el de un horizonte nebuloso. Berar y Dharia confluían en una árida tierra formada por colinas y sabanas. Nadie sabía con exactitud dónde estaban el principio o el fin. El representante del *Bhonsla*, símbolo de la autoridad, estaba acuartelado en un lugar llamado Droog que Amaury, en solitario y a pie, exploró cautelosamente. Un campesino le contó que en aquella guarnición había ochocientos hombres armados.

Debía acabar pronto con Droog, el único resquicio de poder del *Bhonsla* Raghujee. No temía represalia alguna por parte de Marriott en Bahrampal y tampoco esperaba que la Compañía enviase una expedición para atraparlo. Ya no había motivo de guerra alguno, ningún *casus belli*. «El *préstamo* que había tomado de las arcas públicas —pensó sonriendo para sus adentros— ya había sido devuelto. Berar seguía en pie. ¿Cuánto tiempo más toleraría el *Bhonsla* la ocupación de sus tierras por un saqueador?»

Después de dos meses recorriendo el distrito, Amaury regresó a Dharia. Para entonces, su aspecto era prácticamente igual al de los hombres que lideraba. Tenía las mejillas hundidas y su aquilino rostro lucía un bronceado rojizo. Sus ropajes olían a sudor y a caballo. Se había deshecho definitivamente del uniforme de la Compañía y llevaba la misma túnica holgada y larga hasta las rodillas que vestían sus soldados de caballería, con un ancho fajín plateado alrededor de la cintura. Había pasado varias semanas durmiendo a la intemperie o en cabañas indígenas llenas de chinches y sólo se había alimentado de arroz y pan ácimo. Para beber, únicamente había tomado agua, salvo alguna ocasión en la que se permitió tomar algo de *toddy*. Pensando con complacencia en el baño, las sábanas limpias y las comidas civilizadas que lo aguardaban, se bajó de la silla de montar y dio unas palmadas en el cuello a su purasangre. Era Hannibal, al que había decidido mantener como su caballo de batalla, mimado al cobijo de un establo reconstruido. Allí estaba Vedvyas, que se dirigió a él con gran agitación:

—¡Los *pindaris* atacan al norte, *sahib*! ¡Han saqueado una aldea que está a sólo veinte millas!

—Entonces, ¿qué hace usted aquí? —se quejó Amaury—. ¡Debería estar persiguiéndolos! —Gritó una orden. Una trompeta entonó el toque que anunciaba que debían montar y ponerse en marcha y el ajetreo se adueñó de los barracones y los establos. Welladvice llegó corriendo.

—¿Quién ha dado esa información?

Vedvyas señaló a un joven campesino, uno de aquellos espías que habían reclutado tan sólo dos semanas atrás en varias aldeas. Amaury le dio unas palmadas en el hombro y le entregó una suma de dinero.

—Buen trabajo, muchacho —le dijo—. Ve a por un caballo y guíanos. Señor Welladvice, coloque los arneses a los cañones de tres libras. ¡Partiremos en quince minutos!

Aquel sofocante día, Amaury condujo a sus hombres a medio galope en busca de los asaltantes. Localizaron su rastro y estrecharon el cerco. Los *pindaris*, conscientes de que los perseguían, se habían separado y dividido de inmediato, de modo que Amaury y sus hombres divisaron sólo a una parte de la presa que ansiaban cazar. Se trataba de unos cuatrocientos jinetes que intentaban cruzar un río de abruptas orillas, uno de los brazos del Godaveri. Aquella revuelta multitud se arremolinaba luchando por mantener el equilibrio dentro del vado. Amaury agarró del brazo a Welladvice y los señaló.

Rebotando sobre sus armones llevaron los cañones a toda velocidad hacia uno de los flancos.

—¡Encallen a la izquierda! —gritó Welladvice y todos los tiros giraron hacia la izquierda—. ¡Alto! ¡A sus puestos en el frente!

Los tiros reaccionaron como ondeantes fustas y orientaron los relucientes tubos de los cañones hacia un punto del vado por el que el enemigo tenía que pasar necesariamente. Veloces como el rayo, los jinetes se bajaron de sus caballos y separaron los armones; los tiros, al verse privados de la mitad de los hombres que los arreaban, avanzaron lentamente hacia la retaguardia. Los artilleros quitaron los seguros de los cajones de municiones y sacaron la munición y los cartuchos. En un sistemático frenesí, introdujeron las baquetas, colocaron la cebadura en los fogones, encendieron los botafuegos y apuntaron al objetivo con los cañones. Welladvice dio un paso atrás y, cuando vio que Amaury daba la señal convenida blandiendo la espada, levantó la mano.

—¡Fuego! —gritó.

La munición emitió un silbido, estalló y se rompió. Los artilleros volvieron a cargar los cañones sin perder el ritmo y dispararon de nuevo. Amaury esperó un minuto hasta que los cañones hubieron escupido ocho balas. Después, se lanzó a la carga con el escuadrón dispuesto en dos filas.

Aquella muchedumbre carente de un líder intentaba escapar, pero los *pindaris* eran una presa fácil para las espadas de los *rathores*. Atrapados como ratas entre el acero y el agua, soltaron las armas y comenzaron a implorar piedad a gritos. Aquello provocó la risa de los jinetes, que los hicieron pedazos hueso a hueso. Vedvyas detuvo la matanza gritando como un loco e intentando detener las espadas.

—¡Prisioneros! ¡Tomad prisioneros! ¡Cogedlos vivos!

Así fue de hombre en hombre hasta que, finalmente, logró contener a aquellos *rathores* tan ávidos de sangre y salvar la vida de sus vociferantes víctimas.

Amaury se volvió hacia él enfurecido.

—¿Qué diablos está haciendo? —le preguntó ásperamente en inglés—. *Sirdar sahib*, ¿para qué queremos dejar a esos bribones con vida?

—Necesitamos un ejemplo que sirva de escarmiento —respondió Vedvyas—. Haga como digo y los *pindaris* nunca más volverán a molestarnos.

Amaury lo miró a los ojos, respiró hondo y enfundó su espada. Cabalgaron durante toda la noche de vuelta a Dharia y alcanzaron sus puertas al alba. Atados a las perillas y los arzones de las sillas de montar, una centena de cautivos con los pies doloridos avanzaba tambaleándose junto a los caballos. Muchos de ellos estaban heridos, algunos habían sido rescatados del río a punto de ahogarse y todos ellos estaban destrozados tras aquella marcha de veinte millas que habían recorrido corriendo y andando a partes iguales. Vedvyas los encerró en una cabaña y colocó una guardia ante ella. Después, subió a la planta más alta de la ciudadela donde Amaury, recostado sobre unos cojines, devoraba un cabrito al curry. Saludó al *mirasdar* con tristeza.

—Sin esos prisioneros inútiles, Vedvyasjee, podríamos haber estado de vuelta anoche —untó una bolita de arroz en la salsa de chili y se la metió en la boca—. Usted no es un hombre piadoso por naturaleza... ¿Por qué decidió no matarlos?

Vedvyas examinó la comida y se relamió los labios antes de decir:

—¿Me permite, *sahib*? —cogió un puñado y lo masticó apresuradamente—. La primera vez que logramos apresar a varios *pindaris*, terminamos quemándolos vivos y, con ello, destruimos la prueba que hubiera servido para desalentar a sus amigos. Esta vez debemos lanzarles una advertencia mucho más fuerte, para que entiendan que atravesar Dharia tiene un precio mucho mayor del que pueden pagar.

—¿Qué piensa hacer? —preguntó Amaury inquieto.

—¡Déjemelo a mí, *sahib*! —escogió una jugosa exquisitez de entre aquellos manjares y la engulló—. Quizá sea mejor que no trate de averiguar lo que pretendo.

Pero, por supuesto, Amaury quiso saber acerca de ello. Los *pindaris* fueron divididos en lotes de diez y enviados bajo custodia a algunas de las aldeas cercanas a la frontera. La elección no se hizo al azar: se eligieron aquellas aldeas que los pindaris habían asaltado en sus rutas en el pasado. Amaury subió a su caballo y siguió a cierta distancia a un grupo que se dirigía a un lugar no demasiado alejado. Cuando llegaron, el *havildar* al mando tuvo una charla con el cacique de la aldea y, después, cedió sus cautivos a una muchedumbre de ansiosos campesinos, que pronto se incrementó con la presencia de los comerciantes del bazar y los trabajadores, que dejaron raudos los campos para unirse al grupo. Rodearon a los prisioneros y los empujaron hacia la jungla.

Amaury fue al encuentro del *havildar* que, apoyado en su caballo, se estaba rascando la axila tranquilamente.

—¿A dónde van? —le preguntó.

—Un poco más allá, al camino que siguen los carros para cruzar la frontera. Allí cumplirán las órdenes que les he dado en nombre del *sahib* Vedvyas —dijo sonriendo sombríamente—. Esta aldea fue arrasada por los *pindaris* hace un tiempo, así que seguro que sus gentes van a disfrutar de lo lindo ahora...

Con gran preocupación, Amaury se adentró en la jungla dejándose guiar por el clamor que se oía más adelante. Los árboles y los arbustos se hicieron menos densos. Detuvo el caballo a la altura de un claro en el que había un templo en ruinas sobre un altozano que descendía hasta el camino. Los aldeanos rodearon a los prisioneros lanzándoles toda suerte de insultos. Soltaron las cuerdas que ataban las muñecas de uno de los *pindaris*, le quitaron el taparrabos y le sujetaron fuerte la cabeza, los brazos y las piernas. Un musculoso campesino semidesnudo que llevaba un cuchillo en la mano se paseó alrededor de aquel pobre desdichado, le palpó las costillas y le clavó el filo. Después, le arrancó la cabellera lentamente, haciendo unos tajos que iban desde la nariz hasta el cogote. Entonces, acuchilló la columna del hombre de arriba abajo y trazó una sangrienta línea a lo largo de sus muslos y sus pantorrillas. Luego, se colocó frente a él y le hizo un profundo corte desde las mandíbulas hasta los genitales, atravesando cada una de las piernas para acabar en la punta de los pies.

El *pindari* gritaba y forcejeaba. Sus captores lo sujetaban firmemente mientras los espectadores de aquel espectáculo daban brincos y chillidos.

Amaury tragó saliva y se marchó. El sonido de aquel barullo se fue desvaneciendo a medida que se alejaba. Subió las escaleras que llevaban a sus aposentos, se derrumbó sobre un catre y cerró los ojos. En las últimas cuarenta y ocho horas, no había dormido y había recorrido setenta millas, así que estaba totalmente extenuado. Por fin, logró conciliar el sueño, aunque más bien fue un sopor intermitente interrumpido por terribles pesadillas.

Cien cuerpos desollados vivos hacían de centinelas en la frontera; unos cuerpos que habían servido como venganza para las gentes del lugar al tiempo que suponían una advertencia para los *pindaris*. Durante muchos años, éstos no volvieron a adentrarse en Dharia.

—¡Dios santo! ¿Y lo único que se te ha ocurrido es arrestar a un estúpido *havildar*?

Marriott, cuyo viaje había sido interrumpido por segunda vez, convocó un consejo después de la cena en la sala del comedor. Asistieron todos los ingleses presentes en Hurrondah, a excepción del capellán al que, cuando las damas se retiraron, tuvieron que llevar a la cama entre hipos. Los hombres tomaron asiento en torno a la mesa; había varias copas y licoreras desperdigadas sobre el mantel. El humo de los narguiles y los puros envolvía las velas para escapar después por las ventanas abiertas formando caprichosos remolinos. Cuando lo pusieron al corriente del saqueo de las arcas públicas, Marriott se quedó atónito y se sentó unos instantes a meditar sobre las posibles consecuencias. Tendría que afrontar la ira del Consejo y, probablemente, sería retirado de su cargo. La escalera dorada que lo llevaba hacia lo más alto de una prometedora trayectoria profesional se había derrumbado ahora bajo sus pies. La frustración acentuó su furia.

—¡Vosotros dos merecéis que se os forme un consejo de guerra! —exclamó mirando fijamente a Anstruther y Todd—. Yo mismo me encargaré de que así sea... ¡Vaya si lo haré!

—¿Y qué otra cosa podíamos hacer? —dijo Anstruther malhumorado—. Tan pronto como salió el sol y su luz permitió ver algo, me puse en marcha con mis dragones. Seguimos los surcos dejados por las ruedas de los cañones y logramos dar con ellos cerca de la frontera.

—¿Cómo? ¿Que disteis con ellos? Y, entonces, ¿por qué demonios no están aquí bajo guardia?

—Te voy a explicar por qué —dijo molesto el corneta—. Debido al polvo que levantaban nuestros caballos, nos vieron a lo lejos y se dispusieron a atacar. ¿Te has visto alguna vez frente a seis cañones que te apuntan con la carga colocada y los botafuegos humeando a un palmo del fogón? ¡No! ¿Hubieras sido tú, Charles, tan valiente como para lanzarte a la carga con sólo veinte dragones?

Marriott se encendió un puro. Le temblaban las manos. Aspiró el humo y tosió.

—¿Y qué pasó entonces? —preguntó.

—Até un pañuelo a mi sable y avancé solo. ¡Pero por Dios! ¡Si lo que tendrías que hacer es recomendarme para un ascenso en vez de pensar en consejos de guerra! El canalla de Welladvice se dignó a recibirme de forma bastante civilizada. Le pedí que me dejara ver el interior de sus carretas de municiones. —Anstruther se abanicó la cara y prosiguió—: A mi entender, mi conducta sobrepasó con creces los límites de la valentía.

—¿Se quejó él?

—Sonrió entre dientes como un bruto y abrió todos los cajones de las carretas. Allí no había nada más que cartuchos, botes de metralla y bolaños.

—Me imagino —dijo el general Wrangham— que habrán usado esos cañones para desviar su atención de los fondos de la Compañía. ¿Se vio obligado a dejarle marchar?

—¿Y qué iba a hacer? —respondió Anstruther después de abrir los ojos sorprendido—. ¡Sólo a un zoquete como Amaury se le ocurriría enfrentarse a unos cañones!

—¡Hugo! —exclamó Marriott— ¿Lo has visto a él o, quizás, a Vedvyas?

—No. Yo creo que Hugo ha sido asesinado.

Todd se revolvió nervioso en la silla.

—Por desgracia, yo también me temo que tiene usted razón —dijo Wrangham—. Esos villanos no habrán tenido otra elección. Y ahora se habrán esfumado hacia alguna parte de Berar con la caballería, los cañones y el dinero.

Beddoes apuró su copa de Burdeos y la depositó sobre la mesa con decisión.

—¡Que me lleven los diablos si veo al joven Amaury trotando acobardado como una oveja hacia el desastre! ¡Están muy confundidos con ese hombre! ¡No he visto un tipo más despiadado que él en toda mi vida! Absolutamente implacable. De ésos que se forjan sus propios imperios pasando por encima de quien sea. No es tan distinto a mí mismo, ¡pardiez! ¿Cómo saben que no se encuentra vivo y coleando y que no ha decidido convertirse en un mercenario errante?

—¡No tiene ningún indicio para afirmar tal cosa, señor! —protestó Todd enfadado—. ¿Por qué mancillar el honor de un hombre que, sin duda alguna, es... —de repente, calló y se mordió el labio.

Beddoes le lanzó una penetrante mirada.

—Mi querido señor Todd, ¿qué iba a decir? ¿Por qué se ha callado? ¡Vive dios, que yo me niego a afirmar que Amaury esté muerto hasta que lo vea encerrado en un ataúd!

—¡Las conjeturas no nos son de gran ayuda, caballeros! —dijo Marriott con impaciencia—. Tenemos que trazar de inmediato un plan para recuperar los fondos robados. Con la caballería, los cipayos y su consentimiento, sir John, mi propuesta es que vayamos directamente tras ellos.

—¿Y que una fuerza de la Compañía invada Berar? —replicó Wrangham frunciendo la boca—. Eso está expresamente prohibido por la Ley de la India del 84. Ningún servidor de la Compañía, ni aunque sea el mismísimo gobernador general, puede declarar la guerra sin la autorización del Consejo de Directores.

—¿Quién ha dicho nada de declarar la guerra? —dijo Marriott exasperado—. Pero tendremos derecho a recuperar lo que nos pertenece, ¿no?

—Ése es un matiz demasiado sutil que no cambia las cosas, señor Marriott. Bajo ninguna circunstancia autorizaré al ejército a que penetre en un estado indígena.

Los dos hombres continuaron malhumorados con su discusión. El general se mostraba obstinado y Marriott indignado.

—¡Por Dios y todos los santos! —dijo Beddoes levantándose con gran esfuerzo—. ¡No soporto esta riña absurda! ¡Menuda pareja de flojos blandengues que son ustedes! ¡Como casi todos hoy en día! Hace treinta años, yo habría perseguido a esos maleantes hasta donde hubiera hecho falta. ¡Buenas noches, señores!

Entonces, salió de la sala dando un portazo.

—Hace treinta años, Robert Clive acababa de marcharse de la India —dijo Wrangham secamente—. Beddoes no es consciente de que las cosas han cambiado. No, señor Marriott. Es totalmente necesario que actúe usted con moderación. Le sugiero que escriba al Consejo, en concreto, al señor Harley. Espere a que le respondan diciéndole qué hacer.

—¡Pasará un mes o más antes de que nos llegue la respuesta! Y, mientras tanto, nosotros no hacemos nada —Marriott apagó furioso su puro, cogió una vela y se encendió otro—. ¿Qué sentido tiene mantener a los soldados zanganeando en nuestros barracones?

En Bahrampal no nos hacen falta, pero luego se nos prohíbe enviarlos más allá. ¡Hubiera sido mejor que hubieran vuelto a Madrás!

—Comparto totalmente su opinión, señor, y mi intención es precisamente llevármelos conmigo cuando me marche.

Todd dio tal manotazo en la mesa que volcó su copa. Un charco carmesí impregnó el mantel.

—¿También a los ci-cipayos? —preguntó tartamudeando—. ¿De vu-vuelta a Karnataka, a Arcot?

—Así es, señor Todd.

Claramente desconcertado, el alférez limpió la mancha de vino con una servilleta.

—Pero no puedo... Todavía no... No cuando Hugo está... —empujó su silla hacia atrás, se levantó y abandonó el salón con paso vacilante.

—Henry idolatraba a Amaury —comentó Anstruther entristecido.

Mientras Caroline se cambiaba de ropa tras su paseo matinal a caballo, Amelia, horrorizada ante las noticias que Beddoes le había transmitido, le contó que Amaury había muerto. La cara de la joven se volvió gris como las cenizas de una hoguera, ya consumidas y frías. Un escalofrío incontrolable sacudió su cuerpo de la cabeza a los pies. Amelia logró sujetarla cuando se desvaneció, la tumbó en la cama y corrió a buscar sales de alcanfor y bicarbonato amónico. Caroline permaneció tumbada inmóvil, con sus verdes ojos muy abiertos y la mirada perdida. Y así estuvo hasta que llegó la noche, negándose a comer o beber nada. Cuando se puso el sol, Amelia, sumamente alarmada, decidió hacer uso de sus artes médicas. Echó unas gotas de láudano en un vaso de agua y se lo hizo beber. Caroline durmió pesadamente toda la noche y, al día siguiente, no salió de su habitación y se negó a ver a nadie. Ni siquiera a su padre. Tan sólo Amelia disfrutaba de ese privilegio.

—¿Qué le pasa a la niña? —preguntó el general—. Amaury no es el primer conocido suyo que muere. En Madrás, los hombres mueren como moscas.

Amelia, que estaba preparando unas gachas, decidió guardarse su opinión para sí misma.

Después de una semana, Caroline retomó el papel que le correspondía en la reducida comunidad de Hurrondah, reanudó sus paseos matinales a caballo y volvió a comer con todos. Estaba pálida y apática, habiendo perdido la vibrante vivacidad que la caracterizaba. La misma languidez mostraba Todd que, sorprendentemente, descuidaba sus deberes, se mostraba retraído e insociable y parecía estar tristemente perdido en sus pensamientos. Anstruther se esforzaba por entablar conversación. Caroline le respondía con una melancólica sonrisa y Todd con siniestras miradas. Desalentado, desistió en sus intentos alegando:

—¡Son una pareja de lo más lúgubre! ¡No sé qué es lo que tanto les aflige!

El general Wrangham, ocupado con los preparativos de su marcha, se fue impacientando cada vez más debido al desánimo de su hija, que él interpretaba como uno de los incomprensibles berrinches típicos del género femenino. También le molestaba haber animado a Marriott a pedir la mano de Caroline antes de que se produjera el robo en el cuartel de la guardia. Sabía que la mala actuación de Marriott en ese asunto merecería una amonestación del Consejo e incluso podría suponer el fin de su carrera. Pero como era un hombre de honor, Wrangham decidió que no podía dar marcha atrás; había dado su palabra y no había más que hablar. «¿Habría pedido aquel hombre ya la mano a su hija? De no ser así, ¿por qué no lo había hecho aún?» Con cierto enojo, sir John atacó directamente al recaudador cuando salía de su oficina.

—Se está acabando el tiempo, señor. ¿Ha hablado ya con Caroline?

Marriott dejó caer un montón de escrituras y miró al suelo antes de responder:

—Todavía no. No es precisamente el momento más oportuno... Su hija no parece ser ella misma...

—¡Puro cuento! Es por culpa de este enfermizo verano. ¡Eso es todo! ¡Maldita sea, yo mismo me siento como un trapo! ¡No lo posponga, señor! Quiero ver a mi hija comprometida antes de que partamos para Madrás.

A la mañana siguiente, antes de que saliera el sol, Marriott se puso su mejor chaqueta azul de Sajonia, un pañuelo de seda, unos pantalones de montar oscuros y unas relucientes botas y fue al encuentro de la escolta de Caroline. Como de costumbre, la esperaban con los caballos a la puerta de su bungalow. Se las ingenió para enviar a Fane a la sala de audiencias y ordenó Anstruther que se marchara, de modo que logró ir a cabalgar con ella a solas. La joven tenía ojeras y unas pequeñas arrugas debidas al cansancio se dibujaban en las comisuras de sus labios. Parecía estar abstraída y respondía someramente a la intrascendente charla que Marriott mantenía. El recaudador se sentía consternado. Aquella joven retraída no tenía nada que ver con la atrevida y provocativa muchacha que lo había besado en la pista de carreras.

—Caroline, te ruego que me perdones —dijo armándose de valor—. He de hablar contigo de algo que tiene ocupados mi corazón y mi mente día y noche. Hace tiempo te confesé que te amaba profundamente. Mis sentimientos no han cambiado. Te quiero más de lo que puedo expresar con palabras. Humildemente, te pido...

—¡Para, Charles! —La mano con que la joven sujetaba el látigo no parecía tener sangre en las venas—. No debes seguir hablando.... No puedo aceptar... El matrimonio no está hecho para mí, ni contigo, ni con nadie más...

Confuso, Marriott contempló la afligida expresión de su rostro.

—Creí que sentías algo... Como recordarás, en Madrás me prometiste que quedábamos comprometidos.

—De eso hace mucho tiempo y muchas son las cosas que han pasado desde entonces. Es imposible, Charles. Debes olvidarme, borrar mi imagen de tu mente. No estoy preparada...

—Sir John —le interrumpió Marriott con determinación— aprueba mi petición de mano. De modo que supongo que la desaprobación de tus padres ya no es problema.

—No importa —respondió ella atisbando en los ojos del muchacho el dolor que sus palabras le causaban. Le cogió la mano y prosiguió—: Perdóname, Charles. Seguro que piensas que soy una inconstante y una desleal. Me apena saber que albergarás tan bajo concepto de mí, pero es mejor así. ¡Olvídame, Charles, te lo suplico! Bórrame de tus pensamientos como a una mujer que no merece tu respeto. Ésa es —añadió abatida— la verdad.

El semental de Marriott dio una embestida. Tiró ferozmente de las riendas y contempló el familiar paisaje con el ceño fruncido. El sol había conferido un tono bermellón a la apagada llanura salpicada de matorrales y sus rayos destellaban sobre las lisas rocas negras de Hurrondah. Marriott apretó los puños. «En obediencia a algún capricho femenino, aquella joven había cambiado de opinión. No sacaría nada en claro especulando acerca de sus motivos. Las riquezas y las influencias de los Wrangham se habían ahogado para siempre como el gigante Atlas. Se enfrentaba a un futuro incierto ensombrecido por un tremendo error que le acarrearía una amonestación oficial. ¡Dios! ¡Incluso podrían mandarlo de vuelta a Madrás! Relegarlo de nuevo a aquel pupitre manchado de tinta con los libros de contabilidad de un mercader asistente. ¡Maldita fuera esa arpía indecisa!»

—Me llama poderosamente la atención que tu cambio de opinión coincida con el revés que ha sufrido mi suerte hace nada —dijo movido por el rencor y el despecho—. ¿Temes comprometerte con un hombre cuya carrera profesional pudiera estar en peligro?

Caroline lo miró perpleja.

—No entiendo lo que quieres decir, Charles. La única desgracia de la que tengo conocimiento —continuó apenada— afecta a otra persona...

Marriott recobró la compostura.

—Has tomado tu decisión, querida. No hay nada más que decir. Debo aceptar de buen grado el rechazo de mi proposición. ¿Volvemos a la casa?

Con amarga complacencia, Marriott contempló las lágrimas que afloraron a los ojos de Caroline.

Cuando le contó al general que su hija lo había rechazado, éste experimentó cierto malestar acompañado por una sensación de alivio que trató de ocultar.

—¿Y no le ha explicado sus motivos? —preguntó con irritación.

Después, fue a la habitación de la joven y regresó de ella con aire de preocupación.

—Está desquiciada. No muestra ni un gramo de sensatez —miró a Marriott abiertamente—. Le aseguro que lamento que las cosas hayan tomado este cariz. Quizá cuando pase un tiempo y Caroline haya recobrado la salud...

—No, señor —respondió Marriott con firmeza—. Siento profundamente que su hija haya rechazado mi mano, pero eso es algo que ya está hecho y así debe quedar. Estoy plenamente convencido de que nunca cambiará de opinión.

La boda de Beddoes alivió un poco el sombrío ambiente que había invadido Hurrondah y se había instalado en su diminuta comunidad como un añublo. Beddoes había anunciado su intención de dejar Bahrampal junto con el general Wrangham e insistió en contraer matrimonio con Amelia antes de partir.

—¡Sería sumamente indecoroso llevármela sin haberla desposado!

Registró el dormitorio del capellán, le requisó el brandy, el ron, el burdeos y la ginebra, y lo tuvo encerrado bajo llave veinticuatro horas antes de los esponsales.

El clérigo, pálido y tembloroso, celebró la boda en el salón de Marriott. Sir John fue el padrino y llevó del brazo a la novia. Anstruther acompañó al novio, ofreciendo un glorioso aspecto militar de tonos escarlata, azules y dorados. Caroline, en calidad de adusta y apagada dama de honor de la novia, escoltó a Amelia hasta el altar, un escritorio cubierto por un mantel sobre el que habían colocado unas velas. Relucían tanto que parecían largas lanzas doradas.

Cuando terminó la ceremonia, Beddoes tomó a su esposa y la condujo al comedor, donde les aguardaba un desayuno nupcial. Amelia, del brazo de su esposo, evitó mirar a Marriott a los ojos. Una vez en el comedor, se descorcharon varias botellas y el champán borboteó a raudales.

—¡Por los novios! —exclamó Wrangham levantando la copa—. ¡Para que siempre le acompañen la salud y la felicidad, señora Beddoes! ¡Y a usted también, señor!

El capellán, que sufría terriblemente debido a la abstinencia, se lanzó desaforado sobre el licor. Anstruther pronunció un brindis y Fane hizo lo mismo. Los sirvientes corrían atareados de un lado a otro, descorchando botellas aquí y allá. El rumor de las voces era cada vez más fuerte. Todd dejó su copa sobre la mesa sin haber bebido nada, se escabulló del salón, atravesó la veranda y se topó con Caroline entre las sombras. Estaba recostada en un sillón, espantando las moscas con un abanico de plumas. Tenía la mirada perdida en la llanura reservada a las maniobras.

—¡Ha abandonado usted la fiesta muy temprano, señor Todd!

El alférez se sentó a sus pies en un escalón de la veranda, sujetó la espada entre las piernas y escudriñó la empuñadura.

—Es una situación difícil para mí, miss Wrangham. Mis hombres no han sido capaces de cumplir con su deber y yo me siento obligado a acompañarles en la desgracia. Además, no sabemos a ciencia cierta... Teniendo en cuenta las circunstancias, no me encuentro muy animado.

—Yo tampoco —Caroline suspiró— . Pero pronto nos mudaremos a Madrás donde, si Dios quiere, las reuniones en sociedad, las cenas y los bailes diluirán todos nuestros recuerdos de este odioso lugar.

—Estoy decidido —dijo Todd apesadumbrado— a no volver. Tengo un deber que cumplir y, sólo cuando lo haya hecho, podré descansar tranquilo.

—¿Le está permitido revelar su naturaleza?

Todd hizo girar la empuñadura de la espada entre sus dedos.

—Tengo que descubrir qué es lo que le ha ocurrido realmente a Hugo Amaury y disipar las dudas —respondió.

El abanico de Caroline cayó al suelo con gran estruendo.

—¿Las dudas? ¿Qué quiere decir? Según cuentan todos, el capitán Amaury ha muerto. No hay dudas.

Todd palpó uno de sus bolsillos, dudó un instante, tomó el sello en la mano y lo sacó con el puño cerrado.

—¿Me promete que guardará el secreto que le voy a contar?

—Le doy mi palabra de honor.

Todd abrió la mano y le enseñó el anillo.

—Este sello era... es... de Hugo. Yo creo que sigue vivo.

Caroline trató de incorporarse del sillón, pero volvió a recostarse intentando coger aire. Alarmado, Todd corrió a la habitación de la joven y le trajo una botella de sales aromáticas. Ella la rechazó.

—Señor Todd... Henry... ¡Por el amor de Dios! ¡Cuénteme ahora mismo por qué piensa eso!

Todd volvió a sentarse en las escaleras, le describió cómo fue el robo acaecido en el cuartel de la guardia y le contó cómo él había encontrado el anillo en el túnel.

—A mi entender, esto prueba que Hugo estuvo presente durante el robo. Y, si estaba allí, seguro que fue él quien guió a los ladrones. ¿Se lo imagina usted implicado en una aventura tan terriblemente arriesgada?

—Pero, ¿por qué? —preguntó Caroline desconcertada—. ¿Por qué iba a comportarse el capitán Amaury de una manera tan espantosa?

A lo lejos resonaban las carcajadas de la fiesta y se oía el tintineo de las copas. Anstruther, con su voz de tenor, cantaba alegremente *Kate of Aberdeen*. El capellán se asomó tambaleándose a la entrada y cayó de cabeza en la veranda. Todd torció el gesto disgustado.

—Creo —dijo fríamente— que Hugo está convencido de que, a los ojos de los ingleses, no le queda ni un rastro de reputación alguna que perder. Y tampoco él ha sido jamás un hombre que respetase la opinión del resto del mundo. El viejo Beddoes tenía razón: Hugo ha decidido convertirse en un soldado de fortuna, en un *lancero* errante en la India.

A Caroline se le empañaron los ojos. Juntó las manos y entrelazó los dedos jugueteando nerviosa con ellos.

—¡Ojalá esa suposición fuera cierta...! ¡Ojalá estuviera vivo! Lo demás no importa. ¡Nada en absoluto!

—Eso en caso de que estuviera vivo, que es algo que tengo que averiguar antes. Si así fuera, intentaría convencerlo para que volviera.

—¿Piensa ir a Berar en su busca?

—Sí. Los preparativos del viaje ya están en marcha.

Caroline se incorporó y se inclinó hacia delante. Sus ojos esmeralda parecían estar encendidos.

—Henry, ¡lléveme con usted! —exclamó cogiendo las manos a Todd.

—¿Llevarla conmigo? ¡Eso es imposible de todo punto! —respondió después de quedarse boquiabierto—. Miss Wrangham, ¡no sabe lo que dice! Su indisposición, este calor... —se puso en pie de un brinco—. Permítame que le traiga un cordial, un poco de brandy con agua...

Caroline lo cogió del brazo e inquirió con firmeza:

—Henry, ¿por qué quiere usted ir en busca del capitán Amaury?

—Me salvó la vida —respondió Todd sosegadamente—. Tengo que tratar de evitar que ahora arruine la suya propia. Además, lo... lo admiro... es mi amigo...

—¡Está claro! ¡Usted adora a ese hombre! ¡Y yo —dijo exultante— también! ¡Ya lo ve! ¡Lo confieso abiertamente y sin pudor! ¡No se hable más, Henry! ¡Tenemos que ir juntos en busca de Hugo!

El capellán, boca abajo tragándose el polvo del suelo, vomitaba ruidosamente.

La prioridad absoluta de los trabajadores llegados a Dharia a petición de Amaury era reparar la fortaleza. Así lo hicieron, y también ayudaron a restaurar las casas en las que vivían las gentes. Mientras se planteaba la posibilidad de reconstruir todo lo demás, en un estado aún bastante ruinoso, Amaury descubrió que le habían quitado el trabajo de las manos. Las noticias de las terribles represalias tomadas contra los *pindaris* se habían esparcido como la pólvora; se contaba que una poderosa mano se había hecho con una tierra descontrolada y había puesto fin a la anarquía en ella reinante. Numerosas gentes de provincias tan distantes como Oudh, Orissa, Bundelkhand y Mewar, azotadas por las guerras y el pillaje, habían huido para refugiarse en el lejano y seguro feudo de Amaury. Varios grupos de indígenas, unos bastante grandes y otros más bien reducidos, comenzaron a filtrarse en el *jagir*. Algunos se asentaron en las aldeas y se dedicaron a labrar las tierras. Otros, en su mayor parte comerciantes y artesanos —sastres, zapateros, alfareros y metalúrgicos—, prefirieron establecerse en la propia Dharia y allí abrieron comercios y manufacturas.

Ayudado por sus espías, Amaury vigilaba de cerca a aquellos inmigrantes. Acogió complacido a los que llegaban con intención de recuperar sus fortunas y alistó a los mercenarios que vagaban en busca de un nuevo trabajo. Ahorcó a los matones y a los ladrones con prontitud e hizo públicas sus fechorías a lo largo y ancho del lugar. Se mantenía activo día y noche, sin descanso. Recorría cientos de millas de aldea en aldea, administraba justicia y resolvía las pequeñas disputas. Consiguió incrementar la producción de los cultivos concediendo tierras a los recién llegados.

En Dharia, eran los asuntos fiscales los que ocupaban casi todo su tiempo. Llegó a manejarse a la perfección con la nueva moneda ya que, en el norte y el centro de la India, normalmente se utilizaba la rupia en lugar de la *pagoda* habitual en el sur. Tras un acuerdo amistoso con Vedvyas, Amaury pagó a las tropas de su propio bolsillo, otorgó pensiones a los heridos o a quienes tuvieran muertos —tres *rathores* habían perecido en la lucha contra los *pindaris*— y entregó una cantidad en metálico a los artesanos del ejército para que pudieran comprar los materiales que necesitaban para sus tareas. Envió a varios expertos en trueques a Bikaneer para que consiguieran azufre y nitrato de potasio. Compró hierro en Gwalior y mandó traer cobre de las minas de Misore. Pocos fueron los metalúrgicos itinerantes que escaparon a las garras de Welladvice. Encerrados en la fundición que éste había creado, comenzaron a fabricar artillería, mecanismos de llave para los mosquetes y tubos para los cañones. Vedvyas pagó a los trabajadores civiles y les concedió las ayudas prometidas por Amaury a cambio de que trabajasen los campos abandonados y arruinados. El plan funcionaba a la perfección. El *banian* de Vedvyas ayudaba y vigilaba de cerca a los amanuenses a cargo de la contabilidad de las arcas públicas; tomaban nota de todo en los libros y se los entregaban a su maestro y a Amaury para que los examinasen.

—Una asociación comercial muy ventajosa —afirmó Vedvyas al ver las cifras totales de Amaury—. El regateo se nos da tan bien como a un par de opulentos usureros bengalíes.

Los mercenarios alistados por Amaury formaban un grupo de lo más variopinto. Había *najibs* musulmanes, *marathas*, *jatis* y *mewaris*. Sin pensárselo dos veces, quitó los caballos a los pocos jinetes que se contaban entre ellos y centró sus esfuerzos en formar un grupo de infantería. Envió a unos oficiales a continuar con el reclutamiento en Mewar y regresaron con cincuenta *najibs* armados con mosquetes de mecha y anticuadas llaves de rueda. Pidió a Welladvice que se concentrase en la fabricación de mosquetes de chispa y se encargó de la instrucción de sus reclutas, enseñándoles ejercicios de infantería y maniobras. Esa tarea se sumaba a todas las demás que ya desempeñaba y llevó la incesante energía de Amaury al límite.

Él era consciente de que su formación presentaba un desequilibrio pernicioso; necesitaba el apoyo de la infantería para poder librar victorioso grandes batallas. Además, tenía claro que el representante del *Bhonsla* en Droog, a sesenta millas, pronto adoptaría medidas contra aquel pequeño ejército impertinente que había osado ocupar Dharia y pretendía hacerse con su *jagir*. Odiaba tener que mantenerse a la espera de ser atacado y su instinto le decía que debía anticiparse al golpe. Pero la lógica perspicacia militar logró domeñar su impaciencia: sólo con la caballería y los cañones le sería prácticamente imposible asaltar un fuerte.

En medio de aquel intervalo, con el monzón cada vez más próximo, varios espías de las aldeas situadas al oeste acudieron presurosos a Dharia. Su información, contradictoria y confusa, dejaba adivinar que la guarnición de Droog se había puesto en marcha. Pero Amaury no lograba encontrarles el sentido a otros relatos referentes a una fuerza distinta que avanzaba a la vanguardia. En cuanto a las estimaciones acerca de los hombres con que contaba el enemigo, las cifras variaban por miles. Sacó la conclusión de que un ejército considerable se estaba acercando a su fortaleza y, maldiciendo aquella prudencia que había concedido al enemigo el privilegio de tomar la iniciativa, entregó un caballo a cada uno de los soldados que sabía montar, colocó los arneses a todos los cañones, reunió a sus ochenta soldados de infantería a medio enseñar y partió a su encuentro.

A veinte millas de Dharia, oyó el retumbar de un cañón y el sonido de una salva que chisporroteaba igual que las ramas de una crepitante hoguera. Totalmente perplejo, se preguntó contra quién podría estar luchando el enemigo. Se detuvo y examinó el terreno. Observó el rastro de varias pulgadas de profundidad que una carreta había dejado sobre la arena de una especie de claro de media milla de anchura, salpicado de espinosos cactus y de unos tamariscos que se bifurcaban en tres ramales puntiagudos a ambos lados. Los remolinos de polvo bailoteaban como danzantes embriagados, la ardiente bóveda celeste lanzaba un calor abrasador sobre la tierra. Chamuscados y apagados, quebradizos como huesos envejecidos, la hierba, los arbustos y los árboles parecían implorar las lluvias curativas del monzón. La luz le quemó en los ojos a Amaury, que tenía el cuerpo empapado en sudor.

—Paren aquí —dijo a Vedvyas—. Cogeré a un par de hombres y nos adelantaremos para hacer un reconocimiento del terreno.

Amaury recorrió a medio galope el sendero que cruzaba el valle, divisó una nube de polvo a lo lejos y apretó el paso hacia la pendiente arbolada que se elevaba como un muro a su izquierda. Los disparos retumbaban cada vez más fuerte; escuchó las salvas atentamente. Se trataba de una sarta de estrépitos sucesivos que parecían sonar al unísono.

—Suena como cuando disparan los cipayos de la Compañía —murmuró Amaury mientras forzaba a Hannibal a atravesar una quebrada—. Como el fuego de una sección o de una columna.

Subió a la cresta de una colina y observó el campo de batalla desde ella.

—¡Soldados de la infantería indígena uniformados en azul! ¡Uniformados! —exclamó.

Aquellos hombres marchaban en tres batallones, formados en columnas divididas en secciones. Entre las columnas, se encontraban sus sirvientes y su bagaje. Llevaban carros y animales de carga, hombres, mujeres y niños. Todos ellos estaban protegidos por la retaguardia, que los seguía formada en línea. Dos cañones la flanqueaban y otra división, que incluía varios bueyes de tiro con sus correas, avanzaba lentamente mezclada entre las columnas. La retaguardia, que contaba con seis compañías, optó por replegarse para formar otra línea; a turnos alternos, sus hombres retrocedieron de tres en tres para detenerse luego y formar un frente doscientos pasos más atrás. Un hombre a caballo, que iba de una línea a otra, dirigía el repliegue. Aquel movimiento estuvo dominado por una disciplinada frialdad y una marcha regular y ordenada. Al observarlos más de cerca con el catalejo, a Amaury le pareció que la organización de esos tres batallones era igual a la empleada por los regimientos reales, con ocho compañías de cincuenta hombres cada una. Aquella brigada de mil doscientos hombres se replegaba para formarse en orden de batalla.

¿De dónde demonios habían salido?

Giró el catalejo y observó a sus contrarios. Serían aproximadamente unos quinientos. Varios jinetes trotaban cautelosos en grupos desordenados al alcance de los mosquetes. Cuando se reemprendieron las salvas, retrocedieron y se dispersaron. Los lanceros brincaban y gritaban. Unos hombres armados con mosquetes de mecha avanzaron rápidamente hacia el frente, efectuaron varios disparos a ciegas y se retiraron veloces a recargar sus armas. Era un largo proceso. Tenían que introducir la pólvora por los cañones de los mosquetes, añadir un poco a las cazoletas y, por último, colocar las balas y comprimirlas con las baquetas. Entre tanto, se ocupaban también de soplar la mecha para que no se apagase y la mantenían alejada de la pólvora. Aquella operación requería de manos ágiles.

Más atrás, los seguía otro grupo más ordenado de hombres. Llevaban sobre los hombros unos largos cilindros de hierro atados a unas cañas de bambú que clavaron en el suelo. Cuando el hombre de turbante rojo que parecía ser su líder dio la señal, aplicaron las mechas a las espoletas. Los cohetes volaron describiendo serpenteantes arcos. Varios estallaron en el aire sin causar daño alguno, otros se desplazaron en direcciones imprevistas a toda velocidad y cayeron al polvoriento suelo con un golpe sordo y sin estallar. Tan sólo unos pocos lograron hacer puntería e hicieron tambalearse a las filas de la compañía sobre la que cayeron. Aunque su alcance era el doble de potente, las salvas de los mosquetes no lograron hacer blanco en los hombres que disparaban aquellos cohetes. Un cañón consiguió dar con ellos, lanzó su bolaño y logró dispersarlos. Después, los cañoneros acoplaron el armón y se marcharon.

Las compañías cargaron de nuevo sus armas, se dieron la media vuelta y retrocedieron.

Amaury observó aquel movimiento sin ser visto, desde la cresta de la colina. La brigada no corría gran peligro, sus perseguidores no la estaban presionando demasiado y tampoco parecían tener intención de cercar a sus hombres. Sólo los cohetes causaban daños y, de vez en cuando, algún cuerpo de uniforme azul se desplomaba sobre el suelo retorciéndose.

El hombre a caballo, que llamaba la atención por el ejemplar pío que montaba, observó atentamente cómo recogían a los caídos de su formación y los trasladaban hacia la retaguardia.

—¡Maldita sea! —dijo Amaury enfocando el catalejo—. ¡Ese tipo es un europeo! Lleva un tricornio, el pelo recogido en una coleta sujeta con un lazo y tiene la cara pálida como el alabastro. ¿Quién diablos...?

Habiendo tomado una decisión, bajó entre traqueteos y patinazos por la misma pendiente de la colina por la que había subido, se lanzó al valle cuando no había columnas a la vista y regresó galopando velozmente a la llanura en la que esperaba su reducido ejército.

—Señor Welladvice, avance con los cañones en línea hasta que pueda ver la polvareda que levanta el enemigo. Después, baje las cureñas y cargue los cañones. *Sirdar sahib*, forme a los *najibs* en una sola fila entre los cañones y disponga un frente tan numeroso como pueda. No abran fuego bajo ninguna circunstancia a no ser que los ataquen. ¡Escuadrón, monten! ¡Los números tres a la izquierda! ¡A medio galope! ¡En marcha!

Amaury desplegó a la caballería sobre la cresta de la colina y mandó apostarse a sus hombres en la zona más alejada, ocultos entre las ramas de los árboles de modo que no pudieran ser vistos desde la llanura. Él mismo cabalgó por la cima hasta un punto desde el que se podía observar aquella batalla que estaba teniendo lugar. Pasó de largo las columnas de la brigada y se detuvo a la altura de la retaguardia. Ordenó a los *risaldares* y *havildares* que ocupasen sus puestos de observación y les pidió que mantuvieran vigilada a aquella mezcolanza de hombres a caballo y a pie que estaban atacando a la infantería de uniforme azul.

—Hermanos, he aquí el enemigo como una oveja que ignora cuán cerca está la manada de lobos. Bajaremos la colina en línea, manteniendo la formación en la medida en que podamos. A sus pies, nos detendremos y nos alinearemos. Y, después, nos lanzaremos al ataque.

La sorpresa fue mayúscula y de un impacto arrollador. De repente, se lanzaron desde un flanco sobre aquel desordenado grupo de hombres, atentos únicamente a la brigada contra la que estaban luchando. El escuadrón de Hugo se lanzó de lleno a la carga, con los jinetes repartiendo estocadas de sable allí por donde cabalgaban. Amaury apretó los costados de Hannibal para que se detuviera e hizo girar el sable sobre su cabeza. A la altura de las tropas, dieron la vuelta, formaron una línea y volvieron a la carga, consiguiendo dispersar al último grupo de hombres que aún se resistía. Obedeciendo las órdenes de Amaury, el escuadrón se formó de nuevo y se dividió en varias unidades que emprendieron la persecución de los hombres que pretendían huir.

El terreno quedó cubierto de cadáveres, los heridos se arrastraban y se lamentaban gimoteando, varios hombres levantaban las manos hacia el cielo y, de rodillas, imploraban piedad. Un toque de trompeta anunció a los soldados que debían reunirse. Amaury contempló complacido cómo sus tropas ponían fin a la persecución, volvían a formar, acudían galopando a la llamada y se organizaban finalmente en una línea.

—¡Bravo, mis muchachos! —dijo— ¡Todavía es posible hacer de vosotros auténticos soldados! *Risaldar* Bhagwan Ram, ordene a su unidad que emprenda una redada en busca de prisioneros.

El fuego de los mosquetes más allá de la retaguardia se encargaba de mantener a raya a los derrotados, mientras las columnas a las que defendía avanzaban con paso seguro. Amaury ató un pañuelo a la punta de su sable ensangrentado y avanzó con Hannibal hacia el frente. El hombre del caballo pío cabalgó a su encuentro. Una chaqueta de paño cubría su desgarbada figura y llevaba una pistola amartillada con el cañón apoyado en el muslo. Sus grisáceos ojos inyectados de sangre estaban dilatados por la sorpresa.

—¡Dios mío! —dijo—. ¡Un *fringee!* Por su forma de vestir, pensé que sería usted un indígena musulmán. Soy el comandante Royds, señor, al mando del ejército del *Bhonsla* hasta no hace mucho. ¿Quién demonios es usted?

Su voz vibraba con una entonación nasal. A Amaury no le sonaba aquel acento.

—Hugo Amaury de Dharia. Puesto que los he librado a usted y a sus hombres de la destrucción, señor, ¿puedo proponerle que me haga el honor de negociar?

Una expresión desdeñosa torció el gesto de aquellos finos labios de color arcilloso antes de responder:

—¿De la destrucción? ¡Tonterías! Una incursión molesta. ¡Nada más! Una unidad de caballería, de la que yo no dispongo, hubiera bastado para acabar con ella al instante. ¿Dice que quiere negociar? No tengo tiempo para cháchavas. Me dirijo a los Circares de la Compañía y tengo que llegar lo más rápidamente posible.

Los *rathores* del escuadrón bajaron de los caballos y, presumiendo de sus corceles, insultaban enérgicamente a los prisioneros que fueron tomando. Los hombres de la retaguardia los observaban con cautela, apoyados sobre sus mosquetes. Un clamor de confusión resonó a lo lejos procedente del manto de polvo color sepia que cubría las columnas. Los bueyes que tiraban de los carros y los animales de carga con el bagaje se detuvieron en seco. El sol lanzó una lluvia de diamantes sobre las bayonetas repentinamente desenfundadas. Un *subhadar* ataviado con un uniforme azul llegó corriendo al lugar donde se encontraban.

—Señor, hay fuerzas de infantería y cañones apostados a nuestro frente. He ordenado a las compañías que se detengan. ¿Desea que nos despleguemos para formar una línea?

La amargura endureció la expresión del adusto rostro grisáceo del comandante. Lanzó una mirada hostil a Amaury.

—¿Son sus fuerzas? —preguntó.

Un hombre herido de muerte, que tenía las entrañas colgando a causa del impacto de la bala de un mosquete, cayó retorciéndose de dolor a los pies de Hannibal y arrancó varias briznas de hierba con las manos. Amaury lo observó pensativo.

—En efecto —respondió—. Seis cañones y —continuó mintiendo— quinientos mosquetes de chispa. Está usted cercado por el frente y la retaguardia, de modo que no puede avanzar ni tampoco retroceder. A menos que quiera emprender una batalla, será mejor que hablemos.

El hombre levantó la pistola y lo apuntó. Amaury sonrió sosteniendo la mirada de aquellos ojos de rojas venas. Royds profirió un juramento para sus adentros, con cuidado, quitó el gatillo al arma y la guardó en la pistolera de su silla de montar.

—Supongo que gana usted. Al menos, de momento. Permítame contarle por qué no puedo permitirme una demora aún mayor.

Amaury bajó del caballo y sacó una pistola de su fajín. Royds se estremeció y posó la mano la empuñadura de su espada. Amaury le dedicó una sardónica mueca, se acercó al hombre herido, apuntó al cráneo con la boca de la pistola y apretó el gatillo. Se sacudió el trozo de carne que le cayó en la bota, se sentó en el suelo con las piernas cruzadas, se apoyó en una roca y volvió a cargar el arma.

—Ardo en deseos de escuchar su historia —dijo educadamente.

Royds, dando pasos nerviosos de aquí para allá, hizo una mordaz descripción de la peligrosa situación en la que se encontraba. Siendo un aventurero errante, entró al servicio del *Bhonsla* y ascendió hasta convertirse en el comandante de un batallón que logró vencer hábilmente al ejército del *nizam* en Kharda. Como recompensa, Raghujee le entregó cincuenta mil rupias y le ordenó formar una brigada.

—Fui a Bhurtpore y recluté a varios *jatis*. ¡Son excelentes soldados!

Se ganó la confianza del *Bhonsla* y ello le valió una poderosa posición dentro de su ejército. Inevitablemente, aquello despertó celos en los caciques rivales, que se encargaron de hacer llegar a oídos del *Bhonsla* el rumor de que Royds y sus *jatis* estaban tramando dar un golpe de estado.

Habiéndole resultado imposible detener aquellas intrigas, Royds tuvo conocimiento de que Raghujee había sido convencido por sus generales para desmantelar sus batallones y expulsarlo del estado.

—¡Aquello era prácticamente una sentencia de muerte! Tan pronto como hubieran acabado con mis *jatis*, ¡esos cortesanos *marathas* me habrían destrozado el hígado y los pulmones!

Royds advirtió a sus hombres del destino que los esperaba, les convenció de que ponerse al servicio de la Compañía les resultaría lucrativo y, por la noche, se fugó con ellos en secreto de los acantonamientos cercanos a Nagpur. El *Bhonsla* emprendió una persecución muy poco entusiasta que pronto abandonó. Estaba contento de haberse librado de una fuerza que consideraba una amenaza, de modo que, prácticamente, lo dejó marchar sin hostigarlo. Royds viajaba a marchas forzadas hacia Dharia y, al atravesar Droog, la guarnición lo atacó y estuvo dándole la lata durante tres días seguidos.

—No tengo ni idea del por qué. Seguramente, el *Bhonsla* les habría ordenado que alentasen mi marcha. Eso es todo, señor. ¿Me dejará ahora vía libre para seguir mi camino?

—Usted no es inglés, ¿verdad? —Amaury le preguntó tras escuchar aquel relato nasalizado.

—Americano, señor. Mi familia combatió con los colonos leales a la corona británica durante la guerra de la independencia y, cuando los rebeldes vencieron a Cornwallis, se embarcó hacia Inglaterra. Pero allí no había nada que un joven pudiera hacer, así que me enviaron a hacer prácticas con un abogado de Bombay —el gesto de aquella demacrada cara se torció—. Me metí en problemas por culpa de las cartas, las deudas y los duelos, y crucé a territorio indígena para entrar al servicio del *Bhonsla.*

«Otro saquedador como yo —pensó Amaury—, sin escrúpulos ni compasión.» No se creía la razón que Royds le había dado para explicar por qué dejó al *Bhonsla.* Un gobernador indígena enfrentado a constantes guerras jamás se desharía tan alegremente de una brigada excelentemente preparada, a menos que tuviera un motivo de gran peso para ello. Seguramente, ese hombre había urdido algún tipo de conspiración para hacerse con el poder, el dinero o ambas cosas, y había salido perdiendo. Había quedado claro que era un soldado muy capaz, pero también resultaba sospechoso y era necesario mantenerlo vigilado.

—¿Qué le hace pensar —preguntó Amaury con delicadeza— que la Compañía aceptará a su brigada?

—No es la primera vez que utiliza mercenarios. Ya los tuvo a su servicio en el pasado.

—Así es... En un pasado ya muy lejano. En todo caso, únicamente aceptaba a oficiales, nunca a particulares. La Compañía alista a hombres de unas características determinadas y rara vez recluta a quienes no las poseen. Por ejemplo, no hay ni un solo *jati* al servicio de sus ejércitos.

—¡Pues son excelente material de batalla! Seguro que cuando muestre mis hombres a los generales de Madrás...

—No conseguirá llegar más allá de los Circares —dijo Amaury después de sacudir negativamente la cabeza—. Clive pensará que sus fuerzas le son hostiles y enviará a un cuerpo con órdenes de acabar con ustedes.

—¡Es usted sumamente petulante! —respondió Royds enfadado—. ¿Quién diablos *es*? De Dharia, ¿dice? ¡Dios santo! —lo miró con los ojos muy abiertos—. ¡He oído rumores acerca de sus actividades en Nagpur! El *Bhonsla* dice que es usted un bribón fuera de la ley que pretende conquistar su *jagir*. ¿No será usted el hombre al que llaman *Umree Sahib*?

Amaury asintió.

—Oficial de la caballería de Madrás hasta hace muy poco. Conozco a la perfección la política militar que sigue la Compañía e insisto, señor, en que su brigada no conseguirá entrar en Karnataka.

—Eso ya se verá —gruñó Royds. Con aire vacilante, añadió—: De todos modos, no hay otro camino. No podemos dedicarnos a atravesar el Indostán como una tribu de judíos errantes, ofreciendo nuestros servicios a los numerosos caciques de poca monta que lo habitan.

—Les ofrezco a usted y a sus hombres cobijo y hospitalidad en Dharia —dijo Amaury con contundencia—. Es más: si accede a ello, tomaré su brigada a mi servicio y le garantizo que lo haré bajo unos términos como mínimo tan ventajosos como los que disfrutaban en Berar.

La incredulidad se asentó en las cadavéricas facciones de Royds.

—¿De qué modo podría ofrecer usted tanto? ¡Mis hombres cuestan doce mil rupias al mes!

—Le puedo prometer esa cantidad.

Royds se apartó a meditarlo con la barbilla apoyada en la mano. Se volvió lentamente mirando a Amaury a la cara.

—¿Y cuál sería la alternativa si no estuviera dispuesto a aceptar el trato?

Amaury sonrió cordialmente y señaló con un descuidado gesto de la mano a su escuadrón de caballería.

—Aquellos hombres situados detrás de los suyos, señor, y los cañones y la infantería al frente. Tendría usted que luchar para conseguir escapar al cerco. No cabe duda de que podría conseguirlo, pero pagando un alto precio. ¿Merece la pena afrontar esas pérdidas cuando le ofrezco cobijo y seguridad a sólo veinte millas de aquí?

—Extremadamente tentador —murmuró Royds. Miró a lo lejos absorto en sus pensamientos. Su mirada se volvió más intensa y se posó en los prisioneros que se apiñaban delante de la caballería—. ¡Maldita sea! ¡Ha apresado al capitán de la artillería enemiga! ¡Ese canalla de allí! ¡El alto de la barba gris y el turbante escarlata! Me he estado fijando en la forma que ha tenido de dirigir el ataque con los cohetes y él es el único responsable de todas mis bajas. Entrégueme a ese bribón. ¡Se lo ruego! Se merece una lección que no pueda olvidar...

«¡Será mejor no hacer enfadar a este hombre! Parece tener muy mal carácter —pensó Amaury—. Y todavía se está pensando si aceptar mi propuesta o no.»

—¡Por supuesto, señor! ¡Puede hacer con él lo que quiera! —exclamó amigablemente.

Royds hizo señas a un pelotón de la retaguardia y dio unas órdenes entrecortadas. Con gran brío, los hombres recogieron los cohetes que habían caído sin estallar durante la batalla. Separaron al hombre del turbante rojo de sus compañeros y se lo llevaron lejos. Ataron los cohetes muy prietos alrededor de su cuerpo. Después, lo amarraron con unas cañas de bambú en una especie de comprimida empalizada. Las cilíndricas puntas sobresalían por encima de su cabeza y parecía que llevara una corona de hierro. Royds se asomó entre las cañas.

—¡Maldito cerdo, reza tus oraciones antes de volar por los aires!

Sin sentir temor alguno, el hombre le devolvió la mirada.

—¿Por qué tendría que rezar, perro *fringee*? ¡He matado a veinte de tus hombres, así que Dios ya ha perdonado mis pecados!

Royds le escupió en la cara, se apartó de él y gesticuló con gran virulencia. Un cipayo acercó una mecha a las espoletas, se dio la media vuelta y echó a correr. Las cañas se pusieron al rojo vivo y chisporrotearon desprendiendo anchas hileras de humo azul claro. Los cohetes salieron disparados a la vez entre abrasadoras llamaradas levantando a aquel hombre a unos doce pies del suelo; después, su trayectoria se curvó y cayeron. Rebotaron y dieron algunos saltos para terminar rodando unos sobre otros, dejando un rastro de hierba quemada y cubierta de cenizas. Finalmente, las cargas explosivas estallaron y escupieron miles de fragmentos de hierro y trozos de carne despedazada.

Una humeante pira envolvía al ennegrecido bulto.

—¡Espectacular! —dijo Amaury secamente—. Y, ahora, ¿me podría comunicar cuál es su decisión?

—Con su permiso, deseo consultar a mis oficiales.

Royds se subió a su caballo y se alejó de allí al galope. Sigilosamente, Amaury instó a su escuadrón a montar los caballos. Los hombres de la retaguardia, siempre alertas, se colocaron los mosquetes de chispa al hombro al ver aquello. «Unas tropas vigilantes y disciplinadas —pensó Amaury.» Aquello resultaba sumamente valioso para sus propósitos. El único hombre que suponía un problema era su comandante, un tipo en quien era mejor no confiar demasiado.

—Acepto su propuesta —dijo Royds cuando regresó—, ya firmaremos un contrato por escrito más adelante. Le ruego que retire sus cañones para que podamos dirigirnos a Dharia.

—Enseguida, comandante Royds. Su brigada está ahora a mi servicio. Por tanto, le ruego que forme tres compañías ligeras —compuestas por los hombres más veloces que posea— para que se unan a la fuerza punitiva que me acompañará a Droog.

Royds se quedó boquiabierto.

—¿Ahora mismo? ¡Pero si Droog está a cuarenta millas!

Amaury observó las sedosas nubes que cubrían el sol.

—Quedan cuatro horas antes de que oscurezca. Marcharemos durante el resto del día y toda la noche y tomaremos la ciudad por asalto al amanecer. Esas tropas han sufrido una buena paliza. Caeremos sobre ellas antes de que se hayan recuperado. Dé las órdenes de inmediato, señor. ¡La velocidad y el factor sorpresa son vitales!

—¡Una ofensiva feroz como la de un jabalí salvaje! ¡Que me parta un rayo! —un atisbo de respeto brilló en los claros ojos de Royds.

Marriott echó brandy en una copa, la vació de un trago y, con aire incrédulo, volvió a leer una vez más la carta de Harley....

...a pesar de lo cual los miembros del Consejo no están disconformes con el hecho de que no adoptara usted las precauciones habituales para salvaguardar los fondos que le habían sido confiados. Yo mismo los he convencido de que tan desafortunado suceso no se debe en modo alguno a que no sea usted una persona capaz, cosa suficientemente probada por el extraordinario celo y la habilidad que ha mostrado a la hora de poner en orden los asuntos de Bahrampal. Soy consciente de que se encuentra en una situación realmente humillante y desagradable y me imagino que estará deseoso de emprender enérgicas medidas para recuperar el dinero robado. Pero los caminos que ha tomado y que le han llevado a irrumpir en los dominios indígenas le están totalmente prohibidos. El principio fundamental de la política seguida por la Compañía se opone de forma inamovible

a cualquier tipo de conquista, extensión del dominio, engrandecimiento o ambición y, además, nos causan terrible desagrado las aventuras militares de carácter gratuito. Confío en que su discreción no permitirá que se siga infringiendo ese principio.

Por sus últimas noticias, deduzco que el capitán Amaury ha sido supuestamente asesinado por los malhechores que se han adueñado de las arcas públicas. Ciertamente, se trata de una circunstancia muy triste, más aún dado que los despachos entregados recientemente me han informado de que, a la vista de los excelentes servicios por él prestados, el Consejo de Directores no ha confirmado todavía la sentencia de su expulsión del cuerpo y, en lugar de eso, ha autorizado al comandante en jefe a amonestarlo oficialmente y dar a conocer la amonestación en los anuncios públicos. Un castigo que, según confirman mis amistades militares, no es nada severo. ¡Pobre infeliz, que ha dejado este mundo sin saberlo y creyendo que el escándalo pesaba sobre él! No puedo asumir la responsabilidad de decidir el destino de sus fondos, pero ayer recibí un cheque por un valor de cincuenta mil libras, pagadero a treinta días vista en el Banco de Karnataka y el Banco General de Calcuta. Venía dirigido a mí en calidad de presidente de la Sección Administrativa de Ingresos de Madrás. Permítame que le robe algo de su tiempo libre y le pida que lleve a cabo un riguroso examen de sus papeles con el fin de averiguar con qué fin ha confiado Amaury a esta Sección una suma que, estoy convencido, engloba toda su fortuna...

Marriott cogió la licorera. Cincuenta mil. Prácticamente la misma cantidad que había sido robada de las arcas públicas. Dio la vuelta a la carta y miró la fecha: 4 de abril de 1802. Hizo unos rápidos cálculos mentales. Esos cheques se habían firmado antes de que se produjera el robo del dinero. ¿Tendría Amaury algo que ver...? ¿Estaría devolviendo el dinero...? ¡Era inconcebible! Si Hugo siguiera con vida, se lo habría hecho saber a sus amigos. A lo mejor sus cosas contenían, tal y como Harley había sugerido, alguna pista. Todo lo que poseía se encontraba aún en sus aposentos del palacio. Hurgar en las cosas de un muerto le parecía de mal gusto, de modo que decidió encargarle esa tarea a Todd. Marriott envió a un sirviente a buscar al alférez y continuó dando vueltas al asunto sentado ante su escritorio, doblando y redoblando la carta una y otra vez.

El mensajero regresó y anunció que no había logrado encontrar al *sahib*. Marriott miró la hora en su reloj. Normalmente, ningún europeo debería ausentarse de la casa a media tarde. Molesto, ordenó al hombre que buscase a Todd en los barracones, los bazares y las cuadras y lo enviase inmediatamente ante él. Dejó a un lado la carta de Harley. Con aire cansado, leyó la petición de un aldeano que alegaba que le habían sido arrebatadas injustamente treinta vacas y una cabra lechera como fianza para el pago de una deuda. Empezó a redactar su decisión al respecto. La llegada del general Wrangham acalló el roce de la pluma contra el papel.

—¿Qué puede significar esto, señor Marriott? —dijo tirando un papel sobre el escritorio— Una solicitud del joven Todd para que le conceda un permiso indefinido. Dirigido a mí como comandante del fuerte Saint George. ¿Tanto le disgusta la idea de retomar sus rutinarias funciones en Arcot?

—¡Maldito sea ese haragán! Justo en este instante estoy tratando de localizarlo. ¿Aclara para qué solicita el permiso?

—Sí. Su propósito es de lo más extraño. Dice que tiene noticias de que Amaury está vivo y desea viajar a Berar en su busca. ¡Patrañas y tonterías! ¡Yo creo que no puede estar bien de la cabeza!

Marriott se puso en pie lentamente y examinó estupefacto el garabato de trazos redondeados que constituía la firma del alférez.

—Esto confirma —murmuró— que Todd sabe lo que yo ya sospechaba. Amaury es el culpable. ¡El maldito ladrón que ha mancillado mi reputación y me ha hecho quedar como un idiota ante el Consejo! —dio un fuerte golpe en la mesa—. ¡Pienso llegar hasta el fondo de este asunto! ¡Lo juro por Dios!

Marriott llamó a gritos a su *banian* y mandó partir veloces a varios sirvientes para organizar una exhaustiva búsqueda en la ciudad y por los alrededores. Respirando con dificultad, se dejó caer en un sillón y se secó el sudor de la cara.

Wrangham lo miraba de un modo extraño.

—¡No hay necesidad para esas desconcertantes prisas! Realmente, no importa que Todd se haya ido ya porque tengo intención de refrendar su solicitud. En cuanto a localizar a Amaury... —el general se encogió de hombros.

Pronto pareció resultar evidente que Todd se había esfumado. La búsqueda llegó hasta la casa del recaudador. Los sirvientes fueron de habitación en habitación llamando respetuosamente a las puertas. Marriott estaba apoltronado en su sillón y se ponía furioso cada vez que le informaban de los nuevos lugares ya registrados sin rastro del alférez. Wrangham se había tumbado en un diván y estaba fumando un puro tranquilamente. Las purpúreas nubes que acompañaban al crepúsculo surcaron aquel cielo de tonalidades amarillas y anaranjadas. Una brisa atravesó las ventanas y revolvió los contratos que Marriott quería estudiar. Su *banian* entró en la sala y lo saludó.

—El *sahib* Todd no se halla en ningún rincón de Hurrondah. Ni —añadió dubitativo— tampoco hemos logrado encontrar a la *bibee* Wrangham.

La exclamación que profirió el general hizo que saltaran chispas de su puro.

—¿Cómo? ¿No está en sus aposentos?

—No está en ningún sitio, *sahib*. Esa mujer de usted también ha desaparecido.

Wrangham salió de la oficina de Marriott dando alaridos y corrió al dormitorio de su hija. Abrió presuroso los cajones y los armarios.

—Faltan la ropa de diario y sus túnicas de montar. ¡Dios mío! —bramó con voz atronadora—. ¡Se ha fugado!

Los perplejos habitantes del lugar se reunieron en el salón comedor para discutir atónitos las sorprendentes desapariciones. Convinieron en que todas las pruebas apuntaban a que ambos se habían marchado juntos. En la solicitud de su permiso, Todd mencionaba hacia dónde se dirigía y el motivo. Pero, ¿por qué había partido Caroline hacia aquellas tierras salvajes? El general imploraba una respuesta del cielo.

—Creo —dijo Amelia discretamente— que sentía cierta predilección por el capitán Amaury.

—¿Predilección? —respondió el general con aspereza—. ¡Maldita sea! ¡Pero si detestaba a ese hombre! Discúlpeme, señora Beddoes, estoy consternado... ¿Qué podemos hacer? ¡Vayamos tras ellos sin perder ni un minuto!

—Por lo que dicen, deduzco que partieron ayer por la noche —dijo Beddoes—. Cuentan con una ventaja de veinticuatro horas y la frontera tan sólo está a treinta millas de distancia.

—¡Al diablo con la frontera! ¡Señor Anstruther, ensille a sus caballos!

Marriott cruzó los brazos.

—Las tropas de la Compañía tienen prohibido entrar en Berar, señor —dijo con voz tensa—. Recuerde que usted mismo me prohibió seguir a los ladrones, al parecer guiados por Amaury.

—¿Acaso no ve la diferencia, señor? —gritó Wrangham—. ¡Estamos hablando de una joven inglesa indefensa abandonada a merced de unos bárbaros musulmanes! ¿Piensa quedarse cruzado de brazos sin hacer nada?

—¿Está dispuesto a infringir abiertamente Ley de la India del 84?

Wrangham se atragantó. Anstruther le sirvió vino solícitamente.

—Señor, yo soy la autoridad suprema en Bahrampal —continuó Marriott en tono férreo—. Su hija no ha sido secuestrada. Ha sido ella misma la que ha decidido por iniciativa propia adentrarse más allá de la jurisdicción de la Compañía. Además, hoy mismo he recibido una carta en la que se me prohíbe expresamente entrar en territorio indígena sin autorización. Me niego a protagonizar gratuitamente una afrenta contra los mandatos de la Compañía. Y tampoco contrariaré en modo alguno a la autoridad. Ni por Caroline, ni por Todd. ¡Y muchísimo menos por Amaury!

Los ojos de párpados caídos de Beddoes examinaron el rostro de Marriott al tiempo que una mueca de desprecio arrugaba sus bronceadas facciones.

—¡Bravo! ¡Llegará usted lejos a este paso, Marriott! ¡Vaya si lo hará! ¡Seguro que algún día conseguirá ser gobernador!

CAPÍTULO DIEZ

Durante dos semanas, Todd y su séquito se abrieron paso por los accidentados páramos que constituían las tierras bajas de Berar. Caroline montaba su yegua árabe, en cambio, su doncella portuguesa, que se había unido a la aventura movida por la devoción a su señora y por la generosa suma con que la había sobornado, viajaba en un palanquín. Solían hacer noche junto a algún arroyo o en alguna aldea y avanzaban a un ritmo de diez millas al día a través de un terreno salvaje, en raras ocasiones contemplado por rostros europeos. Cada vez que se encontraban con algún asentamiento, Todd preguntaba por Amaury. Los aldeanos juraban y perjuraban que ningún *sahib* había recorrido jamás aquellos caminos. Esa respuesta se repitió con tal persistencia que llegó a preocuparle, pues estaba claro que un europeo no pasaría desapercibido en aquellas regiones. Pensó que quizá ellos habían tomado una ruta diferente. Con gran consternación, contempló también la posibilidad de que Amaury se hubiese dirigido hacia Hyderabad en el sur o hacia Orissa en el norte, en cuyo caso ya no se encontraría en Berar.

Todd se negaba a admitir la sola idea de que Amaury hubiese muerto.

Dejaron atrás las colinas, se adentraron en el valle Indravati y aceleraron el paso. Adelantaron a una caravana compuesta por comerciantes de caballos de Hyderabad, prestamistas, mercaderes y una compañía circense de osos danzarines. Todd les preguntó hacia dónde se dirigían. Señalando de manera imprecisa hacia el oeste, respondieron que a Dharia, una tierra en la que reinaba la justicia y las gentes podían vivir en paz. Les preguntó si habían oído hablar del *sahib* Amaury. Su acento inglés les hizo negar con la cabeza. Desalentado, se alejó de ellos. Un afgano bizco de nariz aguileña que tiraba de una hilera de sementales chascó los dedos.

—¡Eh! —gritó—. Creo que se refiere usted al *Umree Sahib Bahadur*, el rajá que va a comprarme estos magníficos caballos persas.

«¡Rajá, nada menos! ¡El tratamiento indígena hiperbólico por excelencia!»

Siguiendo las indicaciones del afgano, Todd continuó su camino a la velocidad máxima que sus caballos podían ofrecerle. Al vigésimo día desde la noche en la que se fugaron de Hurrondah, divisaron la cima de rocas grises de Dharia, enclavada al borde de su escarpado peñasco. Un guardia apostado en la barbacana se interpuso en su camino cerrándoles el paso. «Unos cipayos de lo más disciplinados —se maravilló el alférez—, con sus mosquetes de cañón corto y sus uniformes azul celeste.» Finalmente, convencieron al *havildar* de que Todd venía en son de paz y los dejó pasar.

—El señor *sahib* no está. Será mejor que hablen con el comandante Royds.

Todd asintió perplejo. La fortaleza de Amaury lo dejó completamente fascinado, con su cerco de imponentes murallas en lo más alto de la colina circundando aquella ciudad abarrotada, sus calles llenas de vida y de prósperos bazares, sus talleres, sus ruidosas fundiciones, sus barracones al estilo de los de la Compañía, sus armerías y sus cuadras. Caroline caminaba junto a él. Fueron conducidos hasta una casa situada junto a una plaza y se inclinaron ante un oficial de cara demacrada que estaba corrigiendo las listas de alistamiento de los batallones, sentado a una mesa de teca.

—Por favor, tomen asiento —dijo Royds ofreciéndoles unas sencillas sillas de madera—. Me temo que mi mobiliario es bastante mediocre. Aún no he tenido tiempo de equipar mis aposentos debidamente. Sepan que estaba al tanto de su llegada. Al más mínimo movimiento de una simple mangosta en Dharia, nuestros espías me informan de inmediato.

Lanzó una fugaz mirada a Caroline, que se había sentado a horcajadas sobre la silla, como si fuese una silla de montar. Su cara lucía un bronceado castaño tras aquellas tres semanas de viaje bajo el sol.

—Y díganme, ¿con quién tengo el placer de hablar, señores? —Era evidente que Royds no se había dado cuenta de cuál era el sexo de la acompañante de Todd, con sus botas de montar, sus espuelas y sus pantalones de piel de ciervo. Sabiamente, el alférez había decidido mantener el disfraz de la joven hasta que se encontraran con Amaury para evitar posibles complicaciones o situaciones incómodas.

—Me llamo Todd, alférez del 23° Regimiento de Infantería de Madrás. Permítame que le presente a mi amigo, el señor Wrangham.

Caroline lanzó una divertida mirada pícara a Todd para volver a recuperar la compostura al instante.

—Es un honor conocerle, comandante Royds.

El timbre de su voz llamó la atención de Royds, que la observó detenidamente.

—Tenemos unos asuntos privados que tratar con el capitán Amaury —se apresuró a decir Todd.

Royds asintió con la cabeza. Todd se preguntó quién era aquel hombre y qué puesto le correspondía en la curiosa jerarquía de Dharia. ¿Se habría convertido Welladvice en general y el bribón de Vedvyas en visir? La diferencia existente entre lo que él había imaginado sobre aquel lugar y la realidad lo dejó estupefacto. Con arrepentimiento, recordó la escena que había concebido en su mente: una panda de asesinos merodeando por las colinas, viviendo en cuevas y asaltando aldeas indefensas, una existencia salvaje indigna del gusto de Hugo. De haber sido así, no habría resultado difícil convencer a Amaury para que regresara a la civilización y continuara viviendo entre sus iguales. Pero la situación que se encontró cambiaba las cosas... ¿Cómo iba a conseguir Todd convencer a un rey para que abandonase su reino?

—Tendrán que esperar, caballeros —dijo Royds—. Amaury ha partido a explorar lo desconocido y, según creo, actualmente se encuentra saqueando una ciudad. Me resulta imposible adivinar cuándo volverá. Mientras lo esperan, mi *banian* les encontrará un lugar en el que poder quedarse —dio unas palmadas—. ¡Chico! ¡Ven aquí!

Se alojaron en una casa situada junto a la barbacana. Acababa de ser arreglada. Aún olía a la cal de las paredes y a la paja y los juncos recientemente cortados para construir el tejado. Todd envió a unos sirvientes a los bazares para que compraran alimentos, muebles, alfombras y cortinas. Recomendó a Caroline que no saliera de la casa. Cuando ella decidió hacerlo a pesar de todo, insistió en que llevase siempre ropas de hombre y le prestó varias de sus chaquetas y algunos pantalones.

—Tiene que seguir disfrazándose hasta que llegue Amaury, no sea que Royds piense que somos... —se calló ruborizado.

—¿Y cómo explicamos la presencia de mi doncella portuguesa? —dijo Carolina con aire malicioso—. Porque resultaría muy llamativa como mera ayudante de un caballero... ¿Creerá el comandante Royds que es mi *bibee*?

El alférez se marchó.

Cuando llevaban una semana en aquel lugar, un clamor acompañado de un gran alboroto en la calle despertó a Todd de su siesta de la tarde. Las cornetas emitían atronadores sonidos en los barracones, los tambores repiqueteaban en señal de alarma, y los cipayos marchaban con paso firme a las posiciones de batalla de las murallas. Todd corrió hasta uno de los baluartes y contempló el paisaje desde allí. A lo lejos, se apreciaba una polvareda que se iba acercando poco a poco y se dividía en dos remolinos procedentes de columnas de infantería, caballería, artillería, animales de tiro y carretas. El clarín de las cornetas anunció a aquellas gentes el fin del estado de alerta y todos se apresuraron hacia la barbacana. Todd se encontró en pie en medio de la muchedumbre que abarrotó la calle. Trató de asomarse por encima de los turbantes hasta que, con aire incrédulo, divisó al jinete que dirigía aquella tropa.

Era una figura alta de anchos hombros, que vestía una holgada túnica de color azafrán y se movía con soltura al mismo son que su caballo. Llevaba un fajín carmesí por el que asomaban unas pistolas plateadas y un turbante verde lima adornado con joyas. El sol había aclarado su barba hasta concederle el tono del trigo maduro. Sus ojos eran de color azul zafiro y tenía la cara delgada y bronceada. Amaury levantó la mano en respuesta a la fervorosa aclamación de sus súbditos e hizo un alegre comentario a Vedvyas, que cabalgaba junto a él. Los seguía la caballería, formada impecablemente en columnas. Sus hombres tenían la tez barbada y trigueña y esgrimían una expresión de fiereza. El espectacular colorido de sus túnicas era de lo más variado. A continuación, los fornidos hombres de la infantería, con sus uniformes azules, acompañaban a los tiros de seis caballos que arrastraban los cañones. Sobre cada uno de ellos iba un jinete y Welladvice avanzaba a la cabeza. Cerraba la comitiva una variopinta procesión de vehículos y animales, arrieros con sus látigos en acción y culis cargados con fardos que portaban sobre los hombros.

La multitud comenzó a dispersarse. Todd metió un dedo en el pañuelo que llevaba al cuello y se libró de los pliegues que lo constreñían. El bochornoso calor que las nubes del monzón desprendían tenía en él el mismo efecto que el asfixiante ardor de las llamaradas de un horno. Pero ése no fue realmente el motivo por el que sintió un repentino sofoco. Las premisas en las que había basado su misión habían volado como si fueran paja en medio de un vendaval.

En lugar del cacique de una panda de bandidos que esperaba encontrar, se había topado con la autoridad suprema de un rajá.

Todd trató de recordar a su amigo tal y como él lo había conocido: un apuesto capitán de caballería que rompía corazones en Madrás, había obtenido una codiciada condecoración por sus méritos y frecuentaba las cenas y reuniones de sociedad. Era un ser completamente distinto al de ahora, tan distinto como un águila de un camachuelo enjaulado. Sería inútil abordar a Amaury sin comprender qué era lo que había motivado tan contundente transformación en él.

Tenía que hablar con Welladvice; él podría explicarlo. Todd tomó el sendero que subía por las calles de la ciudad hasta la ciudadela.

—Lo cierto es, señor, que tiene un don... Sabe cómo conseguir que esos paganos trigueños hagan todo lo que él quiera.

Welladvice tomó una jarra de *arrak* y sirvió a Todd un vaso de aquel líquido ambarino. Se sentaron en unas sillas con respaldo de mimbre situadas en la veranda que bordeaba aquella pequeña casa de piedra. Sus cuatro habitaciones estaban austeramente amuebladas con sillas y mesas procedentes del bazar y un catre de cuerdas entrelazadas. Sobre el suelo de barro, había unas alfombrillas baratas de algodón. Desde toda la casa se veía el parque de artillería. El marinero, que no era hombre de lujos, se había empeñado en vivir en un lugar desde el que pudiera contemplar sus armas.

—Sin ir más lejos, sirva de ejemplo la incursión de la que acabamos de volver. El capitán se hizo con tres compañías de cipayos a las que no había visto en su vida. Les contó que tenían que cubrir cuarenta millas en diecisiete horas. Evidentemente, no les hizo ni pizca de gracia y empezaron a quejarse. Ni corto ni perezoso, el capitán se bajó del caballo y se puso a patear cada centímetro de aquel condenado camino. Bromeaba por el hecho de que un soldado de caballería a pie fuera capaz de dejarlos atrás. Ahí lo tiene: aún hiriendo su orgullo, hizo reír a esos ignorantes. ¡Es un hombre excepcional!

—Una marcha forzada ¿Qué fines perseguía?

—Quería tomar una ciudad llamada Droog y así lo hizo. Llegó a ella antes de que saliera el sol. A cierta distancia, desenganchó todos los cañones de los armones menos uno de seis libras. Los arrastraron hasta una distancia desde la que pudieran lanzar botes de metralla por encima de las murallas. Luego, los cipayos formaron a casi un palmo de la ciudad una columna con la que poder tomar por asalto las puertas de banda en banda. Estaba tan oscuro como la bodega de un buque de guerra, pero el capitán había explorado antes el terreno y lo conocía como la palma de su mano.

—¡Lanzar botes de metralla por encima de las murallas! —exclamó Todd—. ¿Amaury consiguió que unos soldados *indígenas* se acercaran a dos o trescientas yardas del enemigo sin hacer ruido y en silencio? ¡Increíble!

—Ya se lo he dicho, señor. Ese hombre es una maravilla. Y, entonces, justo antes de que saliera el sol, sus tiros ecuestres colocaron el cañón de seis libras, ya cargado con bolaños, de modo que apuntara hacia las puertas, dio la orden de que abriese fuego y las arrancó de cuajo. Al mismo tiempo, mandó lanzar los botes de metralla contra las murallas. El capitán guió a los asaltantes al interior y se lanzó directamente a la carga contra el fuerte, arrastrando su artillería. De un disparo, abrió la puerta. El ataque pilló a la mayor parte de los musulmanes que lo habitaban profundamente dormidos. Amaury dejó a una compañía dentro del fuerte y salió de nuevo para despejar la muralla de cerramiento. ¡Todo ello en treinta minutos!

—¿No opusieron los soldados enemigos resistencia?

—No, porque no se lo esperaban. Los cogimos por sorpresa, ¿sabe? ¿Cómo se iban a imaginar que las mismas tropas contra las que habían combatido a cuarenta millas de allí se pondrían en marcha por la noche para volver a lanzarse a la carga? —Welladvice pegó un trago de *toddy*, se secó la boca con la mano y puso tabaco en una pipa de arcilla—. Mató a algunos hombres en el fuerte y otros corrieron a defenderse encerrados en uno de los baluartes. Lo taladré con mis bolaños —tres salvas lanzadas desde cinco cañones— y logré hacerlos salir de allí sumisos como corderos.

—Pero, entonces, sí que ofrecieron resistencia, de modo que me imagino que Amaury saquearía la ciudad como represalia, ¿no?

—Por supuesto que la saqueó pero, por así decirlo, de manera pacífica. —Welladvice sacó un trozo de mecha de uno de sus bolsillos, golpeó el acero contra la yesca, la encendió, la acercó a su pipa y, después, apagó la humeante punta en la jarra de *arrak*—. Le da sabor a la bebida —explicó—. No. El capitán no es de ésos que derraman sangre inmerecidamente.

Saboreando el humo de su pipa, el marinero describió cómo Amaury desarmó a los soldados y envió a mensajeros por toda la ciudad para que anunciasen al pueblo que no tenían por qué temer. Amenazó al *mirasdar* del *Bhonsla* —un *maratha* gordinflón que no paraba de temblar— colocándole la punta del sable en el cuello y así logró que lo llevase hasta el sótano en el que guardaba las arcas de la ciudad. La riqueza que la luz de una linterna puso de manifiesto hizo que a Amaury se le escapara un silbido. Aquella sala contenía cientos de *mohúres* dorados, lingotes de oro, sacas selladas repletas de *pagodas* y toneles de madera rebosantes de rupias. Con aire trémulo, el *mirasdar* le contó que, cuando el *Bhonsla* abandonó Dharia, trasladó las arcas públicas de la capital a Droog. Amaury dedujo que, posteriormente, el *mirasdar* había ido acumulando en sus sótanos todos los impuestos que había podido imponer, sin reservarle a su jefe ni un *fanam* de los que logró sacar.

—El capitán cargó en sus carretas aquel tesoro, cuyo valor ascendía a noventa mil rupias. Apagó las mechas, atrancó los cañones ahorrando así a aquella compañía el latón de los ejemplares de seis libras que no usó y alistó para su ejército a cincuenta *mewaris* que había entre aquellas tropas.

—Una expedición excepcionalmente provechosa —dijo Todd.

«¡Así que ése era el modo en que los saqueadores se costeaban sus gastos! —pensó.»

—¿Y dice usted que Amaury dejó intactas a las gentes de la ciudad y ni siquiera tocó sus posesiones?

—Así es. Les explicó que Droog formaba ahora parte de su *jagir* y que no deseaba causar daño alguno a su pueblo. Envió al *mirasdar* a Nagpur, colocó a un *risaldar* veterano en su lugar y estableció los impuestos que tenían que pagar. No le puedo explicar cómo porque no entiendo de eso pero, al final, los tenía a todos comiendo de su mano.

—¿Y entonces fue cuando volvió aquí?

—No inmediatamente —respondió Welladvice riéndose entre dientes—. Por así decirlo, el suculento botín avivó el apetito del capitán. Formó rápidamente una columna de caballería con dos compañías y dos cañones de tres libras de tiro ecuestre y cruzó la frontera de Berar. Decía que era territorio del enemigo y, por tanto, allí estábamos en nuestro derecho de arrebatar por la fuerza lo que nos apeteciese.

Avanzando por la noche a gran velocidad y zigzagueando de objetivo en objetivo, los hombres de Amaury habían asaltado cuatro aldeas que cogieron desprevenidas. Les amenazaron con prenderles fuego y organizar una carnicería a menos que pagaran cierta cantidad. Esos asaltos nocturnos antes del amanecer supusieron una sorpresa tan terrible para aquellas gentes que apenas opusieron resistencia. Los asaltantes asesinaron a los pocos hombres que combatieron y enseguida dieron cuartel a quienes se rindieron. El objetivo era incrementar el botín y, a sus ojos, las matanzas no eran más que pérdidas de tiempo. Tras cargar los frutos del saqueo en las carretas, regresaron veloces a Droog.

—Calculo que Amaury se hizo con otras ochenta mil rupias. Con esa cantidad —concluyó Welladvice—, decidimos volver a casa.

En el parque de artillería, un soldado estaba limpiando uno de los cañones de seis libras. Se dejó el escobillón dentro del cañón. Welladvice se puso en pie de un salto. Todd, haciendo caso omiso de los bramidos que lanzó desde la veranda, apoyó la barbilla en las manos y adoptó un aire pensativo. El *Bhonsla* no toleraría eternamente la ocupación de su *jagir*, de modo que Amaury reinaba sobre un estado menor al que su poderoso vecino trataría de aplastar sin mucha dilación. ¿Por qué había asaltado Berar sabiendo de antemano que ello provocaría represalias? El alférez se preguntaba si Amaury se había vuelto loco. Si, quizá, el poder que había conseguido le había nublando la mente. ¿Cómo podría convencer a ese saqueador implacable, ese oficial de la Compañía transformado en un reyezuelo indígena, de que lo esperaba un destino mucho más brillante de vuelta entre sus compañeros ingleses? Se acordó de Caroline y un escalofrío recorrió su cuerpo. Aquella joven desconocía cuán distinto era ahora el aspecto de Amaury y nada sabía de los despiadados actos que Welladvice acababa de contarle. Ella se había enamorado de un elegante dandi civilizado. ¿Cómo reaccionaría ante la llegada de un codicioso bandolero sin escrúpulos?

Todd suspiró. Las cartas se habían repartido y se encontraban boca abajo sobre la mesa, así que la suerte estaba echada. En primer lugar, intentaría hablar con Amaury y convencerlo para que regresase. Seguramente, en vano. Entonces, le revelaría la noticia relativa a la presencia de Caroline en aquel lugar.

—Será mejor que no vaya a verlo hoy —le aconsejó Welladvice—. Estará ocupado tratando de poner orden en los asuntos ocurridos durante su ausencia. El capitán no descansa jamás. No sé ni cuándo duerme. Mañana le llevaré ante él. Por cierto, el joven ése que lo acompaña... ¿Cómo se llamaba? ¿El señor Fane? ¿Irá con usted?

Todd se atragantó con el *arrak* y evitó de ese modo tener que dar una respuesta.

Diversos peticionarios, administradores, oficiales y guardias abarrotaban la antecámara que llevaba a la sala de audiencias de la ciudadela. Welladvice se abrió paso a empujones entre aquella muchedumbre seguido por Todd. Lo condujo hasta un arco de entrada, tallado y grabado al estilo mogol. Lo cruzaron y llegaron a una oscura sala alargada, con el suelo de mármol ajedrezado en tonos rojos y negros. Atravesaron varios pasillos flanqueados por columnas de arenisca que sujetaban los arcos de herradura que cubrían el techo. Las negras nubes tormentosas del monzón arrojaban una luz plomiza a través de los ventanales, situados a gran altura en los muros. Amaury estaba sentado bajo un baldaquín tallado en mármol, acomodado sobre varios cojines de color carmesí. Llevaba una holgada chaqueta verde jade de cuello alto y un sirviente le estaba dando aire sujetando un abanico por encima de su cabeza. Vedvyas se encontraba a su lado de pie. Lucía una espléndida túnica con magníficas incrustaciones doradas y tenía las manos apoyadas en la empuñadura de su cimitarra. El trono estaba vigilado por unos soldados *rathores*, que lo bordeaban en una suerte de arco con las hojas de sus espadas hacia arriba descansando sobre sus hombros. Varios amanuenses ataviados con holgadas vestimentas blancas hojeaban una pila de papeles. El secretario se afanaba en poner por escrito el dictado de Amaury y el roce su pluma contra el papel se podía oír claramente.

Dos indígenas semidesnudos contenidos por dos lanceros asomaron la cabeza esperando ser atendidos. Amaury los ignoró y continuó con su dictado.

Parecía todo un potentado oriental dirigiendo los asuntos de su reino.

Dirigió una larga y profunda mirada a los prisioneros.

—Hace cuatro días que cometisteis un robo a mano armada en Pettingah. ¿Tenéis algo que decir? —apuntó con aire sereno.

Los hombres permanecieron callados mirando fijamente al suelo.

—Muy bien. Seréis llevados al sitio donde cometisteis el asalto, se os cortarán las manos y los pies y seréis abandonados allí para que os desangréis hasta morir. ¡Lleváoslos!

Los guardias los sacaron de allí a empujones. Amaury firmó la carta que le entregó el secretario. Welladvice notó la consternada expresión que se dibujó en el rostro de Todd.

—Justicia rápida —murmuró con la voz quebrada—, que es la que los musulmanes entienden. Son incapaces de comprender nuestro sistema legal, con sus abogados y toda la parafernalia. ¡Sígame!

Se acercaron al trono. Sus pisadas retumbaban en el suelo. Welladvice se cuadró en señal de saludo.

—El señor Todd ha venido desde Bahrampal a verlo, señor.

Amaury dobló un documento y asintió con la cabeza sin dar muestra alguna de sorpresa.

—Bienvenido, Henry. Ya me habían puesto al tanto de tu visita. Te ruego que esperes un momento —leyó detenidamente un papel, garabateó un endoso, se levantó y estrechó la mano de Todd entre las suyas—. ¡No sabes cuánto me alegro de verte! Me imagino que tendrás alguna razón seria para venir a visitar mis lejanas tierras. Si te parece, me puedes contar cuál es mientras probamos un vino de las Canarias que me ha traído hace poco un comerciante de Hyderabad.

Condujo a Todd a unos salones situados en la planta de arriba, cuya decoración constituía una curiosa mezcla de estilos orientales y europeos. Había unos escritorios con el sello del distinguido fabricante de muebles Sheraton junto a varios artículos de latón de Benarés y unas altas sillas doradas que recordaban a la corte del guillotinado monarca Luís XVI flanqueaban las recargadas mesas de caoba. Un sirviente les llevó el vino. Amaury probó un sorbo y se relamió los labios.

—¡Excepcionalmente bueno! Sobre todo, teniendo en cuenta que los barriles han recorrido varios cientos de millas transportados por camellos. Veamos, Henry, ¿en qué puedo servirte?

Había llegado el momento clave, el más importante de su misión. Todas las posibles súplicas que había ensayado y todos los argumentos racionales se borraron de su memoria como los sueños se desvanecen al llegar el canto del gallo. Sin levantar la vista de sus pies, Todd le habló afablemente:

—Hugo, como amigo me atrevo a intentar convencerte... de que vuelvas a la región de Karnataka y retomes el lugar que te corresponde... Este modo de vida salvaje... no es propio de un caballero, de un oficial... Convertido en un fuera de la ley a los ojos del mundo civilizado...

Terminó su tartamudeo con un silencio absoluto.

Una sonrisa se dibujó en las comisuras de los labios de Amaury.

—Te equivocas acerca de mi decisión, Henry. No se trata de una aventura fortuita ni de una escapada temporal de los problemas e infortunios que me acuciaban en Madrás. He puesto punto final a mi vida de antaño. Para siempre, definitivamente. Les he dado la espalda a la Compañía, a los ingleses y a las costumbres inglesas. He conseguido levantar un reino indígena y pienso dedicarme a gobernarlo a la manera indostaní hasta el fin de mis días. El capitán Hugo Amaury del 7º Regimiento de la Caballería Indígena de Madrás ha muerto y, ahora, *Umree Sahib* de Dharia reina triunfante en su lugar.

—Después de haber visto tu fortaleza, tus soldados y tus criados —respondió Todd entristecido—, yo tampoco he podido evitar llegar a esa misma conclusión. Cuando te vi ayer cruzar la barbacana con tu caballo, supe que mi misión había fracasado. En realidad, mi objetivo era absurdo desde el principio, pero me movía la amistad... Tenía la necesidad de intentar restablecer tu honor... Ha sido una estúpida intromisión por mi parte. Te ruego que disculpes mi atrevimiento. Tendría que haberme marchado nada más llegar y ver esto.

Amaury observó la desolación en su rostro. Con aire meditabundo, contempló cómo las rachas de lluvia golpeaban las ventanas.

—La época del monzón no es la mejor para viajar. Si el permiso que te han concedido así lo permite, quédate uno o dos meses hasta que haya pasado lo peor. Te acogeré gustoso y, si lo deseas, podrás tomar parte en las funciones militares. Supongo que tu acompañante no pondrá objeciones. ¿Quién es? Anstruther, ¿no? ¿O acaso es Fane?

Todd se preparó para lo que iba a decir.

—Ni es Anstruther, ni es Fane. Es miss Caroline Wrangham, que insistió en unirse a mi búsqueda.

Todd, que nunca antes había visto a Amaury quedarse estupefacto, ahora tuvo ocasión de verlo totalmente horrorizado.

—¡Caroline....! ¡Santo cielo! ¿Cómo es que ha venido? ¿Por qué diablos se lo has permitido? No te vayas por las ramas y explícamelo ahora mismo. ¡Bien clarito!

—Me chantajeó. Amenazó con desvelar mis intenciones a Marriott quien, sin duda alguna, habría impedido mi marcha. —Todd hizo un breve silencio antes de continuar indeciso—: Creo, mejor dicho, sé de buena tinta, que está totalmente enamorada de ti, Hugo. Lo que Caroline siente la ha llevado más allá de la delicadeza y el decoro y ha inspirado en ella un comportamiento que escapa a todas las normas de la corrección. Ha sacrificado su reputación por ti. Y ahora no le queda nada. Tan solo te tiene a ti.

Amaury abrió una licorera de brandy, se sirvió una copa y se la bebió de un trago.

—¡Maldita sea! ¡Esa joven no está en sus cabales! ¿Cuándo se ha interesado en lo más mínimo por mí? ¡Jamás! ¡Ni en Madrás ni en Bahrampal! Más bien todo lo contrario, diría yo —una mirada fiera y calculadora borró la estupefacción de su rostro—. ¡Dios mío! ¡Su fuga podría tener desastrosas consecuencias! ¡Una mujer inglesa perdida en un estado indígena! ¡Motivo suficiente para enviar al ejército de Madrás a buscarla! ¡Y al de Bombay! ¡Y al de Bengala! ¡A todos juntos! —La cólera hacía estallar sus palabras como una llamarada—. ¿Pero qué habéis hecho? ¡Habéis actuado como dos idiotas! ¡No puedo luchar contra las tropas de la Compañía!

Todd se resistió a su desatada furia.

—Hugo, no tienes por qué preocuparte. El general Wrangham está totalmente en contra de que el ejército invada territorios indígenas. Además, está la Ley de la India del 84...

—¡Al infierno con Wrangham y con tu ley! ¿No te das cuenta de cómo se las gastan los ingleses si los musulmanes se atreven a poner en peligro la virtud de una joven inglesa, cosa que siempre dan por hecho? ¡Seguro que han pedido mi cabeza! ¡Y vendrán a buscarla con la caballería, la infantería y la artillería! —Amaury se sentó en el borde de una silla y apretó los puños—. ¡Tengo que hablar con Caroline y enviarla de vuelta a Hurrondah tan rápido como su caballo sea capaz de galopar!

—Espero —dijo Todd con desánimo— que consigas convencerla. Pero tengo mis dudas...

Haciendo gala de una inusitada indecisión, Amaury fue posponiendo la cita con Caroline de un día para otro. Cuando se calmó, meditó sobre aquel problema y llegó a la conclusión de que, tal y como Todd había dicho, una fuerza de caballería de la Compañía no invadiría Berar. Sin embargo, tampoco se quedarían de brazos cruzados. Wrangham no era el tipo de hombre que se contentaría sin más con que su hija desapareciera sin dejar rastro. Trató de imaginar cómo era aquella joven: ¡una alocada caprichosa y obstinada! No era difícil adivinar que, después de haber viajado hasta tan lejos, era más que probable que se negara abiertamente a marcharse. No tenía manera de obligarla. ¿Qué podía hacer?¿Atarla a la joroba de un camello y mandarla de vuelta como la carga que realmente era? La idea le parecía muy atractiva y, además, aquella muchacha se merecía una lección así. Pero no resultaba factible. No. Definitivamente, tendría que hablar con ella. De manera civilizada pero rotunda, tenía que hacerle ver lo impropio de su comportamiento y las nefastas consecuencias que podría tener. Tenía que convencerla de que volviese rápidamente a Bahrampal, antes de que el escándalo se conociese en todos los terrenos de la Compañía en la India. Quizá incluso llegase a tiempo de salvaguardar lo que todavía pudiera quedar de su reputación.

La explicación que Todd le había dado para justificar la presencia de la joven le parecía totalmente ridícula. Amaury pensaba que su fuga no hacía sino poner de manifiesto —eso sí, de manera exagerada— las díscolas excentricidades que habían marcado la conducta de aquella joven desde que llegara a Madrás. Recordó su manera de montar a caballo a horcajadas. ¡Detestable! Y cómo se atrevió a disparar aquella vez durante las prácticas de tiro, haciendo gala de un comportamiento impropio de una delicada dama. Y así, toda una serie de lamentables episodios que culminaban con su infame viaje a los Circares acompañando a una expedición bélica. ¡Y ahora, esto! A pesar de la ira, Amaury se rió entre dientes. Caroline siempre le había gustado y, en secreto, admiraba sus testarudas rarezas, tan diferentes a aquel sentido del decoro y la sumisión que los padres virtuosos solían imponer a sus obedientes hijas. Tenía mucho en común con ella: la indiferencia total hacia los convencionalismos sociales y una férrea determinación a la hora de conseguir aquello que el corazón le dictase.

Nervioso, se preguntó si Todd tendría razón. ¿Sería él el trofeo que Caroline deseaba? ¡Tonterías! ¡No podía ser! ¡Ninguna mujer en sus cabales estaría dispuesta a cargar con un oficial irregular y fuera de la ley que había decidido vivir como un indígena!

Conocedor de la costumbre que Caroline tenía de pasear junto a las murallas todas las noches, Amaury la observaba oculto desde un baluarte. Una noche, la vio paseando agarrada del brazo de Todd. Frunció el ceño para ver mejor aquellos cortos mechones de pelo castaño que se ondulaban a la altura de sus hombros, aquella piel a la que el sol había conferido un dorado bronceado, la grácil curva de las cejas que presidían sus ojos esmeralda y aquellos inquietos labios. La chaqueta de paño que Todd le había prestado envolvía su esbelta figura. Unos pantalones amarillos de algodón y unas medias elásticas de seda se encargaban de ocultar la apabullante belleza de sus piernas. Parecía un joven apuesto y elegante y sólo el tono de su voz y el descuidado gorjeo de su risa hubiesen delatado su naturaleza femenina al oído de un inglés. «¡Una situación de lo más curiosa —pensó Amaury—. Sin haber hecho nada por conseguirlo, se cuela en mi vida una joven excepcionalmente hermosa y, cuanto antes salga de ella, mejor. ¡Se acabó tanto darle vueltas al asunto! Hablaré con ella y la mandaré de vuelta a casa.»

Envió un mensajero a Todd.

Amaury no estaba en absoluto preparado para contemplar aquella femenina visión que Todd condujo a sus aposentos. La joven se presentó con un sombrero de paja que cubría sus rizos castaños y un sedoso vestido de rayas verdes. Con fría formalidad, se inclinó ante ella y tragó saliva.

—Le ruego que acepte mis disculpas, miss Wrangham, por no haberla recibido antes. He estado sumamente ocupado desde que usted... ejem... nos honrara con su presencia en Dharia.

La serenidad de su semblante no dejaba adivinar la agitación que Caroline sentía por dentro. Durante el viaje desde Hurrondah, había urdido la estrategia que pensaba emplear: reconocería abiertamente su pasión, apelaría a la caballerosidad de su amado y se sometería a su recta voluntad. Una estrategia que decidió descartar al instante. No había atisbo alguno de caballerosidad ni rectitud en aquel pirata barbado de cabellos rubios en cuyos azules ojos no lograba ver nada que no fuese hostilidad.

—Soy consciente, señor, de que mi visita no resulta del todo conveniente —dijo Carolina haciendo una reverencia—. Si usted...

—¡Ni conveniente, ni deseable, miss Wrangham! No le voy a preguntar por sus motivos para tan deplorable aventura. Sean los que sean, no cambiarán mi decisión de enviarla de vuelta a Bahrampal cuanto antes. Tan pronto como esté lista, le proporcionaré un transporte adecuado.

—Le suplico que me deje hablar, capitán Amaury —replicó Carolina sin alterarse lo más mínimo—. Lo que tengo que decirle es privado, de modo que le ruego que despida a sus sirvientes. Henry, sea tan amable y espéreme fuera.

Todd le lanzó una mirada preocupada, a la que ella respondió con una señal de reafirmación casi imperceptible. Con brusquedad, Amaury ordenó a sus sirvientes que los dejasen. Caroline se dejó caer grácilmente sobre una silla, se alisó el vestido y abrió el abanico de marfil que llevaba colgando en una de las muñecas. Ni un solo pestañeo reveló el desagrado que sentía ante el entorno en que se desenvolvía Amaury. Le repugnaban aquella mezcolanza de muebles carente de todo gusto, esos tapices y esas alfombras tan estridentes, la gruesa capa de polvo que lo cubría todo, la ácida pestilencia del incienso, el olor a curry, el hedor de las cloacas y las chillonas voces de los indígenas discutiendo al otro lado de las ventanas. «¡Santo Dios! —pensó sin venir al caso— ¡Necesitaría medio día para poder adecentar esta cuadra!»

—¿Le ha contado el señor Todd sus motivos para venir a verle?

—Así es. —Amaury se movió inquieto—. Tenía la absurda esperanza de convencerme de que volviera a Bahrampal. Pero no pienso dejar Dharia y así se lo he hecho saber. Henry sabe que su esfuerzo ha sido en vano y, tan pronto como el monzón ceda, será él quien vuelva.

—¿No le dio razón alguna para explicar por qué lo he acompañado yo?

—Sí. Me dio una explicación tan fantasiosa que es imposible de creer —Amaury se quedó callado. Un atisbo de incomodidad cruzó su rostro, pero enseguida lo ahogó frunciendo el ceño—. Henry cree que está usted tan enamorada de mí... Pero... ¡No perdamos el tiempo con tonterías! Sus motivos, en todo caso, son irrelevantes. Una conducta tan deplorable...

—Para convencer a Todd de que tenía una auténtica necesidad

de venir a Dharia —lo interrumpió Caroline serena—, me vi obligada a fingir que sentía un deseo incontrolable por usted, capitán Amaury. Pero, en realidad, mis razones eran bien distintas.

—¿Y me permite saber cuáles eran?

—Por supuesto. Hace ya tiempo que siento cierto aprecio por Henry Todd y deseaba estar con él en las arriesgadas aventuras que iba a emprender por su causa.

Amaury parecía desconcertado.

—¡Ah! Ya veo... No tenía ni idea... —Endureciendo el tono, añadió—: ¡No sabía que le gustaba a usted hacer de niñera! ¡Y Henry tampoco necesita que lo mimen! Un hombre adulto....

—Es como un niño —Caroline parpadeó—. Ese carácter tan dulce y confiado lo hace muy atractivo a los ojos de una mujer... Sus modales son excelentes, a diferencia de...

—¡Bah! —exclamó Amaury acercándose a una de las ventanas—. Ese encaprichamiento suyo por un joven inexperto es totalmente irrelevante. Me avergüenzo sólo de pensar que se haya podido usted abandonar a la falta de decoro hasta el punto de seguirlo como un perrito faldero en tan escandalosa aventura. Bajo mi punto de vista, ha dejado usted su reputación por los suelos. Tratemos al menos de reparar lo que aún quede de ella. —Apartó la vista de la ventana y, apuntando a su vestimenta, prosiguió—: Ahora ha revelado su sexo, de modo que no debe continuar de ninguna manera bajo el mismo techo que Henry, ya que el escándalo sería mayúsculo.

Caroline abrió sus enormes ojos verdes en señal de sorpresa.

—¿Y considera usted menos impropio que me traslade a vivir bajo el suyo?

—Muchas gracias por su oferta, miss Wrangham, pero ya cuento con un harén. Tres voluptuosas *bibees marathas* —respondió Amaury fríamente.

Caroline le lanzó una mirada tal que parecía que un látigo hubiera sacudido sus ojos.

—Sus modales —dijo con voz crispada—, al igual que su moralidad, son tan dudosos como los de los indígenas, señor. No nos va a llevar a ninguna parte seguir con esta discusión. Con su permiso... —Se detuvo en el marco de la puerta—. No pienso salir de Dharia hasta que lo haga el señor Todd. Entre tanto, capitán Amaury, pondré todo mi empeño en evitar coincidir con usted y sus incivilizadas maneras.

Todd, que esperaba algo más allá, vio las lágrimas en sus ojos. Murmuró unas palabras de enfado y trató de entrar en el cuarto. Caroline lo sujetó por la muñeca y le indicó que la acompañara a las escaleras. Ninguno de los dos oyó la conmoción que se desató en aquel salón que acababan de dejar. Amaury iba de acá para allá como un tigre enjaulado, tumbando de una patada taburetes y mesas y profiriendo juramentos como un soldado borracho. Se dejó caer en una silla y se golpeteó nervioso en los brazos con las puntas de los dedos.

«¡Esa condenada mujer! ¡Al diablo con ella! ¡Malditos sean Todd y su infantil juventud! ¡Cómo puede esa joven echarse a perder de esa manera...!»

Durante las siguientes semanas, en las que el monzón lanzó auténticos diluvios sobre aquellas tierras, Amaury se dedicó a entrenar a sus tropas. Les pasaba revista bajo la lluvia y al azote del viento. Logró que prácticamente alcanzaran la perfección en la instrucción de marcha y los ejercicios manuales, en el manejo de los mosquetes y en las maniobras. Multitud de mercenarios llegaron a Dharia deseando ponerse al servicio de aquel famoso *sahib* que ofrecía excelentes salarios y guiaba a sus hombres en la consecución de magníficos botines. Alistó a doscientos *hircarrahs* que escogió entre los jinetes *marathas* que acudieron a él. Ese pueblo superaba ligeramente a los *pindaris* en su calidad de carroñeros saqueadores. Aunque no tenían gran valor como hombres de caballería, eran buenos exploradores del terreno. Formó un batallón de *najibs*. Lo componían novecientos afganos y *rohillas* pertrechados con escudos, espadas curvas y mosquetes de mecha. Aunque por naturaleza eran demasiado indisciplinados para las maniobras del campo de batalla, consiguió hacer de ellos expertos en escaramuzas y refriegas y demostraron ser muy útiles como testarudos combatientes defensivos en las posiciones de las murallas o en las trincheras. Como el arsenal de Welladvice se estaba agotando, ordenó distribuir unos mosquetes de cañón corto a los que los ingleses habían bautizado como *Brown Bess* para sustituir a sus toscos mosquetes de mecha. Hasta que el marinero se negó a seguir.

—Tengo que guardar una reserva, señor. Y, además, tengo que restaurar los mosquetes de chispa estropeados de los batallones de los *jatis*.

La pérdida y renovación de hombres, caballos y armas eran incesantes. Muchos *jatis*, anhelando volver a sus aldeas de la lejana región de Bhurtpore, se las apañaron para ser despedidos y se marcharon. Amaury alistó a varios *sikhs* de las llanuras del Indo. Por su parte, lo único que lograba hacer mella en el escuadrón de los *rathores* era la muerte o la enfermedad. Aquellos hombres se consideraban a sí mismos un cuerpo de élite y se tenían por la escolta personal del rajá; sus nuevos reclutas estaban siempre dispuestos a cumplir con ese deber con igual fuerza. La artillería había aumentado. Pasaron de tener seis a dieciséis cañones, casi todos ellos de seis libras. Cuatro procedían de Droog y el resto fueron fabricados en la fundición de Welladvice. Amaury reclutó a sus artilleros entre los *mewaris*, los *rohillas* y los *marathas* y formó a un número suficiente de mestizos del variopinto grupo de inmigrantes llegados a Dharia para que supieran dirigir cada uno de los destacamentos de artillería. Los portugueses destacaron por su inteligencia y astucia a la hora de preparar un cañón. Amaury estableció tiros de caballos para sus dos cañones de tres libras y formó una compañía a la que entregó uno de seis libras. Para el resto, ordenó preparar tiros de bueyes; ni él ni Welladvice, que estaba sobrecargado con diferentes tareas, tenían tiempo para adiestrar a más caballos para el tiro.

La fundición de Welladvice había adquirido tales dimensiones que se había transformado en toda una industria armamentística que contaba con cuatrocientos empleados. El marinero dispuso hornos y forjas en el barrio de las herrerías de la ciudad, convirtiéndolo en un infierno de tintineos y humo que bramaba día y noche. Allí se fabricaban las piezas de artillería, la munición de los cañones, las balas para los mosquetes y los mosquetes de chispa. En la zona en la que residían los carpinteros, Welladvice construyó una fábrica de cureñas y otros elementos de artillería en la que se daba forma a los armones, las carretas y las culatas de los mosquetes. La fábrica de pólvora fue instaurada en una zona prácticamente deshabitada, cerca de las murallas occidentales. Sus trabajadores se encargaban de mezclar el azufre, el carbón y el nitrato de potasio para llenar después los cartuchos metálicos de los cañones y los cartuchos de papel para los botes de los mosquetes.

Amaury no dejó que la brigada continuase exclusivamente bajo la supervisión y el cuidado de Royds. Empezó a asistir a los pases de revista, criticando o corrigiendo lo que consideraba oportuno —para enfado del general de brigada—, visitaba a los cipayos en sus barracones fuera de las horas de servicio e invitaba a los oficiales indígenas a los banquetes que organizaba en sus aposentos. No tardó en poder saludar a cada uno de aquellos hombres por su nombre, se aprendió de dónde eran y mostró interés por conocer sus antecedentes. Eso le mereció un respeto por su parte con el que Royds apenas contaba; claramente los soldados preferían a Amaury. Poseía una habilidad innata para las relaciones personales y estaba convencido de que la confianza y el aprecio entre un líder y sus hombres mejoraba el resultado en el campo de batalla, pero aquel interés por los asuntos de los soldados era algo completamente deliberado. Su instinto lo llevaba a desconfiar de Royds, ese hombre que no se atenía a lealtades. Albergaba serias dudas sobre él y no sabía si, llegado el momento, el americano estaría realmente dispuesto a arriesgar su brigada en una peligrosa aventura.

Engatusó a Todd, que se aburría sin nada que hacer, para que supervisara una maniobra de marcha atrás de la compañía y, a partir de ahí, lo invitó a dirigir el batallón.

—Será sólo una medida temporal —prometió Amaury—. El tercer batallón no está a la altura de las circunstancias y necesita algo de mano dura.

Todd carraspeó y se mostró indeciso durante un rato, discutiendo si resultaba adecuado que un oficial de la Compañía dirigiese a unas tropas mercenarias.

—¡Maldita sea, Henry! ¿Por qué no? —dijo Amaury resueltamente—. No te estoy pidiendo que vayas a luchar contra la Compañía y me estarías haciendo un favor. Si accedes a dirigir a las tropas —añadió sin darle importancia—, de paso te agradeceré que me cuentes tus impresiones sobre Royds... ¡Es un bicho condenadamente raro a pesar de sus habilidades!

—¡No es más que un tunante galán! —dijo Todd airado—. Desde que Caroline desveló su sexo, se pasa el tiempo merodeando alrededor de su casa y la importuna cuando se la encuentra en la calle. ¡Voy a tener que retarlo a un duelo!

Amaury levantó las cejas con sorpresa.

—¿En serio? No te molestes, Henry. Pondré una guardia en la casa y me aseguraré de que una escolta acompañe a Caroline en todo momento.

Como Todd cada vez pasaba más tiempo inmerso en las actividades militares, Caroline llevaba una existencia solitaria. Lloviera o no, siempre salía a cabalgar al alba. Dejaba atrás a los soldados *rathores* que se encontraba por el camino y recorría la llanura que circundaba la colina de Dharia. Cuando llegaba el mediodía, acudía al bazar, compraba las cosas que necesitaba para su casa y, para su indignación, se encontraba con que nunca le permitían pagarlas.

—*Hukm hai* —eran órdenes del *sahib* Amaury.

Envió una furiosa misiva a la ciudadela y, en respuesta, recibió la visita de Amaury en persona. Un *banian* atemorizado anunció que el señor *sahib* solicitaba audiencia. Caroline lo tuvo esperando mientras se cambiaba de vestido y lo recibió con cordial formalidad en el salón.

—Tengo entendido, miss Wrangham, que se siente ofendida por las órdenes que he dado a los comerciantes —dijo Amaury mostrándole la carta—. No olvide que es usted mi invitada. Y a ningún anfitrión le agrada que sus visitas incurran en gastos mientras están en su hogar.

—¡Qué extravagancia la suya! Capitán Amaury, no sabía que considera usted que la ciudad entera es una posesión privada suya. No obstante, prefiero no estar en deuda con usted de ninguna de las maneras. Por tanto, le ruego que retire esas órdenes.

Amaury observó la tensa expresión de su rostro y la rigidez de su esbelta figura, ahora completamente estirada.

—No lo haré —replicó suavizando su mirada—. Pero no se enfade... Permítame que le obsequie con esa nimiedad. En realidad, he venido a ofrecerle mis disculpas. Me he comportado como un zafio grosero con usted y le he dicho cosas que lamento profundamente —su curtido rostro de piel bronceada se ruborizó—. Le ruego que me perdone y, si fuera tan amable, acepte todos los favores que esté en mi mano ofrecerle durante su estancia. A partir de ahora y en adelante, cuente con mi más sincera amistad.

Caroline se quedó boquiabierta y se tambaleó ligeramente.

—Sería descortés por mi parte —dijo conteniendo el tono— rechazar sus disculpas, señor. Pero lo de la amistad... Cómo puedo confiar...

Amaury dio un paso hacia delante y le cogió la mano.

—Tengo muchas culpas que expiar, miss Wrangham. Le ruego que me conceda el honor de disfrutar de su compañía en la medida en que mis deberes lo permitan. Lleva usted una vida muy solitaria y aislada de todo. ¿Me permitirá, al menos, escoltarla cuando salga a tomar el aire al atardecer?

—Estaré encantada, señor —respondió Caroline a punto de desfallecer—. No sé... ¿A las cinco...?

—La estaré esperando a la puerta —Amaury hizo una reverencia al tiempo que observaba el salón con curiosidad—. Una alfombra de pésima calidad, un escritorio mediocre, un diván cubierto por una funda vieja y gastada... Me temo que mis comerciantes no la han atendido como merece. Recibirán una reprimenda y les daré órdenes de que le traigan sus mejores mercancías. ¡Buenos días, miss Wrangham!

Caroline se tendió en el despreciado diván y se tocó las mejillas con las manos. Estaban ardiendo. El deslustrado espejo de sobremesa reflejó el radiante resplandor que desprendían sus ojos.

Como las aguas de un río que avanzan desenfrenadas hacia las estrechas paredes de un desfiladero, los pensamientos de Caroline fluían el día entero hacia aquellas horas de tregua que las lluvias concedían a la caída de la tarde; esas horas en las que ella paseaba alrededor de las murallas del brazo de Hugo Amaury. Hablaban de la época que pasaron en Madrás y de las amistades que tenían en común. Se reían recordando algunas de las rocambolescas situaciones que se daban en las reuniones y las citas de sociedad, recordando incidentes que ahora se les antojaban tan remotos como la luz de las distantes estrellas. Ella ocultaba por completo sus verdaderos sentimientos y mostraba a Amaury una cordialidad fría, aunque amable. Hugo pronto descubrió que lo que había comenzado como un deber penitencial se estaba convirtiendo en un agradable compromiso. Disfrutaba con la conversación de Caroline y le gustaba su chispeante ingenio.

—Después de todo, es una excelente joven —confesó un día a Todd, que lo miró receloso. Las críticas que Caroline hizo antaño del comportamiento de Amaury lo habían puesto sobre aviso. ¿Qué se traería aquella mujer entre manos ahora?

Sus encuentros quedaron interrumpidos el día en que Amaury partió de la fortaleza al frente de una columna. Estaba compuesta por el batallón de Todd, el escuadrón de caballería, los cañones de tiro ecuestre y todo un convoy de pertrechos y bultos con sus correajes. Desaparecieron tras el manto de lluvia que envolvía el borde de las colinas. Todd, que desconocía las intenciones de Amaury —que éste se había cuidado de no desvelar a nadie—, cabalgaba al frente de su batallón dando muestras de desaprobación y consternación. La doctrina militar convencional prohibía cualquier operación durante la estación de las lluvias. Los borboteantes arroyos bramaban pretendiendo ser falsos Godaveris y los caminos desaparecían bajo interminables lodazales. Amaury llevaba veinte barcas de mimbre: dos culis portaban su armazón de bambú y un tercero, el pellejo que servía para cubrirlo. Cada vez que se veían obligados a parar por la presencia de torrentes inabordables, empleaban quince minutos en montar las barcas. Después, embarcaban a veinticinco hombres o cargaban un cañón en cada una de ellas y atravesaban los torrentes en menos de una hora, con los caballos nadando a su lado.

La columna prosiguió con su marcha durante siete días y se sumergió de lleno en Berar.

Virando su trayectoria de asentamiento en asentamiento, Amaury conquistó cinco aldeas. En sus ataques, apenas se produjeron derramamientos de sangre. Prometía dar cuartel a quienes se rindieran con prontitud y los caciques, conocedores de sus asaltos previos, estaban dispuestos a confiar en su palabra. Les exigía abultadas sumas, sus hombres cargaban el botín en los carros que iban requisando y se marchaban veloces por donde habían venido. Cuando emprendieron el camino de vuelta a casa, Amaury desapareció durante todo un día. Sin acompañante alguno, partió a cumplir con una misteriosa misión. Regresó con una sonrisa de satisfacción en los labios e hizo un enigmático comentario sobre los campos de batalla.

Aunque era un soldado demasiado disciplinado como para rebelarse estando de servicio, Todd había asistido horrorizado a las operaciones de aquel grupo.

—¡Esto es vergonzoso, Hugo! —farfulló—. Me has involucrado en unos actos sumamente deplorables, dignos de bandoleros. ¡A mí! ¡Un oficial de la Compañía!

—Es el modo que tengo de ganarme la vida —dijo Amaury con una sonrisa maliciosa—. ¿Para qué, si no, iba a necesitar un ejército tan condenadamente costoso?

Las inofensivas recriminaciones de Todd eran auténticas chanzas comparadas con las explosivas protestas de Royds, ya de vuelta. Entró como un rayo en los aposentos de Amaury.

—¡Maldita sea! ¡Has llevado a mi batallón a asaltar Berar! Si me hubieras advertido antes de tu propósito, me hubiera negado a prestarte a mis hombres.

Amaury tomó una botella y sirvió una copa a Todd. Fuera llovía y la capa que llevaba sobre los hombros estaba chorreando. Un sirviente le ayudó a quitársela. Amaury se sacudió como un perro empapado y se escurrió el agua de la barba.

—¿Que se hubiera negado? Permítame que lo saque de su error, comandante Royds: la brigada de los *jatis* me pertenece y puedo hacer con ella lo me plazca.

—¿Y emprender aventuras disparatadas? ¡Debe de estar usted loco, señor! ¿Desea provocar al *Bhonsla* para que acabe por tomar represalias? ¿Tiene idea de la fuerza de su ejército?

Amaury se quitó la camisa y se enfundó un camisón guateado.

—Se está usted acalorando en exceso, comandante Royds. La respuesta a sus dos preguntas es *sí*. Quiero que el *Bhonsla* tome represalias y conozco la fuerza de su ejército. Siéntese, señor, y pruebe mi madeira; le aseguro que es un vino bastante bueno. Le explicaré la situación.

Royds se calmó y, poco a poco, dejó de refunfuñar. Amaury desveló sus planes con frases secas y entrecortadas. «Era inevitable que el *Bhonsla* desafiase a Dharia. A fin de cuentas, era una llaga que se había enconado en la piel de su reino. Cuanto antes lo hiciese, mejor. Porque, ¿quién podía saber lo que el futuro les depararía? Podría ocurrir que la peste o una hambruna diezmasen Dharia y se redujeran los ingresos de los que dependía la paga del ejército. De suceder algo así, los mercenarios desertarían huyendo de las penurias de la pobreza. En cambio, ahora las tropas de Amaury eran fuertes, habían recibido una excelente formación y estaban espléndidamente equipadas. ¿Qué mejor momento para enfrentarse al enemigo y dejar el asunto definitivamente zanjado? Por eso lanzaba esas provocaciones: para obligar al *Bhonsla* a defenderse y lanzarse a la acción tan pronto como pasase el monzón.»

Royds lo escuchaba con los ojos muy abiertos sin dar crédito.

—¡Está usted completamente loco! ¡Yo he servido a Raghujee y conozco su ejército! ¡Lo he visto!

—Unos cuarenta mil hombres entre la caballería, la infantería y la artillería —respondió Amaury con serenidad.

—¿Y de verdad cree que podrá defenderse de su asedio? La fortaleza es fuerte, ¡pero no inexpugnable!

—¿Quién ha dicho nada de asedios? Mi intención es aplastar a las fuerzas de Berar en una batalla a campo abierto.

El americano trató de decir algo y se atragantó.

—Hugo, sólo cuentas con mil doscientos soldados regulares de infantería, cien de caballería, dieciséis cañones y mil soldados irregulares —dijo entonces Todd—. ¡No puedes estar hablando en serio!

—Nunca he hablando tan en serio en toda mi vida. Ni tengo dudas sobre cuál será el resultado. Acuérdate de la batalla de Saint Thomé del 46: los franceses, con sus menos de mil hombres, lograron derrotar a los diez mil de Anwar-ud-din. Piensa en los quinientos hombres de Clive, que consiguieron tomar Arcot enfrentándose a cuatro mil. Sin olvidar los tres mil soldados que ahuyentaron a los cincuenta mil hombres del enemigo en Plassey.

—En esas batallas, los combatientes eran soldados europeos —gruñó Royds—. ¡Usted no tiene ninguno!

—Me parece que confunde las cosas, señor. Fue la disciplina lo que les llevó a la victoria. Y nosotros venceremos a las fuerzas de Berar haciendo uso de la nuestra.

Royds y Todd empezaron a hablar a la vez. Amaury levantó las manos.

—¡Cálmense! —les espetó—. Se lo ruego... He tomado todas las precauciones necesarias para contar con ventaja.

Entonces, les relató su plan.

A Raghujee le sería imposible movilizar a su ejército durante la noche, y tampoco podría mantener su propósito en secreto. Dos *marathas* totalmente fiables del séquito de Vedvyas se habían mudado a Nagpur con la misión de comunicar de inmediato cualquier posible movimiento hostil. Así que serían avisados con suficiente antelación. En los planes de Amaury no entraba el quedarse sentado a esperar dócilmente el ataque.

—¿Por qué combatir en mi propio estado?

Su intención era adentrarse en Berar hasta llegar a un lugar que él había reconocido previamente y allí esperarían a las vengadoras hordas del *Bhonsla*.

—De ese modo —concluyó Amaury—, seré yo quien tome la iniciativa y la batalla se librará en un terreno de mi elección.

—¿Y dónde está ese lugar? —inquirió Royds.

—Eso —respondió Amaury tibiamente— es algo que prefiero no desvelar. Como comandante que es, imagino que comprenderá que resulta primordial mantener tal extremo en secreto.

Royds lo miró fijamente a los ojos.

—Está usted condenado al suicidio —replicó irritado—. No participaré en semejante barbaridad. Ni tampoco dejaré que destruya mis batallones...

—Si las apuestas de veinte a uno le dan miedo y lo acobardan, señor, puede usted dejar mi ejército ya mismo —la voz de Amaury adoptó un tono punzante como el de un cuchillo afilado—. Estoy seguro de que los *jatis* no son tan pusilánimes y, además, tampoco le corresponde a usted dirigirlos porque no están a su servicio.

Royds apretó sus finos labios grises y se mordió la lengua. Unas profundas arrugas surcaron sus hundidas mejillas desde las mandíbulas hasta las sienes. Lanzó a Amaury una mirada de odio, se dio la media vuelta y salió de la sala pegando un portazo.

Todd contempló con desasosiego la escena.

—Siento comunicarte que estoy de acuerdo con él, Hugo. Pretendes lanzarte a una temeraria aventura a la desesperada. Además, me temo que ahora Royds ya no es de fiar.

—Nunca lo ha sido. Henry, al tiempo que sigues con tus tareas, te ruego que lo mantengas vigilado. Sin duda, tratará de poner sobre aviso al *Bhonsla*, cosa que no importa. Pero, probablemente, también intentará sobornar a los hombres. ¡Y eso sí que importa!

—La brigada necesitará un nuevo comandante. ¿A quién vas a poner al mando?

—¿A quién va a ser, Henry? —dijo Amaury mostrándose sorprendido—. A ti. ¿A quién si no?

La copa se le cayó de la mano a Todd y se hizo añicos en el suelo.

Los espías que Amaury tenía en las aldeas le informaron de que se estaban acercando a Dharia desde el este dos *sahibs*, un hombre mayor y un joven. Sólo se encontraban a cuatro días de camino. Les preguntó si les acompañaban soldados y respondieron que no. Lo único que llevaban era una escolta de peones —compuesta por varios hombres armados con lanzas y mosquetes de mecha— y la habitual caravana de carros, camellos y sirvientes. Amaury ordenó que se barriera y adecentara una casa y, por la tarde, cuando paseaban por las murallas, le contó a Caroline que el general Wrangham se aproximaba con la intención de devolverla al redil. Sus verdes ojos destellaron y un gesto de rebeldía encendió su rostro.

—¡Como si fuese una oveja descarriada! ¡En estos momentos, no tengo la más mínima intención de dejar Dharia!

Amaury contempló las nubes que se entrelazaban sobre el cielo trazando intrincadas figuras de color azafrán.

—El monzón está tocando a su fin. Los caminos pronto volverán a estar transitables. No hay motivo para que siga usted aquí. A no ser que... —dejó de hablar un instante y continuó entonces con un extraño titubeo—: A no ser que insista en quedarse junto a Henry.

—¿Junto a Henry? ¿Por qué iba yo a...? ¡Oh! —Caroline se ruborizó y se mostró confusa—. ¡Por supuesto! ¡Bajo ningún concepto pienso marcharme antes de que *él* lo haga!

Las columnas de humo procedentes de los fuegos en los que se cocinaba en la ciudad ascendían ondeantes. Dispersas por los campos, las cabezas de ganado se veían diminutas como hormigas. Se oía el cloqueo de unas voces femeninas en un recinto. Amaury aspiró aquellos familiares olores a estiércol quemado, especias y desagües, y suspiró. Observó atentamente cómo una estrella se cernía sobre aquel oscuro horizonte surcado de colinas anunciando la llegada del anochecer.

—He convencido a Henry para que aplace su marcha y me preste un servicio de valor incalculable. Es precisamente la particular naturaleza del hecho que requiere tal servicio, miss Wrangham, la que hace necesario que deje usted Dharia antes de que suceda.

—¡Me está usted hablando en chino, señor!

Amaury perdió el interés en la estrella nocturna y señaló a las filas de carros que, descansando sobre sus ejes, abarrotaban un claro situado más allá del parque de artillería. Señaló los bultos cubiertos por lonas y llenos de polvo, que asomaban entre los carros asemejando las lápidas de un campo santo.

—Transporte, provisiones y bagaje. Todo preparado para iniciar una campaña. Dentro de poco, dejaré Dharia para jugarme mi destino en una batalla llena de dificultades. Estoy seguro de que venceré, pero —dijo encogiéndose de hombros— en la guerra no hay nada seguro. El general Wrangham llega en el momento oportuno porque debe usted irse antes de que mis hombres y yo nos pongamos en marcha.

—¿Henry comparte ese riesgo con usted?

—Es muy probable.

—¿Me está pidiendo entonces que lo abandone justo cuando se va a la guerra? —preguntó Caroline con aire de indignación—. ¡Jamás se me pasaría por la cabeza hacer algo así! ¡Sería una actitud terriblemente vergonzosa!

—No puedo obligarla a la fuerza —replicó Amaury y, buscando torpemente las palabras adecuadas, añadió—: Se ha encariñado usted de Henry perdidamente, ¿no, miss Wrangham?

Caroline le tendió las manos en un gesto involuntario, pero enseguida lo contuvo.

—Sí... sí... —respondió prácticamente en susurros—. Supongo que así es... —sus ojos buscaban ansiosos el rostro de Amaury. Una expresión desolada, gris y fugaz como una nube, empañó sus apuestas facciones. ¿O quizá era sólo una ilusión óptica bajo aquellas mortecinas luces?

Amaury le ofreció el brazo.

—Regresemos antes de que se haga demasiado de noche. En cuanto a la posibilidad de que se marche o se quede, dejaré que sea su padre quien se haga cargo del asunto.

El general Wrangham llegó escoltado por el corneta Anstruther.

—No podía dejar que el viejo deambulase por ahí él solo —dijo para explicar su presencia.

Se alojó en la casa que Amaury había mandado preparar. Caroline se puso un sombrero y fue a visitarlo. Educadamente pero sin perder la firmeza, el comandante de guardia la detuvo. A través de la criada portuguesa le hizo saber que resultaba difícil e incómodo atravesar las procesiones religiosas que abarrotaban las calles. Caroline se dio la vuelta furiosa, convencida de que Amaury se le habría adelantado a hablar con el general. Y tenía razón al suponer tal cosa. Amaury envió saludos a sir John y lo invitó a cenar. Por deferencia hacia las costumbres de su visitante —Todd hacía tiempo que se había acostumbrado a comer como los indígenas—, Amaury mandó traer una mesa de comedor, una cubertería, sillas y un mantel. La guardia del acceso a la ciudadela condujo al general Wrangham hasta los centinelas del patio interior que, a su vez, lo llevaron hasta el guardián de la puerta. Éste lo dejó en compañía del *banian* y, guiado por él, el general atravesó varios pasillos y antecámaras. Aunque no hizo comentario alguno, no le pasó desapercibida la esplendorosamente sórdida decoración de todas aquellas salas, la mala calidad del gusto oriental y la capa de polvo que cubría los brillantes objetos. El aspecto de su anfitrión lo sobresaltó. Amaury, llevaba la cabeza al descubierto; el pelo le caía sobre los hombros y la barba le cubría el pecho como si del peto de una armadura se tratase. Vestía una túnica lila que le llegaba hasta las pantorrillas, con unos botones dorados abotonados hasta el cuello. Lucía unos pantalones holgados de estilo musulmán y unas babuchas escarlata de estilo turco.

En aquella cena se sirvieron platos europeos. Los platos, aunque demasiado especiados, estaban bien cocinados y el vino era aceptable. Los criados se esforzaban por servir la mesa, pero quedaba patente su desconocimiento de las costumbres europeas. Amaury guió la conversación, manteniéndola en los límites de una reunión de carácter social y eludiendo de manera agradable las incómodas preguntas de Anstruther. Wrangham, más discreto, no hizo siquiera el intento de tantearlo. Cuando quitaron el mantel, los criados se fueron y las licoreras de brandy, ron y oporto presidieron la mesa, Amaury dejó a un lado la boquilla de su narguile sonriendo a sus invitados.

—Su paciencia merece una recompensa, señores. Si me permiten, les contaré cómo ha sucedido todo, de principio a fin.

Sin omitir nada, les relató con detalle el éxodo de Hurrondah, el robo de las arcas públicas, la reconstrucción de Dharia y la creación de un estado próspero a partir de un *jagir* en ruinas sumido en la pobreza. Les contó la implacable derrota infligida a los *pindaris*, la llegada fortuita de la brigada de los *jatis*, la conquista de Droog y aquellas irrupciones en Berar que el *Bhonsla*, sin duda, trataría de vengar.

A lo lejos, se oyó el sonido de las cornetas anunciando la bajada de la bandera al ponerse el sol en los barracones. Wrangham tomó un sorbo de su copa y saboreó el brandy.

—De alguna de esas cosas ya tenía conocimiento —dijo—. Llegaron rumores a Bahrampal, por eso no me ha sido difícil dar con usted. Además, unos comerciantes nos contaron que mi hija y este sinvergüenza —continuó señalando a Todd con su puro— estaban viviendo en la capital de su *jagir*. Antes de proseguir con nuestra charla, ¿está mi hija sana y salva?

—Las dos cosas, señor.

—¿Y supongo que dispuesta a regresar?

Amaury lanzó una furtiva mirada de reojo a Todd.

—A eso no puedo contestarle que sí, señor —respondió.

—¡Brrr! ¡Se ha metido en un lío espantoso! Tengo que llevármela de aquí rápidamente y con la máxima discreción, antes de que lleguen a las lenguas viperinas de Madrás más habladurías de ésas en las que tanto les gusta gastar saliva —agitó el licor de su copa y miró a Amaury levantando sus canosas cejas—. ¿Supongo que ha renunciado usted a su carrera como oficial de la Compañía?

—Para siempre, señor.

—Es una pena. ¿Sabía que el Consejo de Directores había revocado su cese?

—No, pero eso no cambia las cosas.

—Me lo temía. No puedo culparlo, teniendo en cuenta todo lo que ha conseguido usted aquí, en Dharia —el general dio unos toquecitos a su puro para que cayera la ceniza—. Cuando Caroline se fugó, escribí a Madrás para prorrogar mi permiso. Me respondió Clive y, de paso, me comunicó unos sorprendentes hechos que, en parte, podrían hacerle cambiar de opinión. Le diré de qué se trata...

Wrangham le contó una historia de intrigas y traiciones entre los *maratha*. Su dirigente, el *Peshwa*, había sufrido la derrota en una batalla librada frente a un grupo de príncipes aliados en su contra. El *Peshwa* huyó y suplicó ayuda a los ingleses. La Compañía le impuso un tratado por el que él sacrificaba la independencia de su reino a cambio de obtener la ayuda militar que precisaba para recuperar el trono.

—Todos los príncipes *marathas* están en contra de ese tratado —continuó Wrangham— y se están preparando para la lucha. El gobernador general también se está preparando y su hermano, Arthur Wellesley, está planeando una acción de campaña.

—¿Qué —preguntó Amaury pacientemente— tiene eso que ver con mi destino? Mi pequeño reino jamás ha ofendido a la Compañía y yo nunca lucharía contra ella. No puede tener motivo alguno de queja sobre mí.

—A mí tampoco se me ocurriría ninguno —replicó Wrangham—, de no ser por lo condenadamente poco ortodoxa que resulta su situación. Pero el quid de la cuestión es el siguiente: multitud de oficiales ingleses mercenarios se han unido a las filas de los ejércitos *marathas*. Sangster, Bellasis, Gardner, Skinner, Thomas y otros tantos. Mornington ha anunciado que la Compañía ofrecerá una generosa suma a los que abandonen sus puestos de mercenarios y regresen a territorio inglés. Si vuelven al redil, señor, les será perdonado todo. ¿No le parece una tentadora propuesta?

—¿Una incitación a la deserción? ¡No! Esa propuesta no tiene nada que ver con mi caso. A diferencia de esos hombres, yo no obedezco a señor alguno ni trabajo para nadie.

—Cierto. Es usted el único *lancero* independiente de toda la India, aunque dudo que la Compañía sepa ver la diferencia —Wrangham vació su brandy—. Ahora, con su permiso, voy a ver a Caroline. ¡Es una pena que esa niña caprichosa ya no esté en edad de recibir una buena azotaina!

—Henry lo acompañará. Le aconsejo, sir John —añadió Amaury con seriedad— que modere sus palabras. ¡Una censura excesiva no haría sino fortalecer su decisión!

Nunca nadie llegó a saber jamás lo que Wrangham le dijo a su hija. El general salió de los aposentos de la joven con la cara roja y mordiéndose el labio. Volvió a su casa y se dedicó a beber brandy sin medida. Amaury no hizo preguntas; decidió que aquel asunto no era de su incumbencia y que eran la joven, su padre y Todd quienes debían solucionarlo. Los preparativos de la guerra lo tenían muy ocupado, ya que habían llegado rumores desde Nagpur anunciando que el *Bhonsla* había ordenado a los jefes de sus tropas que se congregasen.

Siguiendo las instrucciones de Amaury, Vedvyas requisó bueyes y camellos, compró harina, arroz y cabras, contrató arrieros, culis y aguadores, y se encargó así de toda la parafernalia que una campaña militar llevaba asociada. Hacía tiempo que el *mirasdar* se había convertido en visir para los asuntos civiles, tesorero para los fiscales, y oficial de intendencia para los militares. Vedvyas aprobaba las incursiones de Amaury y se frotaba las manos encantado cada vez que contemplaba los botines que descargaba a su regreso.

—Hemos recuperado el capital que habíamos desembolsado, *sahib*. Y, ahora, disfrutamos de los intereses.

La inminente amenaza de Berar no le preocupaba en absoluto. Gracias a los encontronazos que había vivido con Amaury, ya fuera contra él o como su aliado, había adquirido una fe ciega en las aptitudes militares de su maestro.

En correspondencia, Amaury había llegado a confiar en él plenamente; un privilegio que negaba a los demás indígenas.

Hugo sentía cierta desconfianza hacia la actitud de Royds. Aunque el hombre cumplía con sus obligaciones con el elevado grado de eficiencia habitual en él, se mostraba hosco e insociable y, siempre que podía, evitaba encontrarse con los demás europeos. Todd le contó que, tras las maniobras, se reunía en sus aposentos con los oficiales indígenas de rango superior y urdía largas confabulaciones con ellos. Aquella actitud era ajena a sus costumbres ya que, cuando no estaba de servicio, ese hombre en rara ocasión trataba a sus hombres. Todd no logró que los oficiales le desvelasen nada con sus discretas averiguaciones. Pero, por la grave expresión de sus rostros, supo que algo serio estaba en marcha.

—¡Ese tipo los está incitando a la sedición! —aseveró Amaury—. Tengo intención de formarle un consejo de guerra, pero es difícil hacerlo sin pruebas. Tampoco sé hasta qué punto tiene influencia sobre sus hombres, de modo que no puedo arriesgarme a arrestarlo sin más porque podría suceder que se rebelasen.

Fueron los propios oficiales quienes aclararon el dilema. Una delegación acudió a una de las audiencias diarias de Amaury y solicitó una vista en privado. Amaury condujo a aquellos *subhadares* a sus aposentos, les ofreció asiento sobre unos cojines, les obsequió con varios dulces y les preguntó en qué podía servirles. El portavoz del grupo se mostró vacilante, se acarició el mostacho y, aunque al principio comenzó a hablar entre tartamudeos, sus palabras pronto se tornaron en un discurso fluido.

Contó que Royds intentaba convencerlos de que Amaury, habiendo perdido la mitad de su cordura y embriagado por el poder y la presuntuosidad, había tomado una arrogante determinación que conduciría a los *jatis* a la destrucción. Royds había empleado aterradores calificativos para describir a las invencibles y poderosas fuerzas de Berar y los había instado a rebelarse, tomar el polvorín y el parque de artillería, ejecutar a Amaury y controlar Dharia. Sólo entonces podrían llegar a un acuerdo con el *Bhonsla*, pagar el tributo que éste les exigiese y vivir en paz. De lo contrario, Royds había insistido en que les esperaba una muerte segura a manos de las espadas *marathas*.

—Usted es nuestro padre y nuestra madre, *Umree Sahib* —concluyó el *subhadar* apesadumbrado—. Al *sahib* Royds también le debemos lealtad, pero creo que nos está engañando. Usted nos ha alimentado y ha hecho de nosotros unos soldados sin igual, consiguiendo que sintamos un orgullo por las armas que nunca antes habíamos experimentado. Jamás destruiría sin causa justificada un arma que usted mismo ha forjado, ¿verdad? Llenos de dudas y sumidos en la desesperación, apelamos a usted para que nos confirme que lo que Royds nos cuenta son patrañas.

—Así es, son patrañas —Amaury reflexionó unos instantes y tomó una decisión que contravenía sus instintos más ocultos. Tenía por costumbre no desvelar nunca el plan de una batalla hasta el último momento. Pero decidió describirles el campo que había elegido para aquella lucha, aunque sin especificar de qué lugar se trataba. Hizo sitio en el suelo y, con ayuda de las fuentes, las jarras y los cojines, realizó un esbozo de sus características más destacadas. También hizo una concisa estimación de las maniobras que era probable que el enemigo emprendiese. Trazó un esquema de las tácticas que él tenía en mente usar y terminó estrellando un cuenco en lo que representaba la batalla principal contra Raghujee.

—Así será como terminará, hermanos. Y, entonces, saquearemos el campamento del enemigo. Pero no os engañéis: la lucha será dura y sufriremos bajas. Tendremos muchos heridos y muchos muertos. ¿Conocéis alguna victoria en la que los vencedores no hayan perdido hombres?

Los oficiales movieron la cabeza satisfechos —la batalla parecía muy sencilla sobre la alfombra— y, cuando se marcharon, fueron tocando de uno en uno la empuñadura de la espada de Amaury en señal de aprobación.

—¿Cómo debemos comportarnos con el *sahib* Royds? —preguntó un *subhadar*.

—Pronto nos dejará —respondió Amaury simplemente.

Cuando se fueron, meditó todo aquello a conciencia durante un buen rato. Ante las leyes de cualquier país, el delito de Royds era imperdonable. Y su castigo era la muerte. Pero una ejecución pública en la que un hombre blanco muriera a mano de otros hombres blancos sería imprudente en Dharia, un estado indígena bajo el mando de un sultán inglés. Resultaba peligroso para un europeo ser humillado en público. No podía dejar que el firme suelo que pisaba un ídolo se tornase terreno arcilloso.

Tenía que deshacerse del americano rápidamente y de manera discreta.

Amaury mandó traer sus pistolas. Las cebó, las cargó con cuidado y se las guardó en el fajín. Un sirviente le aseguró que Royds se encontraba en su casa, así que decidió ir solo hacia allí. Royds estaba sentado a la mesa en mangas de camisa. Llevaba unos pantalones de algodón y estaba garabateando una carta. Cuando vio entrar a Amaury, frunció el ceño.

—No ha anunciado su visita —dijo molesto— y estoy demasiado ocupado para charlar.

Amaury tomó una silla y se sentó en ella posando una mano sobre la culata de una pistola.

—Esto no es una visita social, comandante Royds —replicó—. Le ruego que preste la máxima atención a lo que he venido a decirle.

Le expuso abiertamente las acusaciones que los oficiales habían vertido contra él. La cara de Royds adoptó una expresión sombría; sus ariscos ojos se empequeñecieron y sus labios trazaron una fina mueca gris. Lanzó una rápida mirada a la pistola enfundada que tenía sobre la cómoda y a la espada que colgaba de un gancho en la pared. Amaury sacó una de las pistolas y se la puso en el regazo.

—Ha sido declarado culpable de incitación al amotinamiento —dijo— y eso conlleva la pena de muerte.

Royds se agarró a la mesa con las manos; un hilillo de saliva cayó por su barbilla.

—¡Lo niego! ¿Da más crédito a la palabra de un musulmán que a la mía?

—Así es. Y no caben las discusiones ni las argumentaciones. Ya ha sido usted juzgado y sentenciado.

Amaury lo encañonó con la pistola. Las patas de la silla de Royds arañaron el suelo.

—¡Por Dios! ¡No puede disparar así a un hombre indefenso!

—Sí que puedo, señor, pero no lo voy a hacer. No, al menos, si me obedece. ¡Levántese, Royds! Camine delante de mí y haga exactamente como le diga. De lo contrario, lo mataré como a un perro.

Salieron de la casa en fila y recorrieron las calles. Amaury, con las pistolas de nuevo en el fajín, marcaba el camino. No llamaron la atención de nadie. Las gentes se imaginaron que el lord *sahib* y su general de brigada se habían atrevido a desafiar al sol del mediodía para tratar sus asuntos. Royds caminaba fatigosamente y con aire hosco delante de Amaury. Giraba a la derecha o a la izquierda según éste ordenase. Atravesaron la zona deshabitada en la que se encontraba la fábrica de pólvora y llegaron a una poterna de salida situada en la parte occidental de la muralla. Royds se detuvo confuso.

—¡Dónde diablos...!

Amaury le lanzó una llave.

—Ábrala.

La puerta llevaba mucho tiempo sin usarse, su pesada cerradura estaba entumecida y los encajes de los barrotes estaban oxidados. Por fin, se abrió y sus bisagras hicieron un chirriante estruendo.

Amaury sacó la pistola.

—Siga su camino, señor.

Royds observó la rocosa pendiente que bajaba desde aquellos muros, se giró y miró a Amaury con incredulidad.

—¿Me está dejando ir?

—Algún mérito ha tenido, comandante Royds, así que le estoy dando una oportunidad. Ándese con cuidado, señor.

Cerró la poterna de un golpe, giró la llave y se fue muralla arriba. Royds permaneció inmóvil al otro lado de la puerta, desconfiando claramente de su suerte. Levantó la cabeza y vio a Amaury en las almenas, a veinte pies por encima de él. Le lanzó una mirada desafiante. Amaury levantó la pistola y apuntó a la llanura. Royds escupió, atravesó el foso y empezó a bajar por la ladera de la colina esquivando las rocas y los arbustos.

Se tropezó y saltó hacia un lado. Cogió una pequeña roca y la tiró al suelo. Se quedó quieto unos instantes observando mientras se limpiaba las palmas de las manos en los muslos. Caminando lenta y cautelosamente, comenzó a descender. Después de una docena de pasos, se detuvo, retrocedió, dio un grito y pegó un brinco. Cayó torpemente y quedó tumbado en el suelo. Cogió unas piedras y machacó algo que se movía debajo de un arbusto. Entonces, se puso en pie, miró a su alrededor con angustia y echó a correr.

Cuando llevaba recorrida la mitad de la pendiente, trató de girar bruscamente y se cayó. Detuvo el golpe con las manos y logró levantarse. Se tambaleó y cayó a cuatro patas, apoyado en manos y rodillas hasta que, finalmente, se derrumbó sobre su propia cara. Rodó pendiente abajo agarrándose el cuello con las manos. Levantó los brazos hacia el cielo con los puños cerrados y luego los dejó caer a ambos lados asemejando un crucifijo. Su cuerpo se revolvió agitado, se curvó dos veces de la cabeza a los pies, dio una sacudida y quedó entonces inerte.

Amaury bajó de las almenas y se encontró con Todd, que volvía de los barracones.

—¡Royds —dijo suspirando— ha ido a dar un paseo por la colina! ¡Qué desgracia más desafortunada! Al parecer, nadie le había advertido acerca de las serpientes.

Un mensajero que montaba un sudoroso caballo dio aviso de que las tropas del *Bhonsla* se estaban congregando en los alrededores de Nagpur. Amaury completó sus preparativos y comprobó meticulosamente todos los detalles.

—¡Sin apresurarse! ¡Esa muchedumbre no estará lista para moverse hasta dentro de dos semanas!

Señaló un día para la partida de sus fuerzas. La presencia de sus invitados se convirtió en un preocupante motivo de irritación. Bruscamente, ordenó al general Wrangham que partiera hacia Bahrampal y se llevase a su hija con él. El general sacudió entristecido la cabeza.

—Esa caprichosa criatura se niega rotundamente a marcharse. ¡No puedo obligarla a punta de pistola!

Amaury fue enfurecido a la casa de Caroline. Mantuvieron una tormentosa discusión y perdió los nervios.

—¡No se puede quedar en Dharia de ninguna de las maneras! Imagine que perdemos la batalla. ¡Dios nos libre! Si eso ocurriese, la ciudad quedaría a merced de las tropas del *Bhonsla*. ¿Acaso le gustaría ser violada por los bárbaros *marathas*?

—Creo que no. ¡Sería algo terriblemente agotador!

—¡La impudicia no es propia de usted, miss Wrangham! ¿Por qué se comporta de manera tan enojosa? Se niega a regresar a Bahrampal, pero no puede quedarse en Dharia. ¡Por Dios! ¿Me quiere decir qué es lo que pretende hacer entonces?

—La alternativa está clara —dijo Caroline con dulzura—. Tengo que ir con ustedes.

Amaury se la quedó mirando fijamente sin saber qué decir.

—¿Por qué se queda tan boquiabierto, señor? Las mujeres a menudo acompañan a los ejércitos en las campañas. Incluso cuentan que la esposa del capitán Norris...

—¡Dio a luz a su hijo en las cocinas de Tipu! —bramó Amaury—. Una conocida historia, sí, pero que no viene al caso en absoluto. Era la esposa de un soldado, no la voluble hija caprichosa que...

—¡Seguro que también era hija de alguien! No se esfuerce, capitán Amaury. Estoy totalmente decidida y ya he hecho todos los preparativos.

—¡Muy bien! —respondió Amaury con seriedad—. A menos que la ate a la pata de una cama, está visto que no puedo impedirlo. ¿Preparativos, dice? Me imagino que pretenderá llevar una tonelada de equipaje. ¡Pues ahórrese el trabajo, Caroline! El ejército viaja con el menor bagaje posible: un fardo en la silla de montar y una mochila por cada hombre. ¡Eso vale para soldados rasos y oficiales por igual! ¡Y también para las malditas jovencitas testarudas!

Salió de la habitación como una furia. Caroline sonrió satisfecha. Por fin, Amaury se había dirigido a ella por su nombre de pila.

El general no pareció sorprenderse; desde el principio, estaba seguro de que su obstinada hija querría acompañarlos en campaña. Así pues, como él tenía el deber de escoltarla, viajaría a Berar.

—Asistiré a la batalla en calidad de mero espectador, señor.

Su entusiasmo ante tal perspectiva resultaba patente. Anstruther, en cambio, preparó con abatimiento las pocas cosas que cabían en el fardo de su silla de montar y declaró que todo aquel asunto le parecía demasiado peligroso. Cuando Amaury decidió designarlo guardián permanente de Caroline, se sintió desesperado.

—¿Cómo demonios voy a lograr vigilar a una joven tan escurridiza?

Dos días más tarde, el ejército de Dharia se puso en marcha.

CAPÍTULO ONCE

Cuando sonó el redoble general de los tambores tras la cuarta noche de campamento, Amaury anunció que él y un pequeño destacamento se apartarían de la ruta que seguía la columna y se unirían de nuevo a ella al día siguiente. Con aire despreocupado y evasivo, respondió a las preguntas de Todd y le ordenó seguir la ruta prevista y detenerse tras veinte millas para pasar la noche.

—¿A menos, sir John —preguntó educadamente—, que prefiera usted estar al mando como oficial de rango superior?

El general se encogió de hombros.

—¿Tomar parte activamente en unas acciones irregulares? ¡Maldita sea, señor! ¡Sería juzgado por ello y perdería mis charreteras!

Amaury partió con una pequeña tropa de caballería, dos compañías ligeras y los dos cañones de tres libras. Obviamente, los hombres que lo acompañaron habían sido advertidos de antemano y estaban preparados.

—Hugo es más inaccesible que la perla de una ostra —se quejó Todd contemplando cómo desaparecía el contingente en la neblina de aquella mañana—. ¡Urde sus planes y prepara a sus tropas sin decir nada a nadie! —dijo. Entonces, subió a su caballo, hizo una señal y los tambores anunciaron que era hora de reemprender la marcha.

Atravesaron las onduladas llanuras del centro de Berar. Era un árido y monótono pastizal. De vez en cuando, lo salpicaban algunos árboles que parecían un lejano bosque desvaneciéndose constantemente en el horizonte. Cubierto por una barrera de *hircarrahs* que avanzaban cuatro millas por delante, Todd iba en cabeza con la caballería de los *rathores*, seguido por dos compañías que constituían los piquetes del día. A continuación, iba la brigada de los *jatis* con los batallones alineados en una columna abierta. Los seguían Welladvice y sus cañones, formados en divisiones paralelas y con las carretas de munición traqueteando tras ellos. Los piquetes del día anterior marchaban detrás del convoy de bagaje. El batallón de *najibs* constituía la retaguardia y cerraba la cola. El frente del ejército ocupaba un cuarto de milla de anchura y tenía casi una milla de largo.

Vedvyas dirigía la comitiva del bagaje con los bueyes cargados, los carros de chirriantes ejes, los camellos portando pesados *yakdanes* y el séquito que acompañaba al ejército a pie, caminando fatigosamente en grupos dispersos. A pesar de la insistencia de Amaury en llevar únicamente lo indispensable, las operaciones prolongadas requerían una larga comitiva. Había limitado los sirvientes de los oficiales a solo uno por cabeza.

—¡Una imposición monstruosa! —se había lamentado Anstruther.

También había prohibido la presencia de lavanderos y barberos y había decidido prescindir de los vivanderos. No redujo el número de segadores y mozos de cuadra —uno de cada por caballo—, aguadores, barrenderos, arrieros a cargo de los bueyes y camellos y cocineros. La cantidad de acompañantes civiles de aquel ejército superaba en muy poco a la de soldados: una notable mejora respecto a los ejércitos indígenas y de la Compañía, cuyos acompañantes no beligerantes siempre triplicaban en número a los beligerantes.

Wrangham dividió su tiempo, de modo que tan pronto cabalgaba a la vanguardia como iba a ver a Caroline. Amaury la había relegado intransigentemente a la cola, aunque le ofreció sitio en uno de los carros de grano para su ropa de cama, un portamanteo y una pequeña tienda —el único ejemplar en todo el ejército— y le asignó un asistente personal. Se trataba de un venerable musulmán al que había escogido de entre los sirvientes de su propio hogar. La doncella portuguesa se había negado a acompañarla. Y, de todos modos, Amaury tampoco se lo hubiera permitido aunque ella hubiese accedido. Caroline, ataviada una vez más con casaca, botas y pantalones de montar, se quejaba de su confinamiento en el convoy del transporte, donde se tragaba el polvo que las tropas en cabeza levantaban, sufría los zarandeos de los bueyes y tenía que soportar el ensordecedor ruido de las ruedas de los carros.

Cada vez que acampaban, se unía a los oficiales y, sentada sobre un saco de harina, comía curry con los dedos mientras los *risaldares* y los *subhadares* de todas y cada una de las unidades de aquel ejército la observaban.

—Se niegan a comer con los europeos —explicó Amaury—, pero les gusta que los inviten a la cantina.

Wrangham lanzó una mirada de desaprobación.

—¡Esto es endemoniadamente irregular! —exclamó—. ¡No tiene nada que ver con los dictados de la Compañía! —y se sintió extremadamente molesto por la escasez de vino patente en la cena.

—No había sitio para el alcohol en los carros —dijo Amaury en tono lacónico.

Cuando cayó la noche, Caroline se retiró al estrecho catre de su tienda de campaña. Los demás dormían al aire libre en el suelo, usando las sillas de montar como almohada y las mantas como colchón.

Al sexto día de camino, Amaury reapareció justo cuando el ejército estaba llegando al lugar previsto para acampar esa noche. Dejó dos chirriantes carros a cargo de Vedvyas y avanzó con sus tintineantes *rathores* hasta la vanguardia. Todd lo saludó receloso.

—¿Dónde diablos has estado, Hugo? No te llevaste transporte alguno... ¿De dónde has sacado esos carros?

Amaury bebió un sorbo de un odre que contenía agua y se secó los labios.

—Una nadería que requería atención. En una aldea, más o menos por allí —señaló vagamente un punto del paisaje—, hay un *mirasdar* que recauda los impuestos para el *Bhonsla*. Lo que he hecho ha sido... ejem... aliviar su carga: setenta mil rupias.

Wrangham glugluteó como un pavo.

—¿Cómo? ¿Su ejército está en marcha para librar una batalla y usted asalta una aldea para saquearla? ¡Que Dios nos ampare! ¡Menuda desvergüenza!

—Me temo que debo discrepar, señor. ¿Por qué debería una guerra entorpecer los esfuerzos de un hombre por ganarse la vida?

—¡Estoy en connivencia con el robo puro y duro! —exclamó desesperado Wrangham—. ¡Ruego a Dios que esto nunca llegue a oídos de Clive!

A la una de la mañana, los tambores anunciaron la puesta en marcha con su redoble general. Las fuerzas partieron en medio de la oscuridad y dejaron el convoy de bagaje en el campamento, protegido por varios *najibs*. Tres horas después, se detuvieron bajo la luz del engañoso y fantasmagórico resplandor del alba. La brigada deshizo la columna para formar una fila. Welladvice colocó ocho de los tiros de sus cañones en cada flanco. La caballería se apostó a las alas. Nadie hablaba, ni tampoco se daban órdenes. El sonido de sus pasos, el sordo ruido de los cascos y el traqueteo de las ruedas y las carretas retumbaban como yunques en la oscuridad. Amaury iba de ala en ala. En dos ocasiones, mandó detenerse a la fila y alineó la formación. La plateada luz del amanecer surcaba el cielo, la llanura estaba salpicada de árboles dispersos asemejando bocanadas de humo gris ceniza.

En el blanquecino horizonte se apreciaban unas angulosas sombras negras. Se trataba de murallas, torres y tejados, que se iban agrandando con cada paso que daban.

El trompeta de Amaury dio el alto con el toque correspondiente, que perforó la cavidad de aquel silencio como una punzante espada. Desacoplaron los cañones de los armones disponiéndolos para la acción, los soldados de caballería desenvainaron los sables y los de infantería prepararon las bayonetas.

Un somnoliento vigilante que estaba apostado encima de las puertas se frotó perezoso los ojos, observó la escena, blandió una lanza y dio un grito. La ciudad se despertó. Sus hombres abarrotaron las almenas, chillando y gesticulando, y contemplaron con temor e incredulidad aquella amenaza que había surgido de la noche como un dragón con dientes de acero. A sólo trescientas yardas, acechaban las bocas de dieciséis cañones, una larga línea azul de bayonetas y unos sables de caballería resplandecientes bajo la plomiza luz del amanecer.

Amaury avanzó hasta una distancia suficiente como para ser oído.

—¡El *Umree Sahib* de Dharia solicita parlamentar con el cacique! —gritó poniéndose las manos en la boca a modo de bocina.

En los muros, los conmocionados hombres hacían señas y gritaban. Uno de ellos se asomó por una almena y vociferó una respuesta. Amaury bajó del caballo, se enrolló las riendas de Hannibal alrededor del brazo y ordenó a su trompeta y a su ordenanza que se marchasen.

—Salga a hablar conmigo —gritó—. Le prometo que estará seguro.

Permaneció en pie al alcance de los mosquetes y vulnerable al impacto de cualquier bala que se disparase con buena puntería, ya que multitud de mosquetes de mecha acechaban desde las aspilleras. Welladvice gruñía en voz baja. Todd, moviéndose inquieto sobre su silla de montar, echó un vistazo a las filas situadas detrás de su caballo; ni los mosquetes de chispa ni los cañones estaban cargados. Amaury se apoyó sobre la vaina de su espada y, con aire despreocupado, contempló los algodonosos bancos de nubes de aquel cielo teñido de bermellón por el sol.

En las puertas se abrió una poterna. Una delegación se acercó cautelosa. El líder, un demacrado hindú con la cara surcada de cicatrices a causa de la viruela, lo saludó.

—Le ofrezco un rescate, *sahib*; un *lac* de rupias a cambio de que no asalte la ciudad —dijo con voz temblorosa.

Amaury se humedeció los labios, «¡Qué lástima tener que rechazar la oferta!», y respondió con firmeza:

—Vengo en son de paz y no tengo intención de causarles daño alguno. No pretendo conseguir un rescate ni un botín. Tan sólo deseo cobijo para mis hombres. ¿Me da permiso para entrar en su ciudad?

El hombre miró por encima de los hombros de Amaury, escudriñó las filas y los cañones alineados rueda con rueda y tragó saliva.

—No podemos enfrentarnos a usted. Kohlabad no es una fortaleza ni podría resistir el ataque de un ejército dotado de cañones. Si les abrimos las puertas, ¿me da su palabra de que sus soldados no atacarán?

—Supongo que habrá oído hablar de mí, ¿no es así?

El hombre asintió enérgicamente con la cabeza.

—*Umree Sahib Bahadur*. Dudo que haya alguien en Berar que no haya oído hablar de usted.

—Entonces, sabe que se puede fiar de mi palabra. Le prometo que nadie les pondrá un dedo encima a sus hombres, mujeres o niños. Y le garantizo que a sus gentes no les será arrebatada ni una sola *ana*.

El cacique observó un momento las relucientes bayonetas y dirigió una intensa mirada a Amaury.

—Es suficiente, *sahib* —se giró hacia sus compañeros—. ¡Abrid las puertas!

Amaury se subió al caballo y regresó tranquilamente hasta donde estaba Todd.

—Mete a un batallón en la ciudad y protege las puertas y los bastiones. Los demás que se queden fuera de las murallas armados y listos para luchar. Envía un jinete al galope al lugar donde aguarda

Vedvyas y dile que traiga el convoy de bagaje —señaló la ciudad y se rió entre dientes—. La ciudad se llama Kohlabad y será nuestra base. ¡Y eso sin tener que haber soltado un solo disparo!

Repitió sus órdenes a Welladvice. Entonces, entre los tiros de bueyes y los armones situados en la retaguardia, vislumbró a Anstruther. Parecía nervioso y, a su lado, se encontraba una esbelta figura con una casaca azul, que montaba a horcajadas una yegua árabe.

Amaury espoleó enérgico a su caballo. Cuando llegó donde estaban, lo detuvo tirando en seco de las riendas y levantando una polvareda.

—¿Qué diablos está haciendo usted aquí?

—¡No he podido detenerla, señor! —farfulló Anstruther—. Se me escapó y ha seguido a sus soldados durante toda la noche. ¿Qué otra cosa podía hacer aparte de...?

—Su conducta, miss Wrangham, es intolerable! —bramó Amaury—. ¿No se ha planteado que ponía en peligro su seguridad?

—Ya ve que estoy a salvo, señor —el rostro de Caroline era todo un despliegue de cándida inocencia—. No recuerdo que me haya prohibido usted venir.

Amaury sostuvo su intensa mirada. Caroline se ruborizó y bajó los ojos. Una sonrisa reticente se dibujó en la cara de Hugo.

—¡Maldita peleona! —afirmó.

Vedvyas llegó con el convoy del transporte. Los *najibs* relevaron a la guarnición de los *jatis* en la ciudad. Amaury prometió que destriparía a cualquier hombre al que descubriese robando. Los *hircarrahs* realizaron marchas de reconocimiento por amplias zonas del terreno y anunciaron que no había señales del enemigo. Cuando se puso el sol, Amaury les ordenó regresar y el ejército acampó al aire libre.

Las murallas de adobe de Kohlabad circundaban una superficie de cien acres, llena de elevados edificios cuya altura superaba a la de las almenas en los bordes más externos. Amaury nunca había tenido intención de acuartelar a su ejército en el interior. Así que, al alba del día siguiente, todos los soldados y civiles disponibles, ayudados por varios trabajadores reclutados a la fuerza en la ciudad, comenzaron a talar árboles y cactus y a apilarlos alrededor del campamento que habían establecido en la esquina noreste de Kohlabad. Tras dos días de agotador trabajo, levantaron una formidable barrera defensiva de cuatro pies de altura y veinte de grosor. Ataron con cuerdas los troncos de los árboles, con las ramas apuntando hacia fuera, y colocaron delante de ellos una hilera de espinosos cactus. Formaron así un enorme reducto de tres líneas que los muros de la ciudad cerraban con una cuarta. Excavaron en la barrera unos puestos de artillería en los que Amaury mandó colocar cuatro cañones de seis libras, de modo que todos los accesos quedaran cubiertos.

Mientras tanto, los *hircarrahs* no daban señales de vida. Pero sí llegó un mensaje de los espías que Amaury tenía en Nagpur y que un jinete se encargó de traer galopando desde Dharia. Anunciaba que el ejército del *Bhonsla* se había puesto en marcha.

—Aún tiene que dar con nosotros —observó Amaury. El ejército podía vagar durante días por aquel país carente de carreteras y mapas. No podría avanzar a más de dos millas por hora, buscando al enemigo a tientas como si estuviera jugando a la gallinita ciega y tuviera los ojos vendados.

—Sin duda, aquella aldea que saqueé durante nuestro avance les podrá sobre aviso —lanzó a Wrangham una mirada fugaz—. Conseguir un botín no era la única razón de ser de esa incursión, señor. Tenía que dejar aviso de mi presencia. Si pasa demasiado tiempo sin que nos descubran, nos quedaremos sin provisiones.

Mientras se perfeccionaba el reducto, Amaury fue con sus oficiales a examinar los alrededores. Multitud de profundos cursos de agua secos enmarañaban el terreno al sur de Kohlabad. Formaban unas grietas que las ruedas de unos carros jamás lograrían atravesar.

—La naturaleza misma ha cerrado este acceso —dijo—. Ningún comandante lanzaría un ataque en un lugar que le impidiese desplazar sus cañones. Y, a no ser que se pierda y se despiste en exceso, tampoco es ésta la dirección desde la que vendrá el enemigo. Nagpur se encuentra a cien millas hacia el norte; será desde aquella zona desde donde tropiece con nosotros.

Varios arbustos y escasos árboles salpicaban la extensa planicie. Se extendía como una arrugada lona una milla desde el norte de la ciudad y, después, se empinaba hasta formar un monte cuya cresta impedía ver el terreno situado tras ella.

—Aquí —dijo Amaury— tendrá lugar la matanza.

El pelotón de reconocimiento ascendió fatigosamente hasta aquella cima, una cresta redondeada de quinientas yardas de longitud. Desde aquella cresta, un afloramiento arenoso de media milla de longitud se extendía como un manto leonado pendiente abajo más adelante. Amaury pisó la arena y sus pies se hundieron profundamente en ella.

—Un buen amortiguamiento para los bolaños. También será una traba para las ruedas de los cañones enemigos. Aquí será, Henry, donde librarás tu batalla.

A la mañana siguiente, los *hircarrahs* regresaron temprano y anunciaron que la caballería del *Bhonsla* se encontraba a seis millas de distancia. Llevaron al reducto a un explorador enemigo que habían capturado, un *maratha* asustado que montaba un enjuto poni peludo. Convencido de que la obstinación le conduciría a una muerte lenta, aquel jinete respondió sin dilación a las preguntas de Amaury. Sí, Berar había enviado a un poderoso ejército tan numeroso como los tallos de maíz en los campos, con cien mil soldados y una cantidad de artillería imposible de contar. No, el *Bhonsla* Raghujee se había quedado en Nagpur. Era su sobrino, Vithujee Rao, quien estaba al mando de aquellas invencibles fuerzas.

—Sus cálculos no son acertados —comentó Amaury—. Como mucho, el *Bhonsla* puede movilizar a cincuenta mil hombres y dudo que haya enviado a todo su ejército para acabar con el nido de un bandido. En cuanto a Vithujee... —continuó mientras se alisaba la barba con aire pensativo—, ¡eso sí que es un golpe de suerte! En una ocasión, antes de su trágico final, el comandante Royds catalogó para mí a los generales del *Bhonsla*. ¡Y me juró que Vithujee era extremadamente incompetente!

—¡Debemos ordenar a los hombres que ocupen sus puestos de batalla de inmediato! —exclamó Todd impacientándose cada vez más.

Amaury, que estaba terminando de tomar su tardío desayuno, se chupó los dedos y echó un vistazo al sol. La rutina típica de un campamento militar retumbaba en el abarrotado reducto: los mosquetes se apilaban en hileras como si fueran trípodes de un vástago, los cipayos estaban limpiando sus equipos, los soldados de caballería cepillaban a los caballos, los cañones en el parque de artillería formaban una fila cerrada de cilindros, los carros tirados por bueyes iban de acá para allá, había lanzas curvas como los dientes de un tenedor, bultos del bagaje, fardos de forraje y una incesante algarabía de voces procedentes del enclave en el que se alojaban los acompañantes civiles de las tropas.

—Son casi las doce del mediodía. No hay prisa, Henry. Vithujee sabe dónde estamos, pero aún se encuentra a muchas millas de camino. Tiene que montar su campamento, esperar a los rezagados de su ejército, ir en busca de agua y forraje... Hoy no atacará.

Enviaron a varios mensajeros a recoger a los animales que se encontraban pastando en los campos. A media tarde, los *hircarrahs* regresaron apresuradamente e informaron de que el enemigo estaba levantando su campamento a sólo cuatro millas. Unos jinetes *maratha* errantes estaban atravesando la llanura y galopaban cada vez más cerca de la ciudad.

—Eso sí que resulta inoportuno —dijo Amaury en tono cansino—. Quiero observar su campamento. Ahuyéntelos, señor Welladvice.

Los cañones de seis libras situados en los puestos de artillería dispararon una salva. Un tiro certero hizo caer a uno de los jinetes y lo arrastró por el suelo. Su compañero giró velozmente y desapareció tras la cresta del monte. Amaury mandó que le trajeran su caballo.

—¿Se va a aventurar a salir solo, señor? —preguntó Wrangham—. Es demasiado precipitado. ¿Por qué no toma una escolta?

—Las patas de Hannibal son como las de cualquier otro caballo de Berar —Amaury acarició el brillante cuello del purasangre—, pero no puedo decir lo mismo de los ejemplares de los *rathores*. Así que, ¿para qué poner en peligro a unos valiosos caballos y a unos hombres insustituibles?

Caroline corrió hasta la altura de sus estribos y le puso la mano en la rodilla.

—¡Es una locura! Si lo matasen, ¿quién lo sustituiría a usted, capitán Amaury?

Sus ojos delataban claramente la angustia y la consternación que sentía. Y desvelaban algo más, que Amaury también supo interpretar claramente.

—Le aseguro que no hay peligro alguno —respondió conteniendo la repentina euforia que le invadió—. Estaré de vuelta antes de que anochezca.

Atravesó con su caballo la única entrada del reducto, un estrecho hueco en el punto en que confluían la barrera defensiva y la muralla. Para cerrarlo y ocultarlo, usaban una valla móvil hecha de troncos. Trotando a un ritmo regular, cruzó la llanura, subió por la cresta del monte y bajó la pendiente. En suelo firme, más allá del arenoso terreno, se detuvo bajo un árbol y sacó un catalejo. El campamento *maratha* estaba ahora dentro de su campo de visión; era un conjunto de caravanas dispersas en una superficie de dos millas cuadradas.

En el centro sobresalía un inmenso pabellón, con uno de esos llamativos diseños a rayas verdes y rojas, rodeado por carpas menores y cocinas con paredes de lona. Se veía claramente cuáles eran las tiendas de la infantería regular del *Bhonsla* porque estaban dispuestas en ordenadas hileras. Las demás se habían levantado al azar aquí y allá, moteando el terreno como si de setas venenosas se tratase. Más a la izquierda, multitud de inquietos caballos se agitaban constantemente como las aguas de un mar azotado por el viento, mientras los jinetes buscaban un lugar en el que clavar las estacas a las que atarlos para pasar la noche. Los arrieros estaban conduciendo el ganado a pastar, los civiles que acompañaban a las tropas se arremolinaban alrededor de los pozos, había un centenar de humeantes hogueras sobre las que estaban cocinando algo. Las personas, los carros y los animales iban y venían ajetreados entre las tiendas. De repente, un ruido parecido al del vendaval que anuncia una incipiente tormenta llamó la atención de Amaury.

Aquellas tropas estaban agrupando los cañones en su parque de artillería. Amaury enfocó el catalejo. Había piezas de seis, nueve y doce libras, e incluso contaban con algunas piezas de veinticuatro libras tiradas por elefantes. Observó el frente de aquel campamento de principio a fin, deteniéndose con frecuencia a analizar los detalles con su catalejo. No habían desplegado cañones para defender el campamento en ninguna parte, ni tampoco vio que hubiera apostados centinelas o piquetes en ningún sitio. Vithujee se lanzaba a la guerra como un soberano que recorre un pacífico y sumiso reino.

Amaury cerró el catalejo y acarició las crines de su caballo. Calculó que los *marathas* contaban con seis mil indisciplinados soldados de caballería, ocho batallones regulares, seis o siete mil tropas irregulares de infantería y cuarenta y pico cañones. En total, unos veinte mil hombres. Las probabilidades eran de ocho a uno. ¿Debía lanzar un ataque sorpresa sobre aquel campamento desprotegido? De hacerlo, tendría que ser al alba y tras una marcha nocturna de cuatro millas. Consideró los imponderables: sus hombres tendrían que atravesar unas tierras que les eran desconocidas, podrían perderse, arrastrar los cañones a través de la zona arenosa no sería fácil...

Todo aquello podría retrasarlos hasta el punto de quedar al descubierto cuando saliera el sol, aún lejos del campamento y con el enemigo ya sobre alerta.

Amaury descartó esa idea y regresó a la ciudad con Hannibal.

Vedvyas había apilado contra la cara interior de la barrera defensiva unos sacos de cebada con los que formar un recinto cerrado en el que los europeos pudieran disfrutar de un poco de privacidad y de algo de sombra para resguardarse del sol del atardecer. Allí reunió Amaury a sus oficiales indígenas y les describió la fuerza y composición que, conforme a sus cálculos, tenía el ejército *maratha.*

—Sus hombres de caballería y de infantería atacan en hordas desorganizadas. Únicamente os tendréis que centrar en combatir a los hombres apostados al frente. Los demás no son capaces de influir en la batalla, hagan lo que hagan. Los batallones regulares, entrenados por los franceses y sumamente disciplinados son otro cantar. Y, seguramente, darán buen uso a los cañones que pondrán en acción.

Amaury esparció unos guijarros sobre el suelo. Uno de ellos representaba a Kohlabad, otro situado cerca de él era el reducto. Para el monte, utilizó una correa y, por último, un cebador de cartuchos hacía de campamento enemigo.

—Partiremos una hora después de que amanezca. Los batallones 1° y 2° ocuparán la zona arenosa de la cresta y llevarán ocho cañones de seis libras como apoyo. Con tiros de bueyes, señor Welladvice. Henry, tú serás quien dirija a esas fuerzas: mi eje central de maniobra.

Amaury tocó uno de los guijarros.

—Para rechazar posibles intentos de escalada de los muros de Kohlabad —prosiguió—, los *najibs* se apostarán en ellos. Aquí, en el reducto, se quedará la mitad del tercer batallón con cuatro cañones de seis libras. El reducto y la ciudad juntos forman mi base segura y se deben defender contra viento y marea.

Aquellos hombres lo escuchaban atentamente y con expresión de seriedad en sus trigueñas caras. Amaury trazó un garabato en el suelo.

—Los demás componentes del tercer batallón —continuó—, la caballería y los cañones de tiro ecuestre se reunirán en este punto, a medio camino entre el monte y Kohlabad. Yo mismo en persona dirigiré a esos hombres, que constituyen mi masa de maniobra.

El general Wrangham emitió unos sonidos ahogados.

—No puedo haberlo entendido bien, señor —dijo—. Mi dominio del hindi es un tanto superficial. Cuatro compañías, cuatro cañones y noventa soldados de caballería... ¿Es ésa su masa de maniobra?

—Así es, sir John —Amaury lo miró sorprendido—. Le aseguro que es suficiente para mis propósitos.

—¡Que Dios nos ayude! —el general parecía completamente desconcertado—. Me temo que se verá empujado hacia la ciudad atropelladamente y con el enemigo pisándole los talones. Necesitará una mente inteligente y despierta que dirija las operaciones de defensa. ¿Me permitiría quedar al mando en el reducto, señor?

Amaury asintió.

—Con sumo gusto, sir John —sonrió maliciosamente—. ¡Y trataré de evitar por todos los medios que tan espantosas noticias lleguen a oídos de lord Clive en Madrás!

Despidió a los oficiales, se tumbó boca arriba sobre una manta y entrelazó las manos en su nuca. El sol había desaparecido y la oscuridad emergía por el oriente tiñendo el horizonte de índigo. Caroline salió de su tienda y se sentó junto a él. Llevaba unos pantalones de algodón holgados, una camisa de seda blanca y un pañuelo en el cuello. Ofrecía una esbelta figura de aire varonil, toda vestida de blanco.

—Ya ha agitado usted el cubilete, capitán Amaury, y mañana lanzará los dados. ¿Qué será de mí si no saca más que una ridícula pareja de doses?

Amaury se incorporó y, apoyándose en un codo, contempló su rostro bajo aquella débil luz. No había ni rastro de temor. Le cogió la mano y acarició sus dedos uno a uno con ternura.

—Miss Wrangham, podría alegar que no se puede culpar a nadie más que a usted misma de encontrarse metida en este lío. Sin embargo, ya está hecho y, en parte, también es culpa mía. Podría haberla detenido fácilmente —frunció el ceño y sacudió la cabeza con la actitud de un hombre que busca la clave de un enigma—. Mi complacencia me deja boquiabierto. ¿Es que no hay nadie que se le pueda resistir?

—Usted mismo, señor. Durante dos largos años —la joven observó la expresión de sorpresa en el rostro de Amaury y se apresuró a añadir—: Le ruego que me consiga una pistola. Si las cosas salen mal en su batalla, no deseo encontrarme indefensa.

—¿Para, en caso de estar perdida, reservarse la última bala para usted misma, miss Wrangham? —preguntó en tono sombrío mirándola—. Es demasiado pesimista. Le aseguro que los *marathas* serán derrotados.

—La guerra es un asunto muy azaroso, señor.

—Veo que no confía en mis aptitudes. Sin embargo, y para tranquilizar su mente... —Amaury se sacó dos pequeñas pistolas del fajín—. Son pistolas de bolsillo. Las mejores de la marca Furber. Guárdelas en los bolsillos de sus solapas. Aquí tiene, con cuatro balas. Richard, acérquese, por favor.

Sentados a la luz de una linterna —la noche había cubierto con su negro manto el fugaz crepúsculo hindú—, Amaury dio instrucciones a la pareja, dando toquecitos en la palma de su mano con el dedo índice para reafirmar cada uno de los puntos que exponía. Debían ensillar los caballos al amanecer y dejarlos junto a la entrada del reducto.

—Estén atentos a mi propio contingente. Nada más. Si ven que lo asaltan, salgan de aquí corriendo. Cabalguen hacia Hyderabad a la velocidad del rayo. Está a tres días de camino en dirección sur. ¿Lo han entendido?

Anstruther se humedeció los labios.

—Como oficial subordinado, señor, debo obedecer sus órdenes, pero se trata de unas instrucciones detestables —dijo—. Me está usted enviando a un indignante...

—No del todo —Amaury bostezó y se estiró—. En realidad, estoy malgastando el tiempo con estas explicaciones. Mañana dormirán ustedes en el pabellón de Vithujee, en sábanas de seda y sobre suaves colchones.

—En efecto, está usted malgastando el tiempo con esas explicaciones —respondió Caroline con frialdad—. ¿De verdad cree que me echaría a correr como una liebre asustada mientras a usted lo matan?

Se puso en pie, se marchó de allí y desapareció en la oscuridad de camino a su tienda. Amaury la siguió con la mirada.

—Vigílela, Richard —dijo después de un rato—. Vigílela como un halcón y, si hiciera falta, sáquela de aquí a la fuerza; incluso a punta de sable.

—¡Haré todo lo que pueda! —respondió un desdichado Anstruther.

En medio de la penumbra que precedía al amanecer, un escudo de *hircarrahs* atravesó a caballo la cresta del monte y se detuvo al borde de la zona arenosa. Desde allí, otearon la oscura distancia tachonada de luces y minúsculas hogueras. Los seguían los batallones de los *jatis*, que avanzaban en columnas abiertas de compañías, guiados por Todd y Amaury. Tras ellos iba Welladvice con los cañones tirados por bueyes.

—¡Alto! ¡Ciérrense a una distancia de un cuarto! Que los batallones formen una línea en las divisiones delanteras. ¡Giren... a la izquierda! ¡En marcha!

Las compañías se movieron pesadamente en líneas paralelas hacia la izquierda. Los oficiales, midiendo las distancias, fueron dando el alto, cada uno a su debido turno.

—¡De frente! ¡En marcha! ¡Alto!

Las compañías formaron una línea de trescientos pasos de longitud. Los tiros de bueyes arrastraron cuatro cañones hasta los intersticios que quedaban entre los batallones y depositaron otros dos en cada una de las alas. Los destacamentos separaron los armones, primero arrastraron las cureñas y luego las nivelaron con los espeques hasta que las bocas de los cañones quedaron apuntando al frente. Entonces, soltaron las correas de los cajones de munición.

—¡Batallones... carguen los mosquetes de chispa!

Los *subhadares* se dieron la media vuelta y quedaron cara a cara frente a sus hombres. Las distintas órdenes comenzaron a retumbar:

—¡Semi-amartillen... los mosquetes de chispa! ¡Abran... las cazoletas! ¡Saquen... los cartuchos!

Amaury observó el lejano campamento. Sus dispersas luces se fueron apagando a medida que el amanecer lo iba invadiendo. Con su catalejo, pudo ver algunos movimientos esporádicos.

—El perezoso ejército del *Bhonsla* —dijo— ha empezado a formarse en orden de batalla.

—¡Ceben las armas! ¡Cierren... las cazoletas! ¡Carguen... los cartuchos!

Los bueyes de Welladvice y las carretas estaban a cobijo tras la cresta y a salvo de toda descarga, a excepción de un posible fuego oblicuo. Las carretas de municiones se encontraban cincuenta yardas por detrás de los cañones a los que abastecían. Welladvice dirigió la operación para apilar balas, bolaños y cartuchos junto a los cañones y ordenó disponer unas cadenas de munición desde los carros para reponer lo necesario. Después, regresó a la cresta y se cuadró tocándose el sombrero.

—Los cañones están en sus puestos, señor. ¿Da su permiso para cargar los bolaños?

Todd miró a Amaury, que sonrió.

—¿No estás tú al mando aquí, Henry?

—Permiso concedido, señor Welladvice —respondió Todd.

Amaury se paseó a lomos de Hannibal entre aquellas filas de uniformes azul celeste, correas de cuero y abultados turbantes negros. Los *subhadares* dieron las últimas órdenes del proceso de carga.

—¡Tomen... las baquetas! ¡Compriman... los cartuchos! ¡Extraigan... las baquetas!

Los hombres se alinearon en pie, hombro con hombro, en una formación de tres filas en fondo. Había una cuarta fila situada algo más allá en la retaguardia —compuesta por *havildares*, *naigues* y tambores— cuya misión era mantener la alineación de las filas del frente y controlar cualquier posible brecha hacia atrás. Los artilleros terminaron de cargar los cañones y se cuadraron alrededor de las piezas, atentos a las órdenes. Tras cada una de las divisiones de artillería, los hombres a cargo de los fogones colocaron los botafuegos: se trataba de unas alabardas en cuyos travesaños habían dispuesto un par de mechas encendidas.

—¡Preparen... los mosquetes de chispa!

Amaury abrió su catalejo y luego lo cerró de golpe. El avance del enemigo se podía ver claramente a simple vista. Los batallones, apelotonados en el centro, marchaban en columnas con su mezcolanza de uniformes amarillos, rojos y verdes. Entre las columnas, unos tiros de bueyes arrastraban varios cañones. Arremolinada a su derecha, avanzaba desparramada la caballería. A la izquierda iba la infantería irregular, compuesta por numerosos grupos de *mewaris*, *marathas*, *najibs* y *pastunes*, que recorrían la pradera en un completo desorden. Las alas se adelantaban al centro, de modo que aquel ejército formaba una enorme medialuna cuyos cuernos sobresalían mucho más allá de los flancos de los batallones de los *jatis*.

Amaury frunció el ceño y observó el avance a paso de tortuga de los batallones regulares.

—La arena les obligará a mover los cañones aún más lentamente. Todavía queda media hora antes de que ataquen. Pero la caballería avanza rápido. Dentro de poco, esos bribones estarán brincando alrededor del reducto. Ha llegado el momento de irme —sujetando las riendas de su caballo, miró al alférez a los ojos—. ¡Resiste con firmeza, Henry! ¡Mi eje central de maniobra no debe fallar!

—¡Lucharemos hasta el final, Hugo! —respondió Todd solemnemente.

Amaury salió disparado hacia la retaguardia, dejando tras de sí todo un abanico de polvo. Todd observó al enemigo que tenía delante. El destello de las bayonetas de sus sólidos bloques de infantería brillaba a una distancia de ochocientas yardas. Los tiros de los cañones avanzaban dando bandazos en los intersticios que quedaban entre las columnas. Los batallones se detuvieron. Los cañones —él había contado treinta— avanzaron hasta quedar a medio camino del alcance de los mosquetes y los artilleros separaron rápidamente los armones. Después, se arremolinaron alrededor de las piezas, levantaron las pesadas cureñas y las frenaron de un tirón. Los palos amarillos de los escobillones brillaron bajo el sol.

—¡Prepárense para entrar en acción, señor Welladvice!

Los artilleros encendieron los fogones con las mechas de los botafuegos. Welladvice corría de ala en ala marcando los objetivos para cada división. Los encargados de los espeques orientaron las cureñas, mientras otros artilleros giraban los tornillos elevadores. Agazapándose sobre las cureñas, Welladvice comprobó que las piezas estaban apuntando correctamente y regresó a la compañía del centro.

—¡Listos para entrar en acción, señor!

Las bocas de los cañones enemigos escupieron multitud de destellos anaranjados envueltos en bocanadas de humo y ceniza. Los bolaños aterrizaron en la arena de la pendiente y formaron unos remolinos que se tornaron en surtidores de polvo. En alguna parte a lo largo de la línea, las filas se hundieron como si cayesen por un acusado acantilado. Un cipayo gritó y siguió gritando. Los *havildares* saltaron hacia delante, arrastraron los cuerpos hacia la retaguardia y lanzaron un empuje para cubrir los huecos de las filas.

—¡Ataque al enemigo, señor Welladvice!

Los botafuegos besaron los fogones y los cañones vomitaron largas lenguas de fuego. Las salvas de ocho cañones estallaron en una única y tremenda explosión. Una ondeante cortina de humo impregnó el aire. Las cureñas retrocedieron, los tubos de los cañones trazaron largos surcos en el terreno, como si unos titanes invisibles hubieran pateado sus bocas. Los artilleros pasaron los escobillones, volvieron a cargar los cañones, los levantaron, afinaron su puntería y dispararon otra vez. Como los destacamentos dejaron de trabajar al unísono, al principio lanzaron salvas a ritmos irregulares pero, poco a poco, todas ellas confluyeron en lo que acabó siendo una sacudida continua. Una ácida cortina de humo quedó flotando en el aire; no soplaba nada de viento.

La mayor parte de las salvas lanzadas por los *marathas* se quedaron cortas. Los *jatis* observaban cómo los bolaños enemigos describían una curva trayectoria hacia el cielo mientras sus cabezas parecían agrandarse a medida que se aproximaban. Pero, entonces, se estrellaban en la arena y acababan por quedarse quietos. Así, aquellos cañonazos perdían la oportunidad de abrir paso al contrario y causar destrozos en las abarrotadas filas de sus adversarios. Cuando se dieron cuenta del error, los artilleros enemigos levantaron más los tubos de sus cañones. La bala de una pieza de nueve libras logró desbaratar a una de las filas, descomponiéndola en una maraña de sangre y sesos.

Todd cambió de posición y trató de ver algo a través de la humareda. Las columnas de infantería de los *marathas* avanzaban detrás de los cañones. Todavía estaban demasiado lejos, tres veces más allá del alcance de los mosquetes. Recorrió la línea de punta a punta.

—¡Al suelo! —gritó— ¡Al suelo!

Los cipayos, abrazados a sus mosquetes, se tumbaron boca abajo. Parecía que el viento hubiese soplado hasta formar tres hileras de rígidos cuerpos con ropajes azules. Los artilleros trabajaban laboriosamente mientras los cañones corcoveaban sobre sus cureñas como tímidos caballos. Un bolaño alcanzó a uno de los cañones, inclinó la pieza, hizo astillas el árbol de su eje y trituró a los artilleros a cargo del escobillón y el fogón. Welladvice examinó el estropicio y, apesadumbrado, se mordió el labio.

—No se puede hacer nada, señor —le dijo a Todd y, gritando para hacerse oír en medio de aquel estruendo de fuego, añadió—: ¡Lo han dejado fuera de juego! Pero —dijo gesticulando salvajemente hacia la artillería enemiga, aún envuelta en una nube de humo— por cada andanada suya, nosotros lanzamos tres y estamos haciendo vivir un auténtico infierno a esos canallas. ¡Creo que hemos destrozado siete de sus piezas!

La corriente que una bala generó arrebató el sombrero a Todd y a punto estuvo de tirarlo de la silla de montar.

—¡Los ha bombardeado sin piedad, señor Welladvice! ¡Veamos si es capaz de aumentar aún más esa furia!

Con preocupación, observó las fuerzas que envolvían a sus flancos. A la izquierda, la caballería y a la derecha, los irregulares. Ambos se encontraban a más de media milla de distancia, de modo que quedaban fuera del alcance de los cañones de seis libras. Pero, en lugar de acercarse más a los batallones de Todd, parecía más bien que lo que pretendían era lanzarse en picado hacia el reducto y hacia Kohlabad.

Los cañonazos enemigos destruyeron una segunda pieza. El cañón quedó apuntando hacia el cielo como si de un monumento a los caídos en aquel golpe se tratase. Los artilleros se arremolinaron en torno a los cañones, giraron las cureñas y arrastraron las piezas hacia delante. La infantería seguía avanzando en anchas columnas que marchaban al vibrante son de los tambores. Estaban lo suficientemente cerca —a quinientas yardas— como para que Todd pudiese analizar los detalles: se trataba de ocho batallones que se movían en un frente de dieciséis filas. Se limpió las cenizas que el humo había dejado en su cara.

—¡Se acabó el duelo inicial entre cañones! —levantó más la voz—. ¡Señor Welladvice, ataque a la infantería!

No hubo necesidad de dar órdenes a los capitanes de artillería. Se apresuraron a orientar las cureñas y escupieron terribles salvas.

El general Wrangham iba de acá para allá en el extenso terraplén de la barrera defensiva y miraba alerta al frente. Inmersa en la humareda de la distante cresta del monte, se observaba cómo la delgada línea negra de Todd confluía con las siluetas de los cañones. La pequeña tropa de Amaury permanecía solitaria en la llanura, con las compañías alineadas en columnas de pelotones y la caballería en fila. Los tiros ecuestres esperaban tranquilos con los arneses puestos. La infantería irregular del enemigo se arremolinaba en desorden por la derecha, todavía muy lejana. Por la izquierda, aproximándose cada vez más rápido, una avalancha de jinetes *marathas* avanzaba implacable hacia el reducto. El espectáculo era aterrador. A Wrangham se le secó la garganta y tragó saliva. Trataba de convencerse a sí mismo de que las fuerzas de caballería tenían prohibido asaltar fuertes y fortalezas; así lo marcaban las normas que dictaban la estrategia militar en tiempos de guerra. Pero aquella panda de rufianes era tan ferozmente numerosa que sería capaz de pasar por encima de los cadáveres de sus compañeros y atravesar los cuatro pies de altura de la barrera defensiva.

El general había luchado valerosamente en Flandes y basaba sus suposiciones en el coraje mostrado por los franceses. No sabía —al contrario que Amaury— que la caballería *maratha* no valía nada en los combates cerrados y que siempre terminaba por echarse atrás cuando se veía confrontada a un enemigo fuerte y decidido.

Los cañones, cargados con botes de metralla, esperaban en sus puestos de artillería con los botafuegos refulgiendo por encima de los fogones. Los cipayos apoyaron los mosquetes en los troncos, con las culatas descansando sobre sus hombros y los percutores amartillados. El enemigo estaba cada vez más cerca. Galopaba en torrentes largos y desordenados. Los caciques lucían cotas de malla y cascos en punta. Los jinetes de su caballería, holgadas casacas y turbantes. Se cubrían con rodelas tachonadas en hierro, sus pendones ondeaban en las puntas de sus lanzas y esgrimían unas espadas curvas. Tenían los fajines repletos de pistolas e incluso llevaban mosquetes de mecha colgando a la espalda.

Wrangham esperó a que los que iban en cabeza estuvieran a tiro de piedra.

—¡Fuego! —gritó entonces.

A lo largo de todo el perímetro de la barrera defensiva salieron llamas y fuego. Las descargas de metralla y las salvas de los mosquetes hicieron dar volteretas a jinetes y caballos por igual, para clavarlos después en el suelo. Dejándose llevar por sus impulsos al contemplar aquel horror, la siguiente horda se lanzó precipitadamente hacia la cara más externa de la barrera defensiva. La segunda descarga les estalló en los dientes. Tropezando con los frutos de la matanza, los supervivientes se dieron la vuelta y huyeron. Chocaron contra los jinetes que cabalgaban en su retaguardia y se enzarzaron en una terrible confusión.

Retrocedieron hasta quedar fuera del alcance de las salvas de los mosquetes y los botes de metralla. Los artilleros cargaron entonces los bolaños, giraron los tornillos elevadores y los levantaron un grado para disparar a quemarropa. Los bolaños zumbaron y saltaron, partiendo a aquellos hombres y sus animales por la mitad. Otros cien hombres a caballo desesperados irrumpieron en aquella lucha y se lanzaron a la carga.

Los cipayos apoyaron las mejillas sobre las culatas y acariciaron con los dedos los gatillos.

—¡Ha llegado el momento! —dijo Amaury.

Dándose sombra en los ojos con las manos, observó cómo, a novecientas yardas de distancia, los mosquetes de los *jatis* hicieron trizas a aquellos hombres que se habían lanzado contra ellos a la desesperada. Entonces, se giró sobre la silla de montar.

—¡Que las compañías formen una línea a la izquierda! —gritó—. ¡Pelotones... giro a la izquierda! ¡Alto! ¡Formen filas! ¡En marcha!

La infantería, dispuesta en tres filas cerradas, avanzaba con paso firme hacia la caballería enemiga.

—¡Adelante... los cañones!

Las divisiones dieron un paso adelante entre tintineos y dejaron despejada la línea de cipayos.

—¡Hombres en cabeza... giro a la derecha!

Los tiros de los cañones, en columnas paralelas, se colocaron a la misma altura que la infantería.

—¡Escuadrón... a paso lento! ¡En marcha! ¡Tropas... giro a la izquierda! ¡Alto! ¡Formen filas! ¡En marcha!

Con la infantería en el centro, la artillería pesada a la izquierda y la caballería a la derecha, las fuerzas de Amaury se acercaron lentamente a los *marathas*. Cuando vio que éstos pretendían ir a su encuentro, levantó su sable e hizo una señal con él.

—¡Ataque al frente!

Los tiros invirtieron el sentido de su marcha y giraron de modo que las bocas de los cañones quedaron apuntando al enemigo. Los artilleros bajaron de las sillas de montar de un salto, separaron los armones, cargaron los cañones y los orientaron hacia el blanco.

—¡Cañones preparados, *sahib!*

—¡Excelente, Da Souza! ¡Cuarenta segundos! —dijo Amaury sonriendo con el reloj en la mano—. Cubrirá mi ataque. Si lo considera oportuno, dispare en batería.

Amaury siguió a la infantería al trote.

—Deténganse tan pronto como el enemigo esté al alcance de sus mosquetes, *subhadar sahib*, y descarguen sus salvas con rapidez.

La primera descarga de la artillería hizo su estallido. Amaury guió a Hannibal hasta el frente del escuadrón de los *rathores*.

—¡Ahora, hermanos, demos una paliza a esa chusma! ¡A medio galope! ¡En marcha!

Los *marathas* se vieron atrapados en medio de un fuego cruzado. Los hombres del reducto bombardeaban su frente y los cañones de tiro ecuestre de Amaury los barrían por uno de los flancos. Así las cosas, empezaron a retroceder. El escuadrón de Amaury se aproximó mostrando una férrea determinación: aquellos noventa jinetes se lanzaron a las fauces del contrario, a un sacrificio voluntario frente a varios miles de espadas. Los jefes gritaron y blandieron sus lanzas para reagrupar a sus estremecidos hombres. Algunas formaciones desordenadas se descolgaron de aquella masa y salieron en estampida hacia los *rathores*.

La precipitada carga de Amaury cayó con fuerza sobre el enemigo. Los caballos se empinaron y relincharon fuerte, los jinetes asestaron golpes de lanza y repartieron tajos y puñaladas. La línea del escuadrón de dos en fondo se fragmentó. Los *marathas* la cercaron y descargaron sus lanzas en picado. En cuestión de segundos, quedaron ocultos en el torbellino de la batalla, envueltos en aquella suerte de embravecidas aguas.

El capitán de artillería portugués frunció el ceño con enojo. Aunque las salvas de sus bolaños de largo alcance lograron hacer mella en los bordes externos, apenas habían alcanzado el centro del combate. Da Souza tomó una decisión.

—¡Monten las piezas en los armones! ¡Al galope!

Los artilleros encajaron los cañones sobre los armones, los giraron en una curva muy cerrada y avanzaron dando tumbos. Dejaron atrás a las compañías, que continuaban con su marcha y se encontraban a una distancia que aún no les permitía disparar sus mosquetes. El *subhadar*, un poco torpe, comprendió de repente lo crítico de la situación.

—¡Aligeren la marcha! ¡Doblen el paso!

Los cipayos echaron a correr.

Por temor a herir a los hombres de Amaury, Wrangham mantenía sus cañones en silencio. Durante varios minutos, ni una sola bala fue lanzada contra los *marathas*. Mientras tanto, Amaury y sus *rathores* luchaban por salvar la vida.

Caroline se asomó por encima de la barrera defensiva golpeándose los nudillos hasta casi dejar los huesos al aire. Pequeños como juguetes en la distancia, los cañones de tiro ecuestre se encaminaban hacia la batalla. Las delgadas líneas azules de la infantería avanzaban trabajosamente a su derecha. No vio ni rastro del escuadrón, sumergido en una vorágine de monturas y envolventes nubes de polvo. Se agarró con fuerza al brazo de Anstruther.

—¡Hugo está perdido! —exclamó—. Obedezcamos sus órdenes, Richard. ¡Tenemos que irnos!

—¡Un momento! No sabemos si...

—¡Venga! ¡Vamos!

Corrió hacia la entrada, le arrebató a un mozo de cuadra las riendas de su yegua árabe, la espoleó para que cabalgase y saltó por encima de la barrera. Anstruther la siguió profiriendo juramentos. Apretó las riendas, giró a la izquierda y emprendió veloz como un rayo la marcha hacia el campo de batalla en la llanura.

—¡Caroline! —gritó desesperado Anstruther—. ¿A dónde diablos va? ¡Vuelva aquí! ¡Por el amor de Dios!

El viento y la velocidad hicieron que sus palabras se perdieran en el aire. Blasfemando como un gabarrero, Anstruther echó mano a su espada.

Los tiros de los cañones soltaron las cureñas y los artilleros se apresuraron a rellenar los cubos de los escobillones con los odres de agua que portaban los cofres de los armones y a reavivar las mechas de los botafuegos. Los cipayos, extenuados tras su reciente carrera de un cuarto de milla, se detuvieron a su derecha.

—¡Carguen... los botes de metralla! ¡Preparados! ¡Fuego!

Un huracán de plomo despellejó a la caballería de los *marathas*, hizo pedazos su defensa y causó estragos en sus filas. A las descargas de metralla les siguieron varias salvas. Derribaron a los enemigos de sus caballos y, a su vez, éstos cayeron en una maraña de patas y cascos. Retrocedieron ante aquel terrible granizo y se disolvieron formando pequeños grupos, con algunos jinetes en solitario. Así dispersos, se dieron la vuelta para atravesar la llanura.

—¡Alto el fuego! —dijo el *subhadar*—. ¡Preparen los mosquetes de chispa! ¡Apóyenlos! ¡Cárguenlos!

Las destrozadas fuerzas *marathas* contemplaron con horror una hilera de resplandecientes bayonetas y decidieron no esperar ni un solo instante más. La formación al completo se resquebrajó como una lámina de vidrio, se partió en dos y emprendió a toda velocidad el regreso a la seguridad de su campamento. Las compañías les lanzaron una salva de despedida y, después, sus hombres descansaron jadeantes, apoyados sobre los mosquetes.

El campo de batalla quedó sembrado de cadáveres. Algunos estaban aislados y otros, amontonados en filas irregulares allí donde había hecho blanco la metralla o con unos pasillos en medio allí donde se había sentido la fuerza de los bolaños. Los heridos se arrastraban a cuatro patas sobre los viscosos fluidos que manaban de sus heridas y se retorcían gimoteando sobre la hierba. Sus caballos, terriblemente mutilados, se tambaleaban en círculo sin rumbo fijo.

Los exhaustos *rathores*, con los hombros encorvados a lomos de sus corceles, respiraron hondo, aún temblorosos. De los noventa y tantos que se habían lanzado a la carga, sólo quedaban cuarenta y dos.

Un jinete fue de hombre en hombre y los dispuso en filas. Un sable había atravesado su turbante y le había causado un severo tajo en la cabeza. La sangre le caía por el cabello y la barba. Tenía un profundo corte en el muslo del que manaba un río escarlata. Amaury condujo a sus hombres fuera del campo de batalla.

—¡Por los pelos, Da Souza! ¡Ha llegado usted justo a tiempo! *Subhadarjee*, recoja a mis heridos y déjelos bajo custodia. Dese prisa, *sahib*. ¡Su batalla todavía no ha terminado!

La figura de un jinete avanzó sorteando la línea de la artillería pesada, giró bruscamente hacia la infantería y tiró en seco de las riendas para detener a su rucio. Amaury se la quedó mirando estupefacto, como viendo visiones, como si aquella figura que tenía delante correspondiera a un ser procedente de otros mundos. Señaló hacia Kohlabad.

—Vuelva.

—Creí que lo habían matado... No podía... —Caroline vio sus heridas y lanzó un grito ahogado—. ¡Dios mío! ¡Hugo, lo han herido gravemente! Déjeme curarle...

—Vuelva.

Anstruther llegó y detuvo su caballo resoplando y aún profiriendo juramentos.

—Son ya dos las ocasiones en las que ha sido incapaz de cumplir con su deber, Richard —dijo Amaury en un tono férreo—. Recupere su autoridad, asuma su responsabilidad y llévela de vuelta al lugar del que han venido.

—¡No debe culpar a Anstruther bajo ningún concepto! La culpa es sólo mía. Hugo... Capitán Amaury, se lo suplico... ¡Morirá desangrado!

Amaury sacudió molesto la cabeza salpicando de sangre a su alrededor y rozó con las espuelas los costados de Hannibal. Ante sus ojos brillaba una neblina carmesí que tan sólo unos rayos de sol lograban atravesar. Aunque su fortaleza física era resistente como el acero, el dolor de las heridas y la pérdida de sangre inmovilizaron por un momento su cuerpo y nublaron su mente. Aquélla había sido la batalla más encarnizada de toda su vida. Anstruther cabalgó hasta él señalando hacia la llanura.

—¿Cómo quiere que volvamos, señor? —preguntó—. ¡El enemigo está asaltando la ciudad y ha prendido fuego al reducto!

La caravana de irregulares de Vithujee había logrado rodear las murallas de Kohlabad. Su cuerpo principal formaba una media luna envuelta en polvo que se curvaba en el horizonte a casi una milla de distancia. Las almenas y los tejados desde los que los *najibs* repelían a los asaltantes escupían diminutas llamaradas. Wrangham había sacado dos cañones para resistir y enfiló con ellos al enemigo, logrando disuadirlos de su intención de acercarse al reducto. Así las cosas, toda la fuerza del asalto se centraba en la esquina noreste de Kohlabad.

Amaury observó la arenosa cresta del monte, cubierta de polvo y humo, con el rugido de la batalla resonando en la distancia. En medio de aquel remolino de nubes grises y blancas, las líneas de los batallones se mantenían firmes. Echó un vistazo a su reloj. La batalla había comenzado al amanecer y ya eran las diez en punto.

Había destrozado el flanco derecho de los dos con que contaban las fuerzas de Vithujee. Todd seguía bloqueando el eje. Debía terminar cuanto antes con el segundo de los flancos.

—¡*Subhadar sahib*, media vuelta! Forme unas columnas abiertas de compañías y siga a la artillería. ¡A paso rápido! ¡Tan rápido como puedan! Da Souza, ¡monte los cañones en los armones! ¡En orden de batalla, media vuelta y al trote! ¡Escuadrón —contempló apenado las menguadas filas— en línea detrás de los cañones!

Amaury observó a los dos jinetes errantes que, a lomos de sus caballos, contemplaban la escena en silencio.

—¿Qué voy a hacer con ustedes? ¡No puedo creerlo! ¡Una mujer en una batalla! Cabalguen tras los cipayos. ¡Y manténganse fuera del alcance de los mosquetes!

De flanco a flanco había una caminata de una milla. La *masa de maniobra* se puso en marcha.

Todd vio cómo las columnas se iban acercando, aparentemente sin que las salvas de bolaños las desmoralizasen en absoluto. Su artillería se mantenía silenciosa. Los bueyes y los artilleros arrastraban los cañones por el dificultoso arenal hasta que, poco a poco, fueron quedándose atrás. En silencio, bendijo la acertada previsión de Amaury: aquel arenal era la salvación de los *jatis*. Justo al alcance de los mosquetes, se detuvieron y se desplegaron torpemente para deshacer las columnas y formar una línea ocultando su propia artillería. Todd se preguntó quién sería el idiota que dirigía a aquellas tropas. Quizá se encontraba en el grupo de la retaguardia, lejos del alcance de los cañones, avanzando sobre uno de aquellos elefantes adornados con esos vistosos arneses. Los cipayos aún seguían tumbados boca abajo. ¿Acaso pensaba Vithujee que lo único a lo que tendría que enfrentarse sería a unos cañones de seis libras?

Había llegado el momento de desilusionarlo.

—¡Batallones... arriba y a las armas!

Los soldados se pusieron en pie, se sacudieron, formaron filas rápidamente y prepararon los mosquetes de chispa.

—¡Señor Welladvice, dé el alto al fuego! Cargue los cañones con botes de metralla y no dispare hasta que los mosquetes abran fuego.

En el campo de batalla se hizo un silencio repentino. Lo rompió el abrupto redoble de los tambores enemigos. Todd tragó saliva nervioso. ¿Quiénes debían disparar? ¿Las filas o los pelotones? A pesar del proceso de recarga que necesitaban, los dos eran capaces de lanzar un fuego continuo con el que hostigar al enemigo. Las filas lanzarían salvas simultáneas a lo largo de todo el frente, disparando sucesivamente unas tras otras. La otra alternativa era que los pelotones al completo abriesen fuego cuando les tocara el turno, lanzando sus salvas desde los flancos. Optó por esta última opción porque, a veces, cuando eran las filas las que descargaban, la del centro dificultaba el tiro de la tercera cuando recargaba sus armas.

—¡Batallones, listos para abrir fuego desde los pelotones! ¡Filas delanteras... de rodillas!

El enemigo cada vez estaba más cerca y se prolongaba a derecha e izquierda más allá de las alas de los batallones. Unos coloridos uniformes encabezaban la línea. Los estandartes ondeaban en lo alto sobre sus bayonetas. Se detuvieron a cien yardas de distancia y levantaron los mosquetes.

Todd apretó los dientes.

—¡Ofrezcamos una dura resistencia, hermanos!

Aquélla era una prueba de disciplina, la culminación de tantos meses de ejercicio sin descanso. Los lazos de hierro que unían a aquellos hombres los afianzaron en sus puestos como rocas, con las cabezas al frente y soportando firmemente el zumbido de la muerte en sus oídos. Si mantenían la formación y resistían el ataque, la victoria sería suya. Pero, en el momento en que se abriese la más mínima brecha en sus filas, cundiría el pánico y su derrota estaría asegurada.

Las salvas estallaron lanzando multitud de bolas de fuego. Las balas silbaron por encima de sus cabezas, despidieron unos chorros de arena y asestaron un golpe sordo a varios de los cipayos, que dieron un alarido y cayeron. Recargando las armas tras la cortina de humo, la línea enemiga avanzó hasta una distancia de sesenta yardas y se detuvo. Todd podía contar los botones de sus túnicas, distinguía claramente el blanco de los ojos de aquellos trigueños rostros y podía oír con claridad sus órdenes de ataque.

Ésa era la distancia correcta para emprender una matanza. ¡Tenía que adelantarse a ellos!

—¡Presenten armas! —gritó—. ¡Fuego!

Las salvas recorrieron las líneas de arriba abajo. Una humareda cayó sobre ellas, después, se arremolinó y acabó formando unas caprichosas nubes que cegaron al enemigo. Los procesos de cebadura, ataque con las baquetas y disparo se sucedían. El humo de su fuego impedía ver a las filas, cuyo campo de visión quedaba confinado a una superficie de una yarda cuadrada. Lo único que podían distinguir claramente era el fiero destello de sus mosquetes y aquel humo blanquecino que impregnaba sus ropas. Los hombres agitaban las manos para quitárselo de la cara y se esforzaban por conseguir vislumbrar a su objetivo. Los cañones se calentaron demasiado para poder sujetarlos con las manos, de modo que agarraron los mosquetes por las culatas. La violencia de los constantes retrocesos de las armas amorató sus hombros. Los restos de pólvora de los cartuchos que abrían a mordiscos se mezclaban con el sabor dulce de sus ennegrecidas bocas y les caían en un hilillo desde la barbilla hasta las casacas. El aire era sofocante y apestaba a pólvora y el ensordecedor estruendo de los crepitantes silbidos de aquel fuego era incesante.

Unas salvas invisibles barrían a los cipayos, individualmente y en grupos. Todd galopaba tras las filas gritando a sus hombres palabras de aliento y ordenando a los cabos de fila que rellenaran los ensangrentados huecos. Las piezas de seis libras rugieron y, con el retroceso, sus cureñas quedaron enterradas en la arena. Welladvice corría de un cañón a otro ordenando a los números encargados de la munición que retirasen aquella arena que, a fuerza de dificultar los retrocesos, provocó que el tubo de uno de los cañones se desprendiera de los muñones y saltara por los aires. Eso les dejó con sólo cinco piezas en acción y, por desgracia, el número de artilleros también se había reducido.

Aquella prolongada lucha de intercambio de fuego a corto alcance no podía durar eternamente; una de las dos partes tendría que rendirse o ponerle fin. Todd calculaba que cada hombre había hecho unos cien disparos y, como el cansancio empezaba a hacer mella en los cipayos y varios estaban heridos, no lograban recargar las armas a tiempo y las salvas se iban distanciando en intervalos irregulares. Se puso en pie sobre los estribos y trató de ver más allá de la cortina de humo. Vociferó un juramento cuando una bala le arrancó una charretera y le paralizó el hombro. Entonces, el alférez notó que el fuego del enemigo empezaba a apagarse. El zumbido de las balas era cada vez menor y sus hombres ya no caían bajo su azote.

Galopó hasta uno de los flancos.

Los batallones de los *marathas* estaban retrocediendo. Sus largas líneas destrozadas por el fuego se retiraban de aquellas hileras de cuerpos amontonados, paso a paso y con las fuerzas flaqueando. Aligeraron el paso y, entonces, los soldados se giraron y empezaron a correr abriéndose camino entre las abarrotadas filas de detrás. Sus formaciones comenzaron a disolverse, azotadas por las balas de los mosquetes y los botes de metralla, que aún hicieron una implacable criba en sus tropas. La distancia entre los dos ejércitos fue creciendo hasta que las salvas dejaron de causar daños y, simplemente, se limitaron a aterrizar en la arena. Los *marathas* desplazaron al frente su artillería ligera y continuaron abriendo fuego esporádicamente.

—¡Batallones, alto el fuego! —ordenó Todd—. Señor Welladvice, lance ahora salvas de bolaños.

Los oficiales realinearon las filas fortaleciéndolas en el centro para taponar los huecos libres. La longitud de su línea había disminuido ochenta yardas. Con restos de pólvora en la garganta y el esófago y extremadamente sedientos, los cipayos imploraban un sorbo de los cubos empleados para humedecer los escobillones o de los odres de agua que había en los cofres de los armones. Pero sus súplicas fueron rechazadas bruscamente ya que, si no se empleaba un escobillón debidamente humedecido para atacar los cañones, era imposible cargar los cartuchos con seguridad.

El enemigo se había replegado. ¿Estaría tan desmoralizado como para que Todd pudiera lanzarse a la carga con las bayonetas? Uno de cada tres de sus hombres estaba herido o muerto. Necesitaba el apoyo de tropas frescas para lanzar ese ataque.

¿Dónde estaba Amaury?

Amaury soltó las cureñas de las piezas de tiro ecuestre a media milla de las tropas que se aproximaban a socorrer a Kohlabad de sus asaltantes y abrió fuego. Cuando los cipayos los adelantaron, los artilleros montaron los cañones sobre los armones, avanzaron un poco más con ellos, los desmontaron de los armones, los dejaron listos para descargar a un tiro de mosquete por delante y esperaron de nuevo a que llegasen las compañías. Así logró en sucesivos saltos llevar a sus fuerzas hasta un lugar desde el que pudieran descargar los mosquetes de chispa.

La reacción de los *marathas* ante aquellos movimientos fue lenta. Su objetivo era Kohlabad y, allí, los asediadores se apelotonaban en las escaleras que habían apoyado contra sus muros. Los *najibs* se encargaban de mandarlos de vuelta hacia abajo inmediatamente y disparaban a quemarropa a la muchedumbre que se arremolinaba al pie de las murallas. Curiosamente, la siguiente horda tampoco pareció darse cuenta del desvío que había tomado Amaury y, simplemente, se limitó a describir un arco más ancho en su intento por escapar al alcance de la artillería.

Amaury, enfadado, se acercó a una distancia de cien yardas y lanzó un fuego rápido de balas y botes de metralla.

A su vez, aquello provocó una rápida respuesta. Una cohorte de *pastunes* saltó al frente y descargó varias salvas dispersas con sus mosquetes de mecha. Después, soltaron aquellas armas de un único disparo, desenvainaron sus espadas y se lanzaron a la carga. Un hombre enloquecido consiguió llegar hasta los cañones, pero un artillero agitó el palo de su escobillón y le rompió la cabeza. Las salvas a quemarropa de los cañones de tiro ecuestre acabaron con sus amigos por puñados.

La ofensiva de Amaury, dirigida contra el centro de la medialuna, abolló uno de sus cuernos con la facilidad con la que un cuchillo atraviesa la goma. Al frente, tan sólo quedaban unos pocos rezagados en su camino hacia la fuga. A la derecha, continuaba la toma de Kohlabad. A la izquierda, la guardia principal de los irregulares rodeaba la ciudad en desordenados grupos. Rápidamente, Amaury montó los cañones sobre los armones —en una situación extremadamente peligrosa, con el enemigo a ambos flancos, los tiros de los cañones y los carros se tenían que situar tras las piezas, prácticamente pegados a ellas— y siguió avanzando hacia la brecha de la línea de defensa. Una columna compacta, de doscientas yardas de longitud y cincuenta de anchura, se clavó como una cuña en el destrozado cuerno de la medialuna. Amaury pretendía girar a la izquierda y acabar con la guardia principal de los irregulares pero, entonces, dio un giro y se abalanzó sobre los asaltantes de la ciudad.

Fue el estallido de la artillería pesada lo que le hizo cambiar de opinión.

El despliegue de los irregulares le había impedido ver los dos cañones de veinticuatro libras tirados por elefantes que entraron en acción para apoyar la escalada de las murallas. Enormes bolas de fuego salían a gran velocidad por sus humeantes bocas. Las pesadas balas de hierro dieron en el blanco. Varios pedazos de yeso se arrancaron de los muros y sus ladrillos se resquebrajaron. Los merlones de las almenas desaparecieron bajo una nube de polvo.

Amaury se rascó una costra que tenía en la mejilla. Aunque los *najibs* se mantuvieran firmes tras las murallas, no podrían resistir durante mucho tiempo el ataque de aquellos pesados cañones. Kohlabad estaba en peligro. Tenía que destruir los cañones.

El reducto se había mantenido tranquilo desde la lucha contra la caballería de los *marathas*, a excepción de dos cañones de seis libras que continuaban lanzando cañonazos de largo alcance para hostigar a los flancos de los sitiadores de la ciudad. Amaury garabateó un mensaje, llamó a uno de sus soldados, volvió a echar vistazo al reducto y arrugó por completo el papel. Wrangham había adivinado lo que Hugo se propondría y lo había previsto todo. Varios uniformes de color azul celeste salieron de la barrera defensiva y se formaron en columnas de compañías, seguidos por los tiros de los cañones, que arrastraron fuera de la barrera las piezas de artillería. El general todavía tenía que cubrir una marcha de media milla antes de poder atacar a los asediadores. Entre tanto, Amaury debía silenciar de una vez por todas los cañones de veinticuatro libras y, finalmente, acabar con la guardia principal de aquellas tropas.

—*Subhadar sahib*, que las compañías giren a la izquierda para formar una línea. Da Souza, deje un cañón de seis libras a mi cargo y coloque los demás no muy alejados unos de otros entre las compañías del centro. La mitad de la caballería le seguirá y la otra mitad se quedará conmigo —señaló hacia los irregulares, que avanzaban a medida que sus jefes valientes se lo ordenaban y retrocedían a medida que los cobardes los contenían—. Ahí tiene a su enemigo. Avance lo necesario, dé el alto y abra fuego. Rechace la respuesta de esos bribones y láncese a la carga. ¡No quiero volver a verlos!

Amaury avanzó con sus veinte soldados de caballería, su único cañón y el tiro con la carreta. Se acercó peligrosamente al aluvión que rodeaba las murallas, abriéndose paso en los alrededores en busca de un lugar desde el que poder enfilar los cañones de los asediantes. Divisó un pequeño collado, un sarpullido de aquella llanura, que sólo estaba a cuatrocientas yardas de los cañones de veinticuatro libras. Ése fue el lugar elegido.

—¡Acción al frente!

El destacamento desmontó el cañón de su armón, lo cargó y lo disparó. Los bolaños se desviaron y se quedaron cortos.

—¡Elevad el tubo! ¡Desplazadlo hacia la izquierda! —ordenó urgentemente. Una tropa de *mewaris* alertados por el estallido a sus espaldas se dio la vuelta y echó a correr hacia el cañón. Éste volvió a disparar. Sus bolaños levantaron una polvareda y rebotaron mucho más allá del objetivo. Amaury bajó del caballo, entregó apresuradamente las riendas de Hannibal a un soldado, se arrodilló sobre la cureña y dio un suspiro.

—¡Las ruedas no están niveladas! —gritó— Las balas salen hacia la izquierda, hacia la rueda que está más baja. ¡Adelantad la cureña! ¡Rápido!

Ayudándose de los radios de las ruedas, los artilleros empujaron el cañón hacia delante. Amaury notó que los gritos de guerra de los *mewaris* sonaban cada vez más cerca.

—¡Atacad! —ordenó a los *rathores*—. ¡Detenedlos!

La tropa formó una línea y se lanzó a la carga. Echó una ojeada al cañón y giró el tornillo.

—¡Cureña nivelada...! ¡Lista! ¡Acercad el botafuego!

Siguió la trayectoria del bolaño en el aire y observó cómo hizo añicos la rueda de uno de los cañones de asedio e inclinó su tubo.

—¡Uno menos! —dijo jadeando—. ¡Cargad! ¡Cargad!

Pasaron el escobillón, comprimieron el cartucho con la baqueta, colocaron el bolaño y lo comprimieron también. El destacamento elevó el cañón. En un frenesí, Amaury se concentró en afinar la puntería de la pieza. El botafuego prendió la carga del fogón. Amaury permaneció en pie para observar el resultado de aquel disparo. De repente, una rodela de cuero le golpeó en el hombro y lo hizo caer al suelo. Quedó tumbado boca abajo.

Con la valentía que sólo la desesperación es capaz de despertar, poco más de veinte *mewaris* habían logrado traspasar la barrera de los *rathores*. Amaury se arrastró hasta debajo de la cureña y tiró de su sable. El artillero que había encendido el fogón escupía sangre por la boca y se desplomó sobre sus piernas. De repente, la hoja de una espada apareció dando estocadas a ciegas en busca de su garganta. Amaury soltó su sable, a medio desenvainar, y buscó una pistola en su fajín a tientas. La hoja de aquella espada se hundió en su hombro causándole una profunda tajada.

Se oyó el disparo de una pistola. El espadachín abrió la mano con la que sujetaba la empuñadura de su acero, dio un gemido y murió. El polvo que unos cascos levantaron se le metió a Amaury en los ojos. Agarró la espada, tiró de ella, rodó debilitado hacia una de las ruedas. Se oyó un segundo disparo de pistola. El repicar de los cascos sobre el suelo hacía un ruido sordo. Amaury se frotó los ojos para sacarse la molesta gravilla que lo cegaba.

Anstruther dejó caer su pistola vacía y desenvainó el sable. Se inclinó sobre la silla de montar y cortó en el brazo a un hombre a la altura del hombro, giró su caballo y partió el cráneo de otro en dos. Los artilleros salieron corriendo desde la carreta, con dagas en las manos. Los *mewaris* huyeron hacia la brecha que los *rathores* habían abierto en su dispersado grupo.

Amaury se arrastró a unos pasos del cañón.

—¡Girad la cureña hacia la izquierda! —gritó—. ¡Lanzad botes de metralla! ¡Que esos rufianes no paren de correr!

Caroline se arrodilló junto a él. Los estallidos de la pólvora habían ensuciado las mejillas de su blanco rostro. Amaury intentó levantarse.

—¡No se mueva!

La joven le desabrochó la casaca, hizo jirones su camisa empapada en sangre y dejó al aire la tajada que había sufrido en el hombro. Se quitó el pañuelo que llevaba al cuello y taponó y vendó la herida, mientras los supervivientes de aquel destacamento continuaban recargando. Las volutas de humo nublaron la vista de Amaury y el semblante de Caroline se le antojó el de un espectro incorpóreo.

—¡Le conseguiré una camilla!

—¡Tonterías! —dijo Amaury sonriendo débilmente—. Desobediencia una vez más... Sin embargo, es obvio que en esta ocasión no puedo reprenderla. Le ruego que me ayude a levantarme.

Caroline le pasó un brazo por la cintura y lo ayudó a ponerse en pie con gran esfuerzo a causa de su vacilante equilibrio. Anstruther tranquilizó a su caballo, que se asustó ante el estallido del cañón.

—¡Es de lo más repugnante! —dijo observando con desagrado el baño de sangre de su sable—. ¡Este derramamiento de sangre hace que se me retuerzan los intestinos! Supongo, señor —añadió con abatimiento—, que esta tercera negligencia me llevará ante un pelotón de ejecución...

—No, Richard. Estoy convencido de que ni el propio san Miguel y todos sus ángeles hubieran logrado contener a miss Wrangham.

Con los ojos cansados, analizó la batalla. Los cañones de veinticuatro libras estaban en silencio, y es que su último cañonazo había logrado dejar fuera de combate al segundo. Las fuerzas de Wrangham luchaban contra los asediadores, descarga tras descarga y salva tras salva. Las tropas enemigas retrocedieron, se apartaron de las murallas y emprendieron la retirada a través de la llanura. La *masa de maniobra* de Amaury, avanzando en línea con paso firme, empujó a los agitados irregulares al pánico y a la derrota.

—Han logrado romper los cuernos de sus fuerzas y acabar con ellos —Amaury volvió la mirada hacia el arenal en la cresta que coronaba el horizonte—. ¿Continúa resistiendo Henry?

Todd había visto salir en estampida a las vencidas hordas de caballería, que pasaron de largo su propio flanco. Al verse derrotadas, las tropas que se encontraban a su derecha emprendieron la marcha atrás en la distancia. Al frente, los regulares se retiraban en desorden. Entre las desbaratadas filas enemigas, un elefante adornado con lentejuelas se movía pesadamente de aquí para allá. Sobre la silla dorada que llevaba en el lomo, una figura gesticulaba desesperadamente. Las formaciones a las que dirigía aquellos gestos comenzaron por fin a reagruparse. Sus hombres rehicieron las destrozadas líneas y comprobaron la retaguardia. Todd concluyó que se trataba del mismísimo Vithujee, que intentaba reunir a sus batallones.

—Señor Welladvice —dijo—, deme el gusto de derribar a ese hombre.

Welladvice, manchado de negro de la cabeza a los pies a causa del humo y con el cuello sangrando por donde la bala de un mosquete le había rozado, se deslizó entre sus cañones como si fuera un demonio fugado del infierno. Uno de los tiros de la segunda salva logró hacer blanco en el desdichado elefante. Aquella mole gris se hundió como una embarcación encallada y todo su peso cayó sobre su lomo, aplastando la silla de montar.

Los soldados de infantería que se encontraban junto a él retrocedieron al ver que aquella bestia se les venía encima.

—¡El príncipe Vithujee ha muerto! —se oyó.

Antes de que Welladvice tuviera tiempo de recargar los cañones y apuntar hacia ellos, los batallones de los que el *Bhonsla* estaba tan orgulloso se dispersaron en un estallido de despavoridas carreras. Aquellos hombres chocaban entre sí y caían al suelo al intentar abrirse camino a empujones hacia la retaguardia. Parecían una manada de cabezas de ganado en estampida.

Todd se encontró así ante la notable fragilidad habitual en los ejércitos indígenas, que llevaba siglos dependiendo de que su líder se encontrase presente. Cuando su general cayó —o, simplemente, desapareció de la vista—, sus tropas se desintegraron de manera incontrolada y presas del pánico. Todd apenas podía creer lo que estaba viendo. Una sensación de alivio relajó los cansados músculos de sus brazos y sus piernas como si de un bálsamo curativo se tratase. Con la espada en alto, recorrió su línea a medio galope.

—¡Descansen sus mosquetes de chispa! ¡Hacia delante! Señor Welladvice, monte los cañones sobre los armones y síganos.

Los hombres que aún quedaban en el batallón de los *jatis* bajaron lentamente por la pendiente.

Tras media hora de marcha, Todd llegó al campamento de los *marathas*. En su avance, no encontraron impedimento alguno. No había ni rastro de las fuerzas enemigas. Habían abandonado a los heridos, que gemían en una sinfonía de dolor y se encogían desvalidos ante las bayonetas suplicando agua. Los cañones habían sido abandonados a toda prisa sin enclavar, los bueyes de los tiros esperaban pacientemente con los arneses colocados y había mosquetes desparramados por todo el suelo.

Aparte de los heridos, el campamento estaba vacío. Todd detuvo a sus hombres a un lado, descubrió un pozo y los cipayos pudieron por fin aplacar la acuciante sed que los invadía. Después, envió unas patrullas a examinar aquella ciudad de lona. Refugiados en las tiendas, encontraron a varios hombres que habían sido alcanzados por las balas y sufrían unas heridas tan terribles que apenas podían moverse, unas pocas mujeres y algunos niños pequeños. Las bestias de carga vagaban descontroladas por el lugar, los carros y las carretas descansaban sobre sus ejes, las tiendas aún se encontraban dispuestas en hileras. Había varias hogueras encendidas sobre las que se estaba cociendo algo en unos cazos y las moscas se arremolinaban zumbando alrededor de los dulces, la fruta y las especias de los puestos del bazar de campaña. Los soldados, los mozos de cuadra, los cocineros, los barberos, los sirvientes, los ayudantes y los culis habían huido despavoridos campo a través en busca de refugio en la lejana Nagpur.

Todd designó unos guardias y se encaminó hacia el enorme pabellón, que sobresalía como una catedral en el centro del campamento. Contempló los esplendorosos recovecos que albergaba aquel palacio móvil de Vithujee. Las paredes de lona estaban repletas de tapices bordados en oro y unas majestuosas alfombras persas cubrían la hierba del suelo. Unas efigies de oro y plata con incrustaciones de diamantes, perlas y rubíes flanqueaban las puertas. Bajo un dosel de terciopelo con borlas doradas de las que colgaban unas campanillas, descansaba resplandeciente un trono bañado en oro con gemas engastadas. Multitud de bandejas, cuencos y aguamaniles de plata, además de algunos collares y ropas inundaban el suelo en lo que parecía ser los resplandecientes remanentes de una huída en desbandada. Todd abrió de una patada las correas de un cofre de hierro y contempló admirado el torrente de joyas, *pagodas* y *mohúres* que se desparramaron sobre la alfombra.

El alférez oyó un alboroto fuera, el tintinear de unos pertrechos y el ruido sordo de unos cascos. A pesar del remordimiento en su conciencia, se guardó un brazalete de esmeraldas en el bolsillo, salió y saludó a Amaury. Su ensangrentado aspecto lo hizo palidecer.

—Hugo, el enemigo se ha marchado. Su campamento es nuestro y podemos saquearlo a nuestras anchas.

Amaury bajó del caballo y se agarró al borde de su silla de montar. Bajo sus pies, el suelo parecía ondularse como las aguas de un mar turbulento.

—¡Démosle caza! —dijo febrilmente—. ¡Persigámosle hasta que no podamos más!

Todd echó un vistazo a los *rathores* que se encontraban tras él, encorvados a lomos de unos caballos desfallecidos, contempló a los cipayos teñidos de negro a causa del humo y cubiertos de polvo y, por último, lanzó una mirada a los tiros de los cañones, exhaustos tras la batalla librada.

—Hemos combatido durante siete horas, Hugo —dijo con aire sosegado—. Nuestros hombres no pueden más. ¡Dudo que fueran capaces siquiera de atrapar a un cojo aunque se moviese dando estúpidos brincos!

Amaury se tambaleó. Todd corrió hacia él. Caroline se bajó del caballo de un salto. Entre los dos, lo sujetaron y guiaron sus vacilantes pasos hasta un diván que había en el interior del pabellón. Lo recostaron con cuidado sobre sus cojines de seda bordada.

—Henry, tráigame agua, vendas y unas palanganas. ¡Rápido!

Amaury trató de incorporarse.

—*Tenemos* que ir tras ellos. Si no, nuestra victoria habrá sido en vano. Necesitamos tropas frescas... Los hombres de Wrangham, los *najibs*... Envíen un mensajero a caballo...

Caroline lo volvió a tumbar.

—Tranquilo, Hugo.

Todd volvió con una palangana rebosante de agua. Caroline humedeció un trapo y le lavó la cabeza con sumo cuidado, limpiando el coágulo de sangre que se había formado sobre el trozo de carne que colgaba en la herida.

—Córtele los pantalones, Henry. Deje al descubierto la herida que tiene en el muslo.

Welladvice llegó corriendo con una petaca en cada mano.

—Aquí tiene, señor. He conseguido encontrar un puesto de licores. *Arrak* o brandy: ¡elija!

Todd llenó una copa hasta la mitad y la acercó a los labios de Amaury.

—No le dé demasiado, Henry —dijo Caroline seriamente—. Creo que tiene fiebre.

Welladvice dio un chasquido con la lengua.

—Un chupito como los que toman los marineros, señora —dijo—. ¡No hay nada mejor que el alcohol para acabar con la fiebre! ¡Es una pena que no haya podido conseguir ron! ¡El ron conduciría al capitán viento en popa a toda vela y lo reanimaría más rápido de lo que se tarda en virar a babor con la caña de un timón! —inclinó una petaca y un borbotón de *arrak* fluyó por su garganta con la misma fuerza con que la lluvia de las tormentas cae por los desagües.

Los oficiales de los *rathores* y de los *jatis* abarrotaron el pabellón. Sus rostros reflejaban una inmensa preocupación. Se habían congregado allí alertados por los rumores acerca de la herida mortal de Amaury. Vedvyas se abrió paso a empujones y se arrodilló junto al diván. Se esforzaba por contener la expresión de su arrugado rostro, con las lágrimas a punto de caer de sus fieros ojos negros.

—*Umree Sahib*... —hizo una reverencia con la cabeza, cogió una mano a Amaury y se la llevó a la mejilla.

—¡Envíe a estos hombres fuera, Henry! —dijo Caroline, cuyos dedos se movían incesantes limpiando y vendando las heridas—. Dígales que se recuperará. Hugo ha perdido mucha sangre, pero no está en modo alguno —añadió con decisión — al borde de la muerte.

Todd ordenó a los oficiales que esperasen fuera. Amaury abrió los ojos.

—En ese caso... le ruego que me permita... escribir un mensaje... preparar una persecución... —Entonces, se vio las piernas—. ¡Santo dios! ¡Endiablada mujer! —murmuró—. ¡Me ha dejado desnudo!

—En efecto, es de lo más escandaloso —asintió Caroline serenamente—. Le ruego que suba la pierna. Así. Prepárese. Puede que esto le duela —derramó agua en el profundo corte y limpió la sangre—. Convénzase. Su guerra ha terminado, señor. Sin duda alguna, Henry puede tomar el mando y encargarse de todo lo que haya que hacer.

El general Wrangham entró en el pabellón como una exhalación, parpadeando ante la espléndida parafernalia del lugar y el lamentable estado de Amaury tendido en el diván.

—¡Ajá, Amaury! ¡Siento encontrarlo herido! ¡Dios sabe que ha librado usted una magnífica batalla! ¡Y ha obtenido una victoria gloriosa!

—Está sin completar, señor —se quejó Amaury—. Tenemos que ir tras el enemigo, darle caza y destruirlo. De lo contrario, el *Bhonsla* recobrará la fuerza y se volverá a lanzar a la carga... Sus hombres están frescos... Le ruego que salgan inmediatamente en busca del enemigo.

—¡Imposible! Nuestros caballos están agotados, son incapaces de echarse a trotar. Los *marathas* han huido a la velocidad del rayo. Con la infantería y los tiros de bueyes, nunca conseguiríamos alcanzarlos.

—Entonces, todo ha sido en vano —se lamentó Amaury.

—¡Tonterías, señor! —respondió el general con contundencia. Se sentó al borde del diván y agarró la mano sin fuerza de Amaury—. Ha conseguido los cuarenta cañones del enemigo, todos sus carros, carretas y animales, además de todo, absolutamente todo, el bagaje que lo acompañaba. Incluido esto —dijo abarcando con un gesto la inmensidad del pabellón—. Aquí tiene riquezas suficientes para vivir lujosamente toda la vida. ¿Qué más puede pedir?

—Berar volverá a la carga... Con fuerzas aún mayores...

—Permítame que lo dude. Mornington ha declarado la guerra a todos los estados *marathas* y Wellesley avanza con sus tropas. Me atrevo a asegurar que en unos meses no quedará ni rastro de Berar.

—¡Y las ansias de la Compañía también engullirán a Dharia y acabarán con ella!

—Lo admito; es muy probable. Ni haciendo uso de todas sus habilidades podría frenar a los ejércitos de Wellesley. Y la Compañía no tolerará la existencia de un estado independiente dentro de Berar. Seguramente —dijo Wrangham en tono amigable—, los pedantes funcionarios de la secretaría de Mornington convertirán a Dharia a golpe de pluma en un distrito y designarán a su rajá como recaudador. ¡Que me quede ciego si no lo convierten en un funcionario civil, Amaury!

—Papá, tus comentarios son demasiado perturbadores —observó Caroline con firmeza—. El capitán Amaury no está bien. Te ruego que te marches y lo dejes tranquilo.

—¿Cómo? ¡Oh! ¡Tienes razón! ¡Tienes razón! De acuerdo, querida. Señor Todd, ¿cómo ha dispuesto a sus guardias? Tenemos que asegurarnos de que esos malditos *najibs* no saqueen el campamento a sus anchas. Para empezar, hay que colocar un piquete en el bazar...

Sumidos en aquella conversación, ambos hombres salieron del pabellón. Caroline colocó un cojín bajo la cabeza de Amaury y lo tapó hasta la barbilla con una colcha. Él se movió inquieto.

—Queda mucho por hacer —murmuró—. No puedo quedarme aquí tumbado, impotente y desvalido como un bebé.

Caroline alcanzó un escabel y se sentó junto al diván.

—Descanse tranquilo, señor. No se moverá durante al menos dos días. Y, después, sólo lo hará en palanquín.

—¡Ah! ¿Sí? —Amaury sonrió dejando ver sus dientes—. ¿Por orden de qué autoridad?

—De la mía.

—¡Maldita peleona! —se le cerraban los ojos—. No le he dado las gracias... por sus cuidados... Seguramente, me han salvado la vida.

—Todo lo que le pido es que no dé al traste con ellos pretendiendo emprender alocadas aventuras o cumplir deberes que sobrepasan sobremanera sus fuerzas.

—De acuerdo. Me rindo.

Amaury empezó a dormitar, su respiración era rápida y honda. Caroline lo vigilaba mientras su rostro la delataba. Todos los sentimientos de su corazón estaban concentrados en su mirada.

El cuerpo de Amaury dio una sacudida que lo despertó.

—¡Maldito sueño!... Se iba usted... para siempre —cogió con su mano la de Caroline y la apretó fuerte—. Como, de hecho, sucederá... A Madrás...

—No.

—¿Por qué no? ¡Ah, claro! ¡Casi se me había olvidado! Henry quiere... renunciar a su comisión... Quedarse en Dharia... Hacerse con mi ejército. ¡Estúpido!... No permitiré que...

—Lo que Henry tenga pensado hacer me da exactamente igual... Y está usted hablando demasiado.

Un hilillo de sangre procedente del interior del vendaje que cubría su cabeza se diluyó en el sudor de su rostro y cayó por las mejillas de Amaury. Caroline humedeció un trapo y lo limpió.

—¡Vaya, por Dios! Ha conseguido que se abra la herida. Ahora tendré que volver a curársela y vendársela. ¡Estese callado! —desenrolló la sábana, colocó un nuevo apósito, volvió a apretarle el vendaje y posó su cabeza sobre el cojín con cuidado—. Y, ahora, intente dormir. ¡Se lo ruego!

—Enseguida. Caroline.... ¿Usted no... ama a Henry Todd?

—Nunca lo he amado.

—Pero insistió en quedarse... ¿Por qué? En una situación tan difícil... No consigo entender...

Caroline acercó sus labios al oído de Amaury.

—Duérmase, querido. Conoce muy bien mis razones —susurró.

Amaury permaneció en silencio unos instantes, con la mirada clavada en las pinturas del techo del pabellón. Un amago de sonrisa afloró a sus labios, partidos y secos.

—¿Caroline Amaury?... ¿*Raní* de Dharia?

—Mejor así —respondió Caroline lacónicamente—: Señora del recaudador Amaury, *bibee* suprema de Dharia.

GLOSARIO

Ana: moneda indostánica de níquel equivalente a un dieciseisavo de rupia.

Arrak: licor alcohólico que se obtiene de destilar vino de palma, arroz fermentado y otras sustancias, cuyo consumo está muy extendido por amplias zonas de Oriente. Su nombre procede de la voz árabe araq, que significa jugo.

Bahadur: distinguido, valeroso.

Banian: criado principal de una casa.

Betel: fruto de la palma denominada areca.

Bibee: mujer.

Bhonsla: miembros de una destacada casta maratha que ejercían como soberanos en numerosos estados.

Culi: en la India, China y otros países de Oriente, trabajador o criado indígena.

Dacoit: ladrón o bandido.

Dhooly: una litera cubierta.

Durbar: asamblea, reunión.

Fanal: moneda cuyo valor equivalía aproximadamente a siete cuartos de los peniques de 1970.

Fringee: europeo.

Hackeries: carros cubiertos con tiros de búfalos.

Havildar: suboficial cipayo de infantería, con un cargo equivalente al de sargento.

Hircarrah: soldado irregular montado encargado de ir en reconocimiento de los terrenos o bien de servir como mensajero o espía.

Jatis: denominación de uno de los grupos étnicos de la India, dominante en buena parte de la zona septentrional.

Jemadar: oficial indígena de caballería o infantería, con un cargo similar al de segundo teniente.

Lac: cien mil.

Lascar: marino nativo.

Marathas: uno de los grupos étnicos de la India. Originariamente formada por guerreros y campesinos indoarios, llegaron a formar una confederación de reinos maratha. El debilitamiento de los marathas en el siglo XVIII fue aprovechado por los británicos, que lograron hacerse con el poder durante el periodo colonial. Tras la independencia de la India, la conocida Presidencia de Bombay se convirtió en el estado de Bombay. Éste cambió su nombre por el actual de Maharashtra en 1960, en honor a los gloriosos tiempos del soberano maratha Shivaji y de su imperio.

Mewaris: grupo étnico que habitaba uno de los reinos rajputas más importantes, llamado Mewar. Fueron fieros guerreros que no se dejaban someter fácilmente.

Mirasdar: oficial encargado de la administración de un grupo de aldeas.

Mohur: moneda cuyo valor equivalía aproximadamente a 2 libras de 1970.

Naigue: suboficial cipayo de infantería, cargo equivalente al de cabo.

Najib: soldado musulmán irregular del cuerpo de infantería.

Nizam: príncipe. Título concedido por el emperador mogol al gobernador turcomano de Hyderabad en 1717. Este tratamiento ha sido conservado por sus sucesores.

Pagoda: moneda cuyo valor equivalía a ocho chelines de 1970.

Pastunes: uno de los grupos étnicos de la India, hoy en día mayoritario en Afganistán. A pesar de que la leyenda dice que los pastunes descienden de Afghana, nieta del rey Saúl de Israel, lo más probable es que el grupo se formara como consecuencia de la mezcla entre los antiguos arios y los sucesivos invasores que fueron ocupando su territorio.

Peón: soldado irregular de baja categoría.

Peshwa: soberanos de una dinastía que dominó en el imperio de Maharashtra tras la muerte del emperador Aurangzeb, último emperador de origen mongol de la India.

Pindaris: una minoría de bandidos musulmanes que actuaban en los territorios hindúes.

Raní: forma femenina de rajá.

Risaldar: oficial indígena de caballería, con un cargo similar al de teniente.

Rohillas: musulmanes de las tierras altas.

Sahib: voz indostánica, del árabe shaib, cuyo significado es señor.

Sati: autoinmolación de una mujer viuda en la pira fúnebre. Era una forma de suicidio generalizada en la India entre las viudas de los brahmanes.

Shisham: palo de rosa indio (dalbergia sisoo), árbol cuya madera constituye una variedad de palisandro de la India y alcanza un elevado valor en el mercado.

Sirdarjee, Sirdar: voz persa que, literalmente, significa comandante. Expresa respeto hacia la persona a la que se habla.

Subhadar: oficial indígena de infantería, con un cargo similar al de lugarteniente.

Toddy: licor dulce obtenido de la fermentación de la savia de distintas variedades de palmera tropical de Asia.

Yakdan: caja de cuero para ser transportada por animales de carga.